Beschreibende und schließende

Statistik

Formeln, Definitionen, Erläuterungen,
Stichwörter und Tabellen

Von
Dr. Friedrich Vogel
o. Professor für Statistik

13., korrigierte und erweiterte Auflage

R. Oldenbourg Verlag München Wien

Bibliografische Information Der Deutschen Bibliothek

Die Deutsche Bibliothek verzeichnet diese Publikation in der Deutschen
Nationalbibliografie; detaillierte bibliografische Daten sind im Internet
über <http://dnb.ddb.de> abrufbar.

© 2005 Oldenbourg Wissenschaftsverlag GmbH
Rosenheimer Straße 145, D-81671 München
Telefon: (089) 45051-0
www.oldenbourg.de

Gedruckt auf säure- und chlorfreiem Papier
Druck: R. Oldenbourg Graphische Betriebe Druckerei GmbH

ISBN 3-486-57776-X

Inhaltsverzeichnis

I Beschreibende Statistik

II Schließende Statistik

Anhänge

Vorwort zur dreizehnten Auflage

Die dreizehnte Auflage unterscheidet sich von der zwölften Auflage im wesentlichen dadurch, daß im Anhang 25 "Induktive Eigenschaften von Streuungsmaßen für ordinale Merkmale" neuere Forschungsergebnisse aufgenommen und das Kapitel 7 "Zeitliche Meßzahlen, Indizes, Kaufkraftparitäten" überarbeitet und aktualisiert wurden. Ich habe ferner das Literaturverzeichnis auf den neuesten Stand gebracht, einige wenige kleinere Mängel beseitigt und das Sachregister angepaßt.

Ich danke Herrn Dr. Hans Kiesl für seine Unterstützung und für Hinweise auf Verbesserungsmöglichkeiten. Meiner Sekretärin, Frau Sieglinde Wachter, danke ich für das sorgfältige Schreiben des Textes und Herrn Dipl.-Vw. Martin Weigert für die seit Jahrzehnten anhaltend gute Zusammenarbeit.

Friedrich Vogel

Vorwort zur zwölften Auflage

Diese Neuauflage bot die Gelegenheit, sämtliche in den Vorauflagen enthaltenen (Druck-) Fehler zu beseitigen. Ich hoffe sehr, daß mir das endlich gelungen ist. Meine Mitarbeiter, Herr Dipl.-Kfm. Sanyel Arikan MBA, Herr Dipl.-Kfm. Stefan Goller und insbesondere Herr Dipl.-Math. Hans Kiesl, haben mich dabei nach Kräften unterstützt; für diese Unterstützung und für die zahlreichen Hinweise auf Verbesserungsmöglichkeiten danke ich ihnen herzlich. Frau Sieglinde Wachter danke ich dafür, daß sie alles wieder in die richtige Form gebracht hat und Herrn Dipl.-Vw. Martin Weigert, Cheflektor beim Oldenbourg-Verlag, danke ich für die noch immer hervorragende Zusammenarbeit. Natürlich habe ich den Anlaß genutzt, um das Literaturverzeichnis zu aktualisieren und um die "Formelsammlung" um einen Anhang 24 mit neueren Forschungsergebnissen über "Induktive Eigenschaften von Streuungsmaßen für nominale Merkmale" zu erweitern.

Friedrich Vogel

Vorwort zur elften Auflage

Die zehnte Auflage wurde völlig neu geschrieben. Dabei ist es mir gelungen, eine ganze Reihe von (Druck-) Fehlern ziemlich gleichmäßig über den Text zu verteilen. Die elfte Auflage wurde daher um eine "Errata-Liste" ergänzt. Bei dieser Gelegenheit habe ich auch das Literaturverzeichnis aktualisiert. Herrn Dipl.-Vw. Martin Weigert danke ich sehr für die jahrelange stets gute Kooperation.

Friedrich Vogel

Vorwort zur zehnten Auflage

Die zehnte Auflage stand nicht unter dem sonst üblichen Zeitdruck. Es kommt hinzu, daß in der Zwischenzeit ein wiederum leistungsfähigeres Textverarbeitungssystem verfügbar war. Allerdings zeigte es sich, daß es mit dem zugehörigen Konvertierungsprogramm nicht möglich war, den vorhandenen Text zu übernehmen. Daher mußte der gesamte Text neu geschrieben werden. Diesen Anlaß habe ich genutzt, um einiges zu ergänzen und zu verändern. Hinzugekommen ist ein neues einfaches Streuungsmaß für nominale Merkmale. Die wichtigsten Verteilungen von stetigen Zufallsvariablen, die bisher auf verschiedene Kapitel verteilt waren, habe ich in ein Kapitel zusammengeführt, dabei wurden die Logarithmische Normalverteilung und die Exponentialverteilung neu aufgenommen. Neu ist auch das "Approximative Konfidenzintervall für den Mittelwert einer POISSON-Verteilung" und - im Anhang - die Quantilsfunktion der Standardnormalverteilung sowie eine ganze Reihe zusätzlicher graphischer Darstellungen. Alle Abbildungen habe ich neu erstellt, die zahlreichen Stichwörter und Erläuterungen überarbeitet, ergänzt und wenn nötig präzisiert. Das Sachregister ist neu und umfangreicher, das Literaturverzeichnis wurde aktualisiert. Trotz aller Sorgfalt wage ich nicht zu hoffen, daß die zehnte Auflage endlich frei von (Druck-) Fehlern ist.

Ich danke allen, die durch ihre Kritik zur Verbesserung beigetragen haben, insbesondere meinen Assistenten, Herrn Dipl.-Kfm. Martin Eiglsperger, Herrn Dipl.-Kfm. Rainer Knirsch und Herrn Dr. Torben Wiede. Sie haben zahlreiche Korrekturen angeregt und mich unermüdlich mit Rat und Tat unterstützt.

Meiner Sekretärin, Frau Sieglinde Wachter, danke ich für das sorgfältige Schreiben des Textes, Herrn Dipl.-Vw. Martin Weigert für die anhaltend gute Zusammenarbeit.

Friedrich Vogel

Vorwort zur neunten Auflage

Da auch die achte Auflage überraschend schnell verkauft war, konnte ich für die neunte Auflage - unter dem üblichen Zeitdruck - lediglich einen Anhang mit Informationen über Aufbau und Inhalt einer Sterbetafel hinzufügen und das Literaturverzeichnis aktualisieren.

Herrn Dipl.-Vw. Martin M. Weigert, Cheflektor beim Oldenbourg-Verlag, danke ich herzlich für seine Unterstützung.

Friedrich Vogel

Vorwort zur achten Auflage

Irgendwann ist es so weit: Das bisher verwendete Textverarbeitungssystem genügt nicht mehr den Ansprüchen, die man mittlerweile an ein modernes System stellt. So ging es auch mir! Allerdings war die Übernahme des Vorhandenen in ein neues Textverarbeitungssystem weitaus arbeitsaufwendiger als ich anfangs annahm. Fast alles, vor allem die zahlreichen Formeln und Tabellen, mußte neu geschrieben werden.

Dafür hatte ich endlich die Möglichkeit, den gesamten Text vollständig zu überarbeiten, die notwendigen Erweiterungen und Ergänzungen durch neue Definitionen, Stichwörter und Erläuterungen vorzunehmen, einige neue Abbildungen einzufügen, den Anhang zu vervollständigen und das Literaturverzeichnis zu aktualisieren.

Ich danke allen Lesern bzw. Hörern, die durch konstruktive Kritik zur Verbesserung beigetragen haben, insbesondere meinen Assistenten, Herrn Dipl.-Kfm. Martin Eiglsperger, Herrn Dipl.-Kfm. Rainer Knirsch und Herrn Dipl.-Kfm. Torben Wiede. Letztere haben nicht nur inhaltliche, sprachliche und formale Korrekturen angeregt, sondern auch mit großem Einsatz die Anhänge und die Abbildungen besorgt. Um das Sachregister hat sich Herr cand.rer.pol. Bernd Bartholmeß sehr verdient gemacht.

Meiner Sekretärin, Frau Sieglinde Wachter, danke ich besonders für das Schreiben des gesamten Textes, das ein tiefes Eindringen in die moderne Textverarbeitung erforderte, und Sie - wegen offensichtlicher Programmfehler - gelegentlich an den Rand der Verzweiflung trieb.

Herrn Dipl.-Vw. Martin Weigert danke ich für die stets gute Zusammenarbeit.

Friedrich Vogel

Vorwort zur siebten Auflage

Da die sechste Auflage schon nach unerwartet kurzer Zeit vergriffen war, stand die Neuauflage unter einem gewissen Zeitdruck, so daß wünschenswerte Erweiterungen und Ergänzungen nicht aufgenommen werden konnten. Ich habe natürlich die Gelegenheit genutzt, um einige Korrekturen und einige Präzisierungen vorzunehmen und das Literaturverzeichnis zu aktualisieren.

Friedrich Vogel

Vorwort zur sechsten Auflage

Für die sechste Auflage wurde der Text vollständig überarbeitet, wurden Unstimmigkeiten und Druckfehler beseitigt und einige Aussagen präzisiert. Von der fünften Auflage unterscheidet sich die Neuauflage im wesentlichen durch einige neue Kapitel: "Kaufkraftparitäten", "Zentraler Grenzwertsatz von LJAPUNOV", "Konfidenzintervalle für die Differenz zweier Anteilswerte", "Tests für die Differenz zweier Anteilswerte", durch Nomogramme zur Bestimmung der "LILLIEFORS-Grenzen für den zweiseitigen Test auf Normalverteilung bei unbekanntem Mittelwert und unbekannter Varianz" sowie durch eine ganze Reihe weiterer Definitionen, Erläuterungen, Stichwörter und Hinweise. Zur Veranschaulichung wurden einige zusätzliche graphische Darstellungen eingefügt. Um das Nachschlagen zu erleichtern, wurde auch das Sachregister erweitert.

Den Hörern, Lesern, vor allem aber meinen Mitarbeitern, Herrn Dr. Ch. Braun, Herrn Dr. W. Grünewald und Frau Dr. S. Kohaut, danke ich für ihre kritischen Hinweise und ihre Unterstützung bei der Formulierung, Herrn cand. rer. pol. T. Wiede für das Anfertigen von zahlreichen graphischen Darstellungen.

Meiner Sekretärin, Frau S. Wachter, danke ich herzlich für die Erstellung des Typoskripts. Durch den souveränen Umgang mit dem Textverarbeitungssystem ChiWriter ist es ihr - trotz erheblicher Erweiterungen - gelungen, den Umfang dieses Nachschlagewerks nur geringfügig zu vergrößern.

Herrn Dipl.-Vw. M. M. Weigert, Lektor beim Oldenbourg-Verlag, danke ich für die langjährige gute Zusammenarbeit.

Friedrich Vogel

Vorwort zur vierten Auflage

Die positive Aufnahme, die die ersten Auflagen gefunden haben, ließ es gerechtfertigt erscheinen, auch bei der vierten Auflage keine wesentlichen Änderungen vorzunehmen. Neben der Korrektur einiger Druckfehler sowie einigen Präzisierungen unterscheidet sich die vorliegende Auflage vor allem durch eine ganze Reihe zusätzlicher Erläuterungen, Definitionen, Hinweise und Stichwörter von ihren Vorgängern. Die Symbolik wurde geringfügig geändert. Neu aufgenommen wurden Konfidenzintervalle für die Differenz zweier Mittelwerte.

Die vierte Auflage wurde mit dem Textverarbeitungsprogramm ChiWriter geschrieben und mit einem KYOCERA LASER-Drucker gedruckt, daher konnte der Umfang dieses Nachschlagewerks - trotz der Erweiterungen - in den gesetzten Grenzen gehalten werden.

Meine Mitarbeiter, Herr Dipl.-Kfm. Ch. Braun, Herr Dr. W. Grünewald und Frau Dipl.-Kfm. S. Kohaut haben mich - wie immer - mit Rat und Tat unterstützt. Herr cand. rer. pol. T. Wiede hat mit großem Einsatz die graphischen Darstellungen und die Tabellen besorgt; Herr cand. rer. pol. M. Claßen hat das Sachregister angefertigt. Ihnen allen sei für ihre Mitarbeit sehr herzlich gedankt.

Mein besonderer Dank gilt Frau S. Wachter, die wiederum mit großer Sorgfalt und Geduld das Typoskript geschrieben hat.

Friedrich Vogel

Vorwort zur dritten Auflage

Bei der Neuauflage dieser "Formelsammlung" wurde die Grundkonzeption nicht geändert, jedoch die Gelegenheit zu Korrekturen, Ergänzungen und einzelnen Präzisierungen genutzt. Neu aufgenommen wurden unter anderem der Test auf Gleichheit zweier Varianzen, Nomogramme zur Bestimmung von Konfidenzintervallen für den Parameter π der Binomialverteilung sowie Tabellen der Quantile der F-Verteilung.

In der Zwischenzeit ist (ebenfalls im R. Oldenbourg Verlag) die seit langem geplante "Aufgabensammlung" mit ausführlichen Lösungen erschienen. Sie enthält Aufgaben oder zumindest Beispiele zu fast jedem Kapitel dieser Formelsammlung und ist im Aufbau, in der Symbolik und der Darstellungsweise eng an diese angelehnt.

Meinen Mitarbeitern, Herrn Dr. Reinhard Dobbener und Herrn Dr. Werner Grünewald, danke ich herzlich für zahlreiche wertvolle Hinweise und Anregungen. Mein besonderer Dank gilt auch Frau Sieglinde Wachter, die mit großer Sorgfalt und Geduld das schwierige Typoskript geschrieben hat.

Friedrich Vogel

Vorwort zur ersten Auflage

Dieses Buch ist kein Lehrbuch, sondern eine Sammlung von Formeln zu den Methoden der beschreibenden und schließenden Statistik, die durch Definitionen, Erläuterungen, Stichwörter und Tabellen ergänzt werden. Es kann und soll kein Lehrbuch ersetzen.

Die Sammlung ist parallel zu einigen Grundvorlesungen über Methoden der Statistik entstanden, die ich in den letzten Jahren vor meinem Weggang nach Bamberg an der Christian-Albrechts-Universität Kiel insbesondere für Studierende der Sozial- und Wirtschaftswissenschaften gehalten habe. Sie ist daher zunächst und in erster Linie für das Grundstudium der Statistik in den Sozial- und Wirtschaftswissenschaften gedacht, kann jedoch - situationsbedingt - auch für Studierende des Hauptstudiums der Statistik sowie nicht zuletzt für den Praktiker eine Stütze und ein nützliches Nachschlagewerk sein.

Ich habe mich bemüht, die wichtigsten Grundlagen und gebräuchlichsten Methoden der beschreibenden und schließenden Statistik zu systematisieren, formelmäßig zu erfassen und so
exakt wie nötig darzustellen, bin mir jedoch bewußt, daß Akzente anders gesetzt werden können und daß die Frage nach den gebräuchlichsten Methoden auch anders beantwortet werden
kann; daher ist es nicht auszuschließen, daß der eine oder andere bestimmte Verfahren ver-
mißt oder als zu knapp dargestellt empfindet. Ich habe mich ferner bemüht, eine moderne,
recht allgemein eingeführte Symbolik und Terminologie zu verwenden. Auch sind neuere
Konzepte wie zum Beispiel die Entropie verarbeitet worden. Der schließenden Statistik und
deren Grundlagen ist der weitaus größere Teil dieser Sammlung gewidmet, weil die zuneh-
mende praktische Bedeutung dieses Teils der Statistik im Bereich der Sozial- und Wirtschaftswissenschaften es erforderlich macht, die Studierenden mit dem heutzutage notwendigen methodischen Rüstzeug auszustatten. Schließlich sollten mit dieser Sammlung auch die
methodischen Grundlagen für aufbauende Lehrveranstaltungen und Fragestellungen - auch
außerhalb der Statistik - geschaffen werden.

Formeln, Definitionen und Verfahren wurden bewußt ohne größere mathematische Hilfsmittel
und ohne Berücksichtigung pathologischer Fälle, die oft in erster Linie nur von akademi-
schem Interesse sind, dargestellt. Daher genügen zum Verständnis mathematische Grund-
kenntnisse, wie sie in den propädeutischen Lehrveranstaltungen "Mathematik für Studierende
der Sozial- und Wirtschaftswissenschaften" vermittelt werden. Bei der Darstellung wurde
besonderer Wert gelegt auf die explizite Angabe der Voraussetzungen und (Modell-) Annah-
men, die den erwähnten Verfahren zugrunde liegen, sowie auf die Angabe der Eigenschaften
von Maßen und Verteilungen.

Es ist beabsichtigt, diese Sammlung durch eine ausführliche Aufgabensammlung (mit Lösungen) zu ergänzen.

Zu Dank verpflichtet bin ich all jenen, die mit Rat und Tat, mit Hinweisen und zahlreichen
Diskussionen das Entstehen dieser Sammlung gefördert haben: meinem Kollegen, Herrn Prof.
Dr. W. Wetzel, sowie den Herren Dr. Horst Garrelfs, Dipl.-Math. Joachim Kornrumpf und
Dipl.-Math. Wolfgang Kuhlmann. Herr Dipl.-Inf. Hans-Jürgen Waldow hat mit großem Einsatz die graphischen Darstellungen und Tabellen besorgt und Frau Petra Schweitzer hat mit
großer Geduld das schwierige Manuskript und seine Vorgänger geschrieben. Ihnen allen sei
herzlich gedankt.

Friedrich Vogel

I Beschreibende Statistik

1 Einführung; Grundlagen

1.1 Terminologisches zur beschreibenden Statistik

Statistik

Wissenschaftliche Disziplin, deren Gegenstand die Entwicklung und Anwendung formaler Methoden zur Gewinnung, Beschreibung und Analyse sowie zur Beurteilung quantitativer Beobachtungen (Daten) ist.

Mit Statistik wird auch das Ergebnis der Anwendung statistischer Methoden, also das Ergebnis des Zählens oder Messens, der Analyse oder Beurteilung von Beobachtungen und dessen Darstellung in Form von Tabellen oder Graphiken bezeichnet.

Auch Stichprobenfunktionen, insbesondere Prüffunktionen, werden Statistik genannt.

Merkmalsträger, statistische Einheiten

Personen, Objekte oder Ereignisse oder Zusammenfassungen davon (z.B. Haushalte), die einer statistischen Untersuchung zugrunde liegen und durch bestimmte Eigenschaften gekennzeichnet sind. Synonyme: Elemente, Untersuchungseinheiten.

Gesamtheit, Grundgesamtheit

Sachlich, örtlich (regional, geographisch) und zeitlich abgegrenzte Menge von Merkmalsträgern (Einheiten). Synonyme: Kollektiv, Population, statistische Masse, Meßreihe. Die Abgrenzungskriterien ergeben sich aus der Aufgabenstellung.

Umfang der Gesamtheit

Anzahl N der Merkmalsträger (Einheiten) einer Gesamtheit.

Teilgesamtheit

Teilmenge der Grundgesamtheit. Ihr Umfang wird meist mit n bezeichnet (n < N).

Bestandsmasse

Menge von Merkmalsträgern (Einheiten), die zu einem bestimmten Zeitpunkt gemeinsam existieren. Erfaßt werden Merkmalsträger, die zu einem bestimmten Zeitpunkt einer Bestandsmasse angehören.

Bewegungsmasse, Ereignismasse

Menge von Merkmalsträgern (Einheiten), die entweder selbst bestimmte Ereignisse sind oder solchen Ereignissen zugeordnet werden können. Da die Ereignisse zu bestimmten Zeitpunkten eintreten, können Bewegungsmassen nur für bestimmte Zeiträume erfaßt werden.

Zu jeder Bestandsmasse gehören zwei Bewegungsmassen: Die Zugangsmasse, das sind die Merkmalsträger (Einheiten), die in einem bestimmten Zeitraum einer Bestandsmasse zugehen, und die Abgangsmasse, das sind die Merkmalsträger (Einheiten), die in einem bestimmten Zeitraum aus der Bestandsmasse ausscheiden.

Bestand

Umfang, d.h. Anzahl der Merkmalsträger (Einheiten) einer Bestandsmasse. Wird mit N oder auch n bezeichnet.

1.2 Merkmale

Merkmale, Merkmalsausprägungen

Meßbare Eigenschaften eines Merkmalsträgers. Beim Messen der Eigenschaften werden den Merkmalsträgern unter Verwendung bestimmter Skalen (d.h. unter Einhaltung bestimmter Regeln) Symbole oder Zahlen zugeordnet, die Merkmalsausprägungen heißen. Unter "Messen" wird dabei - abweichend vom allgemeinen Sprachgebrauch - die Zuordnung von Symbolen (z.B. von Buchstaben) oder von Zahlen zu den Eigenschaften der Merkmalsträger verstanden.

Untersuchungs-/Erhebungsmerkmale

sind Merkmale, deren Ausprägungen bei den Merkmalsträgern einer statistischen Untersuchung (Erhebung) festgestellt und statistisch ausgewertet werden.

Hilfsmerkmale

sind Merkmale, wie z.B. Namen, Anschriften, Kenn- und Telefonnummern, deren Ausprägungen nur für die Durchführung einer statistischen Untersuchung (Erhebung) benötigt werden.

Merkmalstypen

Nach der der Messung von Eigenschaften zugrundeliegenden Skala werden nominale (nominalskalierte, klassifikatorische), ordinale (ordinalskalierte, komparative) und metrische (intervall- bzw. verhältnisskalierte) Merkmale unterschieden.

1.2.1 Nominale (nominalskalierte, klassifikatorische) Merkmale (A, B)

Die einander ausschließenden Ausprägungen (Klassen) A_i, B_j $(i = 1,2,\ldots,k; j = 1,2,\ldots,m)$ nominaler Merkmale werden auf Nominalskalen gemessen, d.h. es werden ihnen Symbole oder Nominalzahlen zugeordnet, mit denen (nur) die Gleichheit oder Ungleichheit von Merkmalsträgern hinsichtlich des betrachteten Merkmals festgestellt werden kann. Nominale Merkmale sind invariant gegenüber eineindeutigen (umkehrbar eindeutigen) Transformationen (Umbenennungen, Vertauschungen).

Alternativmerkmale, binäre Merkmale, dichotome Merkmale

Nominale Merkmale mit nur zwei Ausprägungen. Diesen Ausprägungen werden - aus Gründen der Zweckmäßigkeit - häufig die Ziffern 0 und 1 zugeordnet.

Häufbare Merkmale

Kann ein Merkmalsträger mehrere Ausprägungen eines Merkmals aufweisen, so heißt das Merkmal häufbar, anderenfalls nicht häufbar.

1.2.2 Ordinale (ordinalskalierte, komparative) Merkmale (U, V)

Die einander ausschließenden Ausprägungen (Klassen) U_i, V_j $(i = 1,2,\ldots,k; j = 1,2,\ldots,m)$ ordinaler Merkmale werden auf Ordinalskalen gemessen, d.h. es werden ihnen Symbole oder (häufig) Ordinalzahlen zugeordnet, mit denen die Merkmalsträger in eine Rangordnung gebracht werden können. Für die Ausprägungen ist eine "größer - kleiner", "besser - schlechter" oder ähnliche Relation, nicht jedoch ein Abstand definiert. Ordinale Merkmale sind invariant gegenüber streng monotonen (rangerhaltenden) Transformationen.

Hinweis:

Nominal- und Ordinalskalen werden auch topologische Skalen genannt.

1.2.3 Metrische (intervall- bzw. verhältnisskalierte) Merkmale (X, Y)

Die Ausprägungen $x, y \in \Re$ metrischer Merkmale werden auf Kardinalskalen (Intervall- bzw. Verhältnisskalen) gemessen. Dabei werden ihnen auf der Intervallskala reelle Zahlen zugeordnet, für die Abstände (Differenzen) definiert sind. Auf der Verhältnisskala werden den Ausprägungen positive reelle Zahlen zugeordnet, für die Abstände und Verhältnisse (Quotienten) definiert sind. Für beide Skalen sind die Rechenoperationen der reellen Zahlen definiert.

Metrische Merkmale, die auf einer Intervallskala (Nullpunkt beruht auf Konvention) gemessen werden, sind invariant gegenüber linearen Transformationen der Art:

$$Y = aX + b; \quad a \in \Re; a > 0 \ .$$

Metrische Merkmale, die auf einer Verhältnisskala (natürlicher Nullpunkt) gemessen werden, sind invariant gegenüber linearen Transformationen der Art:

$$Y = aX; \quad a \in \Re; a > 0 \ .$$

Merkmalswerte

Merkmalswerte x_ν bzw. y_ν sind Ausprägungen des Merkmals X bzw. Y beim ν-ten Merkmalsträger $(\nu = 1, 2, \ldots, n)$.

Diskrete Merkmale

Ein Merkmal X heißt diskret, wenn die Menge seiner Ausprägungen eine diskrete Menge ist, d.h. wenn X endlich oder abzählbar unendlich viele Ausprägungen $(x_1, x_2, x_3, \ldots)$ hat.

Stetige (kontinuierliche) Merkmale

Ein Merkmal X heißt stetig, wenn die Menge seiner Ausprägungen ein Kontinuum ist, d.h. wenn X überabzählbar viele Ausprägungen x hat.

1.3 Erhebung, Aufbereitung

Erhebung, Datenerhebung, statistische Erhebung

Prozeß der Beschaffung von Daten, d.h. der Ausprägungen bzw. der Werte von (Erhebungs-) Merkmalen, z.B. eine Befragung. Erhebungen können gegebenenfalls mit oder ohne Auskunftspflicht durchgeführt werden.

Voll-/Teilerhebung

Bei einer Voll- oder Totalerhebung werden alle Merkmalsträger (Einheiten) einer Gesamtheit erfaßt, bei einer Teilerhebung wird nur eine Teilmenge einer Gesamtheit erfaßt. Eine Vollerhebung wird auch als Zählung oder Zensus bezeichnet. Eine zweckdienlich ausgewählte Teilmenge einer Gesamtheit heißt Stichprobe; die entsprechende Erhebung wird Stichprobenerhebung genannt.

Primärerhebung

Eine Erhebung, die primär zu statistischen Zwecken durchgeführt wird, heißt Primärerhebung, die daraus abgeleitete Statistik Primärstatistik.

Sekundärerhebung

Bei einer Sekundärerhebung wird auf Daten zurückgegriffen, die ursprünglich nicht für statistische Zwecke erhoben wurden, z.B. auf Daten, die aufgrund nicht-statistischer Rechts- oder Verwaltungsvorschriften angefallen sind. Die aus einer Sekundärerhebung abgeleitete Statistik wird Sekundärstatistik genannt.

Repräsentativerhebung

Eine Repräsentativerhebung ist eine Teilerhebung, deren Ergebnis als repräsentativ für eine Gesamtheit gilt.

Techniken der Erhebung, Erhebungsverfahren

Bei Primärerhebungen werden verschiedene Verfahren der Beschaffung statistischer Daten unterschieden. Die schriftliche Befragung mit Hilfe von Fragebogen hat den Vorteil verhältnismäßig geringer Kosten. Bei Befragungen ohne Auskunftspflicht ist jedoch die Rücklaufquote, d.h. der Anteil der (vollständig) ausgefüllten und zurückgeschickten Fragebogen, im allgemeinen gering, so daß die Ergebnisse häufig verzerrt sind. Die mündliche Befragung

durch Interviewer verursacht vergleichsweise hohe Kosten, liefert aber im allgemeinen besse-
re Ergebnisse und eine höhere Rücklaufquote als die schriftliche Befragung. Problematisch ist
allerdings der sogenannte Interviewereinfluß, der Antwortverfälschungen verursachen kann.
Im Gegensatz zu den beiden vorgenannten Erhebungsverfahren liefern die Beobachtung und
die automatische Erfassung durch Zählgeräte in der Regel exakte Ergebnisse. Das Experiment
ist ein vor allem in den Naturwissenschaften und in der Psychologie gebräuchliches Erhebungsverfahren, das es ermöglicht, nur die Wirkungen vorgegebener Einflußfaktoren zu erfassen.

Aufbereitung

Das Ergebnis einer statistischen Erhebung, z.B. die ausgefüllten Vordrucke einer Befragung
oder die Listen, in die die Beobachtungsergebnisse eingetragen sind, ist das sogenannte statistische Urmaterial, das einer Aufbereitung bedarf. Die Aufbereitung besteht aus mehreren
Teilen. Zunächst wird das statistische Urmaterial auf Vollständigkeit, auf Mehrfacherfassung,
auf Widerspruchsfreiheit und auf Plausibilität geprüft. Danach werden die erhobenen Daten
(die numerischen oder alphanumerischen Angaben) systematisiert, z.B. den entsprechenden
Positionen von Systematiken zugeordnet oder der Größe nach angeordnet, und es werden die
absoluten und/oder relativen Häufigkeiten sowie Häufigkeitsverteilungen ermittelt (vgl. Kap.
2). Bei der Aufbereitung wird, vor allem bei umfangreichem Urmaterial, in aller Regel die
elektronische Datenverarbeitung eingesetzt, so daß auch die Dateneingabe einschließlich
deren Überprüfung zur Aufbereitung zu zählen sind.

1.4 Übersicht: Skalen und Merkmalstypen

Skala (Merkmalstyp)	empirische Operation	zulässige Transformation	zulässige Maßzahlen	Beispiele für Merkmale
Nominalskala (nominale oder klassifikatorische Merkmale)	Feststellung der Gleichheit oder Ungleichheit von Einheiten; Einteilung der Einheiten in disjunkte Klassen.	ein-eindeutige (bijektive) Transformationen, Umbenennungen, Permutationen	absolute und relative Häufigkeiten, Modus, Entropie, Maß vom Typ HERFINDAHL, Assoziationskoeffizienten	Familienstand, Blutgruppe, Kraftfahrzeugkennzeichen, Geschlecht, Postleitzahlen, Augenfarbe u.ä. Ausprägungen: Symbole und/oder Nominalzahlen
Ordinalskala (ordinale oder komparative Merkmale)	zusätzlich: Feststellung von "Größer-Kleiner-Relationen"; Rangordnung der Einheiten bzw. der Ausprägungen.	alle rangerhaltenden (streng monoton steigenden oder fallenden) Transformationen	zusätzlich: kumulierte Häufigkeiten, Quantile, Quartile, Median, Streuung auf Basis der Entropie, Kontingenzmaße, Rangkorrelation	Noten, sozialer Status, militärischer Rang, Güteklassen u.ä. Ausprägungen: Symbole und/oder Ordinalzahlen
Intervallskala	zusätzlich: Feststellung der Gleichheit oder Ungleichheit von Abständen (Differenzen). Basis: relativer Nullpunkt.	lineare Transformationen: $y = a\,x + b$ mit $a,b \in \Re$, $a > 0$ (Verschiebung und Streckung/Stauchung)	zusätzlich: arithmetisches Mittel, Standardabweichung, Varianz, Korrelationskoeffizient nach BRAVAIS/PEARSON	Temperatur gemessen in °C oder °F, Erträge in DM, geographische Höhe, Kalenderzeit u.ä. Ausprägungen: reelle Zahlen
(metrische Merkmale) Verhältnisskala	zusätzlich: Feststellung der Gleichheit oder Ungleichheit von Verhältnissen (Quotienten). Basis: absoluter (natürlicher) Nullpunkt.	Ähnlichkeitstransformationen: $y = a\,x$ mit $a \in \Re$, $a > 0$ (Streckung/Stauchung)	zusätzlich: geometrisches Mittel, Variationskoeffizient	Temperatur gemessen in °K, Gewicht, Länge, Fläche, Volumen, Gewinn, Verlust u.ä. Ausprägungen: positive reelle Zahlen

2 Eindimensionale Häufigkeitsverteilungen

2.1 Verteilungen nominaler (klassifikatorischer) Merkmale

Absolute Häufigkeit

Anzahl der Merkmalsträger mit der Ausprägung A_i:

$$n(A_i) = n_i, \quad i = 1,2,\ldots,k .$$

Hinweis

Bei der Beschreibung von Gesamtheiten müßte die absolute Häufigkeit eigentlich mit

$$N(A_i) = N_i, \quad i = 1,2,\ldots,k ,$$

bezeichnet werden. Der einfacheren Symbolik wegen wird jedoch vorerst nicht zwischen N (für Gesamtheiten) und n (für Teilgesamtheiten, speziell für Stichproben) unterschieden.

Relative Häufigkeit

Anteil der Merkmalsträger an allen Merkmalsträgern einer Gesamtheit oder Teilgesamtheit mit der Ausprägung A_i:

$$\frac{n(A_i)}{n} = f(A_i) = f_i, \quad i = 1,2,\ldots,k .$$

Eigenschaften (bei nicht häufbaren Merkmalen):

a) $\quad 0 \leq n_i \leq n, \quad \sum_{i=1}^{k} n_i = n .^{[1]}$

b) $\quad 0 \leq f_i \leq 1, \quad \sum_{i=1}^{k} f_i = 1 .$

Die mit 100 (%) multiplizierten relativen Häufigkeiten, $f_i \cdot 100(\%)$, $i = 1,2,\ldots,k$, werden prozentuale Häufigkeiten genannt.

Die Differenz von Prozentsätzen (Prozentzahlen) heißt "Prozent-Punkte".

---

1) Vgl. Anhang 2: Summen und Produkte.

Häufigkeitsverteilung

Die Zuordnung von absoluten oder relativen (oder prozentualen) Häufigkeiten zu den Merk-malsausprägungen heißt Häufigkeitsverteilung (empirische k-Punkt-Verteilung). Formen der Darstellung von Häufigkeitsverteilungen sind Tabellen (vgl. Anhang 1: Aufbau und Bestand-teile einer Tabelle) und Graphiken, zum Beispiel das Stabdiagramm.

Stabdiagramm

Graphische Darstellung der Häufigkeitsverteilung eines Merkmals.

Bei nominalen (klassifikatorischen) oder ordinalen (komparativen) Merkmalen, für deren Ausprägungen kein Abstand definiert ist, werden die Merkmalsausprägungen auf einer Grundlinie, die absoluten oder relativen Häufigkeiten auf einer dazu senkrechten Skala abge-tragen. Die Länge der Stäbe ist jeweils proportional zur absoluten bzw. relativen Häufigkeit.

Für ein nominales Merkmal A mit k = 9 Ausprägungen und absoluten Häufigkeiten n_i hat ein Stabdiagramm beispielsweise folgendes Aussehen:

Stabdiagramm

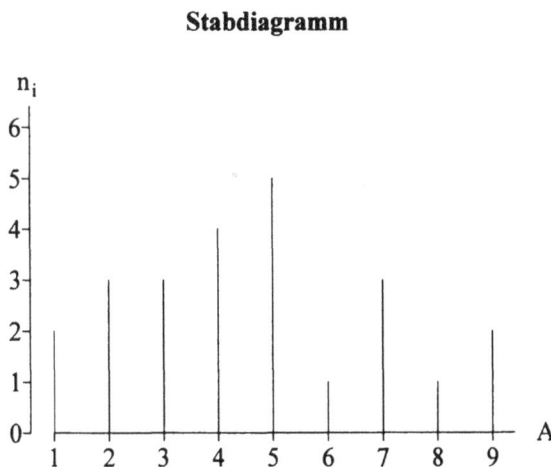

Hinweis:

Eine Häufigkeitsverteilung mit $f_i = \frac{1}{k}$ für alle i heißt empirische Gleichverteilung. Eine Ver-teilung heißt empirische Ein-Punkt-Verteilung, wenn irgendein $f_i = 1$ ist und alle anderen $f_i = 0$ sind.

2.2 Verteilungen ordinaler (komparativer) Merkmale

Absolute/relative Häufigkeit

Anzahl bzw. Anteil der Merkmalsträger mit der Ausprägung U_i:

$$n(U_i) = n_i \text{ bzw. } \frac{n(U_i)}{n} = f(U_i) = f_i, \quad i = 1,2,\ldots,k.$$

Eigenschaften:

a) $0 \le n_i \le n, \quad \displaystyle\sum_{i=1}^{k} n_i = n.$

b) $0 \le f_i \le 1, \quad \displaystyle\sum_{i=1}^{k} f_i = 1.$

Die mit 100 (%) multiplizierten relativen Häufigkeiten, $f_i \cdot 100(\%)$, $i = 1,2,\ldots,k$, werden prozentuale Häufigkeiten genannt.

Die Differenz von Prozentsätzen (Prozentzahlen) heißt "Prozent-Punkte".

Häufigkeitsverteilung

Die Zuordnung von absoluten oder relativen (oder prozentualen) Häufigkeiten zu den Merkmalsausprägungen heißt Häufigkeitsverteilung (empirische k-Punkt-Verteilung). Formen der Darstellung von Häufigkeitsverteilungen sind Tabellen (vgl. Anhang 1: Aufbau und Bestandteile einer Tabelle) und Graphiken, zum Beispiel das Stabdiagramm (s.o.).

Kumulierte absolute Häufigkeiten (absolute Summenhäufigkeit)

Anzahl der Merkmalsträger mit Ausprägungen (Ordinalzahlen) U_i, die kleiner oder höchstens gleich U_j sind $(U_1 < U_2 < \cdots < U_k)$:

$$S_U(U_j) = n(U \le U_j) = \sum_{i=1}^{j} n(U_i) = \sum_{i=1}^{j} n_i; \quad j = 1,2,\ldots,k.$$

Kumulierte relative Häufigkeiten (relative Summenhäufigkeit)

Anteil der Merkmalsträger mit Ausprägungen (Ordinalzahlen) U_i, die kleiner oder höchstens

gleich U_j sind $(U_1 < U_2 < \cdots < U_k)$:

$$F_U(U_j) = f(U \le U_j) = \sum_{i=1}^{j} f(U_i) = \sum_{i=1}^{j} f_i = \frac{S_U(U_j)}{n} \; ; \quad j = 1,2,\ldots,k \,.$$

Eigenschaften:

a) $0 \le S_U(U_j) \le n, \quad S_U(U_k) = n$.

b) $0 \le F_U(U_j) \le 1, \quad F_U(U_k) = 1$.

2.3 Verteilungen metrischer Merkmale

2.3.1 Häufigkeitsverteilung und empirische Verteilungsfunktion für Einzelwerte

(1) Stetige Merkmale

Rangwerte, Ränge

Die der Größe nach aufsteigend geordneten Merkmalswerte

$$x_{[1]} \le x_{[2]} \le \cdots \le x_{[j]} \le \cdots \le x_{[n]}$$

heißen Rangwerte. Mit dem Index [j] wird die j-te Position in der Rangwertreihe bezeichnet. Wenn Bindungen, d.h. gleiche Rangwerte, vorkommen, ist die Position [j] nicht eindeutig. Die Anzahl der verschiedenen Rangwerte

$$x'_{[1]} < x'_{[2]} < \cdots < x'_{[j]} < \cdots < x'_{[m]} \,, \quad j = 1, 2, \ldots, m \le n,$$

kann - aufgrund von Bindungen - kleiner sein als n.

Der Rang eines Merkmalswerts x_j, $r(x_j) = \max_i \{x_{[i]} = x_j\}$, ist die Anzahl der Merkmals-

werte x_v, die kleiner gleich x_j sind. Gleichen Rangwerten $(\cdots < x_{[j]} = x_{[j+1]} = \cdots = x_{[j+k]} < \cdots)$ werden somit gleiche Ränge (der Rang $[j+k]$) zugeordnet.

Bei Anwendungen in der Praxis wird der Rang eines Merkmalswerts x_j häufig wie folgt

definiert: $r(x_j) = \min_i \{x_{[i]} = x_j\}$, das bedeutet, daß gleichen Rangwerten $(\cdots < x_{[j]} = x_{[j+1]} = \cdots = x_{[j+k]} < \cdots)$ der gleiche Rang [j] zugeordnet wird. In diesem Falle werden die folgenden [k] Ränge nicht vergeben.

Absolute/relative Häufigkeit

Anzahl bzw. Anteil der Merkmalsträger mit dem Rangwert $x'_{[j]}$:

$$n\left(x'_{[j]}\right) = n_j \text{ bzw. } \frac{n\left(x'_{[j]}\right)}{n} = f\left(x'_{[j]}\right) = f_j, \quad j = 1,2,\ldots,k \le n.$$

Eigenschaften:

a)　　$0 \le n_j \le n, \quad \sum_{j=1}^{k} n_j = n.$

b)　　$0 \le f_j \le 1, \quad \sum_{j=1}^{k} f_j = 1.$

Die mit 100 (%) multiplizierten relativen Häufigkeiten, $f_i \cdot 100(\%)$, $i = 1,2,\ldots,k$, werden prozentuale Häufigkeiten genannt.

Die Differenz von Prozentsätzen (Prozentzahlen) heißt "Prozent-Punkte".

Häufigkeitsverteilung

Die Zuordnung von absoluten oder relativen (oder prozentualen) Häufigkeiten zu den verschiedenen Rangwerten $x'_{[j]}$ heißt Häufigkeitsverteilung. Formen der Darstellung von Häufigkeitsverteilungen sind Tabellen (vgl. Anhang 1: Aufbau und Bestandteile einer Tabelle) und Graphiken, zum Beispiel das Stabdiagramm.

Stabdiagramm

Graphische Darstellung der Häufigkeitsverteilung eines Merkmals.

Bei metrischen Merkmalen (Darstellung im rechtwinkligen kartesischen Koordinatensystem) werden auf der Merkmalsachse (X-Achse, Abszisse) die einzelnen (verschiedenen) Rangwerte und auf der Y-Achse (Ordinate) die absoluten oder relativen Häufigkeiten abgetragen.

Für ein metrisches Merkmal X mit $k = 9$ verschiedenen Rangwerten (1,2,...,9) und absoluten Häufigkeiten hat ein Stabdiagramm zum Beispiel folgendes Aussehen:

```
n_j
6-
5-
4-
3-
2-
1-
0
   0  1  2  3  4  5  6  7  8  9    X
```

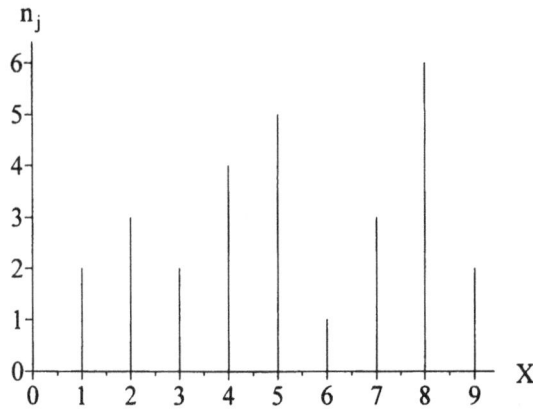

Summenfunktion

Die Funktion

$$S_X(\xi) = n(X \leq \xi) = \begin{cases} 0 & \text{für} \quad \xi < x_{[1]} \\ j & \text{für} \quad x_{[j]} \leq \xi < x_{[j+1]}, \quad j = 1,2,\ldots,n-1 \\ n & \text{für} \quad x_{[n]} \leq \xi \end{cases}$$

heißt Summenfunktion. Ihr Wert an der Stelle $\xi \in \mathfrak{R}$ ist die Anzahl der Merkmalsträger mit Merkmalswerten, die kleiner oder höchstens gleich ξ sind.

Eigenschaften:

a) $0 \leq S_X(\xi) \leq n$ für alle $\xi \in \mathfrak{R}$.

b) $S_X(\xi) \leq S_X(\xi')$,   falls $\xi < \xi'$.

c) $\lim_{\xi \to -\infty} S_X(\xi) = 0$, $\lim_{\xi \to +\infty} S_X(\xi) = n$.

Empirische Verteilungsfunktion

Die Funktion

$$\hat{F}_X(\xi) = f(X \leq \xi) = \frac{S_X(\xi)}{n}$$

heißt empirische Verteilungsfunktion. Ihr Wert an der Stelle $\xi \in \mathfrak{R}$ ist der Anteil der Merkmalsträger mit Merkmalswerten, die kleiner oder höchstens gleich ξ sind.

Eigenschaften:

a) $\quad 0 \leq \hat{F}_X(\xi) \leq 1$ $\qquad$ für alle $\xi \in \Re$.

b) $\quad \hat{F}_X(\xi) \leq \hat{F}_X(\xi')$, $\qquad$ falls $\xi < \xi'$.

c) $\quad \lim\limits_{\xi \to -\infty} \hat{F}_X(\xi) = 0, \quad \lim\limits_{\xi \to +\infty} \hat{F}_X(\xi) = 1$.

Empirische Verteilungsfunktion

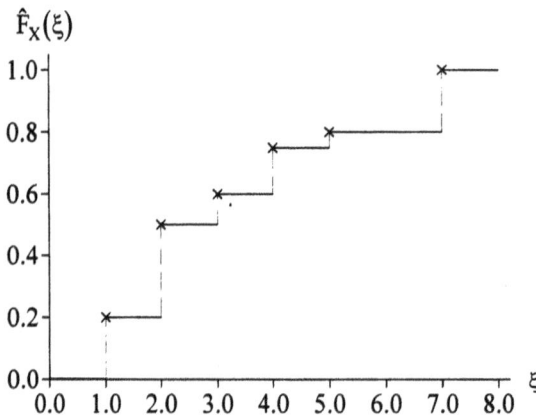

(2) Diskrete Merkmale

Für diskrete Merkmale mit den Ausprägungen x_i, $i = 1,2,...,k$, ist $n(x_i) = n_i$ beziehungsweise $f(x_i) = f_i$ die absolute bzw. relative Häufigkeit der Merkmalsträger mit der i-ten Ausprägung. Im übrigen gilt das zu (1) Geschriebene entsprechend.

2.3.2 Klassierung

Einteilung des Wertebereichs eines Merkmals in k disjunkte Intervalle, die Klassen heißen. Für die Festlegung von k gibt es keine verbindlichen Regeln (Faustregel: $5 \leq k \leq 20$).

(1) Stetige Merkmale

$\qquad x_i^o$ $\qquad\qquad\qquad$ Obergrenze der i-ten Klasse,

x_i^u Untergrenze der i-ten Klasse,

$$x_i = \frac{x_i^o + x_i^u}{2}$$ Klassenmitte der i-ten Klasse,

$$\Delta(x_i) = \Delta_i = x_i^o - x_i^u$$ Klassenbreite der i-ten Klasse,

k Anzahl der Klassen, $i = 1, 2, ..., k$.

Klassen heißen äquidistant, falls $\Delta(x_i) = $ const. für alle i.

Bei stetigen Merkmalen werden die Klassen so gebildet, daß $x_i^o = x_{i+1}^u$, $i = 1,2,...,k-1$, ist.

Bezüglich der Klassengrenzen kann eine Einteilung der Art "von x_i^u bis unter x_i^o" oder "über x_i^u bis einschließlich x_i^o" verwendet werden.

(2) Diskrete Merkmale

Für diskrete Merkmale gilt Entsprechendes, insbesondere kann auch die unter (1) beschriebene Klasseneinteilung verwendet werden. Häufig wird jedoch eine Einteilung der Art "von x_i^u bis einschließlich x_i^o" bevorzugt. In diesem Falle ist $x_i^o \neq x_{i+1}^u$ und die Klassenbreite der i-ten Klasse $\Delta(x_i) = \Delta_i$ ist gleich der Anzahl der Merkmalsausprägungen, die zur i-ten Klasse zusammengefaßt wurden.

2.3.3 Häufigkeitsverteilung und approximierende Verteilungsfunktion für klassierte Werte

(1) Stetige Merkmale

Absolute und relative Klassenhäufigkeit

Anzahl bzw. Anteil der Merkmalsträger mit Merkmalswerten (bzw. Merkmalsausprägungen) der i-ten Klasse.

In der Praxis wird im allgemeinen

$$n\left(x_i^u \leq x_v < x_i^o\right) = n(x_i) = n_i \text{ definiert;}$$

aus theoretischen Gründen - siehe empirische Verteilungsfunktion - ist die Definition

$$n\left(x_i^u < x_\nu \le x_i^o\right) = n\left(x_i\right) = n_i \text{ oft zweckmäßiger.}$$

$$f\left(x_i\right) = \frac{n\left(x_i\right)}{n} = f_i, \quad i = 1,2,\ldots,k,$$

ist der Anteil (die relative Häufigkeit) der Merkmalsträger mit Merkmalswerten (bzw. Merkmalsausprägungen) der i-ten Klasse. $f_i \cdot 100\,(\%)$ heißt prozentuale Häufigkeit.

Die Differenz von Prozentsätzen (Prozentzahlen) heißt "Prozent-Punkte".

Eigenschaften:

a) $\quad 0 \le n_i \le n, \quad \sum_{i=1}^{k} n_i = n$.

b) $\quad 0 \le f_i \le 1, \quad \sum_{i=1}^{k} f_i = 1$.

Häufigkeitsdichte

Die Funktion

$$\hat{f}_X(\xi) = \begin{cases} \dfrac{n_i}{n \cdot \Delta(x_i)} \ge 0 & \text{für} \quad x_i^u < \xi \le x_i^o \quad \text{und} \quad i = 1,2,\ldots,k \\[2ex] 0 & \text{für} \quad \xi \le x_1^u \quad \text{und} \quad \xi > x_k^o \end{cases}$$

heißt Häufigkeitsdichte.

Hinweis:

Die Häufigkeitsdichte ist keine relative Häufigkeit. Sie kann Werte größer 1 annehmen.

Häufigkeitsverteilung

Die Zuordnung von absoluten oder relativen (oder prozentualen) Häufigkeiten bzw. von Häufigkeitsdichten zu den Klassen heißt Häufigkeitsverteilung; die zugehörige graphische Darstellung heißt Histogramm.

Histogramm

Graphische Darstellung der Häufigkeitsverteilung eines in Klassen eingeteilten metrischen Merkmals, bei der auf der Merkmalsachse (X-Achse, Abszisse) das Merkmal, auf der Y-

Achse (Ordinate) die absoluten oder relativen Häufigkeiten (bei gleichen Klassenbreiten) bzw. die Häufigkeitsdichten (bei gleichen, vor allem aber ungleichen Klassenbreiten) abgetragen werden. Bei Verwendung von absoluten (relativen) Häufigkeiten ist die Höhe der Rechtecke proportional zur absoluten (relativen) Häufigkeit. Bei Verwendung von Häufigkeitsdichten ist die Höhe der Rechtecke proportional zur Häufigkeitsdichte und die Fläche der Rechtecke proportional zu den Häufigkeiten; außerdem ist die gesamte Fläche aller Rechtecke auf 1 normiert. Für ein klassiertes metrisches Merkmal X (dessen Werte im Bereich von 0,5 bis 8,5 variieren) und Häufigkeitsdichten $\hat{f}_X(\xi)$ hat ein Histogramm zum Beispiel folgendes Aussehen:

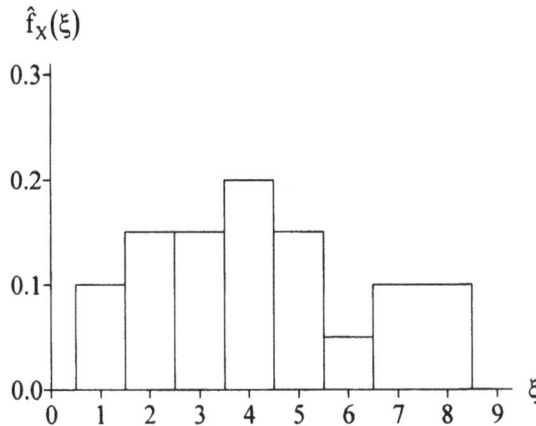

Approximierende Verteilungsfunktion

Die Funktion

$$\hat{F}_X^*(\xi) = \begin{cases} 0 & \text{für} \quad \xi \leq x_1^u \\ \hat{F}_X(x_i^u) + (\xi - x_i^u)\dfrac{n_i}{n \cdot \Delta(x_i)} & \text{für} \quad x_i^u < \xi \leq x_i^o, \quad i = 1,2,\ldots,k \\ 1 & \text{für} \quad \xi > x_k^o \end{cases}$$

heißt approximierende Verteilungsfunktion. Ihr Wert an der Stelle $\xi \in \Re$ ist der linear approximierte Anteil der Merkmalsträger mit Merkmalswerten, die kleiner oder höchstens gleich ξ sind.

$\hat{F}_X\left(x_i^u\right)$ ist der Wert der empirischen Verteilungsfunktion an der Stelle x_i^u, der Untergrenze der i-ten Klasse.

Es gilt:

$$\hat{F}_X^*(\xi) = \int_{-\infty}^{\xi} \hat{f}_X(x)\,dx \ .$$

Zum Beispiel ergibt sich für das oben gezeigte Histogramm die folgende

Approximierende Verteilungsfunktion

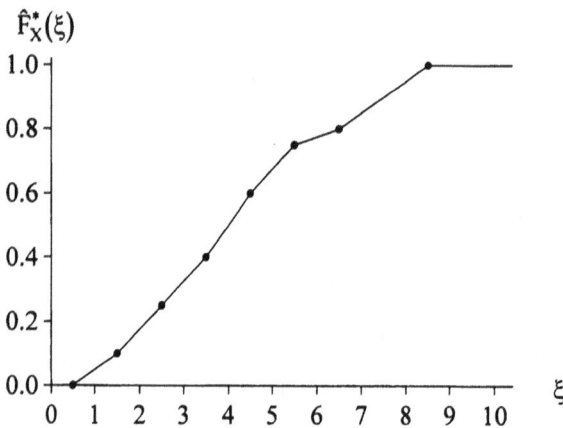

Eigenschaften:

a) $0 \le \hat{F}_X^*(\xi) \le 1$ für alle $\xi \in \Re$.

b) $\hat{F}_X^*(\xi) \le \hat{F}_X^*(\xi')$ falls $\xi < \xi'$.

c) $\lim_{\xi \to -\infty} \hat{F}_X^*(\xi) = 0, \quad \lim_{\xi \to +\infty} \hat{F}_X^*(\xi) = 1.$

d) $\hat{F}_X^*\left(x_i^o\right) = \hat{F}_X\left(x_i^o\right)$ und $\hat{F}_X^*\left(x_i^u\right) = \hat{F}_X\left(x_i^u\right).$

(2) Diskrete Merkmale

Für die Bestimmung der Häufigkeitsdichte und der approximierenden Verteilungsfunktion ist es auch für diskrete Merkmale zweckmäßig, eine Klasseneinteilung der Art "über x_i^u bis einschließlich x_i^o" zu verwenden, so daß $x_i^o = x_{i+1}^u$ ist.

Für die Klassenhäufigkeit gilt dann:

$$n\left(x_i^u < x_v \leq x_i^o\right) = n\left(x_i\right) = n_i \quad \text{und}$$

$$f\left(x_i\right) = \frac{n\left(x_i\right)}{n} = f_i, \quad i = 1,2,\ldots,k \,.$$

3 Statistische Maßzahlen (Maße)

3.1 Einführendes

Eine statistische Maßzahl ist eine häufig dimensionsbehaftete, d.h. mit einer Maßeinheit (wie zum Beispiel DM, °C, cm, tkm, km/h o.ä.) versehene Zahl, mit der bestimmte Sachverhalte charakterisiert bzw. typische Eigenschaften von Häufigkeitsverteilungen beschrieben werden.

Häufigkeitsverteilungen werden vor allem durch Maße der zentralen Tendenz und durch Maße der Variabilität, der Streuung, gekennzeichnet.

Maße der zentralen Tendenz geben an bzw. messen, ob und gegebenenfalls auf welche Merkmalsausprägungen sich die Merkmalsträger (d.h. deren absolute oder relative Häufigkeiten) konzentrieren bzw. - bei ordinalen und metrischen Merkmalen - wo die "Mitte" der Häufigkeitsverteilung ist.

Unter Streuung eines Merkmals bzw. einer Häufigkeitsverteilung versteht man die Variabilität (die Unterschiedlichkeit) der den Merkmalsträgern zugeordneten Merkmalsausprägungen oder -werte. Streuung kann nur durch Streuungsmaße operationalisiert werden, so daß Streuung genau das ist, was diese Maße messen.

Die Brauchbarkeit/Nützlichkeit solcher Maße für praktische und/oder theoretische Zwecke läßt sich nur anhand ihrer Eigenschaften beurteilen.

3.2 Maße zur Charakterisierung von Häufigkeitsverteilungen nominaler (klassifikatorischer) Merkmale

3.2.1 Maß der zentralen Tendenz

Modus, häufigster Wert

ist jede Merkmalsausprägung A_j , für die gilt:

$$n(A_j) = \max_i n(A_i) \quad i = 1,2,\ldots,k \ .$$

Der Modus ist nicht immer eindeutig bestimmt.

3.2.2 Maße der Variabilität, der Streuung

(1) Entropie

Die Entropie ist ein Maß aus dem Bereich der Informationstheorie, die wegen ihrer Eigenschaften als Streuungsmaß für nominale Merkmale verwendet werden kann. Sie ist für ein Merkmal A wie folgt definiert:

$$H(A) = -\sum_{i=1}^{k} f_i \text{ ld } f_i = \text{ld } n - \frac{1}{n}\sum_{i=1}^{k} n_i \text{ ld } n_i \text{ ;}^{[1]}$$

dabei ist f_i die relative, n_i die absolute Häufigkeit der i-ten Merkmalsausprägung, n ist die Summe der n_i und ld ist der Logarithmus zur Basis 2 mit $0 \text{ ld } 0 := 0$.

Die Entropie hängt nur von den absoluten bzw. relativen Häufigkeiten ab, nicht jedoch von den Merkmalsausprägungen. Sie mißt die relative Größe der Häufigkeiten zueinander und hat die Maßeinheit "bit". Daß die Entropie als Streuungsmaß verwendet werden kann, zeigen die folgenden Eigenschaften:

Eigenschaften:

$0 \leq H(A) \leq \text{ld } k$; dabei ist

$H(A) = 0$ für eine empirische Ein-Punkt-Verteilung und

$H(A) = \text{ld } k$ für eine empirische Gleichverteilung.

Relative Entropie

Weil die Obergrenze der Entropie $H(A)_{max}$ von der Anzahl k der Ausprägungen abhängt, ist es - z.B. für den Vergleich der Streuungen von Verteilungen mit unterschiedlicher Anzahl von Ausprägungen - oft zweckmäßig, die Entropie H(A) zu normieren:

$$R(A) = \frac{H(A)}{H(A)_{max}} = \frac{H(A)}{\text{ld } k} \text{ ,}$$

---

[1] Mit natürlichen Logarithmen ist zum Beispiel $H(A) = -1{,}4427 \sum_{i=1}^{k} f_i \ln f_i$.

so daß $0 \leq R(A) \leq 1$ und $R(A)$ unabhängig von der Anzahl k der Ausprägungen ist.

Es gilt:

$R(A) = 0$ \quad für eine empirische Ein-Punkt-Verteilung und

$R(A) = 1$ \quad für eine empirische Gleichverteilung.

Mit $R(A)$ läßt sich - der Grenzen wegen - die Größe der Streuung eines nominalen Merkmals A im allgemeinen besser beurteilen als mit der Entropie $H(A)$.

Hinweise:

a) $H(A)$ und $R(A)$ sind invariant gegenüber Vertauschungen der (relativen bzw. absoluten) Häufigkeiten und unabhängig von der Kodierung der Ausprägungen A_i .

b) Die Größen $-f_i \ ld \ f_i$, $ld \ n$ sowie $n_i \ ld \ n_i$ sind tabelliert (vgl. Anhang 3: Entropietabellen).

c) Die Entropie $H(A)$ wird auch zur Messung der Konzentration ökonomischer oder außerökonomischer Größen, also als Konzentrationsmaß, verwendet. Die relativen Häufigkeiten f_i werden dabei durch geeignete Gliederungszahlen g_i (vgl. Kap. 3.5.1) ersetzt.

(2) Maß vom Typ HERFINDAHL

Das Maß von HERFINDAHL ist nur für relative Häufigkeiten bzw. Gliederungszahlen definiert. Für ein Merkmal A ist:

$$K_H(A) = \sum_{i=1}^{k} f_i^2 .$$

Eigenschaften:

$$\frac{1}{k} \leq K_H(A) \leq 1 , \text{ mit}$$

$K_H(A) = \dfrac{1}{k}$ \quad für eine empirische Gleichverteilung und

$K_H(A) = 1$ \quad für eine empirische Ein-Punkt-Verteilung.

Normiertes Maß von HERFINDAHL

Weil die Untergrenze des Maßes von HERFINDAHL von der Anzahl k der Ausprägungen abhängt, ist es oft zweckmäßig, $K_H(A)$ zu normieren (vgl. relative Entropie).

$$K_H(A)_{norm.} = \frac{k \cdot K_H(A) - 1}{k - 1}$$

heißt normiertes Maß von HERFINDAHL.

Eigenschaften:

$0 \leq K_H(A)_{norm.} \leq 1$, mit

$K_H(A)_{norm.} = 0$ für eine empirische Gleichverteilung und

$K_H(A)_{norm.} = 1$ für eine empirische Ein-Punkt-Verteilung.

Das Maß von HERFINDAHL $K_H(A)$ wird auch zur Messung der Konzentration ökonomischer oder außerökonomischer Größen, also als Konzentrationsmaß, verwendet. Die relativen Häufigkeiten f_i werden dabei durch geeignete Gliederungszahlen g_i (vgl. Kap. 3.5.1) ersetzt.

Weil eine große Konzentration eine kleine Streuung bedeutet und umgekehrt, ist es zweckmäßig, als Streuungsmaß für das nominale Merkmal A

$$S_H(A) = 1 - K_H(A)$$

zu verwenden.

Eigenschaften:

$0 \leq S_H(A) \leq 1 - \dfrac{1}{k}$, mit

$S_H(A) = 0$ für eine empirische Ein-Punkt-Verteilung und

$S_H(A) = 1 - \dfrac{1}{k}$ für eine empirische Gleichverteilung.

Normiertes Streuungsmaß

Das normierte Streuungsmaß

$$S_H(A)_{norm.} = \frac{k \cdot S_H(A)}{k-1}$$

nimmt Werte des Intervalls [0;1] an.

Eigenschaften:

$S_H(A)_{norm.} = 0$ für eine empirische Ein-Punkt-Verteilung und

$S_H(A)_{norm.} = 1$ für eine empirische Gleichverteilung.

Hinweise:

a) $S_H(A)$ und $S_H(A)_{norm.}$ sind invariant gegenüber Vertauschungen der relativen Häufigkeiten und unabhängig von der Kodierung der Ausprägungen A_i .

b)   Speziell für $k = 2$ (empirische Zwei-Punkt-Verteilung) kann auch die (empirische) Varianz $V(A) = f_1(1 - f_1)$ als Streuungsmaß verwendet werden (vgl. Kap. 11.4.1(1)). Es gilt: $0 \leq V(A) \leq 0,25$.

(3) Ein Positionsmaß [1]

Dieses Maß bestimmt die Position einer gegebenen Häufigkeitsverteilung zwischen der Ein-Punkt-Verteilung als Verteilung mit minimaler Streuung und der Gleichverteilung als Verteilung mit maximaler Streuung. Die Abstände zu diesen beiden hinsichtlich der Streuung extremen Verteilungen werden gemessen durch die relativen Häufigkeiten, die zwischen den Merkmalsausprägungen umzusortieren sind, um aus der gegebenen Häufigkeitsverteilung die beiden extremen Verteilungen zu konstruieren.

Das Positionsmaß ist wie folgt konstruiert:

$$D(A) = \frac{d_E}{d_E + d_G} .$$

d_E ist der Abstand der gegebenen Verteilung zur Ein-Punkt-Verteilung. Da bei k Merkmalsausprägungen k verschiedene Ein-Punkt-Verteilungen denkbar sind, wird als Verteilung mit minimaler Streuung die Ein-Punkt-Verteilung verwendet, bei der jenes $f_i = 1$ gesetzt wird,

---

1) Vgl. F. VOGEL, Allgemeines Statistisches Archiv, 78(1994), S. 421 - 433.

dessen zugehörige i-te Merkmalsausprägung $(i = 1,2,\ldots,k)$ am stärksten besetzt ist (bei mehreren Modalwerten kann ein beliebiger ausgewählt werden). Seien $f_{i,min.}$ mit $i = 1,2,\ldots,k$ die relativen Häufigkeiten der Verteilung mit minimaler Streuung. Dann ist:

$$d_E = \sum_{i=1}^{k} \left| f_i - f_{i,min.} \right| = 2 - 2 \cdot \max_i \{ f_i \}.$$

d_E variiert zwischen 0 (Ein-Punkt-Verteilung) und $\dfrac{2k-2}{k}$ (Gleichverteilung).

d_G ist der Abstand der gegebenen Verteilung zur Gleichverteilung. Mit $f_{i,max.} = \dfrac{1}{k}$ für $i = 1,2,\ldots,k$ ist

$$d_G = \sum_{i=1}^{k} \left| f_i - f_{i,max.} \right| = \sum_{i=1}^{k} \left| f_i - \frac{1}{k} \right|.$$

d_G variiert zwischen 0 (Gleichverteilung) und $\dfrac{2k-2}{k}$ (Ein-Punkt-Verteilung).

Eigenschaften:

a) Es gilt: $0 \le D(A) \le 1$; dabei ist

   $D(A) = 0$ für eine empirische Ein-Punkt-Verteilung und
   $D(A) = 1$ für eine empirische Gleichverteilung.

b) $D(A)$ ist invariant gegenüber Permutationen der k Ausprägungen, unabhängig von der Anzahl k und von der Kodierung der Ausprägungen.

c) $D(A)$ ist unabhängig von der Anzahl n der Merkmalsträger und ist, als Funktion der relativen Häufigkeiten, stetig.

d) $D(A)$ ist leicht zu berechnen und als relative Position zwischen den beiden hinsichtlich der Streuung extremen Verteilungen anschaulich zu interpretieren. $D(A)$ ist der auf das Intervall $[0,1]$ normierte Abstand der gegebenen Verteilung zur Ein-Punkt-Verteilung, $1 - D(A)$ der Abstand zur Gleichverteilung.

3.3 Maße zur Charakterisierung von Häufigkeitsverteilungen ordinaler (komparativer) Merkmale

3.3.1 Maße der zentralen Tendenz

Rangordnung, Ränge

Die Ausprägung des Merkmals U, die dem v-ten Merkmalsträger ($v = 1,2,...,n$) zugeordnet ist, wird mit u_v bezeichnet, dabei ist $u_v \in \{U_i\}$, $i = 1,2,...,k$. Es kann o.B.d.A. angenommen werden, daß die Ausprägungen U_i, $i = 1,2,...,k$, Ordinalzahlen sind. Mit

$$u_{[1]} \leq u_{[2]} \leq \cdots \leq u_{[j]} \leq ... \leq u_{[n]}$$

wird die Rangordnung der u_v, $v = 1,2,...,n$, bezeichnet. Die Indizes $[1],[2],...,[j],...,[n]$ heißen Ränge.

Eine eindeutige Zuordnung der Ränge ist nur dann möglich, wenn in der Rangordnung der u_v stets das "<"-Zeichen gilt (keine Bindungen).

Quantile, Quartile, Median

Quantil zur Ordnung p ($0 < p < 1$) ist jede Merkmalsausprägung $U_p \in \{U_i\}$, $i = 1,2,...,k$, die von mindestens $100 \cdot p\%$ der Merkmalsträger mit Ausprägungen u_v bzw. $u_{[j]}$ nicht überschritten und von mindestens $100 \cdot (1-p)\%$ der Merkmalsträger mit Ausprägungen u_v bzw. $u_{[j]}$ nicht unterschritten wird, für die also gilt:

$$n\left(U \leq U_p\right) \geq np \text{ und } n\left(U \geq U_p\right) \geq n(1-p) .$$

Es gilt:

$U_p = u_{[j]}$, mit $np < j < np+1$,   falls np nicht ganzzahlig ist.

$U_p = u_{[np]}$ oder $U_p = u_{[np+1]}$,   falls np ganzzahlig ist.

In diesem Falle kann auch jede Ausprägung U_i zwischen $u_{[np]}$ und $u_{[np+1]}$ Quantil zur Ordnung p sein.

$U_{0,25}$ heißt unteres, $U_{0,75}$ heißt oberes Quartil.

Das Quantil zur Ordnung p = 0,5 heißt Median. Der Median ist ein spezieller Mittelwert. Er ist dadurch gekennzeichnet, daß mindestens 50% der Merkmalsträger Ausprägungen aufweisen, die kleiner gleich und mindestens 50% der Merkmalsträger Ausprägungen aufweisen, die größer gleich dem Median sind.

Für den Median gilt:

$$U_{0,5} = u_{[(n+1)/2]},$$ falls n ungerade ist.

$$U_{0,5} = u_{[n/2]} \text{ oder } U_{0,5} = u_{[n/2+1]},$$ falls n gerade ist.

In diesem Falle kann auch jede Ausprägung U_i zwischen diesen beiden Merkmalsausprägungen Median sein. Es ist üblich, als Median die Intervallmitte festzusetzen, falls diese eine Merkmalsausprägung ist.

3.3.2 Maße der Variabilität, der Streuung

(1) Quartilsabstand

Wenn den Ausprägungen U_i, $i = 1,2,\ldots,k$, des ordinalen Merkmals U Ordinalzahlen derart zugeordnet sind, daß $U_i = i$ für $i = 1,2,\ldots,k$, dann heißt

$$q = U_{0,75} - U_{0,25}$$

Quartilsabstand. Der Quartilsabstand entspricht jener Anzahl von Merkmalsausprägungen, die durch das untere und das obere Quartil begrenzt wird (dabei wird eine Grenze nicht mitgezählt).

Mindestens 50% der Merkmalsträger haben Ausprägungen zwischen $U_{0,25}$ und $U_{0,75}$ (Grenzen eingeschlossen).

(2) Ein Maß auf der Basis der Entropie

Sei U ein ordinales Merkmal mit $k \geq 2$ (k endlich) vielen Ausprägungen U_i (der Einfachheit wegen Ordinalzahlen), für die gilt:

$$U_1 < U_2 < \cdots < U_i < \cdots < U_k.$$

$f(U_i) = f_i$, $i = 1,2,\ldots,k$, sind die relativen Häufigkeiten der k Ausprägungen.

Die kumulierten Häufigkeiten

$$f_{j,1} = \sum_{i>j} f_i, \quad i = 2,3,\ldots,k, \quad j = 1,2,\ldots,k-1,$$

geben an, wie groß der Anteil der Merkmalsträger an allen Merkmalsträgern mit Ausprägungen U_i ist, die größer als eine vorgegebene Ausprägung U_j sind.

Mithin ist

$$f_{j,2} = 1 - \sum_{i>j} f_i = 1 - f_{j,1}, \quad i = 2,3,\ldots,k, \quad j = 1,2,\ldots,k-1$$

der Anteil der Merkmalsträger an allen Merkmalsträgern mit Ausprägungen U_i, die kleiner oder höchstens gleich der vorgegebenen Ausprägung U_j sind.

Wird diese Dichotomisierung der Häufigkeiten für alle Ausprägungen U_j durchgeführt (j=1,2,...,k−1), dann entstehen k−1 selbständige binäre Merkmale A_j, $j = 1,2,\ldots,k-1$, mit den relativen Häufigkeiten $f_{j,1}$ für die Ausprägung "1" und $f_{j,2}$ für die Ausprägung "0".

Zum Beispiel ist für j = 2

$$f_{2,1} = \sum_{i>2} f_i$$

der Anteil der Merkmalsträger mit Ausprägungen U_i, die größer als die Ausprägung U_2 sind, und

$$f_{2,2} = 1 - \sum_{i>2} f_i = 1 - f_{2,1}$$

ist entsprechend der Anteil der Merkmalsträger mit Ausprägungen U_i, die kleiner oder gleich der Ausprägung U_2 sind.

Für die k−1 binären Merkmale A_j ergeben sich auf diese Weise die folgenden Häufigkeitsverteilungen.

Merkmal	Merkmalsausprägung	
A_j	1	0
A_1	$f_{1,1}$	$f_{1,2}$
A_2	$f_{2,1}$	$f_{2,2}$
$\vdots$	$\vdots$	$\vdots$
A_{k-1}	$f_{k-1,1}$	$f_{k-1,2}$

Die Entropie (Streuung) jeder dieser Verteilungen ist durch

$$H\big(A_j\big) = -\big(f_{j,1}\ \text{ld}\ f_{j,1} + f_{j,2}\ \text{ld}\ f_{j,2}\big), \quad j = 1,2,\dots,k-1\ ,$$

gegeben, so daß - unter Ausnutzung der Additionseigenschaft der Entropie -

$$S(U) = \sum_{j=1}^{k-1} H\big(A_j\big)$$

ein Streuungsmaß für das ordinale Merkmal U ist (vgl. Anhang 3: Entropietabellen).[1]

Eigenschaften:

a)   S(U) ist unabhängig von der Kodierung der Ausprägungen U_i, die Symbole oder Ordinalzahlen sein können.

b)   S(U) ist invariant gegenüber bijektiven monotonen (rangerhaltenden) Transformationen der Ausprägungen U_i.

c)   S(U) ist stetig in den f_i, d.h. aus kleinen Änderungen der f_i resultieren nur kleine Änderungen von S(U).

---

1) Der Wert des Streuungsmaßes S(U) kann auch wie folgt berechnet werden:

$$S(U) = -\text{ld}\bigg(\prod_{j=1}^{k-1} f_{j,1}^{f_{j,1}}\ f_{j,2}^{f_{j,2}} \bigg) = -1{,}4427\ \ln\bigg(\prod_{j=1}^{k-1} f_{j,1}^{f_{j,1}}\ f_{j,2}^{f_{j,2}} \bigg)\ .$$

d) $0 \leq S(U) \leq k-1$; dabei ist $S(U) = 0$, wenn U keine Streuung besitzt, d.h., wenn irgendein

$f_i = 1$ ist und alle anderen $f_i = 0$ sind (empirische Ein-Punkt-Verteilung), und $S(U) =$

$k-1$, wenn $f_1 = f_k = 0,5$ ist, denn dann ist $H\left(A_j\right) = 1$ für alle $j = 1,2,...,k-1$. Die Gren-

zen $S(U) = 0$ und $S(U) = k-1$ kann dieses Maß also nur dann annehmen, wenn Bindun-

gen vorkommen.

e) $S(U)$ kann auf das Intervall $[0,1]$ normiert werden:

$$0 \leq \frac{S(U)}{k-1} = S(U)_{norm.} \leq 1 \; .$$

$S(U)_{norm.}$ ist unabhängig von der Anzahl k der Ausprägungen des ordinalen Merkmals

U. Mit $S(U)_{norm.}$ läßt sich die Größe der Streuung eines ordinalen Merkmals U im all-

gemeinen besser beurteilen als mit dem Streuungsmaß $S(U)$.

3.4 Maße zur Charakterisierung von Häufigkeitsverteilungen metrischer Merkmale

3.4.1 Lokalisationsparameter, Lagemaße

Lokalisationsparameter oder Lagemaße sind Maße zur Kennzeichnung der (mittleren) Lage von Häufigkeitsverteilungen metrischer Merkmale auf der Merkmalsachse (X-Achse, Abszisse).

(1) Arithmetisches Mittel

- **aus Einzelwerten:**

$$\bar{x} = \frac{1}{n}\sum_{v=1}^{n} x_v \; ;$$

- **aus klassierten Werten oder für diskrete Merkmale mit k Ausprägungen:**

$$\bar{x} = \frac{1}{n}\sum_{i=1}^{k} x_i n_i \quad \text{bzw.} \quad \bar{x} = \sum_{i=1}^{k} x_i f_i \; .$$

Das arithmetische Mittel aus klassierten Werten oder für diskrete Merkmale heißt auch gewogenes arithmetisches Mittel. Die absoluten und relativen Häufigkeiten (n_i bzw. f_i) werden als Gewichte bezeichnet. Für klassierte Werte ist $\bar{x}$ - wegen der Verwendung der Klassenmitten x_i - eine Approximation.

Für linear transformierte Merkmalswerte

$$z_\nu = \frac{x_\nu - a}{b} \quad \text{bzw.} \quad x_\nu = a + bz_\nu ,$$

ergeben sich die arithmetischen Mittelwerte aus

$$\bar{z} = \frac{\bar{x} - a}{b} \quad \text{bzw.} \quad \bar{x} = a + b\bar{z} ;$$

dabei sind $a, b \in \Re$ und $b \neq 0$.

Das arithmetische Mittel ist also weder translationsinvariant (d.h. invariant gegenüber Verschiebungen um a) noch skaleninvariant (d.h. invariant gegenüber Änderungen der Maßeinheit mit dem Faktor b).

Additionssatz für arithmetische Mittel

Wenn $\bar{x}_i$, $i = 1,2,\ldots,k$, die arithmetischen Mittel von k disjunkten Teilgesamtheiten (Klassen) G_i des Umfangs n_i sind, für die gilt:

$$\bar{x}_i = \frac{1}{n_i} \sum_{\nu \in G_i} x_{i\nu} \quad \text{und} \quad \sum_{i=1}^{k} n_i = n ,$$

dabei ist $x_{i\nu}$ der ν-te Merkmalswert in der i-ten Teilgesamtheit G_i und n_i ist der Umfang der i-ten Teilgesamtheit, dann ist

$$\bar{x} = \frac{1}{n} \sum_{i=1}^{k} \bar{x}_i n_i$$

das arithmetische Mittel der Gesamtheit.

Daraus folgt für k = 2 Gesamtheiten:

$$\bar{x} = \frac{1}{n_1 + n_2} \left[\bar{x}_1 n_1 + \bar{x}_2 n_2 \right] = \frac{n_1}{n} \bar{x}_1 + \frac{n_2}{n} \bar{x}_2 .$$

Eigenschaften des arithmetischen Mittels:

a) $\min_\nu \{x_\nu\} \leq \bar{x} \leq \max_\nu \{x_\nu\}$.

b)   Falls $x_\nu = c$ für alle $\nu = 1,2,...,n$, gilt: $\bar{x} = c$.

c) $\sum_{\nu=1}^{n} (x_\nu - \bar{x}) = 0$.

d) $n\bar{x} = \sum_{\nu=1}^{n} x_\nu$.

(2) Quantile, Quartile, Median

• **aus Einzelwerten:**

Quantil zur Ordnung p (mit $0 < p < 1$) ist jede Zahl x_p, die von mindestens $100 \cdot p\%$ der Merkmalswerte nicht überschritten und von $100 \cdot (1-p)\%$ der Merkmalswerte nicht unterschritten wird, für die also gilt:

$$n\left(X \le x_p\right) \ge np \quad \text{und} \quad n\left(X \ge x_p\right) \ge n(1-p) .$$

Es gilt:

$x_p = x_{[j]}$, mit $np < j < np + 1$,   falls np nicht ganzzahlig ist;

$x_p \in \left[x_{[np]}, x_{[np+1]}\right]$,   falls np ganzzahlig ist.

In diesem Falle ist also das Quantil x_p nicht eindeutig bestimmt, falls $x_{[np]} \ne x_{[np+1]}$ ist. Es ist üblich, als Quantil die Intervallmitte festzusetzen.

$x_{0,25}$ heißt unteres, $x_{0,75}$ heißt oberes Quartil.

Das Quantil zur Ordnung p = 0,5 heißt Median. Der Median ist ein spezieller Mittelwert. Er ist dadurch gekennzeichnet, daß mindestens 50% der Merkmalsträger Werte aufweisen, die kleiner gleich, und mindestens 50% der Merkmalsträger Werte aufweisen, die größer gleich dem Median sind.

Es gilt:

$$x_{0,5} = x_{\left[\frac{n+1}{2}\right]} ,$$ falls n ungerade ist,

$$x_{0,5} \in [x_{\left[\frac{n}{2}\right]}, x_{\left[\frac{n}{2}+1\right]}] ,$$ falls n gerade ist.

Der Median $x_{0,5}$ ist also nicht eindeutig bestimmt, wenn $x_{\left[\frac{n}{2}\right]} \neq x_{\left[\frac{n}{2}+1\right]}$ ist. In diesem Falle ist

es ist üblich, als Median die Intervallmitte festzusetzen, weil - bei geradem n - die mittlere

lineare Abweichung d(B) mit

$$B = x_{0,5} = \frac{\left[x_{\left[\frac{n}{2}\right]} + x_{\left[\frac{n}{2}+1\right]}\right]}{2}$$

minimal ist (vgl. Kap. 3.4.2(2)).

- **aus klassierten Werten:**

Das Quantil zur Ordnung p $(0 < p < 1)$ ist jene Zahl x_p für die gilt:

$$\hat{F}_X^*\left(x_p\right) = p \ .$$

Es gilt (approximativ):

$$x_p = x_i^u + \left\{p - \hat{F}_X\left(x_i^u\right)\right\} \frac{\Delta(x_i) \cdot n}{n_i} ;$$

dabei ist i so zu bestimmen, daß $\hat{F}_X\left(x_i^u\right) < p \leq \hat{F}_X\left(x_i^o\right)$.

Das Quantil zur Ordnung p = 0,5 heißt Median.

Der mit Hilfe der approximierenden Verteilungsfunktion $\hat{F}_X^*(\xi)$ bestimmte Median ist (wie

auch die anderen Quantile) natürlich ein approximativer Wert. Mit diesem approximativen

Median $x_{0,5}$ als Bezugsgröße B hat die Funktion d(B) nicht mehr die in Kap. 3.4.2(2) ge-

nannte Minimaleigenschaft.

Der Median $x_{0,5}$ ist - wie auch die anderen Quantile - ein von Extremwerten unabhängiger

Lokalisationsparameter.

3.4.2 Dispersionsparameter, Streuungsmaße

Dispersionsparameter oder Streuungsmaße sind Maße zur Kennzeichnung der Variabilität der

den Merkmalsträgern zugeordneten Merkmalswerte bzw. der "Ausdehnung" von Häufigkeits-

verteilungen metrischer Merkmale.

(1) Spannweite

Differenz zwischen dem größten und dem kleinsten Merkmalswert:

$$R_0 = x_{[n]} - x_{[1]} \;.$$

Weniger empfindlich gegenüber Extremwerten ist

$$R_m = x_{[n-m]} - x_{[m+1]} \;;$$

dabei ist m eine ganze Zahl, für die gilt: $0 < m < n/2$.

(2) Mittlere lineare (absolute) Abweichung, durchschnittliche Abweichung

- **aus Einzelwerten:**

$$d(B) = \frac{1}{n} \sum_{v=1}^{n} |x_v - B| \;;$$

- **aus klassierten Werten oder für diskrete Merkmale mit k Ausprägungen:**

$$d(B) = \frac{1}{n} \sum_{i=1}^{k} |x_i - B| n_i \quad \text{bzw.} \quad d(B) = \sum_{i=1}^{k} |x_i - B| f_i \;;$$

dabei ist B = const. eine geeignete Bezugsgröße. Die mittlere lineare Abweichung ist eine Funktion der Bezugsgröße B. Sie ist für eine gegebene Verteilung minimal, wenn $B = x_{0,5}$ ist (Minimaleigenschaft der durchschnittlichen Abweichung bezüglich des Medians $x_{0,5}$). Der Median $x_{0,5}$ ist daher anderen Bezugsgrößen vorzuziehen. Für klassierte Werte ist $d(x_{0,5})$ - wegen der Verwendung der Klassenmitten x_i - eine Approximation.

Eigenschaften:

a) $d(x_{0,5}) \geq 0$.

b) $d(x_{0,5}) = 0$, wenn alle Merkmalswerte gleich sind.

Für linear transformierte Merkmalswerte

$$z_v = \frac{x_v - a}{b} \quad \text{bzw.} \quad x_v = a + b z_v \;,$$

ergibt sich die mittlere lineare Abweichung vom Median aus

$$d(z_{0,5}) = \frac{1}{|b|} d(x_{0,5}) \quad \text{bzw.} \quad d(x_{0,5}) = |b| \cdot d(z_{0,5}) \; ;$$

dabei sind $a, b \in \Re$ und $b \neq 0$.

Die mittlere lineare (absolute) Abweichung ist also invariant gegenüber Verschiebungen um a (translationsinvariant), nicht aber invariant gegenüber Veränderungen der Maßeinheit mit dem Faktor b (nicht skaleninvariant).

(3) Mittlere quadratische Abweichung, Varianz

- **aus Einzelwerten:**

$$s^2 = \frac{1}{n} \sum_{v=1}^{n} (x_v - \bar{x})^2$$

heißt mittlere quadratische Abweichung oder (empirische) Varianz.

Die Dimension der Varianz ist das Quadrat der Dimension der zugrundeliegenden x_v-Werte.

Eigenschaften:

a) $s^2 \geq 0$.

b) $s^2 = 0$, wenn alle Merkmalswerte x_v gleich sind.

Hinweise:

a)   Die Varianz s^2 kann auch wie folgt dargestellt werden:

$$s^2 = \frac{1}{n^2} \sum_{v < \kappa} (x_v - x_\kappa)^2$$

$$= \frac{1}{2n^2} \sum_{v=1}^{n} \sum_{\kappa=1}^{n} (x_v - x_\kappa)^2 \; .$$

b)   Die Varianz aus Einzelwerten wird häufig auch wie folgt definiert (für klassierte Werte oder für diskrete Merkmale mit k Ausprägungen gilt entsprechendes):

$$\hat{\sigma}^2 = \frac{1}{n-1} \sum_{v=1}^{n} (x_v - \bar{x})^2 = \frac{n \cdot s^2}{n-1} \; .$$

Die Verwendung von n–1 an Stelle von n im Nenner von $\hat{\sigma}^2$ ist vor allem im Bereich der schließenden Statistik (Schätzverfahren, Testverfahren) von Bedeutung. $\hat{\sigma}^2$, die sogenannte "korrigierte Varianz", ist eine erwartungstreue Schätzfunktion für die Varianz der Gesamtheit, die mit σ^2 oder σ_X^2 bezeichnet wird, wenn der Wert von $\hat{\sigma}^2$ aus einer (Zufalls-) Stichprobe berechnet wird (vgl. Kap. 15.1). n–1 heißt Anzahl der Freiheitsgrade.

Verschiebungssatz

Für jede Bezugsgröße B = const. gilt der Verschiebungssatz:

$$s^2 = \frac{1}{n}\sum_{v=1}^{n}(x_v - B)^2 - (\overline{x} - B)^2$$

$$= s^2(B) - (\overline{x} - B)^2 \ .$$

Daraus folgt:

a) $s^2(B) = \dfrac{1}{n}\sum_{v=1}^{n}(x_v - B)^2 = s^2 + (\overline{x} - B)^2$

nimmt mit $B = \overline{x}$ den kleinsten Wert an (Minimaleigenschaft der Varianz bezüglich des arithmetischen Mittels $\overline{x}$).

b) $s^2 = \dfrac{1}{n}\sum_{v=1}^{n}x_v^2 - \overline{x}^2 = \overline{x^2} - \overline{x}^2$ für B = 0 .

$\overline{x^2} = \dfrac{1}{n}\sum_{v=1}^{n}x_v^2$ heißt quadratisches Mittel (für Einzelwerte).

Für linear transformierte Merkmalswerte

$$z_v = \frac{x_v - a}{b} \quad \text{bzw.} \quad x_v = a + bz_v \ ,$$

ergibt sich die Varianz aus

$$s_z^2 = \frac{1}{b^2} s_X^2 \quad \text{bzw.} \quad s_X^2 = b^2 s_z^2 \ ;$$

dabei sind a, b $\in \mathfrak{R}$ und b $\neq 0$.

Daraus folgt, daß $s_{-x}^2 = s_x^2$ ist.

Die Varianz ist also invariant gegenüber Verschiebungen um a (translationsinvariant), nicht aber invariant gegenüber Veränderungen der Dimension mit dem Faktor b (nicht skaleninvariant).

Mit $s^2 = \dfrac{1}{n} \sum\limits_{v=1}^{n} x_v^2 - \bar{x}^2 = \overline{x^2} - \bar{x}^2$ kann die Varianz häufig einfacher berechnet werden.

Varianzzerlegung

Wenn eine Gesamtheit G vom Umfang n in k disjunkte Teilgesamtheiten (Klassen) G_i des Umfangs n_i, $i = 1,2,\ldots,k$, zerlegt ist, gilt:

$$s^2 = \frac{1}{n} \sum_{i=1}^{k} s_i^2 n_i + \frac{1}{n} \sum_{i=1}^{k} (\bar{x}_i - \bar{x})^2 n_i$$

$$= s_{int.}^2 + s_{ext.}^2 \ ;$$

dabei ist $s_i^2 = \dfrac{1}{n_i} \sum\limits_{v \in G_i} (x_v - \bar{x}_i)^2$

die Varianz der i-ten Teilgesamtheit (Klasse), $\bar{x}_i$ ist das arithmetische Mittel der i-ten Teilgesamtheit (Klasse) und $\sum\limits_{i=1}^{k} n_i = n$.

$$s_{int.}^2 = \frac{1}{n} \sum_{i=1}^{k} s_i^2 n_i$$

heißt interne Varianz (Varianz innerhalb der Teilgesamtheiten/Klassen),

$$s_{ext.}^2 = \frac{1}{n} \sum_{i=1}^{k} (\bar{x}_i - \bar{x})^2 n_i$$

heißt externe Varianz (Varianz zwischen den Teilgesamtheiten/Klassen).

Daraus folgt für k = 2 Gesamtheiten:

$$s^2 = \frac{n_1}{n} s_1^2 + \frac{n_2}{n} s_2^2 + \frac{n_1 n_2}{n^2} (\bar{x}_1 - \bar{x}_2)^2 \ .$$

- **aus klassierten Werten oder für diskrete Merkmale mit k Ausprägungen:**

$$s^2 = \frac{1}{n}\sum_{i=1}^{k}(x_i - \overline{x})^2 n_i \quad bzw. \quad s^2 = \sum_{i=1}^{k}(x_i - \overline{x})^2 f_i \ .$$

Für klassierte Werte ist s^2 - wegen der Verwendung der Klassenmitten x_i und des approximativen arithmetischen Mittels $\overline{x}$ - eine Approximation. Im übrigen gilt das zur Varianz aus Einzelwerten Geschriebene entsprechend.

Mit $s^2 = \frac{1}{n}\sum_{i=1}^{k}x_i^2 n_i - \overline{x}^2$ kann die Varianz häufig einfacher berechnet werden.

Hinweis:

Wenn $\overline{x}_i = \overline{x}$ für alle i=1,2,...,k ist, dann ist $s_{ext.}^2 = 0$ und

$$s_{int.}^2 = s^2 = \frac{1}{n}\sum_{i=1}^{k}s_i^2 n_i \ .$$

Das arithmetische Mittel

$$\frac{1}{n}\sum_{i=1}^{k}s_i^2 n_i$$

wird auch als "Additionssatz für Varianzen" bezeichnet (vgl. Additionssatz für arithmetische Mittel). Die Bedingung $\overline{x}_i = \overline{x}$ für alle i ist allerdings bei praktischen Anwendungen in aller Regel nicht erfüllt.

(4) Standardabweichung

Die Standardabweichung für Einzelwerte, klassierte Werte und diskrete Merkmale ist gleich der positiven Quadratwurzel der Varianz: $s = +\sqrt{s^2}$. Sie hat die gleiche Dimension wie die Merkmalswerte, aus denen sie berechnet wurde.

Eigenschaften:

a) $s \geq 0$.

b) $s = 0$, wenn alle Merkmalswerte x_v gleich sind.

Für linear transformierte Merkmalswerte (s.o.) ist

$$s_z = \frac{1}{|b|} s_x \quad \text{bzw.} \quad s_x = |b| s_z \, .$$

(5) Relative Streuungsmaße

Für metrische Merkmale, die auf einer Verhältnisskala (natürlicher Nullpunkt) gemessen werden, für die also gilt: $x_v \geq 0$, sind der Variationskoeffizient $v = \frac{s}{\overline{x}}$ und die relative

durchschnittliche Abweichung $v_d = \frac{d(x_{0,5})}{x_{0,5}}$ relative, von der jeweiligen Maßeinheit der

Merkmale (Dimension) unabhängige Streuungsmaße. v_d wird auch "relative Variabilität"

genannt.

3.4.3 Empirische Momente

Empirische Momente sind arithmetische Mittelwerte bestimmter Funktionen g des Merkmals
X, und zwar i.a. Mittelwerte von Funktionen der Art

$$g(X) = \left(\frac{x-a}{b} \right)^r , \quad r = 0,1,2,\ldots;$$

dabei sind $a,b \in \Re$ mit $b \neq 0$ zweckmäßig gewählte Konstante, zum Beispiel Mittelwert und

Standardabweichung (vgl. hierzu auch Kap. 11.3.2).

- **Momente aus Einzelwerten**

$$\overline{g(X)} = \frac{1}{n} \sum_{v=1}^{n} g(x_v) \, ;$$

- **Momente aus klassierten Werten oder für diskrete Merkmale mit k Ausprägungen**

$$\overline{g(X)} = \frac{1}{n} \sum_{i=1}^{k} g(x_i) n_i \quad \text{bzw.} \quad \overline{g(X)} = \sum_{i=1}^{k} g(x_i) f_i \, .$$

Mit Hilfe von Momenten können Häufigkeitsverteilungen im allgemeinen ein-eindeutig charakterisiert werden.

Hinweise:

Für Einzelwerte ist zum Beispiel:

mit a = 0, b = 1 und r = 1

$$m_1' = \overline{g(X)} = \frac{1}{n}\sum_{v=1}^{n} x_v = \overline{x},$$

mit a = $\overline{x}$, b = 1 und r = 2

$$m_2 = \overline{g(X)} = \frac{1}{n}\sum_{v=1}^{n} (x_v - \overline{x})^2 = s^2,$$

mit a = $\overline{x}$, b = s und r = 1

$$m_1^* = \overline{g(X)} = \frac{1}{n}\sum_{v=1}^{n} \left(\frac{x_v - \overline{x}}{s}\right)^1 = \overline{x}^* = 0, \text{ und}$$

mit a = $\overline{x}$, b = s und r = 2 ist

$$m_2^* = \overline{g(X)} = \frac{1}{n}\sum_{v=1}^{n} \left(\frac{x_v - \overline{x}}{s}\right)^2 = s^{*2} = 1.$$

Zur Charakterisierung von Häufigkeitsverteilungen werden gelegentlich auch die empirische "Schiefe" und die empirische "Wölbung" (auch "Steilheit") verwendet.

Diese Maße sind auf der Basis klassierter und standardisierter Werte

$$g(x_i) = \frac{x_i - \overline{x}}{s} = y_i$$

wie folgt definiert:

Schiefe: $$m_3^* = \frac{1}{n}\sum_{i=1}^{k} y_i^3 n_i,$$

Wölbung: $$m_4^* - 3 = \frac{1}{n}\sum_{i=1}^{k} y_i^4 n_i - 3.$$

Bei symmetrischen Häufigkeitsverteilungen ist $m_3^* = 0$. $m_3^* < 0$ bedeutet, daß die Häufigkeitsverteilung linksschief (rechtssteil) und $m_3^* > 0$, daß die Verteilung rechtsschief (linkssteil) ist. Die Wölbung mißt die Abweichung einer symmetrischen und eingipfligen Häufigkeitsverteilung von der Form einer "Standardnormalverteilung" (vgl. Kap. 11.4.2), für die $m_4^* - 3 = 0$ ist.

m_3^* und m_4^* sind - wie alle standardisierten Momente - (gegebenenfalls bis auf das Vorzeichen) invariant gegenüber linearen Transformationen, d.h. translations- und skaleninvariant.

Exkurs: Standardisierung und Ungleichung von TSCHEBYSCHEV

- **Standardisierung**

Ein Merkmal X, für das gilt:

$$\bar{x} = 0 \quad \text{und} \quad s^2 = 1,$$

heißt standardisiert.

Ist X ein Merkmal mit arithmetischem Mittel $\bar{x}$ und Standardabweichung s, dann ist die lineare Transformation von X:

$$X^* = \frac{X - \bar{x}}{s} = \frac{1}{s}X - \frac{\bar{x}}{s}$$

ein standardisiertes Merkmal. Standardisierte Merkmale sind dimensionslos. Die lineare Transformation $\frac{X - \bar{x}}{s}$ heißt Standardisierung.

- **Ungleichung von TSCHEBYSCHEV**

Für beliebige Häufigkeitsverteilungen stetiger oder diskreter metrischer Merkmale mit Mittelwert $\bar{x}$ und Standardabweichung s gilt die Ungleichung von TSCHEBYSCHEV:

$$f\left(\bar{x} - cs \leq x_v \leq \bar{x} + cs\right) \geq 1 - \frac{1}{c^2}, \quad c > 1, \text{ für alle } v = 1,2,...,n.$$

Danach enthält das Intervall $[\bar{x} - cs, \bar{x} + cs]$ mindestens $100 \cdot \left(1 - \frac{1}{c^2}\right)$ % aller Merkmalswerte.

3.5 Verhältniszahlen

sind Quotienten zweier Maßzahlen. Sie dienen dem sachlichen, örtlichen (regionalen) oder zeitlichen Vergleich quantifizierbarer Sachverhalte. Es ist üblich, Gliederungszahlen, Beziehungszahlen und Meßzahlen zu unterscheiden.

3.5.1 Gliederungszahlen

Gliederungszahlen sind wie folgt definiert:

$$g_i = \frac{x_i}{\sum\limits_{j=1}^{k} x_j}, \quad g_i \geq 0, \quad \sum\limits_{i=1}^{k} g_i = 1;$$

dabei sind die x_i Teile der Summe $\sum\limits_{j=1}^{k} x_j$. Teilgrößen werden also auf eine übergeordnete

Gesamtgröße als gemeinsame Basis bezogen. Gliederungszahlen werden auch als Quoten oder

Anteile bezeichnet und häufig in Prozent $\left(g_i \cdot 100(\%)\right)$ oder Promille $\left(g_i \cdot 1000(\text{‰})\right)$ ausge-

drückt.

Hinweis:

Differenzen von Prozentsätzen (Prozentzahlen) heißen "Prozent-Punkte".

3.5.2 Beziehungszahlen

Eine Beziehungszahl ist wie folgt definiert:

$$b = \frac{y}{x};$$

dabei sind y und x sachlich verschiedene Größen, die zueinander in sinnvoller Beziehung

stehen. Beziehungszahlen werden, der besseren Interpretierbarkeit wegen, häufig mit 100 oder

1000 multipliziert, so daß sie die y-Größe je 100 bzw. 1000 Einheiten der x-Größe ausdrük-

ken.

Hinweise:

a)   Das (gewogene) harmonische Mittel

$$\bar{b}_H = \frac{1}{\sum\limits_{i=1}^{n} \frac{1}{b_i} h_i} = \frac{1}{\sum\limits_{i=1}^{n} \frac{x_i}{y_i} h_i} = \frac{\bar{y}}{\bar{x}}$$

mit den gegebenen (oder aus den verfügbaren Daten berechenbaren) Gewichten

$$h_i = \frac{y_i}{\sum\limits_{j=1}^{n} y_j}, \quad \sum\limits_{i=1}^{n} h_i = 1,$$

ist ein spezieller Mittelwert für Beziehungszahlen b_i, $i = 1,2,\ldots,n$.

b)   Sind zur Berechnung eines Mittelwerts von Beziehungszahlen $b_i, i = 1,2,...,n$, die Gewichte

$$g_i = \frac{x_i}{\sum\limits_{j=1}^{n} x_j}, \quad \sum\limits_{i=1}^{n} g_i = 1$$

gegeben (oder aus den verfügbaren Daten berechenbar), so ist das arithmetische Mittel

$$\bar{b} = \sum\limits_{i=i}^{n} b_i g_i = \frac{\bar{y}}{\bar{x}}$$

zu verwenden.

3.5.3 Meßzahlen

(1) Örtliche (regionale) Meßzahlen

sind wie folgt definiert:

$$m_{0,i} = \frac{x_i}{x_0}, \quad i = 1,2,...,k;$$

dabei sind die x_i-Werte sachlich gleichartig, aber örtlich bzw. regional verschieden, und die Bezugsgröße x_0 ist entweder ein zweckdienlich ausgewählter x_i-Wert oder der gemeinsame Durchschnitt (arithmetisches Mittel).

(2) Zeitliche Meßzahlen (vgl. Kap. 7.2)

Sei t eine Zeitvariable, deren Werte äquidistante Zeitpunkte kennzeichnen, und x_t der Merkmalswert, der dem Zeitpunkt t, t = 1,2,...,n, zugeordnet ist.

•   Dann sind zeitliche Meßzahlen mit konstanter Bezugszeit wie folgt definiert:

$$M_{t_0,t} = \frac{x_t}{x_{t_0}}, \quad t = 1,2,...,n;$$

dabei sind die x_t-Werte sachlich gleichartig, aber zeitlich verschieden.

Die Basis- oder Bezugsgröße x_{t_0} ist ein zweckdienlich ausgewählter x_t-Wert.

t = 1,2,...,n heißt Berichtszeit, und t_0 ist die konstante Bezugszeit.

- Zeitliche Meßzahlen mit variabler Bezugszeit sind wie folgt definiert:

$$M_{t-1,t} = \frac{x_t}{x_{t-1}}, \quad t = 2,3,\ldots,n.$$

Der Basis- oder Bezugswert x_{t-1} ist dabei stets der Wert zum entsprechenden Zeitpunkt der Vorperiode.

4 Zweidimensionale Häufigkeitsverteilungen

4.1 Zweidimensionale Verteilungen nominaler und ordinaler Merkmale

Jeder Merkmalsträger ist durch die Ausprägungen zweier Merkmale (A_i, B_j) bzw. (U_i, V_j) gekennzeichnet, $i = 1,2,...,k$, $j = 1,2,...,m$.

4.1.1 Gemeinsame Häufigkeitsverteilung

Absolute Häufigkeiten

Anzahl der Merkmalsträger mit den Ausprägungen A_i und B_j:

$$n(A_i, B_j) = n_{ij}, \quad i = 1,2,...,k, \ j = 1,2,...,m.$$

Die Zuordnung der absoluten Häufigkeiten n_{ij} zu den Ausprägungen A_i und B_j heißt gemeinsame (zweidimensionale) absolute Häufigkeitsverteilung der Merkmale A und B.

Eigenschaften:

a) $\quad 0 \le n(A_i, B_j) \le n$.

b) $\quad \sum\limits_{i=1}^{k} \sum\limits_{j=1}^{m} n(A_i, B_j) = n$.

Relative Häufigkeiten

Anteil der Merkmalsträger an allen Merkmalsträgern mit den Ausprägungen A_i und B_j:

$$f(A_i, B_j) = \frac{n_{ij}}{n} = f_{ij}, \quad i = 1,2,...,k, \ j = 1,2,...,m.$$

Die Zuordnung der relativen Häufigkeiten f_{ij} zu den Ausprägungen A_i und B_j heißt gemeinsame (zweidimensionale) relative Häufigkeitsverteilung der Merkmale A und B (empirische k×m-Punkt-Verteilung).

Eigenschaften:

a) $0 \leq f\left(A_i, B_j\right) \leq 1$.

b) $\sum\limits_{i=1}^{k} \sum\limits_{j=1}^{m} f\left(A_i, B_j\right) = 1$.

Die gemeinsame absolute oder relative Häufigkeitsverteilung wird für nominale Merkmale in einer Assoziations- und für ordinale Merkmale in einer Kontingenztabelle dargestellt.

Assoziations- oder Kontingenztabelle (mit absoluten Häufigkeiten)

$\diagdown$ B A	B_1	B_2	$\cdots$	B_j	$\cdots$	B_m	$\sum\limits_{j=1}^{m}$
A_1	n_{11}	n_{12}	$\cdots$	n_{1j}	$\cdots$	n_{1m}	$n_{1\bullet}$
A_2	n_{21}	n_{22}	$\cdots$	n_{2j}	$\cdots$	n_{2m}	$n_{2\bullet}$
$\vdots$	$\vdots$	$\vdots$		$\vdots$		$\vdots$	$\vdots$
A_i	n_{i1}	n_{i2}	$\cdots$	n_{ij}	$\cdots$	n_{im}	$n_{i\bullet}$
$\vdots$	$\vdots$	$\vdots$		$\vdots$		$\vdots$	$\vdots$
A_k	n_{k1}	n_{k2}	$\cdots$	n_{kj}	$\cdots$	n_{km}	$n_{k\bullet}$
$\sum\limits_{i=1}^{k}$	$n_{\bullet 1}$	$n_{\bullet 2}$	$\cdots$	$n_{\bullet j}$	$\cdots$	$n_{\bullet m}$	n

Vier-Felder-Tafel (Assoziations- oder Kontingenztabelle mit $k = m = 2$)

$\diagdown$ B A	B_1	B_2	$\sum\limits_{j=1}^{2}$
A_1	n_{11}	n_{12}	$n_{1\bullet}$
A_2	n_{21}	n_{22}	$n_{2\bullet}$
$\sum\limits_{i=1}^{2}$	$n_{\bullet 1}$	$n_{\bullet 2}$	n

Hinweis:

Eine zweidimensionale Häufigkeitsverteilung mit $f_{ij} = \dfrac{1}{k \cdot m}$ für alle i und j heißt zweidimensionale empirische Gleichverteilung.

4.1.2 Randverteilungen

Absolute Häufigkeiten

Anzahl der Merkmalsträger mit der Ausprägung A_i:

$$n(A_i) = \sum_{j=1}^{m} n(A_i, B_j) = n_{i\bullet}, \quad i = 1,2,\ldots,k.$$

Die Zuordnung der absoluten Häufigkeiten $n_{i\bullet}$ zu den Ausprägungen A_i heißt absolute Randverteilung des Merkmals A.

Anzahl der Merkmalsträger mit der Ausprägung B_j:

$$n(B_j) = \sum_{i=1}^{k} n(A_i, B_j) = n_{\bullet j}, \quad j = 1,2,\ldots,m.$$

Die Zuordnung der absoluten Häufigkeiten $n_{\bullet j}$ zu den Ausprägungen B_j heißt absolute Randverteilung des Merkmals B.

Relative Häufigkeiten

Anteil der Merkmalsträger an allen Merkmalsträgern mit der Ausprägung A_i:

$$f(A_i) = \sum_{j=1}^{m} f(A_i, B_j) = \frac{n_{i\bullet}}{n} = f_{i\bullet}, \quad i = 1,2,\ldots,k.$$

Die Zuordnung der relativen Häufigkeiten $f_{i\bullet}$ zu den Ausprägungen A_i heißt Randverteilung des Merkmals A.

Anteil der Merkmalsträger an allen Merkmalsträgern mit der Ausprägung B_j:

$$f(B_j) = \sum_{i=1}^{k} f(A_i, B_j) = \frac{n_{\bullet j}}{n} = f_{\bullet j}, \quad j = 1,2,\ldots,m.$$

Die Zuordnung der relativen Häufigkeiten $f_{\bullet j}$ zu den Ausprägungen B_j heißt Randverteilung des Merkmals B.

Eigenschaften:

a) $0 \le n(A_i), n(B_j) \le n$.

b) $\sum_{i=1}^{k} n(A_i) = \sum_{j=1}^{m} n(B_j) = n$.

c) $0 \le f(A_i), f(B_j) \le 1$.

d) $\sum_{i=1}^{k} f(A_i) = \sum_{j=1}^{m} f(B_j) = 1$.

4.1.3 Bedingte Häufigkeitsverteilungen (bedingte relative Häufigkeiten)

Anteil der Merkmalsträger an allen Merkmalsträgern mit der Ausprägung A_i unter der Bedingung B_j (j = 1,2,...,m):

$$f(A_i \mid B_j) = \frac{f(A_i, B_j)}{f(B_j)}, \quad i = 1,2,...,k, \quad f(B_j) > 0.$$

Die Zuordnung der bedingten relativen Häufigkeiten $f(A_i \mid B_j)$ zu den Ausprägungen A_i heißt bedingte Häufigkeitsverteilung des Merkmals A bezüglich des Merkmals B (Normierung der relativen Häufigkeiten der Spalten der Assoziationstabelle auf 1).

Anteil der Merkmalsträger an allen Merkmalsträgern mit der Ausprägung B_j unter der Bedingung A_i (i = 1,2,...,k):

$$f(B_j \mid A_i) = \frac{f(A_i, B_j)}{f(A_i)}, \quad j = 1,2,...,m, \quad f(A_i) > 0.$$

Die Zuordnung der bedingten relativen Häufigkeiten $f(B_j \mid A_i)$ zu den Ausprägungen B_j heißt bedingte Häufigkeitsverteilung des Merkmals B bezüglich des Merkmals A (Normierung der relativen Häufigkeiten der Zeilen der Assoziationstabelle auf 1).

Eigenschaften:

a) $0 \le f\left(A_i \mid B_j\right), f\left(B_j \mid A_i\right) \le 1.$

b) $\sum_{i=1}^{k} f\left(A_i \mid B_j\right) = \sum_{j=1}^{m} f\left(B_j \mid A_i\right) = 1$ für alle j bzw. i.

Zwischen der gemeinsamen (zweidimensionalen) Verteilung, den Randverteilungen und den bedingten Verteilungen bestehen folgende Beziehungen:

$$f\left(A_i, B_j\right) = f\left(A_i \mid B_j\right) \cdot f\left(B_j\right)$$
$$= f\left(B_j \mid A_i\right) \cdot f\left(A_i\right).$$

Hinweis:

Für ordinale Merkmale (U, V) sind die Ausprägungen A_i und B_j durch die Ausprägungen U_i und V_j (i = 1,2,...,k, j = 1,2,...,m) zu ersetzen. Es ist zu beachten, daß die Ausprägungen U_i und V_j einer vorgegebenen Ordnung folgen und daher nicht vertauschbar sind. Bei ordinalen Merkmalen ist es zulässig, die ein- und zweidimensionalen Häufigkeiten zu kumulieren.

4.2 Zweidimensionale Verteilungen metrischer Merkmale

Jeder Merkmalsträger ist durch ein Paar von Merkmalswerten $\left(x_v, y_v\right)$, $v = 1,2,...,n$, gekennzeichnet: $x_v, y_v \in \Re$.

4.2.1 Einzelwerte

Auf der Grundlage der n Wertepaare $\left(x_v, y_v\right)$ lassen sich die folgenden Funktionen bestimmen.

(1) Gemeinsame Summen- und Verteilungsfunktion

Die Funktion

$$S_{X,Y}(\xi, \eta) = n\left(X \le \xi, Y \le \eta\right)$$

heißt gemeinsame (zweidimensionale) Summenfunktion der Merkmale X und Y. Ihr Wert an der Stelle $(\xi, \eta) \in \Re^2$ ist die Anzahl der Wertepaare, für die gilt: $x_v \le \xi$ und $y_v \le \eta$.

Die Funktion

$$\hat{F}_{X,Y}(\xi,\eta) = f(X \le \xi, Y \le \eta) = \frac{S_{X,Y}(\xi,\eta)}{n}$$

heißt gemeinsame (zweidimensionale) empirische Verteilungsfunktion der Merkmale X und Y. Ihr Wert an der Stelle $(\xi,\eta) \in \mathfrak{R}^2$ ist der Anteil der Wertepaare, für die gilt: $x_\nu \le \xi$ und $y_\nu \le \eta$.

(2) Randverteilungsfunktionen

Die Funktion

$$\hat{F}_X(\xi) = f(X \le \xi) = f(X \le \xi, Y < \infty) \text{ für alle } \xi \in \mathfrak{R}$$

heißt empirische (eindimensionale) Randverteilungsfunktion des Merkmals X.

Die Funktion

$$\hat{F}_Y(\eta) = f(Y \le \eta) = f(X < \infty, Y \le \eta) \text{ für alle } \eta \in \mathfrak{R}$$

heißt empirische (eindimensionale) Randverteilungsfunktion des Merkmals Y.

4.2.2 Klassierte Werte

Der Wertebereich des Merkmals X ist eingeteilt in k disjunkte Klassen, und der Wertebereich des Merkmals Y ist eingeteilt in m disjunkte Klassen (vgl. Kap. 2.3.2).

x_i ist die Klassenmitte der i-ten Klasse des Merkmals X, i = 1,2,...,k,

$\dot{y}_j$ ist die Klassenmitte der j-ten Klasse des Merkmals Y, j = 1,2,...,m.

$\Delta(x_i)$ bzw. $\Delta(y_j)$ ist die Klassenbreite der i-ten bzw. j-ten Klasse.

Mit $\left\{ \left(x_i^u < \xi \le x_i^o \right), \left(y_j^u < \eta \le y_j^o \right) \right\}$ ist die (i,j)-te zweidimensionale Klasse definiert.

(1) Gemeinsame Häufigkeitsverteilung

Absolute Häufigkeiten

Anzahl der Merkmalsträger in der durch die Klassenmitten x_i und y_j gekennzeichneten zweidimensionalen Klasse:

$$n(x_i, y_j) = n_{ij}, \quad i = 1, 2, \ldots, k, \, j = 1, 2, \ldots, m.$$

Die Zuordnung der absoluten Häufigkeiten n_{ij} zu den Klassenmitten x_i und y_j heißt gemeinsame (zweidimensionale) absolute Häufigkeitsverteilung der Merkmale X und Y.

Eigenschaften:

a) $0 \le n_{ij} \le n$.

b) $\displaystyle\sum_{i=1}^{k}\sum_{j=1}^{m} n_{ij} = n$.

Relative Häufigkeiten

Anteil der Merkmalsträger an allen Merkmalsträgern in der durch die Klassenmitten x_i und y_j gekennzeichneten zweidimensionalen Klasse:

$$f(x_i, y_j) = \frac{n_{ij}}{n} = f_{ij}, \quad i = 1, 2, \ldots, k, \, j = 1, 2, \ldots, m.$$

Die Zuordnung der relativen Häufigkeiten f_{ij} zu den Klassenmitten x_i und y_j heißt gemeinsame (zweidimensionale) relative Häufigkeitsverteilung der Merkmale X und Y.

Eigenschaften:

a) $0 \le f_{ij} \le 1$.

b) $\displaystyle\sum_{i=1}^{k}\sum_{j=1}^{m} f_{ij} = 1$.

Die gemeinsame absolute oder relative Häufigkeitsverteilung zweier metrischer Merkmale wird in einer Korrelationstabelle dargestellt.

Häufigkeitsdichte

Die Funktion

$$\hat{f}_{X,Y}(\xi, \eta) = \begin{cases} \dfrac{f_{ij}}{\Delta(x_i)\Delta(y_j)} = \dfrac{n_{ij}}{n\,\Delta(x_i)\Delta(y_j)} \ge 0 & \text{für} \quad x_i^u < \xi \le x_i^o, y_j^u < \eta \le y_j^o, \\[2mm] & i = 1, 2, \ldots, k, \quad j = 1, 2, \ldots, m \\[2mm] 0 & \text{sonst} \end{cases}$$

heißt (zweidimensionale) Häufigkeitsdichte.

Hinweis:

Die (zweidimensionale) Häufigkeitsdichte ist keine relative Häufigkeit. Sie kann Werte größer 1 annehmen.

Korrelationstabelle (mit absoluten Häufigkeiten)

X \ Y	y_1	y_2	$\cdots$	y_j	$\cdots$	y_m	$\sum\limits_{j=1}^{m}$
x_1	n_{11}	n_{12}	$\cdots$	n_{1j}	$\cdots$	n_{1m}	$n_{1\bullet}$
x_2	n_{21}	n_{22}	$\cdots$	n_{2j}	$\cdots$	n_{2m}	$n_{2\bullet}$
$\vdots$	$\vdots$	$\vdots$		$\vdots$		$\vdots$	$\vdots$
x_i	n_{i1}	n_{i2}	$\cdots$	n_{ij}	$\cdots$	n_{im}	$n_{i\bullet}$
$\vdots$	$\vdots$	$\vdots$		$\vdots$		$\vdots$	$\vdots$
x_k	n_{k1}	n_{k2}	$\cdots$	n_{kj}	$\cdots$	n_{km}	$n_{k\bullet}$
$\sum\limits_{i=1}^{k}$	$n_{\bullet 1}$	$n_{\bullet 2}$	$\cdots$	$n_{\bullet j}$	$\cdots$	$n_{\bullet m}$	n

Dreidimensionales Histogramm

Graphische Darstellung der gemeinsamen (zweidimensionalen) Häufigkeitsverteilung zweier in Klassen eingeteilter metrischer Merkmale, bei der auf der ersten Merkmalsachse (X-Achse) das eine Merkmal, auf der zweiten Merkmalsachse (Y-Achse) das andere Merkmal und auf der dazu senkrecht stehenden Z-Achse die absoluten $\left(n_{ij}\right)$ oder relativen $\left(f_{ij}\right)$ Häufigkeiten bzw. die Häufigkeitsdichten $\left(\hat{f}_{X,Y}(\xi,\eta)\right)$ - bei gleichen, vor allem aber ungleichen Klassenbreiten - abgetragen werden. Bei Verwendung von absoluten (relativen) Häufigkeiten ist die Höhe der Quader proportional zur absoluten (relativen) Häufigkeit. Bei Verwendung von Häufigkeitsdichten ist die Höhe der Quader proportional zur Häufigkeitsdichte und das Volumen der Quader proportional zu den Häufigkeiten; außerdem ist das gesamte Volumen aller Quader auf 1 normiert. Für zwei in jeweils zehn Klassen eingeteilte metrische Merkmale X und Y und mit entsprechenden Häufigkeitsdichten hat ein dreidimensionales Histogramm zum Beispiel folgendes Aussehen:

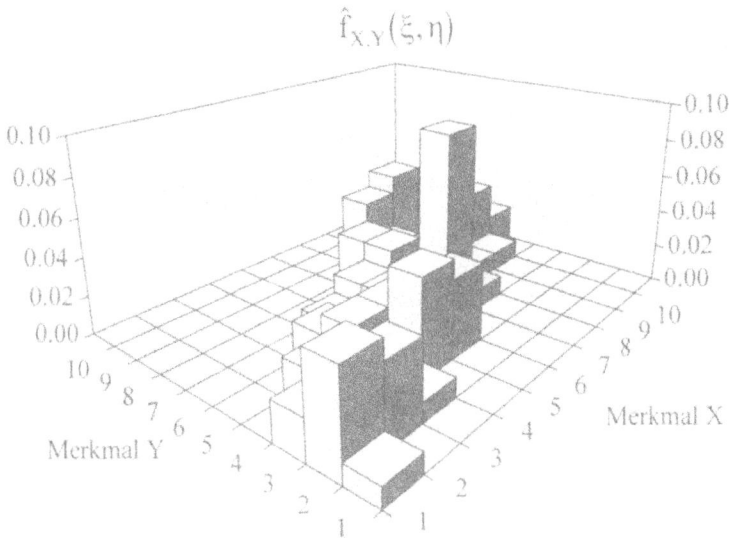

(2) Randverteilungen

Absolute Häufigkeiten

Anzahl der Merkmalsträger in der i-ten Klasse des Merkmals X:

$$n(x_i) = \sum_{j=1}^{m} n_{ij} = n_{i\bullet}, \quad i = 1,2,\ldots,k \ .$$

Die Zuordnung der absoluten Häufigkeiten $n_{i\bullet}$ zu den Klassenmitten x_i heißt absolute Randverteilung des Merkmals X.

Anzahl der Merkmalsträger in der j-ten Klasse des Merkmals Y:

$$n(y_j) = \sum_{i=1}^{k} n_{ij} = n_{\bullet j}, \quad j = 1,2,\ldots,m \ .$$

Die Zuordnung der absoluten Häufigkeiten $n_{\bullet j}$ zu den Klassenmitten y_j heißt absolute Randverteilung des Merkmals Y.

Relative Häufigkeiten

Anteil der Merkmalsträger in der i-ten Klasse des Merkmals X an allen Merkmalsträgern:

$$f(x_i) = \frac{n_{i\bullet}}{n} = f_{i\bullet}, \quad i = 1,2,\ldots,k \,.$$

Die Zuordnung der relativen Häufigkeiten $f_{i\bullet}$ zu den Klassenmitten x_i heißt Randverteilung

des Merkmals X.

Anteil der Merkmalsträger in der j-ten Klasse des Merkmals Y an allen Merkmalsträgern:

$$f(y_j) = \frac{n_{\bullet j}}{n} = f_{\bullet j}, \quad j = 1,2,\ldots,m \,.$$

Die Zuordnung der relativen Häufigkeiten $f_{\bullet j}$ zu den Klassenmitten y_j heißt Randverteilung

des Merkmals Y.

Eigenschaften:

a) $0 \le n(x_i), n(y_j) \le n \,.$

b) $\displaystyle\sum_{i=1}^{k} n(x_i) = \sum_{j=1}^{m} n(y_j) = n \,.$

c) $0 \le f(x_i), f(y_j) \le 1 \,.$

d) $\displaystyle\sum_{i=1}^{k} f(x_i) = \sum_{j=1}^{m} f(y_j) = 1 \,.$

(3) Bedingte Häufigkeitsverteilungen (bedingte relative Häufigkeiten)

Anteil der Merkmalsträger in der i-ten Klasse des Merkmals X an allen Merkmalsträgern

unter der Bedingung y_j (mit j = 1,2,...,m):

$$f(x_i | y_j) = \frac{n_{ij}}{n_{\bullet j}} = \frac{f(x_i, y_j)}{f(y_j)}, \quad i = 1,2,\ldots,k, \quad n_{\bullet j} \text{ bzw. } f(y_j) > 0 \,.$$

Die Zuordnung der bedingten relativen Häufigkeiten $f(x_i | y_j)$ zu den Klassenmitten x_i heißt

bedingte Häufigkeitsverteilungen des Merkmals X bezüglich des Merkmals Y (Normierung

der relativen Häufigkeiten der Spalten der Korrelationstabelle auf 1).

Anteil der Merkmalsträger in der j-ten Klasse des Merkmals Y an allen Merkmalsträgern

unter der Bedingung x_i (mit i = 1,2,...,k):

$$f\left(y_j \mid x_i\right) = \frac{n_{ij}}{n_{i\bullet}} = \frac{f\left(x_i, y_j\right)}{f\left(x_i\right)}, \quad j = 1, 2, \ldots, m, \quad n_{i\bullet} \text{ bzw. } f\left(x_i\right) > 0.$$

Die Zuordnung der bedingten relativen Häufigkeiten $f\left(y_j \mid x_i\right)$ zu den Klassenmitten y_j heißt bedingte Häufigkeitsverteilungen des Merkmals Y bezüglich des Merkmals X (Normierung der relativen Häufigkeiten der Zeilen der Korrelationstabelle auf 1).

Eigenschaften:

a) $0 \leq f\left(x_i \mid y_j\right), f\left(y_j \mid x_i\right) \leq 1$.

b) $\sum_{i=1}^{k} f\left(x_i \mid y_j\right) = \sum_{j=1}^{m} f\left(y_j \mid x_i\right) = 1$ für alle j bzw. i.

Zwischen der gemeinsamen (zweidimensionalen) Verteilung, den Randverteilungen und den bedingten Verteilungen bestehen folgende Beziehungen:

$$f\left(x_i, y_j\right) = f\left(x_i \mid y_j\right) \cdot f\left(y_j\right)$$
$$= f\left(y_j \mid x_i\right) \cdot f\left(x_i\right).$$

5 Maße und Verfahren zur Charakterisierung zweidimensionaler Häufigkeitsverteilungen

5.1 Vorbemerkung: Beziehungen zwischen zwei Merkmalen

Mit statistischen Maßen für zweidimensionale Verteilungen werden die Beziehungen (Zusammenhänge, Abhängigkeiten) zwischen zwei Merkmalen gemessen, und zwar der Grad (die Stärke) einer Beziehung und - bei ordinalen (komparativen) und metrischen Merkmalen - auch die Richtung der Beziehung.

5.2 Statistisch unabhängige Merkmale

Zwei Merkmale A und B heißen statistisch unabhängig, wenn

$$n_{ij} = \frac{n_{i\bullet} \, n_{\bullet j}}{n}$$

für alle i = 1,2,...,k und j = 1,2,...,m ist.

Anderenfalls heißen sie statistisch abhängig.

Äquivalente Definitionen der statistischen Unabhängigkeit zweier Merkmale A und B sind:

$$f\left(A_i, B_j\right) = f\left(A_i\right) f\left(B_j\right) \text{ oder kurz } f_{ij} = f_{i\bullet} f_{\bullet j}$$

für alle i = 1,2,...,k und j = 1,2,...,m

sowie, mit den bedingten Verteilungen und den Randverteilungen von A bzw. B,

$$f\left(A_i | B_j\right) = f\left(A_i\right), \quad f\left(B_j\right) > 0 \text{ , oder}$$

$$f\left(B_j | A_i\right) = f\left(B_j\right), \quad f\left(A_i\right) > 0 \text{ ,}$$

für alle i = 1,2,...,k und j = 1,2,...,m .

Ist das Merkmal A statistisch unabhängig vom Merkmal B, dann ist auch das Merkmal B statistisch unabhängig vom Merkmal A. Sind A und B statistisch unabhängig, so sind die bedingten Verteilungen gleich den jeweiligen Randverteilungen.

Entsprechendes gilt für ordinale Merkmale U und V sowie klassierte metrische Merkmale X und Y. Für nicht klassierte metrische Merkmale ist dieses Unabhängigkeitskonzept so nicht anwendbar.

Hinweis:

Die statistische Unabhängigkeit bzw. Abhängigkeit zweier Merkmale ist ein "formal-rechnerisches Phänomen". Wird zum Beispiel festgestellt, daß zwei Merkmale statistisch unabhängig (abhängig) sind, so bedeutet das keineswegs, daß diese Merkmale auch sach-lich/realwissenschaftlich unabhängig (abhängig) sind. Im übrigen wird Abhängigkeit durch das jeweils verwendete Maß definiert.

5.3 Maße für nominale (klassifikatorische) Merkmale

5.3.1 Assoziation

Beziehungen zwischen nominalen Merkmalen heißen im allgemeinen Assoziation. Assoziationskoeffizienten messen den Grad (die Stärke) der Assoziation. Grundlage für ihre Berechnung ist eine Assoziationstabelle.

5.3.2 Assoziationskoeffizienten auf der Basis von χ^2

χ^2 ist für Assoziationstabellen wie folgt definiert (vgl. hierzu Kap. 16.3.1 (2)):[1]

$$\chi^2 = \sum_{i=1}^{k} \sum_{j=1}^{m} \frac{\left(n_{ij} - \dfrac{n_{i\bullet}n_{\bullet j}}{n}\right)^2}{\dfrac{n_{i\bullet}n_{\bullet j}}{n}} = n \sum_{i=1}^{k} \sum_{j=1}^{m} \frac{\left(f_{ij} - f_{i\bullet}f_{\bullet j}\right)^2}{f_{i\bullet}f_{\bullet j}} \; .$$

Vor allem bei großem k und/oder m ist die Formel

$$\chi^2 = n \left(\sum_{i=1}^{k} \sum_{j=1}^{m} \frac{n_{ij}^2}{n_{i\bullet}n_{\bullet j}} - 1 \right)$$

rechentechnisch günstiger.

Für Vier-Felder-Tafeln ist speziell:

---

1) Vgl. auch Anhang 2: Summen und Produkte.

$$\chi^2 = \frac{n\left(n_{11}n_{22} - n_{12}n_{21}\right)^2}{n_{1\bullet}n_{2\bullet}n_{\bullet 1}n_{\bullet 2}} .$$

Eigenschaft:

$$0 \leq \chi^2 \leq n \cdot \min\{(k-1),(m-1)\} .$$

Wenn die Merkmale A und B statistisch unabhängig sind, ist $n_{ij} = \dfrac{n_{i\bullet}n_{\bullet j}}{n}$, für i = 1,2,...,k

und j = 1,2,...,m, und es folgt $\chi^2 = 0$. Wenn $\chi^2 = 0$ ist, dann sind A und B auch statistisch

unabhängig. Diese Umkehrung gilt für eine Reihe anderer Zusammenhangsmaße nicht!

(1) Mittlere quadratische Kontingenz

$$\phi^2 = \frac{\chi^2}{n} .$$

Eigenschaft:

$$0 \leq \phi^2 \leq \min\{(k-1),(m-1)\} .$$

Für Vier-Felder-Tafeln gilt also $0 \leq \phi^2 \leq 1$.

(2) Maß von CRAMER

$$V = \sqrt{\frac{\chi^2}{n \cdot \min\{(k-1),(m-1)\}}} .$$

Eigenschaft:

$$0 \leq V \leq 1 .$$

Der Wert von V ist unabhängig von der Anzahl der Zeilen (k) und der Anzahl der Spalten (m)
der zugehörigen Assoziationstabelle. Sind alle Randhäufigkeiten einer Assoziationstabelle
größer als Null, dann nimmt V den Wert 1 genau dann an, wenn jede Spalte (falls m ≥ k) bzw.
jede Zeile (falls k ≥ m) der Assoziationstabelle genau eine von Null verschiedene Häufigkeit
enthält.

5.3.3 Ein Assoziationskoeffizient auf der Basis der Entropie

Relative Häufigkeiten

$$0 \le f_{i\bullet}, f_{\bullet j}, f_{ij} \le 1, \qquad i = 1,2,\ldots,k, \quad j = 1,2,\ldots,m \ .$$

Entropie der Randverteilungen (vgl. Kap. 3.2.2)

$$H(A) = -\sum_{i=1}^{k} f_{i\bullet} \ \text{ld} \ f_{i\bullet} = \text{ld} \ n - \frac{1}{n} \sum_{i=1}^{k} n_{i\bullet} \ \text{ld} \ n_{i\bullet} \ \text{ und}$$

$$H(B) = -\sum_{j=1}^{m} f_{\bullet j} \ \text{ld} \ f_{\bullet j} = \text{ld} \ n - \frac{1}{n} \sum_{j=1}^{m} n_{\bullet j} \ \text{ld} \ n_{\bullet j}$$

sind die Entropien der beiden Randverteilungen, für die gilt:

$$0 \le H(A) \le \text{ld} \ k \ \text{ und}$$

$$0 \le H(B) \le \text{ld} \ m \ (\text{vgl. Kap. } 3.2.2(1)) \ .$$

Entropie der gemeinsamen (zweidimensionalen) Verteilung

$$H(A,B) = -\sum_{i=1}^{k} \sum_{j=1}^{m} f_{ij} \ \text{ld} \ f_{ij} = \text{ld} \ n - \frac{1}{n} \sum_{i=1}^{k} \sum_{j=1}^{m} n_{ij} \ \text{ld} \ n_{ij} \ .$$

Eigenschaften:

a) $0 \le H(A,B) \le \text{ld} (k \cdot m) \ .$

b) $H(A,B) \le H(A) + H(B) \ .$

c) $H(A,B) \ge \max\{H(A), H(B)\} \ .$

Es ist H(A,B) = 0, wenn A und B keine gemeinsame Streuung besitzen, d.h. wenn irgendein $f_{ij} = 1$ ist und alle anderen $f_{ij} = 0$ sind.

Es ist H(A,B) = ld (k·m), wenn $f_{ij} = \dfrac{1}{k \cdot m}$ für alle i = 1,2,...,k und j = 1,2,...,m ist

(zweidimensionale empirische Gleichverteilung).

Transinformation

$$T(A,B) = \sum_{i=1}^{k} \sum_{j=1}^{m} f_{ij} \; ld \; \frac{f_{ij}}{f_{i\bullet} f_{\bullet j}}$$

$$= \sum_{i=1}^{k} \sum_{j=1}^{m} f_{ij} \; ld \; f_{ij} - \sum_{i=1}^{k} f_{i\bullet} \; ld \; f_{i\bullet} - \sum_{j=1}^{m} f_{\bullet j} \; ld \; f_{\bullet j}$$

$$= H(A) + H(B) - H(A,B) \; .$$

Die Transinformation ist ein Maß der wechselseitigen Information zwischen den Merkmalen A und B, für das gilt:

$$0 \le T(A,B) \le \min\{H(A), H(B)\}$$

mit T(A,B) = 0, wenn die Merkmale A und B statistisch unabhängig sind.

Wenn T(A,B) = 0 ist, dann sind A und B auch statistisch unabhängig.

Die normierte Transinformation

$$C(A,B|A) = \frac{T(A,B)}{H(A)} \; , \text{ falls } H(A) \le H(B) \text{ bzw.}$$

$$C(A,B|B) = \frac{T(A,B)}{H(B)} \; , \text{ falls } H(B) \le H(A) \; ,$$

mißt die ein- bzw. wechselseitige Assoziation zwischen den Merkmalen A und B.

Eigenschaften:

a) $0 \le C(A,B|\bullet) \le 1$;

    dabei ist

b)   C(A,B|A) = C(A,B|B) = 0 genau dann, wenn die Merkmale A und B statistisch unab-hängig sind,

c)   C(A,B|A) = 1 oder C(A,B|B) = 1, wenn die Merkmale A und B vollständig einseitig assoziiert sind, d.h. wenn von B eindeutig auf A bzw. von A eindeutig auf B geschlossen werden kann, d.h. genau dann, wenn jede Spalte bzw. jede Zeile der Assoziationsta-belle nur eine von Null verschiedene Häufigkeit enthält,

d) $C(A,B|A) = C(A,B|B) = 1$, wenn die Merkmale A und B vollständig wechselseitig assoziiert sind, d.h. wenn von B eindeutig auf A und von A eindeutig auf B geschlossen werden kann. Dieser Fall kann nur bei quadratischen Tabellen eintreten.

Hinweis:

Die Transinformation kann auch mit Hilfe absoluter Häufigkeiten berechnet werden.

5.4 Maße für ordinale (komparative) Merkmale

5.4.1 Vorbemerkung

Wegen der (Rang-)Ordnung der Ausprägungen U_i und V_j kann nicht nur der Grad, sondern auch die Richtung einer monoton steigenden oder fallenden Beziehung (Kontingenz) zwischen zwei ordinalen Merkmalen U und V gemessen werden.

Betrachtet werden Paare von Merkmalsträgern v und v^*, die jeweils durch die Ausprägungen zweier Merkmale (u_v, v_v) bzw. (u_{v^*}, v_{v^*}) gekennzeichnet sind. Dabei ist $u_v, u_{v^*} \in \{U_i\}$ und $v_v, v_{v^*} \in \{V_j\}$, und o.B.d.A. wird angenommen, daß die Ausprägungen U_i und V_j Ordinalzahlen sind.

Konkordante und diskordante Paare

Ein Paar von Merkmalsträgern v und v^* heißt konkordant (gleichsinnig),

wenn $\qquad u_v < u_{v^*} \quad$ und $\quad v_v < v_{v^*}$

oder $\qquad u_v > u_{v^*} \quad$ und $\quad v_v > v_{v^*}$;

ein Paar von Merkmalsträgern v und v^* heißt diskordant (gegensinnig),

wenn $\qquad u_v < u_{v^*} \quad$ und $\quad v_v > v_{v^*}$

oder $\qquad u_v > u_{v^*} \quad$ und $\quad v_v < v_{v^*}$;

dabei ist $1 \le v < v^* \le n$.

5.4.2 Rangkorrelationskoeffizient von KENDALL

Aus den n Merkmalsträgern einer Gesamtheit oder Teilgesamtheit können insgesamt $\binom{n}{2} = \dfrac{n(n-1)}{2}$ verschiedene Paare von Merkmalsträgern gebildet werden.

Unter der Voraussetzung, daß es weder bezüglich des Merkmals U noch bezüglich des Merkmals V noch bezüglich U und V ranggleiche Paare (sogenannte Bindungen oder Ties) gibt, sind alle Paare von Merkmalsträgern entweder konkordant oder diskordant, und es gilt:

$$n_k + n_d = \frac{n(n-1)}{2} = \binom{n}{2} \; ;$$

dabei ist n_k die Anzahl der konkordanten und n_d die Anzahl der diskordanten Paare.

Der Rangkorrelationskoeffizient

$$\tau = \frac{2(n_k - n_d)}{n(n-1)} = \frac{2n_k}{\binom{n}{2}} - 1 = 1 - \frac{2n_d}{\binom{n}{2}}$$

von KENDALL mißt die Stärke und die Richtung einer monoton steigenden/fallenden Beziehung (Kontingenz) zwischen zwei ordinalen Merkmalen bei Abwesenheit von Bindungen.

Eigenschaften:

a) $-1 \leq \tau \leq +1$;

dabei ist

b) $\tau = -1$, wenn zwischen den Merkmalen U und V eine vollständige negative (streng monoton fallende) Beziehung besteht,

c) $\tau = +1$, wenn zwischen den Merkmalen U und V eine vollständige positive (streng monoton steigende) Beziehung besteht,

d) $\tau = 0$, wenn $n_k = n_d$ ist, d.h. wenn zwischen den Merkmalen U und V keine (monoton fallende oder steigende) Beziehung besteht. Die Merkmale sind - gemessen mit τ - unkorreliert.

Hinweis:

Aus $\tau = 0$ folgt nicht, daß die Merkmale U und V statistisch unabhängig sind.

5.4.3 Kontingenzmaß von GOODMAN/KRUSKAL

Grundlage der Berechnung des Kontingenzmaßes von GOODMAN/KRUSKAL ist im allgemeinen eine Kontingenztabelle (vgl. Kap. 4.1.1).

Mit $n_{ij} \cdot n_{i*j*}$, der Anzahl der Paare von Merkmalsträgern v und v^* mit den Ausprägungen (u_v, v_v) und (u_{v*}, v_{v*}), ist

$$n_k = \sum_{i,j} \sum_{i<i*, j<j*} n_{ij} \cdot n_{i*j*}$$

die Anzahl der konkordanten Paare und

$$n_d = \sum_{i,j} \sum_{i<i*, j>j*} n_{ij} \cdot n_{i*j*}$$

die Anzahl der diskordanten Paare.

Das Kontingenzmaß

$$\gamma = \frac{n_k - n_d}{n_k + n_d}$$

von GOODMAN/KRUSKAL mißt die Stärke und die Richtung einer monoton steigenden bzw. fallenden Beziehung (Kontingenz) zwischen zwei ordinalen Merkmalen in gegebenen Kontingenztabellen.

Für Vier-Felder-Tafeln ist speziell:

$$\gamma = \frac{n_{11}n_{22} - n_{12}n_{21}}{n_{11}n_{22} + n_{12}n_{21}} \; .$$

Eigenschaften:

a) $-1 \leq \gamma \leq +1$;

  dabei ist

b) $\gamma = -1$, wenn in der gegebenen Kontingenztabelle zwischen den Merkmalen U und V eine vollständige negative (monoton fallende) Beziehung besteht,

c) $\gamma = +1$, wenn in der gegebenen Kontingenztabelle zwischen den Merkmalen U und V
      eine vollständige positive (monoton steigende) Beziehung besteht,

d) $\gamma = 0$, wenn in der gegebenen Kontingenztabelle zwischen den Merkmalen U und V
      keine (monoton fallende oder steigende) Beziehung besteht. Das ist zum Beispiel dann
      der Fall, wenn die Merkmale U und V statistisch unabhängig sind; aber auch dann,
      wenn zwischen den Merkmalen U und V eine vollständige zirkulare oder ähnliche Be-
      ziehung besteht, für die $n_k = n_d$ ist.

Hinweise:

a)   Aus $\gamma = 0$ folgt also nicht, daß die Merkmale U und V statistisch unabhängig sind, wohl
      aber folgt aus der statistischen Unabhängigkeit von U und V, daß $\gamma = 0$ ist.

b)   Bei der Berechnung von γ werden Paare, die weder konkordant noch diskordant sind
      (bezüglich U oder V oder U und V ranggleiche Paare), nicht berücksichtigt. Die Folge
      ist, daß zum Beispiel $\gamma = + 1$ bzw. $\gamma = - 1$ ist, wenn von allen n (n–1)/2 Paaren von
      Merkmalsträgern nur ein Paar konkordant bzw. diskordant ist, während alle anderen
      Paare weder konkordant noch diskordant sind. Da es verschiedene zweidimensionale
      Häufigkeitsverteilungen geben kann, für die γ den gleichen Wert annimmt, ist es
      zweckmäßig, bei der Interpretation von γ stets die zugehörige Kontingenztabelle mit an-
      zugeben. Das gilt insbesondere auch dann, wenn die Anzahl der konkordanten und dis-
      kordanten Paare, also $n_k + n_d$, gegenüber der Anzahl aller Paare klein ist oder wenn der
      Wert von γ dem Betrage nach groß ist.

c)   Bei Abwesenheit von Bindungen ist $\gamma = \tau$, im übrigen ist $|\gamma| \geq |\tau|$.

5.5 Maße für metrische Merkmale

5.5.1 Empirische Regressionsbeziehungen, Korrelationsverhältnis

Empirische Regressionsbeziehungen sind einseitige Beziehungen. Sie werden nur auf der
Grundlage klassierter Werte (also einer Korrelationstabelle) bestimmt. Sie zeichnen sich vor
allem dadurch aus, daß zwar bekannt sein muß, ob das Merkmal X vom Merkmal Y oder
umgekehrt, das Merkmal Y vom Merkmal X abhängt, daß jedoch Modellvorstellungen über

die Art der Beziehung zwischen den beiden metrischen Merkmalen, d.h. über den Typ der Regressionsfunktion, z.B. linear (vgl. 5.5.2), nicht benötigt werden.

Die arithmetischen Mittelwerte der bedingten Verteilungen (bedingte Mittelwerte) eines Merkmals X bzw. Y

$$\overline{x}(y_j) = \frac{1}{n_{\bullet j}} \sum_{i=1}^{k} x_i n_{ij}, \quad j = 1,2,\ldots,m, \quad \text{und}$$

$$\overline{y}(x_i) = \frac{1}{n_{i\bullet}} \sum_{j=1}^{m} y_j n_{ij}, \quad i = 1,2,\ldots,k,$$

definieren die empirischen Regressionsbeziehungen von X in Abhängigkeit von Y bzw. von Y in Abhängigkeit von X.

Empirische Regressionsbeziehungen können durch Regressionslinien $\overline{x}(Y)$ bzw. $\overline{y}(X)$ veranschaulicht werden (graphische Darstellung der bedingten Mittelwerte des einen Merkmals in Abhängigkeit von der Klassenmitte des anderen Merkmals und lineare Verbindung dieser Punkte).

Varianzzerlegung

Es gelten die folgenden Varianzzerlegungen:

$$s_X^2 = \frac{1}{n} \sum_{j=1}^{m} s_X^2(y_j) n_{\bullet j} + \frac{1}{n} \sum_{j=1}^{m} \left[\overline{x}(y_j) - \overline{x} \right]^2 n_{\bullet j} = s_{X,\text{int.}}^2 + s_{X,\text{ext.}}^2 \, ,$$

$$s_Y^2 = \frac{1}{n} \sum_{i=1}^{k} s_Y^2(x_i) n_{i\bullet} + \frac{1}{n} \sum_{i=1}^{k} \left[\overline{y}(x_i) - \overline{y} \right]^2 n_{i\bullet} = s_{Y,\text{int.}}^2 + s_{Y,\text{ext.}}^2 \, ;$$

dabei sind

$$s_X^2(y_j) = \frac{1}{n_{\bullet j}} \sum_{i=1}^{k} \left[x_i - \overline{x}(y_j) \right]^2 n_{ij}, \quad j = 1,2,\ldots,m \, ,$$

$$s_Y^2(x_i) = \frac{1}{n_{i\bullet}} \sum_{j=1}^{m} \left[y_j - \overline{y}(x_i) \right]^2 n_{ij}, \quad i = 1,2,\ldots,k \, ,$$

die Varianzen der bedingten Verteilungen (bedingte Varianzen) von X bzw. Y.

Korrelationsverhältnis

Das Korrelationsverhältnis für die empirische Regression des Merkmals X bezüglich des Merkmals Y ist definiert durch

$$H_{X|Y}^2 = \frac{\frac{1}{n}\sum_{j=1}^{m}\left[\overline{x}(y_j) - \overline{x}\right]^2 n_{\bullet j}}{s_X^2} = \frac{s_{X,ext.}^2}{s_X^2} \ .$$

Entsprechend ist

$$H_{Y|X}^2 = \frac{\frac{1}{n}\sum_{i=1}^{k}\left[\overline{y}(x_i) - \overline{y}\right]^2 n_{i\bullet}}{s_Y^2} = \frac{s_{Y,ext.}^2}{s_Y^2}$$

das Korrelationsverhältnis für die empirische Regression des Merkmals Y bezüglich des Merkmals X.

Das Korrelationsverhältnis ist der durch die empirische Regression erklärte Teil der Varianz des jeweils abhängigen Merkmals. Es mißt den Grad (die Stärke) einer einseitigen Beziehung zwischen zwei klassierten metrischen Merkmalen.

Eigenschaften:

a) $0 \le H_{X|Y}^2, H_{Y|X}^2 \le 1$.

b) $H_{X|Y}^2 = 0$ genau dann, wenn $\overline{x}(y_j) = \overline{x}$ für alle j, d.h. wenn X im Mittel nicht von Y abhängt.

$H_{Y|X}^2 = 0$ genau dann, wenn $\overline{y}(x_i) = \overline{y}$ für alle i, d.h. wenn Y im Mittel nicht von X abhängt.

c) $H_{X|Y}^2 = 1$ genau dann, wenn $s_X^2(y_j) = 0$ für alle j, d.h. wenn im Mittel eine vollständige einseitige Abhängigkeit (X von Y) besteht.

$H_{Y|X}^2 = 1$ genau dann, wenn $s_Y^2(x_i) = 0$ für alle i, d.h. wenn im Mittel eine vollständige einseitige Abhängigkeit (Y von X) besteht.

d)   In der Regel ist $H_{X|Y}^2 \ne H_{Y|X}^2$.

5.5.2 Ausgleichende Regressionsgeraden, Bestimmtheitsmaß und Korrelationskoeffizient

Ausgleichende Regressionsgeraden können auf der Grundlage von Einzelwerten, aber - approximativ - auch auf der Grundlage von klassierten Werten (Korrelationstabellen) bestimmt werden.

Modellannahme ("lineares Modell")

Zwischen den Merkmalen Y und X bzw. X und Y besteht im Mittel eine lineare Abhängigkeit. Die Regressionsfunktionen sind Geraden (Regressionsgeraden).

Die Parameter der ausgleichenden Regressionsgeraden

$$\overline{Y}(X) = a_0 + a_1 X \quad \text{bzw.} \quad \overline{X}(Y) = b_0 + b_1 Y$$

werden nach der Methode der kleinsten Quadrate (kQ-Methode) bestimmt. Bei $\overline{Y}(X)$ ist X, bei $\overline{X}(Y)$ ist Y das unabhängige Merkmal.

(1) Einzelwerte

Berechnung der Parameter a_0 und a_1

Für $\overline{Y}(X) = a_0 + a_1 X$ ist

$$f(a_0, a_1) = \frac{1}{n} \sum_{v=1}^{n} \left[y_v - \overline{Y}(x_v) \right]^2 = \frac{1}{n} \sum_{v=1}^{n} \left[y_v - (a_0 + a_1 x_v) \right]^2 \to \min_{a_0, a_1}!$$

$f(a_0, a_1)$ heißt auch mittlere quadratische Abweichung.

Die partielle Differentiation von $f(a_0, a_1)$ nach a_0 bzw. a_1 und Nullsetzen ergibt:

1. Normalgleichung: $a_0 + a_1 \frac{1}{n} \sum_v x_v - \frac{1}{n} \sum_v y_v = 0$.

2. Normalgleichung: $a_0 \frac{1}{n} \sum_v x_v + a_1 \frac{1}{n} \sum_v x_v^2 - \frac{1}{n} \sum_v x_v y_v = 0$.

Daraus folgt für die Parameter der ausgleichenden Regressionsgeraden:

$$a_0 = \overline{y} - a_1 \overline{x} \quad \text{und} \quad a_1 = \frac{s_{XY}}{s_X^2}, \quad s_X^2 > 0.$$

a_0 heißt Regressionskonstante. Sie ist im allgemeinen nicht sachlich interpretierbar, es sei denn, der Stützbereich $\left[x_{[1]}, x_{[n]}\right]$, d.h. der Wertebereich des unabhängigen Merkmals, schließt den Wert $x = 0$ ein, oder $x = 0$ gehört zum "Geltungsbereich" des linearen Modells, das bedeutet, daß das lineare Modell auch für Werte $< x_{[1]}$ und/oder $> x_{[n]}$ gültig ist.

a_1 heißt Regressionskoeffizient. Er ist im allgemeinen sachlich interpretierbar und gibt die Richtung der durchschnittlichen linearen Abhängigkeit des Merkmals Y vom Merkmal X an, d.h. die Steigung der Regressionsgeraden.

$$s_{XY} = \frac{1}{n}\sum_v \left(x_v - \overline{x}\right)\left(y_v - \overline{y}\right) = \frac{1}{n}\sum_v x_v y_v - \overline{x}\,\overline{y}$$

heißt Kovarianz der Merkmale X und Y. Die Kovarianz mißt die gemeinsame lineare Streuung der Merkmale X und Y.

Es gilt:

$$s_{XY} = s_{YX} \ .$$

Ausgleichende Regressionsgeraden

Als ausgleichende Regressionsgerade ergibt sich damit

$$\overline{Y}(X) = \overline{y} + \frac{s_{XY}}{s_X^2}(X - \overline{x}), \quad s_X^2 > 0 \ .$$

Entsprechend gilt für die zweite ausgleichende Regressionsgerade:

$$\overline{X}(Y) = b_0 + b_1 Y$$

$$b_0 = \overline{x} - b_1 \overline{y}, \quad b_1 = \frac{s_{XY}}{s_Y^2} \quad \text{und}$$

$$\overline{X}(Y) = \overline{x} + \frac{s_{XY}}{s_Y^2}(Y - \overline{y}), \quad s_Y^2 > 0 \ .$$

Hinweise:

a)   Zur Berechnung der Varianzen s_X^2 bzw. s_Y^2 sind häufig die folgenden Formeln

$$s_X^2 = \frac{1}{n}\sum_{v=1}^{n} x_v^2 - \overline{x}^2 \quad \text{bzw.}$$

$$s_Y^2 = \frac{1}{n} \sum_{v=1}^{n} y_v^2 - \bar{y}^2$$

von Vorteil (vgl. Kap. 3.4.2(3)).

b) Der Regressionskoeffizient a_1 läßt sich auch als gewogenes arithmetisches Mittel von Beziehungszahlen darstellen.

Sei

$$\frac{(y_v - \bar{y})}{(x_v - \bar{x})}$$

die Steigung der Verbindungsstrecke der Punkte $(\bar{x}, \bar{y})$ und (x_v, y_v), also eine Beziehungszahl. Dann ist, mit geeigneten Gewichten g_v,

$$\sum_{v=1}^{n} \frac{(y_v - \bar{y})}{(x_v - \bar{x})} \cdot g_v$$

die durchschnittliche Steigung aller n Verbindungsstrecken.

Mit den Gewichten (Gliederungszahlen)

$$g_v = \frac{(x_v - \bar{x})^2}{\sum_{\kappa=1}^{n} (x_\kappa - \bar{x})^2}$$

der v-ten Steigung (v = 1,2,...,n) ist der Regressionskoeffizient

$$a_1 = \sum_{v=1}^{n} \frac{(y_v - \bar{y})}{(x_v - \bar{x})} \cdot \frac{(x_v - \bar{x})^2}{\sum_{\kappa=1}^{n} (x_\kappa - \bar{x})^2} = \frac{s_{XY}}{s_X^2}$$

das gewogene arithmetische Mittel von Beziehungszahlen (der Steigungen aller n Verbindungsstrecken).

Streuungsdiagramm

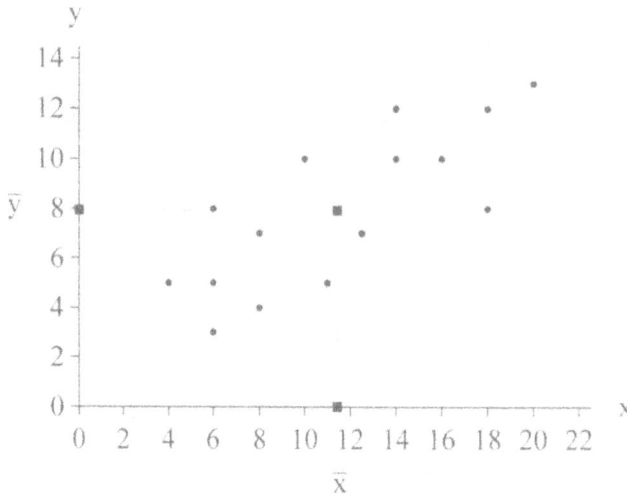

Eigenschaften ausgleichender Regressionsgeraden:

a) Eine ausgleichende Regressionsgerade beschreibt die durchschnittliche lineare Abhängigkeit eines metrischen Merkmals von einem anderen metrischen Merkmal, also eine einseitige lineare Beziehung.

b) Es gilt:

$$\sum_{v=1}^{n} \left[y_v - \overline{Y}(x_v) \right] = \sum_{v=1}^{n} \left[y_v - a_0 - a_1 x_v \right] = 0 \; .$$

c) Im allgemeinen sind die ausgleichenden Regressionsgeraden nicht identisch. Sie haben aber stets den Schwerpunkt $(\overline{x}, \overline{y})$ gemeinsam, denn es gilt: $\overline{Y}(\overline{x}) = \overline{y}$ und $\overline{X}(\overline{y}) = \overline{x}$.

d) Die Kovarianz s_{XY} ist ein Maß für die gemeinsame lineare Streuung zweier metrischer Merkmale.

Wenn $s_{XY} > 0$, dann sind $a_1 > 0$ und $b_1 > 0$,

wenn $s_{XY} < 0$, dann sind $a_1 < 0$ und $b_1 < 0$.

Die Regressionskoeffizienten a_1 und b_1 haben also stets das gleiche Vorzeichen.

$s_{XY} = 0$ bedeutet, daß die Merkmale X und Y keine gemeinsame lineare Streuung besitzen. Es bedeutet nicht, das X und Y statistisch unabhängig sind.

e)   Für die arithmetischen Mittel der ausgeglichenen Werte (der Werte auf der Regressions-
     geraden) gilt:

$$\overline{\overline{Y}} = \frac{1}{n}\sum_{v=1}^{n}\overline{Y}(x_v) = \overline{y} \quad \text{bzw.} \quad \overline{\overline{X}} = \frac{1}{n}\sum_{v=1}^{n}\overline{X}(y_v) = \overline{x} \ .$$

f)   Für die Varianzen der ausgeglichenen Werte (der Werte auf der Regressionsgeraden)
     gilt:

$$s_{\overline{Y}(X)}^2 = \frac{1}{n}\sum_{v=1}^{n}\left(\overline{Y}(x_v) - \overline{\overline{Y}}\right)^2 = \left[\frac{s_{XY}}{s_X}\right]^2 \quad \text{bzw.}$$

$$s_{\overline{X}(Y)}^2 = \frac{1}{n}\sum_{v=1}^{n}\left(\overline{X}(y_v) - \overline{\overline{X}}\right)^2 = \left[\frac{s_{XY}}{s_Y}\right]^2 \ .$$

Die Varianz der ausgeglichenen Werte heißt auch Varianz innerhalb der Regressionsgeraden.

Varianzzerlegung

Es gelten die folgenden Varianzzerlegungen:

$$s_Y^2 = \frac{1}{n}\sum_{v=1}^{n}\left(y_v - \overline{Y}(x_v)\right)^2 + \frac{1}{n}\sum_{v=1}^{n}\left(\overline{Y}(x_v) - \overline{y}\right)^2 \quad \text{und}$$

$$s_X^2 = \frac{1}{n}\sum_{v=1}^{n}\left(x_v - \overline{X}(y_v)\right)^2 + \frac{1}{n}\sum_{v=1}^{n}\left(\overline{X}(y_v) - \overline{x}\right)^2 \ .$$

Die Varianz des jeweils abhängigen Merkmals läßt sich also zerlegen in die Varianz um die
Regressionsgerade und die Varianz innerhalb der Regressionsgeraden.

Bestimmtheitsmaß

Das Bestimmtheitsmaß (auch Determinationskoeffizient) kennzeichnet jenen Varianzanteil
des abhängigen Merkmals (d.h. von Y bzw. X), der durch die Regressionsgerade $\overline{Y}(X)$ bzw.
$\overline{X}(Y)$, d.h. durch das lineare Modell, erklärt wird:

$$r_{Y|X}^2 = \frac{\dfrac{1}{n}\sum_{v=1}^{n}\left(\overline{Y}(x_v) - \overline{y}\right)^2}{s_Y^2} = \frac{s_{\overline{Y}(X)}^2}{s_Y^2} \quad \text{bzw.}$$

$$r_{X|Y}^2 = \frac{\frac{1}{n}\sum_{v=1}^{n}\left(\overline{X}(y_v)-\overline{x}\right)^2}{s_X^2} = \frac{s_{\overline{X}(Y)}^2}{s_X^2} \ .$$

Das Bestimmtheitsmaß mißt die Stärke linearer Regressionsbeziehungen. Die Güte einer linearen Beziehung ist allein anhand des Bestimmtheitsmaßes sinnvoll interpretierbar, und zwar als Varianzanteil.

Eigenschaften:

a) $r_{Y|X}^2 = r_{X|Y}^2 = r^2$, d.h. r^2 ist symmetrisch in X und Y.

b) $r^2 = \left(\dfrac{s_{XY}}{s_X s_Y}\right)^2 = \dfrac{s_{XY}^2}{s_X^2 s_Y^2} = a_1 \cdot b_1$.

c)   Es gilt:

$0 \le r^2 \le 1$ mit

$r^2 = 0$ genau dann, wenn $s_{XY} = 0$, d.h. wenn im Mittel keine lineare Abhängigkeit (keine gemeinsame lineare Streuung) existiert,

$r^2 = 1$ genau dann, wenn $\dfrac{1}{n}\sum_v \left(y_v - \overline{Y}(x_v)\right)^2 = 0$ oder wenn $\dfrac{1}{n}\sum_v \left(x_v - \overline{X}(y_v)\right)^2 = 0$

ist, d.h. wenn eine vollständige lineare Abhängigkeit besteht. In diesen Fällen ist

$$\frac{1}{n}\sum_{v=1}^{n}\left(\overline{Y}(x_v)-\overline{y}\right)^2 = s_{\overline{Y}(X)}^2 = s_Y^2 \quad \text{und}$$

$$\frac{1}{n}\sum_{v=1}^{n}\left(\overline{X}(y_v)-\overline{x}\right)^2 = s_{\overline{X}(Y)}^2 = s_X^2 \ .$$

Hinweis:

Aus $r^2 = 0$ (Unkorreliertheit) folgt nicht die statistische Unabhängigkeit der Merkmale X und Y, wohl aber folgt aus der statistischen Unabhängigkeit von X und Y, daß $r^2 = 0$ ist.

Korrelationskoeffizient (nach BRAVAIS/PEARSON)

Der Korrelationskoeffizient

$$r = \frac{s_{XY}}{s_X s_Y} =$$
$$= \sqrt{r^2}$$

hat das Vorzeichen der Kovarianz. Er mißt die Stärke und die Richtung linearer Beziehungen zwischen zwei metrischen Merkmalen X und Y.

Eigenschaften:

a) $-1 \le r \le +1$.

b) $r = -1$ bzw. $r = +1$, wenn $x_v = \overline{X}(y_v)$ und $y_v = \overline{Y}(x_v)$ für alle $v = 1,2,\ldots,n$, d.h. wenn alle Beobachtungswerte auf der einen Regressionsgeraden liegen. In diesem Fall sind die Regressionsgeraden $\overline{Y}(X)$ und $\overline{X}(Y)$ deckungsgleich.[1] Es besteht eine vollständige lineare Abhängigkeit zwischen den Merkmalen X und Y, die entweder positiv $(a_1 > 0, b_1 > 0, r = +1)$ oder negativ $(a_1 < 0, b_1 < 0, r = -1)$ ist.

c) $r = 0$, wenn $\overline{X}(Y) = \overline{x}$ und $\overline{Y}(X) = \overline{y}$ für alle X und Y ist, d.h. wenn die ausgleichenden Regressionsgeraden senkrecht aufeinander stehen. In diesem Fall bestehen keine lineare Beziehungen zwischen den Merkmalen X und Y; die Merkmale sind - gemessen mit r - unkorreliert.

Hinweise:

a)   Aus der Unkorreliertheit zweier Merkmale X und Y folgt nicht ihre statistische Unabhängigkeit, wohl aber folgt aus der statistischen Unabhängigkeit die Unkorreliertheit von X und Y.

b)   Für die Berechnung des Korrelationskoeffizienten können folgende Formeln zweckmäßig sein.

---

1) Formal ist $\overline{Y}(X) = \overline{X}^{-1}(Y)$; dabei ist $\overline{X}^{-1}(Y)$ die Umkehrfunktion von $\overline{X}(Y)$.

Berechnung aus Einzelwerten:

$$r = \frac{n\sum\limits_{v=1}^{n}x_v y_v - \sum\limits_{v=1}^{n}x_v \sum\limits_{v=1}^{n}y_v}{\sqrt{\left[n\sum\limits_{v=1}^{n}x_v^2 - \left(\sum\limits_{v=1}^{n}x_v\right)^2\right]\left[n\sum\limits_{v=1}^{n}y_v^2 - \left(\sum\limits_{v=1}^{n}y_v\right)^2\right]}} .$$

Berechnung aus klassierten Werten:

$$r = \frac{n\sum\limits_{i=1}^{k}\sum\limits_{j=1}^{m}x_i y_j n_{ij} - \left(\sum\limits_{i=1}^{k}x_i n_{i\bullet}\right)\left(\sum\limits_{j=1}^{m}y_j n_{\bullet j}\right)}{\sqrt{\left[n\sum\limits_{i=1}^{k}x_i^2 n_{i\bullet} - \left(\sum\limits_{i=1}^{k}x_i n_{i\bullet}\right)^2\right]\left[n\sum\limits_{j=1}^{m}y_j^2 n_{\bullet j} - \left(\sum\limits_{j=1}^{m}y_j n_{\bullet j}\right)^2\right]}} .$$

In diesem Fall ist r ein approximativer Wert.

c)   Für linear transformierte Merkmale

$$X^* = \frac{X-a}{b} \quad \text{und} \quad Y^* = \frac{Y-c}{d}$$

gilt insbesondere:

$$r_{XY}^2 = r_{X^*Y^*}^2 = r^2 \quad \text{und} \quad |r_{XY}| = |r_{X^*Y^*}| = |r| ;$$

dabei sind a, b, c und d zweckmäßig gewählte Konstante ($a,b,c,d \in \Re$, $b,d \neq 0$).

Das Bestimmtheitsmaß r^2 und der Korrelationskoeffizient r sind also (bei r bis auf das Vorzeichen) invariant gegenüber linearen Transformationen.

d)   Mit dem Bestimmtheitsmaß r^2 kann die Güte der Anpassung einer Beziehung zwischen zwei metrischen Merkmalen durch eine (lineare) Regressionsfunktion beurteilt werden. Der Korrelationskoeffizient r sollte hingegen nur dann zur Messung von Zusammenhängen verwendet werden, wenn der untersuchte Zusammenhang zwischen den metrischen Merkmalen sinnvoll durch eine lineare Regressionsfunktion beschrieben werden kann. Bei der Interpretation ist zu beachten, daß $|r| \geq r^2$ ist.

(2) Klassierte Werte

Sollen die ausgleichenden Regressionsgeraden $\overline{Y}(X)$ bzw. $\overline{X}(Y)$ auf der Grundlage einer Korrelationstabelle, also für klassierte Werte, bestimmt werden, so sind die erforderlichen (approximativen) arithmetischen Mittelwerte und Varianzen der Randverteilungen zu berechnen:

$$\overline{x} = \frac{1}{n}\sum_{i=1}^{k} x_i n_{i\bullet}, \quad \overline{y} = \frac{1}{n}\sum_{j=1}^{m} y_j n_{\bullet j} \ ,$$

$$s_X^2 = \frac{1}{n}\sum_{i=1}^{k}(x_i - \overline{x})^2 n_{i\bullet}, \quad s_Y^2 = \frac{1}{n}\sum_{j=1}^{m}(y_j - \overline{y})^2 n_{\bullet j} \ .$$

Für die Kovarianz gilt approximativ:

$$s_{XY} = \frac{1}{n}\sum_{i=1}^{k}\sum_{j=1}^{m}(x_i - \overline{x})(y_j - \overline{y}) n_{ij} = \frac{1}{n}\sum_{i=1}^{k}\sum_{j=1}^{m} x_i y_j n_{ij} - \overline{x}\,\overline{y} \ .$$

Im übrigen gilt das zu "(1) Einzelwerte" Geschriebene entsprechend.

6 Bestands- und Bewegungsmassen

6.1 Symbolik

$[t_0, t_n]$	Beobachtungszeitraum,
t_i	Zeitpunkt eines Beobachtungszeitraums ($i = 0,1,2,...,n$),
t_0	Anfangszeitpunkt,
t_n	Endzeitpunkt,
$t_{0,n}$	Länge des Beobachtungszeitraums, Zeitraum zwischen t_0 und t_n,
n	Anzahl der Zeiträume,
$n+1$	Anzahl der Zeitpunkte,
B_i	Bestand zum Zeitpunkt t_i,
B_0	Anfangsbestand,
B_n	Endbestand,
$Z_{0,n}$	Zugang im Beobachtungszeitraum, auch Zugangsmasse,
$A_{0,n}$	Abgang im Beobachtungszeitraum, auch Abgangsmasse,
$N_{0,n}$	Anzahl der im Beobachtungszeitraum erfaßten Einheiten,
$F_{0,n}$	Zeit-Mengenbestand für den Beobachtungszeitraum,
T	Umschlagszeitraum.

6.2 Berechnung der mittleren Verweildauer und des Durchschnittsbestands aus einzelnen Verweildauern

Mittlere Verweildauer

Sei d_j, $j = 1,2,...,N_{0,n}$, die (individuelle) Verweildauer des j-ten Merkmalsträgers, d.h. die Zeitdauer der Zugehörigkeit dieses Merkmalsträgers zu einer Bestandsmasse. Dann ist das arithmetische Mittel

$$\bar{d} = \frac{1}{N_{0,n}} \sum_{j=1}^{N_{0,n}} d_j$$

die mittlere (oder durchschnittliche) Verweildauer der $N_{0,n}$ Merkmalsträger.

Durchschnittsbestand

Mit $d_j, j = 1,2,\dots,N_{0,n}$, der Verweildauer des j-ten Merkmalsträgers, ist

$$\overline{B}_{0,n} = \frac{1}{t_{0,n}} \sum_{j=1}^{N_{0,n}} d_j = \frac{1}{t_{0,n}} N_{0,n} \overline{d}$$

der Durchschnittsbestand im Beobachtungszeitraum $t_{0,n}$.

Verweildiagramm

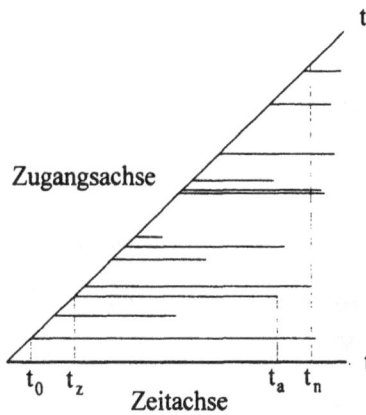

Die Verweildauern sowie die Zeitpunkte des Zugangs zu und des Abgangs aus einer Bestandsmasse lassen sich durch ein Verweildiagramm veranschaulichen.

t_z ist der Zugangs-, t_a der Abgangszeitpunkt und die Differenz (Strecke) zwischen t_z und t_a ist die Verweildauer eines Merkmalsträgers.

Zeit-Mengenbestand

Die Summe der (individuellen) Verweildauern wird Zeit-Mengenbestand genannt und mit $F_{0,n}$ bezeichnet. Er ergibt sich (s.o.) aus

$$F_{0,n} = t_{0,n} \overline{B}_{0,n} =$$
$$= \sum_{j=1}^{N_{0,n}} d_j .$$

Der Bestand als Funktion der Zeit sowie der Zeit-Mengenbestand lassen sich aus einem Bestandsdiagramm ablesen.

Bestandsdiagramm

B_i

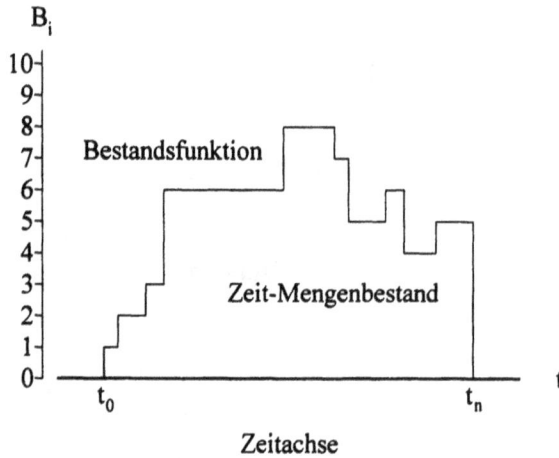

Zeitachse

Der Zeit-Mengenbestand ist die Summe der Verweildauern d_j, $j = 1,2,\ldots,N_{0,n}$, aller Merkmalsträger einer Bestandsmasse während eines bestimmten Zeitraums. Er kann nur dann exakt berechnet werden, wenn alle Verweildauern d_j bekannt sind. Ist das nicht der Fall, so kann er durch Multiplikation des geschätzten Durchschnittsbestands $\overline{B}_{0,n}$ (s.u.) mit der Länge des Beobachtungszeitraums $t_{0,n}$ näherungsweise bestimmt werden.

6.3 Fortschreibungsmodell

Unter Fortschreibung einer Bestandsmasse (Bestandsfortschreibung) versteht man die Berechnung ihres Umfangs zu einem bestimmten Zeitpunkt (B_n) aus dem Bestand zu einem früheren Zeitpunkt (B_0) und den Umfängen der Zu- und Abgangsmasse ($Z_{0,n}$ und $A_{0,n}$) zwischen den beiden Zeitpunkten.

Aus $B_0 + Z_{0,n} = B_n + A_{0,n} = N_{0,n}$

folgt unmittelbar die Bestandsfortschreibung:

$$B_n = B_0 + Z_{0,n} - A_{0,n}.$$

Hinweis:

Statt der Bestände B_0 und B_n können bei der Bestandsfortschreibung auch Bestände B_i und B_j zu beliebigen Zeitpunkten $t_i < t_j$ verwendet werden.

$$\overline{Z}_{0,n} = \frac{Z_{0,n}}{t_{0,n}}$$ heißt durchschnittliche Zugangsmenge je Zeiteinheit des Beobachtungszeitraums

$$\overline{A}_{0,n} = \frac{A_{0,n}}{t_{0,n}}$$ heißt durchschnittliche Abgangsmenge je Zeiteinheit des Beobachtungszeitraums

Sind die Verweildauern d_j, $j = 1,2,\ldots,N_{0,n}$, der Merkmalsträger nicht bekannt, wohl aber die Bestände B_i, $i = 1,2,\ldots,n$, zu bestimmten Zeitpunkten i, dann kann der Durchschnittsbestand näherungsweise bestimmt werden, wenn die folgenden Modellannahmen erfüllt sind:

a) $B_0, B_n \geq 0$,

b)   äquidistante Beobachtungszeitpunkte, d.h.

$$t_i - t_{i-1} = \frac{t_{0,n}}{n} > 0 \text{, für alle } i = 1, 2, \ldots, n,$$

c)   linear approximierte Zu- und Abgangsfunktion zwischen t_{i-1} und t_i für alle $i = 1,2,\ldots,n$.

In diesem Falle ist

$$\overline{B}_{0,n} = \frac{1}{n}\left(\frac{B_0}{2} + B_1 + B_2 + \cdots + B_{n-1} + \frac{B_n}{2}\right)$$

der geschätzte (approximative) Durchschnittsbestand im Beobachtungszeitraum und

$$F_{0,n} = t_{0,n}\overline{B}_{0,n}$$

ist der geschätzte (approximative) Zeit-Mengenbestand (auch: Zeit-Mengen-Zahl) für den Beobachtungszeitraum.

$F_{0,n}$ ist also die geschätzte Summe der (individuellen) Verweildauern.

Zugangs-/Abgangsfunktion

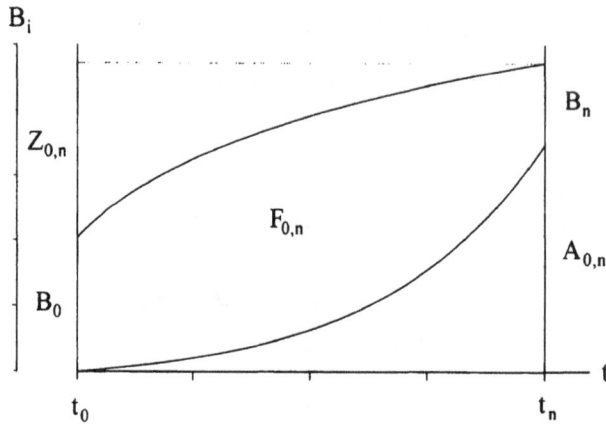

In der vorstehenden Abbildung ist - wegen $B_0 > 0$ und $B_n > 0$ - eine beidseitig offene Masse dargestellt.

$$z_{0,n} = \frac{Z_{0,n}}{\overline{B}_{0,n}} \qquad \text{heißt Zugangsrate im Beobachtungszeitraum,}$$

$$a_{0,n} = \frac{A_{0,n}}{\overline{B}_{0,n}} \qquad \text{heißt Abgangsrate im Beobachtungszeitraum.}$$

Typische Raten (Beziehungszahlen) sind Geburten- und Sterberaten.

Geschätzte mittlere Verweildauer

Die Verweildauern d_j, $j = 1,2,\ldots,N_{0,n}$, seien nicht bekannt.

Mit

$d_0 = \lambda \overline{d}$, der mittleren (durchschnittlichen) Aufbauzeit von B_0, und

$d_n = (1-\lambda)\overline{d}$, der mittleren (durchschnittlichen) Abbauzeit von B_n, ist

$$\overline{d} = \frac{d_0 B_0 + F_{0,n} + d_n B_n}{N_{0,n}} = \frac{\lambda \overline{d} B_0 + F_{0,n} + (1-\lambda)\overline{d} B_n}{N_{0,n}} \, .$$

Daraus folgt,

$$\overline{d} = \frac{\overline{B}_{0,n} t_{0,n}}{\lambda Z_{0,n} + (1-\lambda) A_{0,n}}$$

ist die geschätzte (approximative) mittlere Verweildauer; dabei ist $0 \le \lambda \le 1$.

Der Parameter λ ist durch $\lambda = \dfrac{B_0}{B_0 + B_n}$ zu schätzen, wenn $B_0 + B_n > 0$ ist.

Falls $B_0 = B_n = 0$ ist (geschlossene Masse), ist $A_{0,n} = Z_{0,n}$, und λ kann im Bereich $0 \le \lambda \le 1$ beliebig festgesetzt werden, d.h. es gilt:

$$\overline{d} = \frac{F_{0,n}}{N_{0,n}}.$$

Unter der Voraussetzung, daß $d_0 = d_n = \dfrac{\overline{d}}{2}$ ist (d.h. $B_0 = B_n$), ist $\lambda = \dfrac{1}{2}$, so daß die mittlere Verweildauer durch

$$\overline{d} = \frac{2\overline{B}_{0,n} t_{0,n}}{Z_{0,n} + A_{0,n}}$$

geschätzt werden kann.

6.4 Umschlagshäufigkeit

Der Quotient $U_T = \dfrac{1}{\overline{d}}$ heißt Umschlagshäufigkeit. Er gibt an, wie oft ein Bestand im Umschlagszeitraum T (der Dimension von $\overline{d}$) durchschnittlich erneuert wurde.

7 Zeitliche Meßzahlen, Indizes, Kaufkraftparitäten

7.1 Symbolik

t   Zeitvariable, deren Werte äquidistante Zeitpunkte kennzeichnen,

x_t Merkmalswert, der dem Zeitpunkt t (t = 1,2,...,n) zugeordnet ist. Die Folge der

            x_t, t = 1,2,...,n, heißt Zeitreihe.

7.2 Zeitliche Meßzahlen

7.2.1 Meßzahlen mit konstanter Bezugszeit

sind wie folgt definiert:

$$M_{t_0,t} = \frac{x_t}{x_{t_0}}, \quad t = 1,2,\ldots,n.$$

Der Basis- oder Bezugswert x_{t_0} ist ein zweckdienlich ausgewählter Merkmalswert.

t = 1,2,...,n ist die Berichtszeit, und t_0 ist die konstante Bezugszeit.

Umbasieren

$$M_{t_\bullet,t} = \frac{M_{t_0,t}}{M_{t_0,t_\bullet}} = \frac{x_t/x_{t_0}}{x_{t_\bullet}/x_{t_0}};$$

dabei ist x_{t_0} der alte und $x_{t_\bullet}$ der neue Bezugswert.

Zeitliche Verkettung

$$M_{t_0,t} = M_{t_0,t_\bullet} \cdot M_{t_\bullet,t} = \frac{x_{t_\bullet}}{x_{t_0}} \cdot \frac{x_t}{x_{t_\bullet}};$$

dabei ist x_{t_0} der neue und $x_{t_\bullet}$ der alte Bezugswert.

7.2.2 Meßzahlen mit variabler Bezugszeit

sind wie folgt definiert:

$$M_{t-1,t} = \frac{x_t}{x_{t-1}}, \quad t = 2,3,\ldots,n .$$

Der Basis- oder Bezugswert x_{t-1} ist dabei stets der Wert der Vorperiode.

Mittelwert von Meßzahlen

$$G = \sqrt[n-1]{M_{1,2} \cdot M_{2,3} \cdots M_{n-1,n}}$$

$$= \sqrt[n-1]{\frac{x_2}{x_1} \cdot \frac{x_3}{x_2} \cdots \frac{x_n}{x_{n-1}}} = \sqrt[n-1]{\frac{x_n}{x_1}}$$

$$= \sqrt[n-1]{M_{1,n}} = 1 + \eta^* .$$

G ist das geometrische Mittel von Meßzahlen mit variabler Bezugszeit. $1 + \eta^*$ heißt durch-schnittlicher Wachstumsfaktor (oder Wachstumskoeffizient). η^* heißt durchschnittliche Wachstumsrate; sie mißt die durchschnittliche relative Veränderung der x_t je Zeiteinheit (z.B. je Monat, je Quartal, ...) im Beobachtungszeitraum.

n ist die Anzahl der Zeitpunkte und $n - 1$ die Anzahl der Zeitabschnitte eines Beobachtungs-zeitraums.

Das geometrische Mittel ist immer dann ein sinnvoller Mittelwert, wenn es aus Daten berech-net wird, die durch multiplikative Verknüpfung entstanden sind, d.h. wenn das Produkt der Einzelwerte eine inhaltlich sinnvolle Größe ist.

Eigenschaften:

a) $\dfrac{M_{1,2}}{G} \cdot \dfrac{M_{2,3}}{G} \cdots \dfrac{M_{n-1,n}}{G} = 1 .$

b) $\log G = \dfrac{1}{n-1} \sum_{t=2}^{n} \log M_{t-1,t} .$

c) $x_n = x_1 \left(1 + \eta^* \right)^{n-1} .$

7.3 Indizes

7.3.1 Einführendes

Zielsetzung: Mehrere sachlich zusammengehörende Zeitreihen (Reihen von Preisen oder Mengen) sollen durch eine gemeinsame globale Maßzahl - den Index - in ihrer zeitlichen Entwicklung charakterisiert werden.

Wird mit $p_{j,t}$ der Preis des j-ten Gutes zur Zeit t und mit $q_{j,t}$ die Menge des j-ten Gutes zur Zeit t ($j = 1,2,...,k$) bezeichnet, dann heißt

$$\frac{p_{j,t}}{p_{j,t_0}} \quad \text{Preismeßzahl, und} \quad \frac{q_{j,t}}{q_{j,t_0}} \quad \text{heißt Mengenmeßzahl;}$$

dabei ist $t = 1,2,...,n$ die Berichtszeit und t_0 die (zweckdienlich festgelegte) konstante Bezugszeit.

$$\left\{q_{1,t}, q_{2,t}, ..., q_{k,t}\right\} \qquad \text{heißt Warenkorb der Berichtszeit } (t),$$

$$\left\{q_{1,t_0}, q_{2,t_0}, ..., q_{k,t_0}\right\} \qquad \text{heißt entsprechend Warenkorb der Bezugszeit } (t_0).$$

Ein Warenkorb kann (Sach-)Güter und Dienstleistungen enthalten.

Indizes sind Mittelwerte von Preis- oder Mengenmeßzahlen.

Hinweis:

Es ist üblich, Indexwerte in Prozent auszudrücken. Daher hat eine Indexreihe für die Bezugszeit t_0 den Wert 100 (Schreibweise z.B.: 1999 = 100).

Differenzen von Indexwerten sind somit i.a. Prozent-Punkte.

7.3.2 Indizes nach LASPEYRES

sind gewogene arithmetische Mittel aus Meßzahlen.

Das Gewicht (der Umsatz- oder Ausgabenanteil)

$$g_{j,t_0} = \frac{p_{j,t_0} q_{j,t_0}}{\sum_{i=1}^{k} p_{i,t_0} q_{i,t_0}} > 0$$

der j-ten Preis- bzw. Mengenmeßzahl stammt aus der Bezugszeit t_0.

Es gilt: $\sum_{j=1}^{k} g_{j,t_0} = 1$.

Preisindex (Mittelwert von Preismeßzahlen)

$$_L P_{t_0,t} = \sum_{j=1}^{k} \frac{p_{j,t}}{p_{j,t_0}} \cdot g_{j,t_0} = \frac{\sum_{j=1}^{k} p_{j,t} q_{j,t_0}}{\sum_{j=1}^{k} p_{j,t_0} q_{j,t_0}} .$$

Mengenindex (Mittelwert von Mengenmeßzahlen)

$$_L Q_{t_0,t} = \sum_{j=1}^{k} \frac{q_{j,t}}{q_{j,t_0}} \cdot g_{j,t_0} = \frac{\sum_{j=1}^{k} q_{j,t} p_{j,t_0}}{\sum_{j=1}^{k} q_{j,t_0} p_{j,t_0}} .$$

7.3.3 Indizes nach PAASCHE

sind gewogene harmonische Mittel aus Meßzahlen (vgl. Kap. 3.5.2).

Das Gewicht (der Umsatz- oder Ausgabenanteil)

$$g_{j,t} = \frac{p_{j,t} q_{j,t}}{\sum_{i=1}^{k} p_{i,t} q_{i,t}} > 0$$

der j-ten Preis- bzw. Mengenmeßzahl stammt aus der Berichtszeit t.

Es gilt: $\sum_{j=1}^{k} g_{j,t} = 1$.

Preisindex (Mittelwert von Preismeßzahlen)

$$_P P_{t_0,t} = \frac{1}{\sum_{j=1}^{k} \frac{p_{j,t_0}}{p_{j,t}} \cdot g_{j,t}} = \frac{\sum_{j=1}^{k} p_{j,t} q_{j,t}}{\sum_{j=1}^{k} p_{j,t_0} q_{j,t}} .$$

Mengenindex (Mittelwert von Mengenmeßzahlen)

$$_P Q_{t_0,t} = \frac{1}{\sum_{j=1}^{k} \frac{q_{j,t_0}}{q_{j,t}} \cdot g_{j,t}} = \frac{\sum_{j=1}^{k} q_{j,t} p_{j,t}}{\sum_{j=1}^{k} q_{j,t_0} p_{j,t}} .$$

7.3.4 Indizes nach LOWE

sind gewogene arithmetische Mittel aus Meßzahlen.

Die Gewichte

$$\overline{g}_{j,t_0} = \frac{p_{j,t_0}\overline{q}_j}{\displaystyle\sum_{i=1}^{k} p_{i,t_0}\overline{q}_i} > 0 \quad \text{und} \quad \overline{h}_{j,t_0} = \frac{q_{j,t_0}\overline{p}_j}{\displaystyle\sum_{i=1}^{k} q_{i,t_0}\overline{p}_i} > 0$$

der j-ten Preis- bzw. Mengenmeßzahl beruhen auf den arithmetischen Mittelwerten

$$\overline{q}_j = \frac{1}{n}\sum_{t=1}^{n} q_{j,t} \qquad \text{bzw.} \qquad \overline{p}_j = \frac{1}{n}\sum_{t=1}^{n} p_{j,t}$$

mehrerer Perioden, sofern diese Mittelwerte sinnvoll bestimmt werden können.

Es gilt: $\displaystyle\sum_{j=1}^{k} \overline{g}_{j,t_0} = \sum_{j=1}^{k} \overline{h}_{j,t_0} = 1$.

Preisindex (Mittelwert von Preismeßzahlen)

$$_{\text{LOWE}}P_{t_0,t} = \sum_{j=1}^{k} \frac{p_{j,t}}{p_{j,t_0}} \cdot \overline{g}_{j,t_0} = \frac{\displaystyle\sum_{j=1}^{k} p_{j,t}\overline{q}_j}{\displaystyle\sum_{j=1}^{k} p_{j,t_0}\overline{q}_j} .$$

Mengenindex (Mittelwert von Mengenmeßzahlen)

$$_{\text{LOWE}}Q_{t_0,t} = \sum_{j=1}^{k} \frac{q_{j,t}}{q_{j,t_0}} \cdot \overline{h}_{j,t_0} = \frac{\displaystyle\sum_{j=1}^{k} q_{j,t}\overline{p}_j}{\displaystyle\sum_{j=1}^{k} q_{j,t_0}\overline{p}_j} .$$

7.3.5 Umsatzindex (Wertindex)

Ein Umsatz- oder Wertindex ist als gewogenes arithmetisches Mittel von Umsatzmeßzahlen mit den Gewichten

$$g_{j,t_0} = \frac{p_{j,t_0}q_{j,t_0}}{\displaystyle\sum_{i=1}^{k} p_{i,t_0}q_{i,t_0}} > 0$$

wie folgt definiert:

$$U_{t_0,t} = \sum_{j=1}^{k} \frac{p_{j,t}q_{j,t}}{p_{j,t_0}q_{j,t_0}} \cdot g_{j,t_0} = \frac{\sum_{j=1}^{k} p_{j,t}q_{j,t}}{\sum_{j=1}^{k} p_{j,t_0}q_{j,t_0}}$$

7.3.6 Sachliche Verkettung

Es gilt:

$$_L P_{t_0,t} \cdot {_P}Q_{t_0,t} = U_{t_0,t} = {_P}P_{t_0,t} \cdot {_L}Q_{t_0,t} \, .$$

7.3.7 Deflationierung (Preisbereinigung) eines Umsatzindex

Aus der sachlichen Verkettung folgt unmittelbar:

$$_P Q_{t_0,t} = \frac{U_{t_0,t}}{_L P_{t_0,t}} \quad \text{bzw.} \quad _L Q_{t_0,t} = \frac{U_{t_0,t}}{_P P_{t_0,t}} \, .$$

7.3.8 Zeitliche Verkettung von Indizes

Eine exakte zeitliche Verkettung von Indexreihen mit unterschiedlicher Basis ist - im Gegensatz zur zeitlichen Verkettung von Meßzahlen (vgl. Kap 7.2.1) - in aller Regel nicht möglich.

Mit t_0, der alten Bezugszeit, und $t_\bullet$, der neuen Bezugszeit, gilt beispielsweise:

$$_L P_{t_0,t} \neq {_L}P_{t_0,t_\bullet} \cdot {_L}P_{t_\bullet,t} \, , \text{d.h.}$$

$$\frac{\sum_{j=1}^{k} p_{j,t}q_{j,t_0}}{\sum_{j=1}^{k} p_{j,t_0}q_{j,t_0}} \neq \frac{\sum_{j=1}^{k} p_{j,t_\bullet}q_{j,t_0}}{\sum_{j=1}^{k} p_{j,t_0}q_{j,t_0}} \cdot \frac{\sum_{j=1}^{k} p_{j,t}q_{j,t_\bullet}}{\sum_{j=1}^{k} p_{j,t_\bullet}q_{j,t_\bullet}} \, ;$$

$t_\bullet$ heißt Verkettungszeitraum.

Die Verkettung von Indizes kann daher nur eine Näherungslösung sein. Sie wird häufig Verknüpfung genannt und in der Praxis mittels spezieller Verkettungsfaktoren durchgeführt.

Die Verkettungsfaktoren für den Verbraucherpreisindex (bis 2002: Preisindex für die Lebens-
haltung aller privaten Haushalte) des Statistischen Bundesamts (Preisindex nach LASPEY-
RES; neue Bezugszeit 2000; alte Bezugszeit 1995) werden z.B. mit Hilfe der Indexwerte des
Monats Januar 2000 (Verkettungsmonat) ermittelt, und zwar wie folgt (für Gesamtdeutsch-
land).

Bezugszeit 2000 = 100   Januar 2000: $_L P_{00,\,Jan.00} = 99,4$;

Bezugszeit 1995 = 100   Januar 2000: $_L P_{95,\,Jan.00} = 105,8$.

Indexwerte vor Januar 2000 werden mit

$$\frac{_L P_{00,Jan.00}}{_L P_{95,Jan.00}} = \frac{99,4}{105,8} = 0,93951 \qquad \text{(Verkettungsfaktor)}$$

auf die neue Preisbasis 2000 = 100 umbasiert (Rückrechnung des Index mit der neuen Bezugszeit).

Indexwerte nach Januar 2000 können mit

$$\frac{_L P_{95,Jan.00}}{_L P_{00,Jan.00}} = \frac{105,8}{99,4} = 1,06439 \qquad \text{(Verkettungsfaktor)}$$

auf das Basisjahr 1995 = 100 umbasiert werden (Fortführung des Index mit der alten Bezugszeit).

Bei dieser "Verknüpfung" wird unterstellt, daß sich der Index mit der neuen Bezugszeit in der
Vergangenheit proportional zum Index mit der alten Basis entwickelt hat bzw. daß sich der
Index mit der alten Bezugszeit künftig proportional zum Index mit der neuen Bezugszeit
entwickelt.

Entsprechendes gilt auch für andere Indizes und Indextypen.

Hinweis: Messung von Indexveränderungen

Eine Indexveränderung (als relative Änderung zwischen zwei Zeitpunkten in Prozent) berechnet sich aus

$$\left(\frac{\text{neuer Indexstand}}{\text{alter Indexstand}} - 1 \right) \cdot 100\%.$$

Die relative Änderung des Verbraucherpreisindex (oft als "Inflationsrate" bezeichnet) kann
beispielsweise als allgemeine Preisveränderungsrate aus der Sicht der Verbraucher interpretiert werden.

Mit Hilfe der Beziehung

$$KKV = \left(\frac{\text{alter Indexstand}}{\text{neuer Indexstand}} - 1 \right) \cdot 100\%$$

wird die Kaufkraftveränderung (KKV) des Geldes im Zeitablauf berechnet.

7.3.9 Subindizes

Für Preisindizes vom Typ LASPEYRES gilt, wenn m Gütergruppen G gebildet werden:

$$_L P_{t_0,t} = \sum_{h=1}^{m} {_L \widetilde{P}_{h;t_0,t}} \cdot \widetilde{g}_{h;t_0} \ ;$$

dabei ist $_L \widetilde{P}_{h;t_0,t}$ der Subindex für die h-te Gütergruppe G_h, h = 1,2,...,m,

$$\widetilde{g}_{h;t_0} = \frac{\sum\limits_{j \in G_h} p_{j,t_0} q_{j,t_0}}{\sum\limits_{j=1}^{k} p_{j,t_0} q_{j,t_0}} > 0$$

das Gewicht des h-ten Subindex (der Umsatzanteil der h-ten Gütergruppe am Gesamtumsatz in der Bezugsperiode) und

$$\sum_{h=1}^{m} \widetilde{g}_{h;t_0} = 1.$$

Entsprechendes gilt für Mengenindizes.

7.4 Kaufkraftparitäten

7.4.1 Einführendes

Unter Kaufkraft versteht man jene Mengeneinheit, die man für eine Geldeinheit kaufen kann.

Das Verhältnis der Geldbeträge für gegebene Warenmengen (Warenkörbe) zweier Regionen heißt Kaufkraftparität.

Mit Kaufkraftparitäten werden regionale Preisvergleiche durchgeführt (vgl. z.B. Reisegeldparitäten). Da sie auf regionalen Preismeßzahlen beruhen (vgl. Kap. 3.5.3), werden sie mit Hilfe von Preisindizes bestimmt.

Sei, mit j = 1,2,...,k und Preisen der jeweiligen Region,

$p_{j,A}$ der Preis des j-ten Gutes in der Region A,

$p_{j,B}$ der Preis des j-ten Gutes in der Region B,

$q_{j,A}$ die Menge des j-ten Gutes in der Region A,

$q_{j,B}$ die Menge des j-ten Gutes in der Region B und

$\bar{q}_j$ die durchschnittliche Menge des j-ten Gutes aus mehreren Regionen.

Dann ist

$\left\{ q_{1,A}, q_{2,A}, ..., q_{k,A} \right\}$ der Warenkorb der Region A,

$\left\{ q_{1,B}, q_{2,B}, ..., q_{k,B} \right\}$ der Warenkorb der Region B und

$\left\{ \bar{q}_1, \bar{q}_2, ..., \bar{q}_k \right\}$ ein durchschnittlicher Warenkorb.

Die Regionen A und B werden häufig als Basis- oder Vergleichsregion bezeichnet. Jede der beiden Regionen kann Basisregion (Vergleichsregion) sein.

Sei Region A die Basisregion.

Dann ist die Kaufkraftparität (KP) durch

$$KP_{A,B} = \frac{\text{Preis des Warenkorbs in der Region B}}{\text{Preis des Warenkorbs in der Region A}}$$

definiert.

Als Warenkorb kann der der Region A (Basisregion), der der Region B (Vergleichsregion) oder ein durchschnittlicher Warenkorb verwendet werden, so daß drei Kaufkraftparitäten bestimmt werden können.

7.4.2 Kaufkraftparität vom Typ LASPEYRES

$$_L KP_{A,B} = \frac{\sum_{j=1}^{k} p_{j,B} q_{j,A}}{\sum_{j=1}^{k} p_{j,A} q_{j,A}} .$$

Basisregion A und Warenkorb der Region A (Basisregion).

7.4.3 Kaufkraftparität vom Typ PAASCHE

$$_P KP_{A,B} = \frac{\sum\limits_{j=1}^{k} p_{j,B} q_{j,B}}{\sum\limits_{j=1}^{k} p_{j,A} q_{j,B}} .$$

Basisregion A und Warenkorb der Region B (Vergleichsregion).

7.4.4 Kaufkraftparität vom Typ LOWE

$$_{LOWE} KP_{A,B} = \frac{\sum\limits_{j=1}^{k} p_{j,B} \overline{q}_j}{\sum\limits_{j=1}^{k} p_{j,A} \overline{q}_j} .$$

Basisregion A und durchschnittlicher Warenkorb.

Hinweise:

a)   Einer Geldeinheit der Region A (Basisregion) entsprechen KP Geldeinheiten der Region B (Vergleichsregion), bzw. einer Geldeinheit der Region B entsprechen 1/KP Geldeinheiten der Region A.

b)   Falls $KP_{A,B} > 1$ ist, ist die Kaufkraft in der Region A - gegebenenfalls nach der Ausschaltung von Währungsunterschieden (zum Beispiel mit Hilfe von Wechselkursen) - größer als die Kaufkraft in der Region B. Das bedeutet, daß man für denselben Warenkorb in der Region B mehr Geldeinheiten aufwenden muß als in der Region A. Mithin kann man für eine feste Anzahl von Geldeinheiten in der Region A eine größere Menge an Gütern und Dienstleitungen kaufen als in der Region B.

c)   Falls $KP_{A,B} < 1$ ist, ist die Kaufkraft in der Region B - gegebenenfalls nach der Ausschaltung von Währungsunterschieden (zum Beispiel mit Hilfe von Wechselkursen) - höher als die Kaufkraft in der Region A. Das bedeutet, daß man für denselben Warenkorb in der Region A mehr Geldeinheiten aufwenden muß als in der Region B. Mithin kann man für eine feste Anzahl von Geldeinheiten in der Region B eine größere Menge an Gütern und Dienstleitungen kaufen als in der Region A.

d)   Im allgemeinen ist $_L KP_{A,B} \neq {_P} KP_{A,B}$.

e)   Die Berechnung von Kaufkraftparitäten ist - insbesondere bei multilateralen Vergleichen - schwierig, weil es keine allgemein akzeptierten Regeln gibt, den Warenkorb und die Gewichte $g_{j,\bullet}$ (vgl. Kap. 7.3) festzulegen.

8 Elemente der Zeitreihenanalyse

8.1 Symbolik

t_i Zeitpunkt eines Beobachtungszeitraums ($i = 1,2,\dots,n$),

$y(t_i)$ Merkmalswert, der dem Zeitpunkt t_i zugeordnet ist.

Die (zeitliche) Folge der Merkmalswerte $y(t_i)$, $i = 1,2,\dots,n$, heißt Zeitreihe.

Wenn die Zeitpunkte t_i derart festgelegt sind, daß $t_i - t_{i-1} = $ const. für alle $i = 2,3,\dots,n$, heißt die Zeitreihe äquidistant.

Zur Vereinfachung sei im folgenden $y(t_i) \equiv y_i$ gesetzt und angenommen, daß die Folge der y_i eine äquidistante Zeitreihe bildet.

Es sei:

m   Trend, glatte Komponente (langfristige Entwicklungstendenz),

u   irreguläre Schwankung, Restkomponente (einschließlich periodischer, saisonaler Komponente).

8.2 Linearer Trend nach der Methode der kleinsten Quadrate

Modellannahmen

a)   Die Komponenten der Zeitreihe sind additiv verknüpft, d.h.

$$y_i = m_i + u_i, \ i = 1,2,\dots,n.$$

b)   Zwischen dem Trend (der glatten Komponente) m_i und der Zeit t_i besteht eine im Mittel lineare Abhängigkeit:

$$m_i = a_0 + a_1 t_i, \ i = 1,2,\dots,n$$

Die Trendfunktion ist also eine Gerade.

Aufgrund dieser Modellannahmen wird der lineare Trend nach der Methode der kleinsten Quadrate auch als "lineares Modell" bezeichnet.

Die Parameter a_0 und a_1 des linearen Modells werden nach der Methode der kleinsten Quadrate (KQ-Methode) bestimmt (vgl. Kap. 5.5.2).

Hinweis:

Gelegentlich wird auch das multiplikative Modell $y_i = m_i \cdot u_i$, $i = 1,2,\dots,n$, vorausgesetzt. Es kann durch Logarithmieren linearisiert werden:

$$\log y_i = \log m_i + \log u_i .$$

Berechnung der Parameter a_0 und a_1

Aus der Forderung

$$\sum_{i=1}^{n} u_i^2 = \sum_{i=1}^{n}\left[y_i - (a_0 + a_1 t_i)\right]^2 = f(a_0,a_1) \underset{a_0,a_1}{\to} \min!$$

ergeben sich - analog zur ausgleichenden Regressionsgeraden (vgl. Kap. 5.5.2; es sind lediglich die x_i durch die t_i zu ersetzen) - die Parameter

$$a_1 = \frac{n\sum_{i=1}^{n} t_i y_i - \left(\sum_{i=1}^{n} t_i\right)\left(\sum_{i=1}^{n} y_i\right)}{n\sum_{i=1}^{n} t_i^2 - \left(\sum_{i=1}^{n} t_i\right)^2} = \frac{s_{TY}}{s_T^2}$$

und

$$a_0 = \frac{\sum_{i=1}^{n} y_i - a_1 \sum_{i=1}^{n} t_i}{n} = \bar{y} - a_1 \bar{t} .$$

Trendgleichung

Mit a_0 und a_1 ergibt sich die Trendgleichung:

$$\hat{m}_i = \bar{y} + \frac{s_{TY}}{s_T^2}(t_i - \bar{t}), \; i = 1,2,\dots,n ;$$

dabei ist $\hat{m}$ der geschätzte lineare Trend (die geschätzte glatte Komponente).

Lineare Transformation der Zeitachse

Bei äquidistanten Zeitpunkten t_i kann durch die Transformation

$$t_i' = h(t_i - \bar{t}), \ i = 1,2,\ldots,n,$$

mit $\qquad h = \begin{cases} 1, & \text{falls n ungerade,} \\ 2, & \text{falls n gerade,} \end{cases}$

die Berechnung der Parameter der Trendgleichung vereinfacht werden.

Es gilt:

$$a_1' = \frac{\sum\limits_{i=1}^{n} t_i' y_i}{\sum\limits_{i=1}^{n} t_i'^2} \quad \text{und} \quad a_0' = \frac{\sum\limits_{i=1}^{n} y_i}{n} = \bar{y};$$

daraus folgt

$$\hat{m}_i' = a_0' + a_1' t_i'.$$

Rücktransformation

$$\hat{m}_i = a_0' + a_1' h(t_i - \bar{t}), \ i = 1,2,\ldots,n.$$

8.3 Trend nach der Methode der gleitenden Durchschnitte

Modellannahme

Die Komponenten der Zeitreihe sind additiv verknüpft, d.h.

$$y_i = m_i + u_i, \ i = 1,2,\ldots,n.$$

Gleitende (arithmetische) Durchschnitte, Glättung einer Zeitreihe

Unter der Voraussetzung äquidistanter Zeitpunkte t_i ist

(1)   bei ungerader Anzahl von Gliedern $(2k+1)$:

$$\bar{y}_i = \frac{y_{i-k} + \cdots + y_{i-1} + y_i + y_{i+1} + \cdots + y_{i+k}}{2k+1}, \ i = k+1, k+2, \ldots, n-k;$$

(2) bei gerader Anzahl von Gliedern $(2k)$:

$$\bar{y}_i = \frac{\frac{1}{2}y_{i-k}+\cdots+y_{i-1}+y_i+y_{i+1}+\cdots+\frac{1}{2}y_{i+k}}{2k}, \; i = k+1, k+2, \ldots, n-k.$$

Bei hinreichend großer Anzahl von Gliedern gilt approximativ:

$$\bar{y}_i \doteq m_i.$$

Hinweise:

a) Gleitende Durchschnitte werden dann verwendet, wenn es keine sachlichen Anhaltspunkte für eine mathematisch formulierbare Trendfunktion - die keine Gerade sein muß - gibt. Die graphische Darstellung der gleitenden Durchschnitte ($i = 1,2,\ldots,n$) ist den beobachteten Daten häufig besser angepaßt als eine mathematisch formulierbare Trendfunktion.

b) Für die Festlegung der Anzahl der Glieder eines gleitenden Durchschnitts ($2k+1$ bzw. $2k$) gibt es keine verbindlichen Regeln. Allerdings wird die Anzahl der Glieder häufig durch die Länge der betrachteten Perioden (z.B. ein Jahr oder vier Quartale) bestimmt.

c) Bei der Berechnung von gleitenden Durchschnitten in der oben angegebenen Form gehen am Anfang und Ende der Reihe k Werte verloren. Daher sollte die Anzahl der Glieder eines gleitenden Durchschnitts nicht zu groß sein. Mit Hilfe spezieller Verfahren lassen sich die Randwerte berechnen.

d) $[i-k; i+k]$ heißt Stützbereich (auch Stützperiode) des gleitenden Durchschnitts an der Stelle i.

e) Zu differenzieren ist zwischen dem Zeitraum, für den ein gleitender Durchschnitt berechnet wird (z.B. ein Jahr oder vier Quartale) und dem Stützbereich, aus dessen Werten der gleitende Durchschnitt berechnet wird (fünf Quartalswerte).

II Schließende Statistik

9 Einführung in die schließende Statistik

9.1 Terminologisches zur schließenden Statistik

Gesamtheit, Grundgesamtheit

Sachlich, örtlich (regional) und zeitlich abgegrenzte Menge von Merkmalsträgern (Einheiten), die durch die Ausprägungen eines bzw. mehrerer Untersuchungsmerkmale gekennzeichnet ist. Häufig ist es zweckmäßig, die Ausprägungen der Merkmale selbst als Gesamtheit zu interpretieren (vgl. Kap. 1.1).

In der schließenden Statistik wird häufig implizit vorausgesetzt, daß sich die Gesamtheit im Zeitablauf nicht ändert (stabile Gesamtheit) oder etwaige Änderungen im Zeitablauf nicht interessieren.

Zielgesamtheit

Gesamtheit, über die Informationen beschafft werden sollen.

Auswahlgesamtheit

Gesamtheit, über die Informationen beschafft werden. Sie soll mit der Zielgesamtheit identisch sein.

Umfang der Gesamtheit

Anzahl N der Merkmalsträger (Einheiten) einer Gesamtheit.

Voll-, Totalerhebung

Vollständige Erfassung einer Gesamtheit (vgl. Kap. 1.3).

Teilerhebung

Erfassung einer Teilmenge einer Gesamtheit (vgl. Kap. 1.3).

Stichprobe

Die mit Hilfe bestimmter Auswahlverfahren (vgl. Kap. 9.2) aus einer Gesamtheit ausgewählten (gezogenen) Einheiten, aber auch die diese Einheiten kennzeichnenden Merkmalswerte bzw. -ausprägungen, bilden eine Stichprobe. Somit sind Stichproben zweckdienlich ausgewählte Teilmengen der Gesamtheit (bzw. deren Merkmalswerte/Merkmalsausprägungen). Im engeren Sinne werden nur Teilmengen der Gesamtheit, die als repräsentativ gelten, d.h. Stichproben, die durch eine Zufallsauswahl gebildet wurden, als Stichproben bezeichnet. Die aus Stichproben abgeleiteten Statistiken heißen Stichprobenstatistiken.

Stichproben können eingesetzt werden bei der Erhebung, bei der Aufbereitung und bei der Kontrolle statistischen Materials.

Umfang der Stichprobe

Anzahl n der Einheiten einer Stichprobe.

Auswahlsatz

Der Quotient aus dem Stichprobenumfang n und dem Umfang der zugehörigen Auswahlgesamtheit, also $\frac{n}{N}$, heißt Auswahlsatz.

Stichprobenfehler

Fehler, der dadurch bedingt ist, daß nur ein Teil der Gesamtheit erfaßt und ausgewertet wird. Er ist nur bei Zufallsstichproben größenordnungsmäßig abschätzbar.

9.2 Auswahlverfahren

9.2.1 Vorbemerkung

Für die Auswahl eines Teils der Einheiten der zu untersuchenden Gesamtheit gibt es verschiedene Auswahlverfahren. Durch ein Auswahlverfahren soll ein Teil der Gesamtheit so ausgewählt werden, daß dieser Teil für die Gesamtheit möglichst repräsentativ ist, d.h. daß aus diesem Teil mit hinreichender Zuverlässigkeit Rückschlüsse auf Eigenschaften bzw. Maßzahlen der Gesamtheit gezogen werden können. Es ist üblich, die Auswahlverfahren danach zu differenzieren, ob sie auf dem Zufallsprinzip beruhen oder nicht. Auswahlverfahren werden auch als Stichprobenverfahren bezeichnet.

9.2.2 Nicht auf dem Zufallsprinzip beruhende Auswahlverfahren

Willkürliche Auswahl

Auswahl aufs Geratewohl: ausschließlich subjektiv gesteuerte Auswahl der Einheiten einer Stichprobe aus einer Gesamtheit.

Typische Auswahl

Auswahl von Einheiten aus einer Gesamtheit, die subjektiv für "typisch" (repräsentativ) gehalten werden.

Auswahl nach dem Konzentrationsprinzip

Auswahl nur der "großen" bzw. "gewichtigen" Einheiten aus einer Gesamtheit; auch Abschneideverfahren oder Cut-off-Verfahren genannt.

Quotenauswahl

Innerhalb vorgegebener Quoten (Anteilswerte) bestimmter Strukturmerkmale (Quotenmerkmale, wie zum Beispiel Alter, Geschlecht, Beruf, Religionszugehörigkeit und dgl.) subjektive Auswahl der Einheiten einer Stichprobe aus einer Gesamtheit.

Hinweis:

Die nicht auf dem Zufallsprinzip beruhenden Auswahlverfahren haben den Nachteil, daß die Auswahl der Einheiten stets mit Hilfe subjektiver Entscheidungen gesteuert wird. Daher ist nicht gewährleistet, daß ihre Ergebnisse für die Gesamtheit repräsentativ sind. Da die Gesetze der Wahrscheinlichkeitsrechnung für solche Auswahlverfahren nicht gelten, kann die Genauigkeit der Ergebnisse nicht abgeschätzt werden.

9.2.3 Auf dem Zufallsprinzip beruhende Auswahlverfahren

Die auf dem Zufallsprinzip beruhenden Auswahlverfahren haben den entscheidenden Vorteil, daß die Auswahl der Einheiten aus der Gesamtheit durch den Zufall, also völlig objektiv gesteuert wird. Daher unterliegen die Ergebnisse der Auswahl den Gesetzen der Wahrscheinlichkeitsrechnung, mit deren Hilfe Aussagen über die Genauigkeit der Ergebnisse abgeleitet werden können.

Zufallsauswahl

Auswahl der Einheiten einer Stichprobe aus einer Gesamtheit mit Hilfe einer Zufallsprozedur, zum Beispiel mit Hilfe einer Urne oder mit Hilfe von Zufallszahlen (vgl. z.B. Anhang 4). Bei einer Zufallsauswahl haben die Einheiten der Gesamtheit eine a priori berechenbare, von Null verschiedene, aber nicht notwendigerweise gleiche Wahrscheinlichkeit, ausgewählt zu werden.

Zufallsstichprobe

Stichprobe, deren Einheiten durch eine Zufallsauswahl bestimmt werden. Die Ergebnisse von Zufallsstichproben gelten als repräsentativ für die zugehörige Gesamtheit.

Zufallsstichproben gelten als repräsentativ für die Merkmale (genauer: die Merkmalsausprägungen) einer Gesamtheit, weil es möglich ist, aus der Stichprobe wahrscheinlichkeitstheoretisch abgesicherte Rückschlüsse auf die der Auswahl zugrunde liegende Häufigkeitsverteilung der Gesamtheit zu ziehen. Ein Auswahlverfahren liefert im Mittel über alle möglichen Stichproben - nicht zwingend auch im Einzelfall - repräsentative Stichproben, wenn jede Einheit der Gesamtheit mit einer a priori berechenbaren und von Null verschiedenen Wahrscheinlichkeit in die Stichprobe gezogen werden kann. Dies ist bei Auswahlen, die auf dem Zufallsprinzip beruhen, der Fall.

Zufallsfehler

Fehler, die ausschließlich durch das Wirken des Zufalls bedingt sind.

Systematische Fehler (Bias)

Fehler, die nicht zufallsbedingt sind, wie zum Beispiel Fehler, die auf eine ungenaue Abgrenzung der Gesamtheit, eine ungenaue Erfassung der Daten, eine ungenaue Auswertung der Erhebungsergebnisse zurückzuführen sind. Systematische Fehler haben - im Gegensatz zu Zufallsfehlern - keine Ausgleichstendenz.

Gesamtfehler

Fehler eines (Zufalls-) Stichprobenergebnisses, der aus Zufallsfehlern und gegebenenfalls aus systematischen Fehlern besteht.

Auswahl mit Zurücklegen (einfache Zufallsauswahl)

Auswahl, bei der jede Einheit, die einer Gesamtheit entnommen wird, vor der Entnahme der nächsten Einheit zurückgelegt wird. Bei der Auswahl der Einheiten ändern sich der Umfang und die Zusammensetzung der Gesamtheit nicht. Dieselbe Einheit kann mehrfach gezogen werden.

Auswahl ohne Zurücklegen

Auswahl, bei der jede Einheit, die einer Gesamtheit entnommen wird, vor der Entnahme der nächsten Einheit nicht zurückgelegt wird. Bei der Auswahl der Einheiten ändern sich der Umfang und die Zusammensetzung der Gesamtheit.

9.3 Techniken der Zufallsauswahl

9.3.1 Techniken für eine echte Zufallsauswahl

(1) Auswahl mit Hilfe einer Urne; Auslosen; Würfeln.

(2) Auswahl mit Hilfe von Zufallszahlen. Zufallszahlen sind Zahlen, die aus zufälligen Folgen der Ziffern 0 bis 9 gebildet werden (vgl. Anhang 4: Gleichverteilte Zufallsziffern).

9.3.2 Ersatzverfahren für die Zufallsauswahl

(1) Systematische Auswahl mit Zufallsstart: Auswahl jeder a-ten Einheit aus einer Gesamtheit. Der Start wird durch eine Zufallsprozedur festgelegt. Der Auswahlabstand a kann periodisch wechseln. Voraussetzung: Die Einheiten der Gesamtheit sind bezüglich des Untersuchungsmerkmals zufällig angeordnet.

(2) Auswahl nach Schlußziffern: Auswahl aller numerierter Einheiten, deren Nummern mit bestimmten Ziffern enden. Die Schlußziffern sind dabei mit einer Zufallsprozedur zu bestimmen.

(3) Auswahl nach dem Namensanfang: Auswahl aller Personen, deren Namen mit bestimmten Buchstaben oder mit bestimmten Buchstabenkombinationen beginnen. Die Buchstaben (-kombinationen) sind mit einer Zufallsprozedur zu bestimmen.

(4) Auswahl nach dem Datum: Auswahl aller Personen, die an bestimmten Tagen Geburtstag haben oder Auswahl aller Objekte/Ereignisse, die einem bestimmten Datum zugeordnet werden können. Die Daten sind mit einer Zufallsprozedur zu bestimmen.

Hinweis:

Es muß gewährleistet sein, daß das Auswahlkriterium und das Untersuchungsmerkmal unabhängig sind.

10 Grundlagen der Wahrscheinlichkeitstheorie

10.1 Zufällige Ereignisse und Ereignisalgebra

Zufallsexperiment

Unter einem Zufallsexperiment versteht man ein Ursachensystem, welches ein vom Zufall beeinflußtes Ereignis erzeugt. Solchen (zufälligen) Ereignissen können (Eintritts-) Wahrscheinlichkeiten zugeordnet werden. Im engeren Sinne versteht man unter Zufallsexperiment einen wiederholbaren Prozeß (Vorgang), für den bei vorgegebenen Bedingungen die Menge aller möglichen Ergebnisse bekannt ist, dessen Ergebnis im Einzelfall jedoch nicht mit Sicherheit vorhergesagt werden kann.

BERNOULLI-Experiment

Ein Zufallsexperiment mit nur zwei Ergebnissen heißt BERNOULLI-Experiment (nach Jakob BERNOULLI, 1654 –1705). Die wiederholte Durchführung eines BERNOULLI-Experiments heißt BERNOULLI-Prozeß.

Elementarereignis (ω)

Mögliches Ergebnis eines Zufallsexperiments.

Ereignisraum, Ergebnisraum, Ergebnismenge, Stichprobenraum $\left(\Omega \neq \{\ \}\right)$

Menge aller möglichen Elementarereignisse eines Zufallsexperiments.

Ereignis (E)

Menge von Elementarereignissen, Teilmenge des Ereignisraums $(E \subseteq \Omega)$.

Sicheres Ereignis (Ω)

Menge aller Elementarereignisse.

Unmögliches Ereignis $\left(\varnothing = \{\ \}\right)$

Menge, die kein Elementarereignis enthält (leere Menge).

Eintreten eines Ereignisses E

Ein Ereignis E tritt ein, wenn ein zu E gehörendes Elementarereignis eintritt.

Schnitt (Durchschnitt, Produkt) von Ereignissen

Der Schnitt der Ereignisse E_1 und E_2 ist das Ereignis F, das genau dann eintritt, wenn sowohl das Ereignis E_1 als auch das Ereignis E_2 eintreten: $E_1 \cap E_2 = F$.

Entsprechend ist für n > 2 Ereignisse E_i, i = 1,2,...,n,

$$\bigcap_{i=1}^{n} E_i = E_1 \cap E_2 \cap \cdots \cap E_n = F'$$

das Ereignis, das genau dann eintritt, wenn alle Ereignisse E_i, i = 1,2,...,n, eintreten.

Disjunkte (unvereinbare) Ereignisse

Ereignisse E_1 und E_2, die nicht gemeinsam eintreten können: $E_1 \cap E_2 = \varnothing$.

Vereinigung (Summe) von Ereignissen

Die Vereinigung der Ereignisse E_1 und E_2 ist das Ereignis F, das genau dann eintritt, wenn wenigstens eines der beiden Ereignisse E_1 und E_2 eintritt: $E_1 \cup E_2 = F$.

Entsprechend ist für n > 2 Ereignisse E_i, i = 1,2,...,n,

$$\bigcup_{i=1}^{n} E_i = E_1 \cup E_2 \cup \cdots \cup E_n = F'$$

das Ereignis, das genau dann eintritt, wenn wenigstens eines der Ereignisse E_i, i = 1,2,...,n, eintritt.

Komplementäres Ereignis $\left(\overline{E}\right)$

Ereignis, das eintritt, wenn das Ereignis E nicht eintritt. Es gilt:

$$\overline{E} \cup E = \Omega \quad \text{und} \quad \overline{E} \cap E = \varnothing.$$

Partition (Zerlegung) des Ereignisraums

Die Ereignisse $E_1, E_2,...,E_k$ sind eine Partition des Ereignisraums Ω, wenn $\bigcup_{i-1}^{k} E_i = \Omega$

und $E_i \cap E_j = \emptyset$ für alle $i \ne j$ und $i, j = 1,2,\ldots k$

sowie $E_i \ne \emptyset$ für alle $i = 1,2,\ldots k$.

VENN-Diagramme

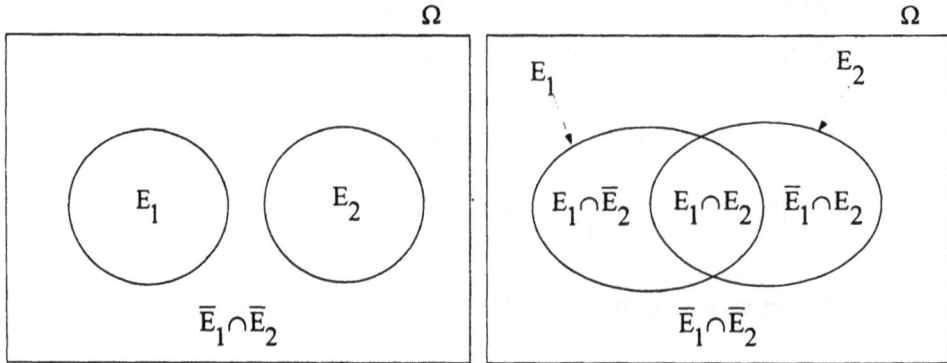

Disjunkte Ereignisse   Schnitt von Ereignissen

10.2 Wahrscheinlichkeit und Wahrscheinlichkeitsalgebra

10.2.1 Wahrscheinlichkeit, Axiome von KOLMOGOROV

Eine Funktion P, die jedem Ereignis $E \subset \Omega$ eine reelle Zahl $P(E)$ - die (Eintritts-) Wahrscheinlichkeit zuordnet, heißt Wahrscheinlichkeitsmaß, wenn sie den KOLMOGOROVschen Axiomen genügt:

(1) $P(E) \ge 0$,

(2) $P(\Omega) = 1$,

(3) $P\left(\bigcup_{j=1}^{\infty} E_j \right) = \sum_{j=1}^{\infty} P(E_j)$ für $E_j \cap E_i = \emptyset, i \ne j$.

Daraus folgt:

$$P(\overline{E}) = 1 - P(E);$$

$1 - P(E)$ heißt Gegenwahrscheinlichkeit des Ereignisses E.

$$P(\varnothing) = 0\,,$$

d.h. das unmögliche Ereignis hat die Wahrscheinlichkeit 0.

Aus $P(E) = 0$ folgt jedoch nicht, daß $E = \varnothing$ ist. Wenn $P(E) = 0$ ist, obwohl $E \neq \varnothing$ ist, heißt E ein Ereignis mit dem Wahrscheinlichkeitsmaß 0 (vom Maße 0).

Es folgen ferner

$$P(E_1) \leq P(E_2)\,, \text{ falls } E_1 \subseteq E_2 \text{ und}$$

der spezielle Additionssatz für zwei Ereignisse:

$$P(E_1 \cup E_2) = P(E_1) + P(E_2)\,, \text{ falls } E_1 \cap E_2 = \varnothing\,.$$

Hinweis:

Mit den Axiomen (1), (2) und (3) haben Wahrscheinlichkeiten formal die gleichen Eigenschaften wie relative Häufigkeiten.

10.2.2 Die Bemessung von Wahrscheinlichkeiten

(1) Klassische Wahrscheinlichkeit (nach LAPLACE)

Wenn der zu einem bestimmten Zufallsexperiment gehörende Ereignisraum Ω nur endlich viele Elementarereignisse enthält und wenn gewährleistet ist, daß diese Elementarereignisse gleichwahrscheinlich sind, dann ist

$$P(E) = \frac{\text{Anzahl der für E günstigen Elementarereignisse}}{\text{Anzahl der gleichwahrscheinlichen Elementarereignisse}}$$

die Wahrscheinlichkeit des Ereignisses E.

(2) Statistische Wahrscheinlichkeit (nach VON MISES)

Die relativen Häufigkeiten bestimmter Ereignisse $\dfrac{n(E)}{n}$ scheinen bei unabhängigen Wiederholungen desselben Zufallsexperiments gegen einen festen Wert zu streben (empirisches Gesetz der großen Zahlen), wenn n gegen unendlich geht. Dieser Grenzwert der relativen Häufigkeit, dessen Existenz empirisch nicht bewiesen, sondern nur plausibel gemacht werden kann, wird als Wahrscheinlichkeit des Ereignisses E interpretiert:

$$\lim_{n \to \infty} \frac{n(E)}{n} = P(E).$$

Als Wahrscheinlichkeit des Ereignisses E wird daher der Schätzwert

$$\frac{n(E)}{n} \doteq P(E)$$

verwendet, wenn n hinreichend groß ist (vgl. Anhang 5: Zur statistischen Wahrscheinlichkeit nach VON MISES).

(3) Geometrische Wahrscheinlichkeit

Die Übertragung der Überlegungen zur klassischen Wahrscheinlichkeit auf Zufallsexperimente, die durch ein (begrenztes) Kontinuum von Elementarereignissen gekennzeichnet sind (der zugehörige Ereignisraum Ω enthält überabzählbar viele Elementarereignisse), führt zur geometrischen Wahrscheinlichkeit.

Die Wahrscheinlichkeit des Ereignisses E, $P(E)$, ist in diesem Falle das Verhältnis eines Teils zu einem Ganzen; dabei wird sowohl der Teil wie auch das Ganze mit Hilfe geometrischer Figuren des euklidischen Raums, insbesondere mit Längen, Flächen und Volumina bestimmt.

(4) Subjektive Wahrscheinlichkeit

$P(E)$, die Wahrscheinlichkeit des Ereignisses E, ist ein Maß für den Grad des Vertrauens in den Eintritt des Ereignisses bzw. für den Grad der Überzeugtheit von der Richtigkeit einer Aussage. Der Grad des Vertrauens (der Überzeugtheit) ist abhängig vom jeweiligen Informationsstand, der interpersonell verschieden sein kann.

Auch für subjektive Wahrscheinlichkeiten gelten die KOLMOGOROVschen Axiome.

Hinweis:

Die unter (1), (2) und (3) genannten Wahrscheinlichkeiten werden auch unter dem Oberbegriff "objektive" Wahrscheinlichkeiten zusammengefaßt.

10.2.3 Wahrscheinlichkeitsalgebra

Allgemeiner Additionssatz für zwei Ereignisse

$$P(E_1 \cup E_2) = P(E_1) + P(E_2) - P(E_1 \cap E_2).$$

Bedingte Wahrscheinlichkeit

Wahrscheinlichkeit für das Eintreten des Ereignisses E_1 unter der Bedingung, daß das Ereignis E_2 eingetreten ist oder gleichzeitig eintritt:

$$P(E_1|E_2) = \frac{P(E_1 \cap E_2)}{P(E_2)} \text{ für } P(E_2) > 0.$$

Entsprechend ist

$$P(E_2|E_1) = \frac{P(E_1 \cap E_2)}{P(E_1)} \text{ für } P(E_1) > 0.$$

Die bedingten Wahrscheinlichkeiten genügen den KOLMOGOROVschen Axiomen.

Bedingte und unbedingte Wahrscheinlichkeiten

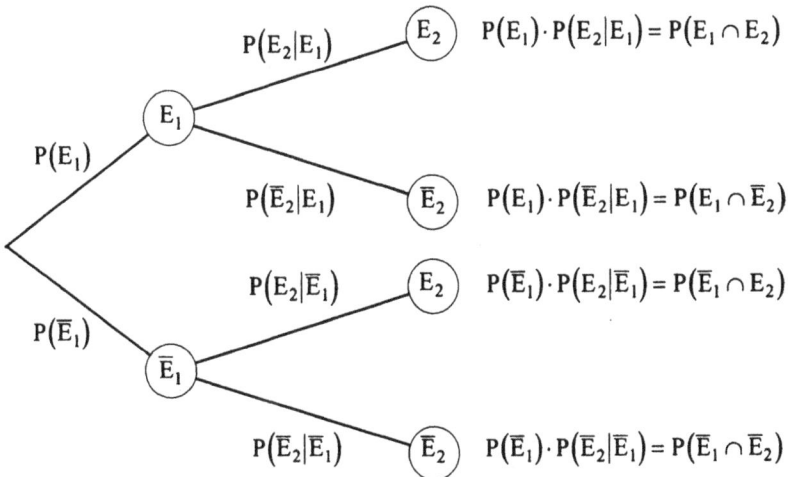

Allgemeiner Multiplikationssatz für zwei Ereignisse

$$P(E_1 \cap E_2) = P(E_1 | E_2) \cdot P(E_2)$$
$$= P(E_2 | E_1) \cdot P(E_1).$$

Stochastisch unabhängige Ereignisse

Die Ereignisse E_1 und E_2 heißen stochastisch unabhängig, falls

$$P(E_1 \cap E_2) = P(E_1) \cdot P(E_2).$$

Diese Beziehung wird auch als spezieller Multiplikationssatz bezeichnet.

Sie ist für

$P(E_2) > 0$ äquivalent mit $P(E_1 | E_2) = P(E_1)$ und für

$P(E_1) > 0$ äquivalent mit $P(E_2 | E_1) = P(E_2)$.

11 Zufallsvariable und eindimensionale Wahrscheinlichkeitsverteilungen

11.1 Zufallsvariable

Eine Zufallsvariable X ist eine Funktion, die jedem Elementarereignis $\omega \in \Omega$ eine reelle Zahl x zuordnet:

$$X: \omega \rightarrow X(\omega) = x, x \in \Re.$$

x heißt Wert oder Realisation der Zufallsvariablen X.

Diskrete Zufallsvariable

Eine Zufallsvariable heißt diskret, wenn die Menge ihrer möglichen Werte (der Wertebereich) eine diskrete Menge ist, d.h. wenn X endlich oder abzählbar unendlich viele Werte (Realisationen) $x_1, x_2, \ldots$ annehmen kann.

Stetige Zufallsvariable

Eine Zufallsvariable X heißt stetig oder auch kontinuierlich, wenn die Menge ihrer möglichen Werte (der Wertebereich) ein Kontinuum ist, d.h. wenn X überabzählbar viele Werte (Realisationen) x annehmen kann.

Funktion einer Zufallsvariablen

Wenn X eine Zufallsvariable ist und g eine Funktion, dann ist auch

$$Y = g(X) \text{ eine Zufallsvariable, beispielsweise}$$

$$g(X) = (X - \mu_X)^2, g(X) = aX + b, g(X) = X^2, g(X) = \ln X, g(X) = \frac{X}{n}.$$

11.2 Eindimensionale Wahrscheinlichkeitsverteilungen

Zuordnung von Wahrscheinlichkeiten

$$P(X = x) := P(\omega \mid X(\omega) = x, \omega \in \Omega), \quad x \in \Re.$$

Den Realisationen x der Zufallsvariablen X werden die Wahrscheinlichkeiten der zu x gehö-
renden Elementarereignisse ω zugeordnet.

Wahrscheinlichkeitsfunktion

Die Funktion

$$f_X(x) = \begin{cases} P(X = x) & \text{für } x = x_j, \, j = 1,2,\dots \\ \\ 0 & \text{sonst} \end{cases}$$

heißt Wahrscheinlichkeitsfunktion der diskreten Zufallsvariablen X. Sie ist die Zuordnung
von Wahrscheinlichkeiten zu den möglichen Werten der Zufallsvariablen.

Eigenschaften:

a) $0 \le f_X(x) \le 1$ (Wahrscheinlichkeit).

b) $\sum\limits_{j=1}^{\infty} f_X(x_j) = 1$ (normiert).

Es gilt:

$$P(\xi_0 < X \le \xi_1) = \sum_{\xi_0 < x_j \le \xi_1} f_X(x_j) \quad \text{für } \xi_0 < \xi_1 \quad \text{und } \xi_0, \xi_1 \in \Re.$$

Verteilungsfunktion

Die Funktion

$$F_X(\xi) = P(X \le \xi), \quad \xi \in \Re,$$

heißt Verteilungsfunktion. Ihr Wert an der Stelle ξ ist die Wahrscheinlichkeit dafür, daß die
diskrete oder stetige Zufallsvariable X einen Wert annimmt, der kleiner oder höchstens gleich
ξ ist.

Eigenschaften:

a) $0 \le F_X(\xi) \le 1$ für alle $\xi \in \Re$ (Wahrscheinlichkeit).

b) $\lim\limits_{\xi \to \infty} F_X(\xi) = 1.$

c) $\lim\limits_{\xi \to -\infty} F_X(\xi) = 0$.

d) $F_X(\xi_1) \le F_X(\xi_2)$,   falls $\xi_1 < \xi_2$ (monoton nicht abnehmend).

e) $\lim\limits_{\varepsilon \to 0} F_X(\xi + \varepsilon) = F_X(\xi)$, $\varepsilon > 0$ (rechtsseitig stetig).

Für stetige und diskrete Zufallsvariable, $\xi_0 < \xi_1$ und $\xi, \xi_0, \xi_1 \in \Re$ gilt:

- $P(X < \xi) = F_X(\xi) - P(X = \xi)$,

- $P(X > \xi) = 1 - F_X(\xi)$,

- $P(X \ge \xi) = 1 - F_X(\xi) + P(X = \xi)$,

- $P(\xi_0 < X \le \xi_1) = F_X(\xi_1) - F_X(\xi_0)$,

- $P(\xi_0 \le X \le \xi_1) = F_X(\xi_1) - F_X(\xi_0) + P(X = \xi_0)$,

- $P(\xi_0 < X < \xi_1) = F_X(\xi_1) - F_X(\xi_0) - P(X = \xi_1)$,

- $P(\xi_0 \le X < \xi_1) = F_X(\xi_1) - F_X(\xi_0) + P(X = \xi_0) - P(X = \xi_1)$.

Für stetige Zufallsvariable gilt speziell:

$$P(X = \xi) = P(X = \xi_0) = P(X = \xi_1) = 0.$$

Das bedeutet, die Wahrscheinlichkeit, daß die stetige Zufallsvariable X einen bestimmten Wert annimmt, ist vom Maße 0.

Daraus folgt für stetige Zufallsvariable:

$$P(\xi_0 < X < \xi_1) = P(\xi_0 < X \le \xi_1) = P(\xi_0 \le X < \xi_1) = P(\xi_0 \le X \le \xi_1).$$

Für diskrete Zufallsvariable gilt speziell:

$$f_X(\xi) = F_X(\xi) - \lim\limits_{\varepsilon \to 0} F_X(\xi - \varepsilon), \quad \varepsilon > 0.$$

Wenn $f_X(\xi) > 0$ ist, dann ist $\xi = x_j$, d.h. eine Sprungstelle der Verteilungsfunktion.

$$F_X(\xi) = \sum_{x_j \leq \xi} f_X(x_j), \quad \xi \in \mathfrak{R}.$$

Verteilungsfunktion einer stetigen Zufallsvariablen

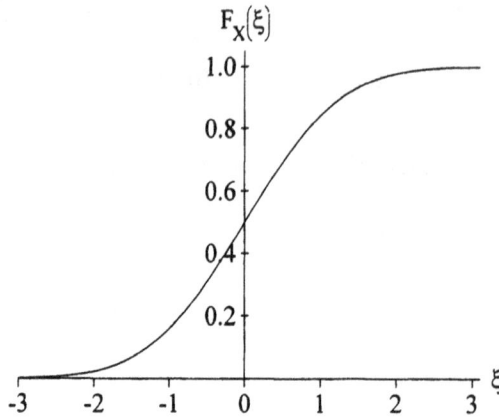

Hinweise:

a) $F_X(\xi)$ heißt Unter-, $1 - F_X(\xi)$ heißt Überschreitungswahrscheinlichkeit. Bei bestimmten Anwendungen wird auch $1 - F_X(\xi) + P(X = \xi)$ als Überschreitungswahrscheinlichkeit definiert.

b)   Für linear transformierte Zufallsvariable $Y = a \cdot X + b$ mit $a \neq 0$ ist

$$F_Y(\xi) = \begin{cases} F_X\left(\dfrac{\xi - b}{a}\right), & \text{falls } a > 0, \\[3mm] 1 - F_X\left(\dfrac{\xi - b}{a}\right) + P\left(X = \dfrac{\xi - b}{a}\right), & \text{falls } a < 0. \end{cases}$$

Bei stetigen Zufallsvariablen X ist dabei $P\left(X = \dfrac{\xi - b}{a}\right) = 0$.

c)   Die Umkehrfunktion einer Verteilungsfunktion $F_X^{-1}(1 - \alpha) = x_{1-\alpha}$ heißt Quantilsfunktion; dabei ist $x_{1-\alpha}$ das $(1 - \alpha)$-Quantil der Verteilung von X.

Wahrscheinlichkeitsdichtefunktion

Für eine stetige Zufallsvariable X ist die Wahrscheinlichkeitsdichtefunktion (Dichtefunktion, Dichte) f_X an der Stelle x definiert als Differentialquotient:

$$f_X(x) = \frac{dF_X(x)}{dx} = F_X'(x), \text{ für alle } x \in \Re.$$

Voraussetzung: Die Verteilungsfunktion F_X ist differenzierbar (im gesamten Definitionsbereich).

Eigenschaften:

a) $f_X(x) \geq 0$ (keine Wahrscheinlichkeit),

b) $\int\limits_{-\infty}^{+\infty} f_X(x)dx = 1$ (normiert).

Wahrscheinlichkeitsdichtefunktion

$f_X(x)$

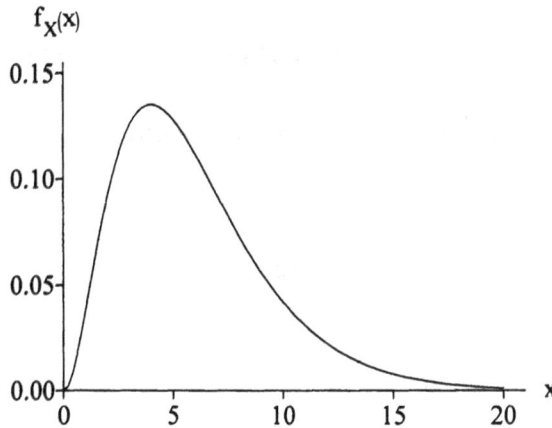

Für stetige Zufallsvariable gilt:

$$F_X(\xi) = P(X \leq \xi) = \int\limits_{-\infty}^{\xi} f_X(x)dx,$$

$$P(\xi_0 < X \leq \xi_1) = \int\limits_{\xi_0}^{\xi_1} f_X(x)dx$$

$$= F_X(\xi_1) - F_X(\xi_0) \quad \text{für } \xi_0 < \xi_1 \quad \text{und } \xi_0, \xi_1 \in \Re.$$

Man beachte: $P(X = a) = \int\limits_{a}^{a} f_X(x)dx = 0$.

Hinweis:

Eine Verteilung, d.h. eine Wahrscheinlichkeitsfunktion oder Wahrscheinlichkeitsdichtefunktion, heißt symmetrisch bezüglich $a \in \Re$, falls gilt:

$$f_X(a - x) = f_X(a + x) \text{ für alle } x \in \Re.$$

Für die Verteilungsfunktion F folgt daraus

$$F_X(a + x) - P(X = a + x) = 1 - F_X(a - x) \text{ für alle } x \in \Re;$$

dabei ist $P(X = a + x) = 0$, wenn X eine stetige Zufallsvariable ist. Ist X eine diskrete Zufallsvariable, dann ist $P(X = a + x) > 0$ nur dann, wenn a + x eine der möglichen Ausprägungen von X ist.

11.3 Maßzahlen (Maße) einer Wahrscheinlichkeitsverteilung

11.3.1 Erwartungswerte: Mittelwert und Varianz

(1) Mittelwert

Wenn X eine Zufallsvariable ist und $f_X(x)$ die zugehörige Wahrscheinlichkeits- bzw. Wahrscheinlichkeitsdichtefunktion, dann ist

$$E(X) = \mu_X = \begin{cases} \displaystyle\sum_{j=1}^{\infty} x_j f_X(x_j), & \text{falls X diskret,} \\[2ex] \displaystyle\int_{-\infty}^{+\infty} x f_X(x) dx, & \text{falls X stetig,} \end{cases}$$

der Mittelwert (auch Erwartungswert) der Zufallsvariablen X.

$E(X) = \mu_X$ ist also das mit $f_X(x_j)$ bzw. $f_X(x)$ gewogene arithmetische Mittel der Realisationen x.

Eigenschaften:

a) $E(Y) = E(aX + b) = aE(X) + b$ mit $Y = aX + b, a, b \in \Re$;

      daraus folgt:

b) $E(b) = b$,

c) $E(aX) = aE(X)$,

d) $E\{X - E(X)\} = 0$.

Der Mittelwert ist also weder translations- noch skaleninvariant.

(2) Varianz und Standardabweichung

Wenn X eine Zufallsvariable ist und $f_X(x)$ die zugehörige Wahrscheinlichkeits- bzw. Wahrscheinlichkeitsdichtefunktion, dann ist

$$Var(X) = \sigma_X^2 = E\{(X - \mu_X)^2\} = \begin{cases} \sum_{j=1}^{\infty}(x_j - \mu_X)^2 f_X(x_j), & \text{falls X diskret,} \\ \int_{-\infty}^{+\infty}(x - \mu_X)^2 f_X(x)dx, & \text{falls X stetig,} \end{cases}$$

die Varianz der Zufallsvariablen X.

Die Varianz ist also der Erwartungswert der Funktion $g(X) = (X - \mu_X)^2$.

Eigenschaften:

a) $Var(X) \geq 0$.

b) $Var(Y) = Var(aX + b) = a^2 Var(X)$ mit $Y = aX + b, a, b \in \Re$;

       insbesondere ist $Var(-X) = Var(X)$.

c) $Var(b) = 0$.

d) $Var(X + b) = Var(X)$.

Die Varianz ist also translationsinvariant, aber nicht skaleninvariant.

Verschiebungssatz:

Es gilt:

$$Var(X) = E\{(X - a)^2\} - (\mu_X - a)^2;$$

daraus folgt für a = 0:

$$\mathrm{Var}(X) = E\left(X^2\right) - \mu_X^2 = E\left(X^2\right) - \left[E(X)\right]^2 \, ;$$

dabei ist

$$E\left(X^2\right) = \begin{cases} \sum\limits_{j=1}^{\infty} x_j^2 f_X\left(x_j\right), & \text{falls X diskret}, \\ \int\limits_{-\infty}^{+\infty} x^2 f_X(x) dx, & \text{falls X stetig}, \end{cases}$$

der Mittelwert der Zufallsvariablen $g(X) = X^2$.

Standardabweichung

$\sigma_X = +\sqrt{\sigma_X^2}$ heißt Standardabweichung der Zufallsvariablen X.

Standardisierte Zufallsvariable

Ein Zufallsvariable X, für die gilt

$$E(X) = 0 \text{ und } \mathrm{Var}(X) = 1,$$

heißt standardisiert.

Ist X eine Zufallsvariable mit Mittelwert μ_X und Standardabweichung σ_X, dann ist die lineare Transformation von X:

$$U = \frac{X - \mu_X}{\sigma_X} = \frac{1}{\sigma_X} X - \frac{\mu_X}{\sigma_X}$$

eine standardisierte Zufallsvariable. Die lineare Transformation $\dfrac{X - \mu_X}{\sigma_X}$ heißt Standardisierung.

11.3.2 Momente

Die Erwartungswerte Mittelwert und Varianz sind Spezialfälle allgemeiner Maße zur Charakterisierung von Wahrscheinlichkeitsverteilungen, die Momente heißen.

(1) Momente um Null (Anfangsmomente)

Das r-te Moment um Null, μ_r', $r = 0,1,2,\ldots$, der Zufallsvariablen X ist wie folgt definiert:

$$\mu'_r = E(X^r) = \begin{cases} \displaystyle\sum_{j=1}^{\infty} x_j^r f_X(x_j), & \text{falls X diskret,} \\ \displaystyle\int_{-\infty}^{+\infty} x^r f_X(x)dx, & \text{falls X stetig.} \end{cases}$$

Es ist: $\mu'_0 = 1$,

$\mu'_1 = \mu_X$,   Mittelwert von X und

μ'_2,   Mittelwert von X^2.

Alle Momente um Null sind weder translations- noch skaleninvariant.

(2) Momente um den Mittelwert (zentrale Momente)

Das r-te Moment um den Mittelwert, μ_r, $r = 0,1,2,...$, der Zufallsvariablen X ist wie folgt definiert:

$$\mu_r = E\{(X - \mu_X)^r\} = \begin{cases} \displaystyle\sum_{j=1}^{\infty} (x_j - \mu_X)^r f_X(x_j), & \text{falls X diskret,} \\ \displaystyle\int_{-\infty}^{+\infty} (x - \mu_X)^r f_X(x)dx, & \text{falls X stetig.} \end{cases}$$

Es ist: $\mu_0 = 1$,

$\mu_1 = 0$,

$\mu_2 = \sigma_X^2$,   Varianz von X.

Alle Momente um den Mittelwert sind translationsinvariant, d.h. aus $\mu_{r,X} = E\{(X - \mu_X)^r\}$

folgt für $Y = aX + b$ $(a \neq 0)$: $\mu_{r,Y} = a^r \mu_{r,X}$.

Zwischen den Anfangsmomenten und den zentralen Momenten besteht folgende Beziehung:

$$\mu_r = \sum_{j=0}^{r} (-1)^{r-j} \binom{r}{j} \mu'_j \mu'_1{}^{r-j} .$$

(3) Standardisierte Momente

Das r-te standardisierte Moment, $\mu_r^*, r = 0,1,2,\ldots$, der Zufallsvariablen X ist wie folgt definiert:

$$\mu_r^* = E\left\{\left(\frac{X-\mu_X}{\sigma_X}\right)^r\right\} = \begin{cases} \displaystyle\sum_{j=1}^{\infty}\left(\frac{x_j-\mu_X}{\sigma_X}\right)^r f_X(x_j), & \text{falls X diskret,} \\[4mm] \displaystyle\int_{-\infty}^{+\infty}\left(\frac{x-\mu_X}{\sigma_X}\right)^r f_X(x)dx, & \text{falls X stetig.} \end{cases}$$

Es ist: $\mu_0^* = 1$,

$\mu_1^* = 0$,   Mittelwert von $\dfrac{X-\mu_X}{\sigma_X}$,

$\mu_2^* = 1$,   Varianz von $\dfrac{X-\mu_X}{\sigma_X}$,

μ_3^*,   Schiefe von $\dfrac{X-\mu_X}{\sigma_X}$,

$\mu_4^* - 3$ Wölbung von $\dfrac{X-\mu_X}{\sigma_X}$.

Alle standardisierten Momente sind (gegebenenfalls bis auf das Vorzeichen) invariant gegenüber linearen Transformationen, d.h. translations- und skaleninvariant.

Hinweis:

Die Momente einer Verteilung existieren nicht immer, jedoch für alle praktisch bedeutsamen Verteilungen.

11.4 Spezielle eindimensionale Wahrscheinlichkeitsverteilungen

11.4.1 Diskrete Verteilungen

(1) BERNOULLI-Verteilung (0-1-Verteilung)

Eine Zufallsvariable X folgt einer BERNOULLI- oder 0-1-Verteilung, wenn sie die Wahrscheinlichkeitsfunktion

$$f_X(x) = \begin{cases} 1 - \pi & \text{für } x = 0, \\ \pi & \text{für } x = 1, \\ 0 & \text{sonst}, \end{cases}$$

besitzt.

Scharparameter: $\pi, 0 < \pi < 1,$

Mittelwert: $E(X) = \mu_X = \pi,$

Varianz: $Var(X) = \sigma_X^2 = \pi(1 - \pi).$

Verteilungsfunktion

$$F_X(\xi) = \begin{cases} 0, & \text{falls } \xi < 0, \\ 1 - \pi, & \text{falls } 0 \leq \xi < 1, \\ 1, & \text{falls } 1 \leq \xi. \end{cases}$$

Hinweise:

a)   Der Scharparameter π darf nicht mit der Kreiszahl $\pi = 3,141592...$ verwechselt werden!

b)   Die BERNOULLI-Verteilung ist eine Zwei-Punkt-Verteilung, deren Ausprägungen mit 0 und 1 bezeichnet werden.

Anwendungsgebiete:

BERNOULLI-Experimente, Verteilung von Häufigkeiten, Modellverteilung für Zufallsexperimente mit zwei möglichen Ergebnissen.

(2) k-Punkt-Verteilung

Eine Zufallsvariable X folgt einer k-Punkt-Verteilung, wenn sie die Wahrscheinlichkeitsfunktion

$$f_X(x) = \begin{cases} \pi_1 & \text{für } x = x_1, \\ \pi_2 & \text{für } x = x_2, \\ \vdots & \vdots \\ \pi_{k-1} & \text{für } x = x_{k-1}, \\ \pi_k = 1 - (\pi_1 + \pi_2 + \cdots + \pi_{k-1}) & \text{für } x = x_k, \\ 0 & \text{sonst,} \end{cases}$$

besitzt.

Scharparameter: $\pi_j, 0 < \pi_j < 1, j = 1,2,\ldots,k-1,$ $\displaystyle\sum_{j=1}^{k-1} \pi_j < 1,$

$x_j, j = 1,2,\ldots,k,$

Mittelwert: $E(X) = \mu_X = \displaystyle\sum_{j=1}^{k} x_j \pi_j,$

Varianz: $\operatorname{Var}(X) = \sigma_X^2 = \displaystyle\sum_{j=1}^{k} (x_j - \mu_X)^2 \pi_j.$

Verteilungsfunktion:

$$F_X(\xi) = \begin{cases} 0, & \text{falls } \xi < x_1, \\ \displaystyle\sum_{j=1}^{i} \pi_j, & \text{falls } x_i \leq \xi < x_{i+1}, i = 1,2,\ldots,k-1, \\ 1, & \text{falls } \xi \geq x_k. \end{cases}$$

Hinweise:

a)   Die k-Punkt-Verteilung heißt (diskrete) Gleichverteilung, falls $\pi_j = \frac{1}{k}$ für $j = 1,2,\ldots,k$ ist.

b)   Wird für die Stellen (Realisationen) x_j festgelegt, daß $x_1 = 1, x_2 = 2,\ldots,x_k = k$ ist, dann sind die $x_j, j = 1,2,\ldots,k$ keine Scharparameter. Eine solche Festsetzung kann insbesondere bei nicht-metrischen Merkmalen zweckmäßig sein.

c)   Die BERNOULLI-Verteilung oder 0-1-Verteilung ist eine spezielle k-Punkt-Verteilung für $k = 2$, $x_1 = 0$ und $x_2 = 1$.

Anwendungsgebiete:

Verteilung von Häufigkeiten, Modellverteilung für Zufallsexperimente mit k möglichen Ergebnissen.

11.4.2 Stetige Verteilungen

(1) Rechteckverteilung

Eine Zufallsvariable X folgt einer Rechteckverteilung über [a,b], wenn sie die Wahrscheinlichkeitsdichtefunktion

$$f_X(x|a,b) = \begin{cases} \dfrac{1}{b-a} & \text{für } a \le x \le b, \\ 0 & \text{sonst.} \end{cases}$$

besitzt.

Scharparameter: $a,b \quad a,b \in \Re, \quad a < b,$

Mittelwert: $E(X) = \mu_X = \dfrac{a+b}{2},$

Varianz: $Var(X) = \sigma_X^2 = \dfrac{(b-a)^2}{12}.$

Eigenschaften:

a) $f_X(x|a,b) \ge 0$ für alle $x \in \Re$ (keine Wahrscheinlichkeit).

b) $\displaystyle\int_{-\infty}^{+\infty} f_X(x|a,b)\,dx = 1$ (normiert).

Verteilungsfunktion:

$$F_X(\xi) = \begin{cases} 0, & \text{falls } \xi < a, \\ \dfrac{\xi-a}{b-a} & \text{falls } a \le \xi < b, \\ 1, & \text{falls } \xi \ge b. \end{cases}$$

Anwendungsgebiete:

Meß- und Regelungstechnik, Modellverteilung für bestimmte geometrische Wahrscheinlich-keiten, Erzeugung von (Pseudo-) Zufallszahlen.

(2) Normalverteilung

Eine Zufallsvariable X folgt einer Normalverteilung $N(\mu, \sigma^2)$, wenn

$$f_X(x) = f_X(x|\mu, \sigma^2) = \frac{1}{\sigma\sqrt{2\pi}} \exp\left[-\frac{1}{2}\left(\frac{x-\mu}{\sigma}\right)^2\right] \text{ für } x \in \Re;$$

dabei ist $\pi = 3,141592...$ und $\exp[x] = e^x$ mit $\exp[1] = 2,718281...$.

Scharparameter: $\mu, \sigma^2 \quad \mu \in \Re, \quad \sigma^2 > 0,$

Mittelwert: $E(X) = \mu_X = \mu,$

Varianz: $Var(X) = \sigma_X^2 = \sigma^2.$

Kurzbezeichnung: $X \sim N(\mu, \sigma^2) = N(\mu_X, \sigma_X^2).$

Eigenschaften:

a) $f_X(x|\mu, \sigma^2) > 0$ für alle $x \in \Re$ (keine Wahrscheinlichkeit).

b) $\int\limits_{-\infty}^{+\infty} f_X(x|\mu, \sigma^2) dx = 1$ (normiert).

c) $\lim\limits_{x \to \pm\infty} f_X(x|\mu, \sigma^2) = 0.$

d) $f_X(x|\mu, \sigma^2)$ hat das Maximum bei $x = \mu$ und Wendepunkte bei $\mu + \sigma$ und $\mu - \sigma$.

e) $f_X(x|\mu, \sigma^2)$ ist symmetrisch zu μ, d.h. $f_X(\mu - \xi) = f_X(\mu + \xi)$ für alle $\xi \in \Re$.

Dichte der N(2;4)

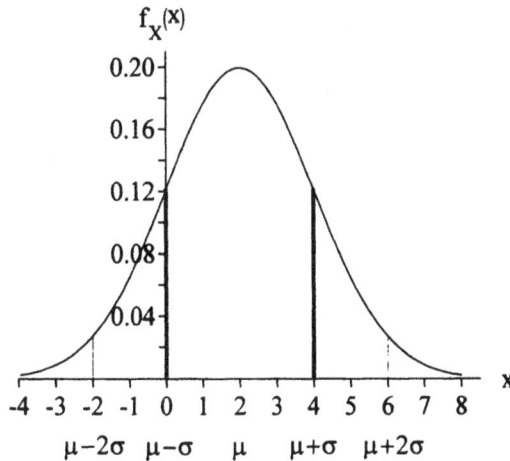

Dichte der N(2;4)

Verteilungsfunktion

$$F_X(\xi) = P(X \le \xi) = \int_{-\infty}^{\xi} f_X\left(x|\mu,\sigma^2\right) dx = \frac{1}{\sigma\sqrt{2\pi}} \int_{-\infty}^{\xi} \exp\left[-\frac{1}{2}\left(\frac{x-\mu}{\sigma}\right)^2\right] dx \ .$$

Es gilt:

$$F_X(\mu - \xi) = 1 - F_X(\mu + \xi) \text{ für alle } \xi \in \Re,$$

$$P(\xi_0 < X \le \xi_1) = F_X(\xi_1) - F_X(\xi_0), \quad \xi_0 < \xi_1, \quad \xi_0, \xi_1 \in \Re.$$

Wenn X einer $N\left(\mu,\sigma^2\right)$ folgt, dann gilt für die lineare Transformation

$$Y = aX + b \text{ mit } a \ne 0: \qquad Y \sim N\left(a\mu + b; a^2\sigma^2\right).$$

Standardnormalverteilung

Eine Zufallsvariable U folgt der Standardnormalverteilung $N(0;1)$, wenn

$$f_U(u|0,1) = \frac{1}{\sqrt{2\pi}} \exp\left[-\frac{u^2}{2}\right] \text{ für } u \in \Re;$$

dabei ist $\pi = 3{,}141592...$ und $\exp[x] = e^x$ mit $\exp[1] = 2{,}718281...\ $.

Mittelwert: $\qquad E(U) = \mu_U = 0$,

Varianz: $\qquad Var(U) = \sigma_U^2 = 1$.

Wenn eine Zufallsvariable X normalverteilt ist mit Mittelwert μ_X und Varianz σ_X^2 - also

$X \sim N\left(\mu_X, \sigma_X^2\right)$ - dann folgt die standardisierte Zufallsvariable $U = \dfrac{X - \mu_X}{\sigma_X}$ der Standard-

normalverteilung, d.h. $U \sim N(0;1)$.

Dichte der N(0;1)

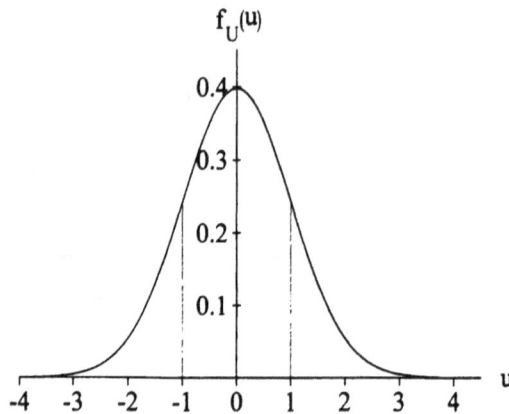

Verteilungsfunktion der Standardnormalverteilung:

$$F_U(\lambda) = P(U \le \lambda) = \int_{-\infty}^{\lambda} f_U(u)\,du = \frac{1}{\sqrt{2\pi}} \int_{-\infty}^{\lambda} \exp\left[-\frac{u^2}{2}\right] du.$$

Es gilt:

$$F_U(-\lambda) = 1 - F_U(\lambda) \text{ für alle } \lambda \in \Re,$$

$$F_X(\xi) = F_U\left(\frac{\xi - \mu_X}{\sigma_X}\right) = F_U(\lambda) \text{ mit } \lambda = \frac{\xi - \mu_X}{\sigma_X} \text{ für alle } \xi \in \Re.$$

Quantile der Normalverteilung

Das $(1-\alpha)$-Quantil der Normalverteilung $N\left(\mu, \sigma^2\right)$ ist jener Wert $x_{1-\alpha}$, für den gilt:

$$F_X(x_{1-\alpha}) = P(X \le x_{1-\alpha}) = 1 - \alpha, \quad 0 < \alpha < 1.$$

$\alpha = P(X > x_{1-\alpha})$ heißt Überschreitungswahrscheinlichkeit, $1 - \alpha$ heißt Unterschreitungs-wahrscheinlichkeit.

Verteilungsfunktionen der N(0;1) und N(2;4)

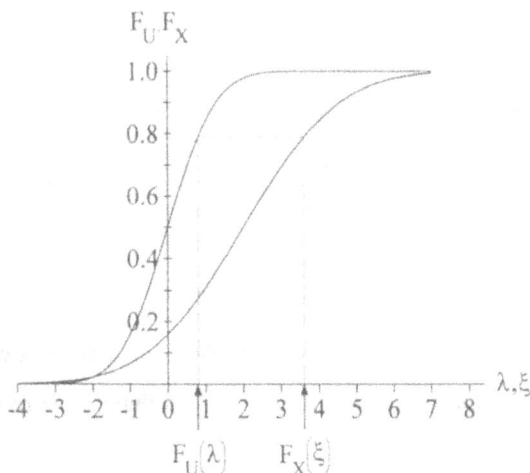

Beziehungen zur Standardnormalverteilung

Für die $(1-\alpha)$-Quantile gilt:

$$x_{1-\alpha} = \mu_X + \lambda_{1-\alpha}\sigma_X \quad \text{und} \quad \frac{x_{1-\alpha} - \mu_X}{\sigma_X} = \lambda_{1-\alpha}.$$

Das $(1-\alpha)$-Quantil der Standardnormalverteilung $N(0;1)$ ist entsprechend jener Wert $\lambda_{1-\alpha}$, für den gilt:

$$F_U(\lambda_{1-\alpha}) = P(U \leq \lambda_{1-\alpha}) = 1 - \alpha, \quad 0 < \alpha < 1.$$

Für die Bestimmung von Wahrscheinlichkeiten für normalverteilte Zufallsvariable X ist die Beziehung

$$F_X(x_{1-\alpha}) = F_U\left(\frac{x_{1-\alpha} - \mu_X}{\sigma_X}\right) = F_U(\lambda_{1-\alpha}) = 1 - \alpha, \quad 0 < \alpha < 1$$

von besonderer Bedeutung, weil die Werte von $F_U(\lambda_{1-\alpha})$ aus einer Tabelle abgelesen werden können (vgl. Anhang 7: Verteilungsfunktion der Standardnormalverteilung).

Hinweise:

a)   In aller Regel ist die Verteilungsfunktion der Standardnormalverteilung nur für den Fall
      $1 - \alpha \geq 0{,}5$, d.h. $\lambda_{1-\alpha} \geq 0$, tabelliert. Zur Bestimmung von Wahrscheinlichkeiten ist
      dann - wegen der Symmetrie der Normalverteilung - gegebenenfalls die Beziehung

$$F_U(-\lambda) = 1 - F_U(\lambda)$$

      zu verwenden, d.h. es sind - für $1 - \alpha < 0{,}5$ - $1 - \alpha$ und α zu vertauschen.

b)   Für die Standardnormalverteilung ist die Schiefe $\mu_3^* = 0$ und die Wölbung $\mu_4^* - 3 = 0$
      (vgl. Kap. 11.3.2)

c)   Standardnormalverteilte Zufallszahlen sind in Anhang 6 zusammengestellt.

d)   Vgl. hierzu auch Anhang 8: Quantilsfunktion der Standardnormalverteilung und Anhang
      9: Ausgewählte Quantile der Standardnormalverteilung für einseitige und zweiseitige
      Fragestellungen.

Zentrales Schwankungsintervall

Wenn die Zufallsvariable X normalverteilt ist mit Mittelwert μ_X und Varianz σ_X^2, dann ist
mit $\lambda_{1-\frac{\alpha}{2}} = \lambda$:

$$P(\mu_X - \lambda\sigma_X \leq X \leq \mu_X + \lambda\sigma_X) = P(-\lambda \leq U \leq +\lambda)$$
$$= F_U(\lambda) - F_U(-\lambda) = 2F_U(\lambda) - 1 = 1 - \alpha.$$

Ein zentrales Schwankungsintervall besteht also aus allen Werten (Realisationen) x der Zufallsvariablen X, die vom zugehörigen Mittelwert μ_X um höchstens das λ-fache der Standardabweichung σ_X entfernt sind.

Es gilt somit:

$$P(\mu_X - 1\sigma_X \leq X \leq \mu_X + 1\sigma_X) = P(-1 \leq U \leq +1) = 0{,}6826 \qquad \text{(1-}\sigma\text{-Bereich)},$$

$$P(\mu_X - 2\sigma_X \leq X \leq \mu_X + 2\sigma_X) = P(-2 \leq U \leq +2) = 0{,}9544 \qquad \text{(2-}\sigma\text{-Bereich)},$$

$$P(\mu_X - 3\sigma_X \leq X \leq \mu_X + 3\sigma_X) = P(-3 \leq U \leq +3) = 0{,}9972 \qquad \text{(3-}\sigma\text{-Bereich)}.$$

$$N\left(\mu,\sigma^2\right)=N\left(\mu_X,\sigma_X^2\right)$$

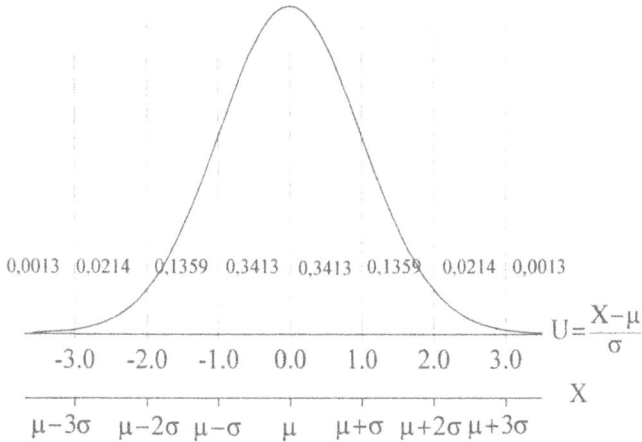

$$U=\frac{X-\mu}{\sigma}$$

Auch aus der obigen Abbildung geht hervor, daß die Wahrscheinlichkeit dafür, daß normalverteilte Zufallsvariable Werte außerhalb des 3-σ-Bereichs annehmen, sehr klein ist.

Dichten der N(0;1), N(0;0,5) und N(0;3)

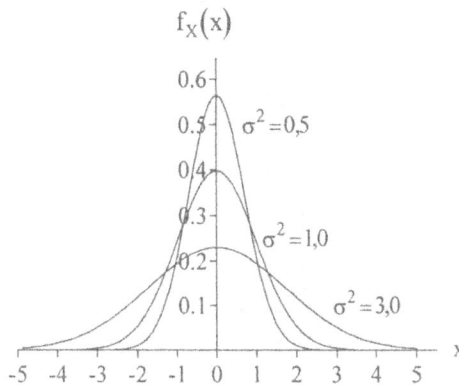

Anwendungsgebiete:

Modellverteilung für eingipflige und symmetrische Häufigkeitsverteilungen metrischer Merkmale, Schätz- und Testtheorie, Prüfverteilung, Grenzverteilung der Binomialverteilung, der hypergeometrischen Verteilung und der POISSON-Verteilung.

Zentrales Schwankungsintervall der N(2;4)
$(1-\alpha)$ vorgegeben

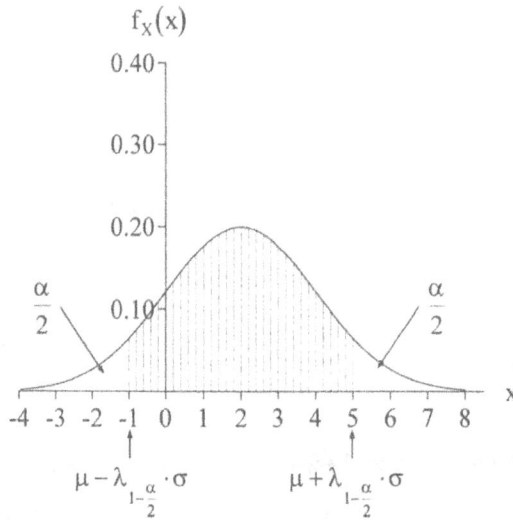

Zentrales Schwankungsintervall der N(1;1)
λ vorgegeben

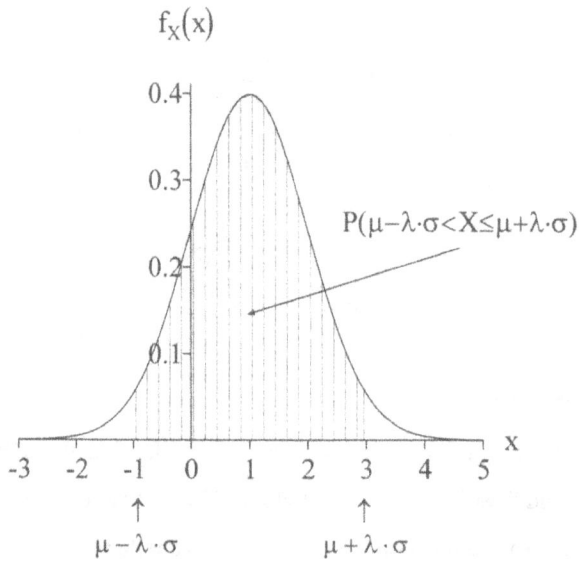

Verteilungsfunktion und Dichte der Standardnormalverteilung N(0;1)

λ vorgegeben

(1−α) vorgegeben

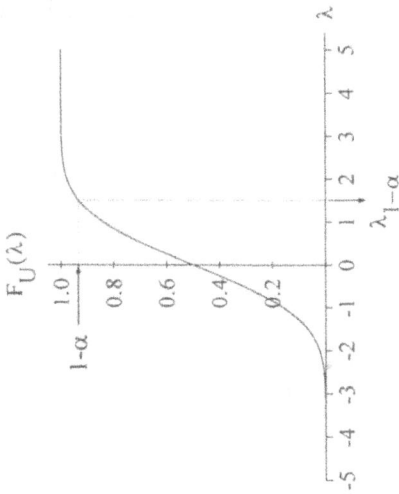

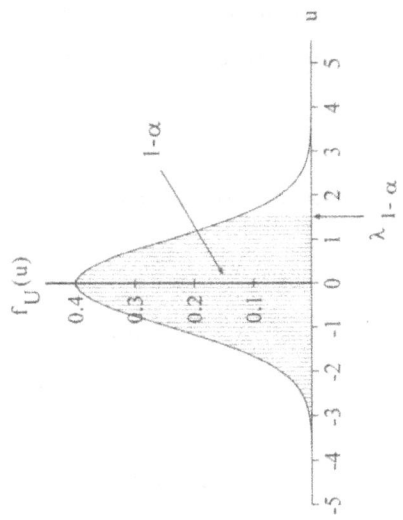

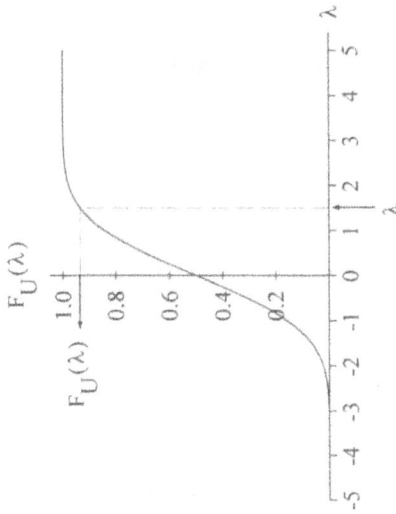

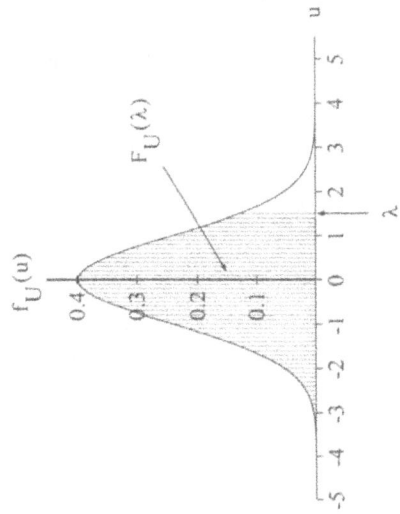

(3) Logarithmische Normalverteilung (Lognormalverteilung)

Eine stetige Zufallsvariable X (> 0) heißt logarithmisch normalverteilt (lognormalverteilt) mit den Parametern μ und σ^2 , wenn die transformierte Zufallsvariable Y = ln X einer Normalverteilung mit Parametern μ und σ^2 folgt. Es gilt also:

$$X = e^Y, \; Y \sim N(\mu, \sigma^2)$$

X heißt Lognormalvariable und hat die Dichte

$$f_X(x) = f_X(x|\mu, \sigma^2) = \begin{cases} 0 & \text{für } x \le 0, \\ \dfrac{1}{\sigma\sqrt{2\pi}} \cdot \dfrac{1}{x} \cdot \exp\left[-\dfrac{1}{2\sigma^2}\left(\ln x - \mu \right)^2 \right] & \text{für } x > 0; \end{cases}$$

dabei ist $\pi = 3{,}141592...$ und $\exp[x] = e^x$ mit $\exp[1] = 2{,}718281...$.

Scharparameter: $\mu, \sigma^2, \quad \mu \in \Re, \sigma^2 > 0,$

Mittelwert: $E(X) = e^{\mu + \left(\frac{\sigma^2}{2} \right)},$

Varianz: $Var(X) = e^{2\mu + \sigma^2}(e^{\sigma^2} - 1).$

Kurzbezeichnung: $X \sim LN(\mu, \sigma^2).$

Dichten von Lognormalverteilungen

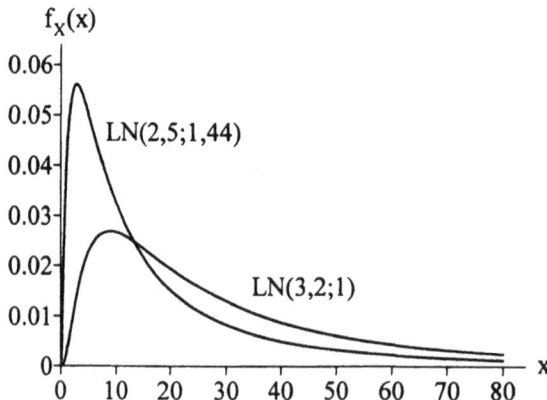

Hinweise:

a) Die Scharparameter μ und σ^2 sind bei der Lognormalverteilung nicht gleich dem Mittelwert bzw. gleich der Varianz.

b) Wegen $\dfrac{Y-\mu}{\sigma} = U$ und somit $Y = \mu + \sigma U$, $U \sim N(0,1)$, kann X auch als Transformation von U interpretiert werden, so daß

$$X = e^Y = e^{\mu+\sigma U} \text{ gilt.}$$

Diese Beziehung kann benutzt werden, um mit Hilfe der N(0;1) x_α-Quantile, $0 < \alpha < 1$, zu bestimmen:

$$x_\alpha = e^{\mu+\sigma\lambda_\alpha} \ .$$

Lognormalverteilung und zugehörige Normalverteilung

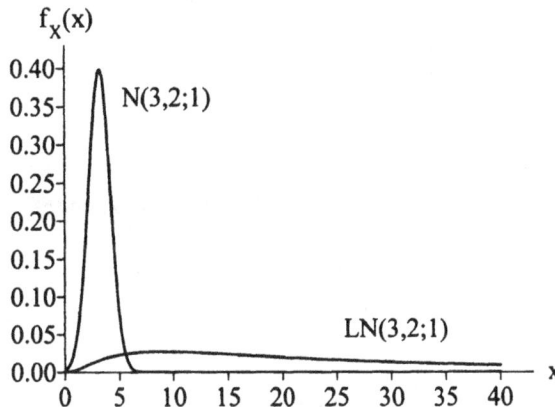

Wenn eine (linkssteile) empirische Häufigkeitsverteilung eines Merkmals X, dessen Werte größer als Null sind, durch eine Lognormalverteilung approximiert werden soll, sind die Parameter μ und σ^2 der Lognormalverteilung mit

$$\hat\mu = \ln\left(\frac{\overline{x}^2}{\sqrt{\overline{x}^2 + s_X^2}}\right) \text{ bzw. } \hat\sigma^2 = \ln\left(1 + \frac{s_X^2}{\overline{x}^2}\right) \text{ zu schätzen.}$$

Anwendungsgebiete:

Modellverteilung für eingipflige und asymmetrische (linkssteile) Häufigkeitsverteilungen metrischer Merkmale, Lebensdauer- und Zuverlässigkeitstheorie, Konzentrationsmessung.

(4) t-Verteilung

Eine stetige Zufallsvariable X folgt einer t-Verteilung (auch Student-Verteilung), wenn

$$f_X(x \mid v) = c(v)\left(1 + \frac{x^2}{v}\right)^{-\frac{v+1}{2}} \quad \text{für } x \in \Re.$$

Die Konstante $c(v) = \dfrac{\Gamma\left(\dfrac{v+1}{2}\right)}{\sqrt{v\pi}\,\Gamma\left(\dfrac{v}{2}\right)}$ ist dabei so bestimmt, daß $c(v) \displaystyle\int_{-\infty}^{\infty}\left(1 + \frac{x^2}{v}\right)^{-\frac{v+1}{2}} dx = 1$ ist;

dabei ist $\pi = 3{,}141593...$ und $\Gamma(x)$ ist der Wert der Gammafunktion an der Stelle x (vgl. Anhang 16).

Die stetige t-Verteilung ist symmetrisch zu x = 0.

Scharparameter: $v,\quad v = 1,2,3,...,$ v heißt Anzahl der Freiheitsgrade,

Mittelwert: $E(X) = \mu_X = 0,$ für $v \geq 2$,

Varianz: $Var(X) = \sigma_X^2 = \dfrac{v}{v-2},$ für $v \geq 3$.

Die Wahrscheinlichkeit dafür, daß eine t-verteilte Zufallsvariable X Werte des zentralen

Schwankungsintervalls $\left[-t_{1-\frac{\alpha}{2},v},\; +t_{1-\frac{\alpha}{2},v}\right]$ annimmt, ist gleich

$$P\left(-t_{1-\frac{\alpha}{2},v} \leq X \leq +t_{1-\frac{\alpha}{2},v}\right) = 1-\alpha;$$

dabei ist $t_{1-\frac{\alpha}{2},v}$ das $\left(1-\dfrac{\alpha}{2}\right)$-Quantil der t-Verteilung mit v Freiheitsgraden.

Hinweise:

a)   Die Stichprobenfunktion

$$T_v = \frac{\overline{X} - \mu_X}{\hat{\sigma}_X}\sqrt{n}$$

folgt einer t-Verteilung mit $v = n-1$ Freiheitsgraden, wenn $X \sim N(\mu_X, \sigma_X^2)$.

b)   Mit $v \to \infty$ strebt die t-Verteilung gegen die Standardnormalverteilung. Die Approximation gilt als gut, wenn $v = n - 1 > 120$ ist.

Dichten der t-Verteilung

$f_T(t|v=1),N(0;1)$

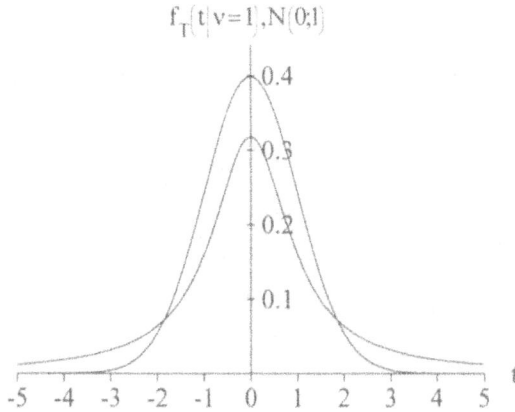

$f_T(t|v=120)$

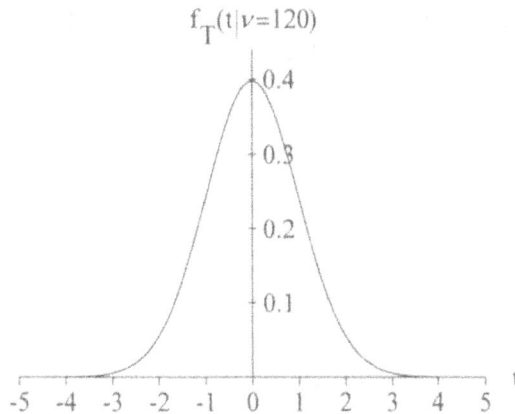

$f_T(t|v=1,3,10,50)$

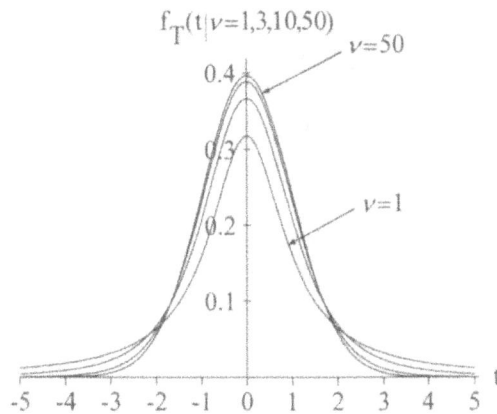

Anwendungsgebiete:

Schätz- und Testtheorie (Mittelwert-Test), Prüfverteilung, Regressions- und Korrelationsanalyse.

(5) F-Verteilung

Eine stetige Zufallsvariable X folgt einer F-Verteilung (FISHER-Verteilung), wenn

$$
f_X\left(x\,\middle|\,\nu_1,\nu_2\right) =
\begin{cases}
c\left(\nu_1,\nu_2\right)\dfrac{x^{\left(\frac{\nu_1}{2}-1\right)}}{\left(1+x\dfrac{\nu_1}{\nu_2}\right)^{\frac{\nu_1+\nu_2}{2}}} & \text{für } x > 0, \\[4ex]
0 & \text{sonst.}
\end{cases}
$$

Die Konstante $c\left(\nu_1,\nu_2\right)=\left(\dfrac{\nu_1}{\nu_2}\right)^{\frac{\nu_1}{2}}\cdot\dfrac{\Gamma\left(\dfrac{\nu_1+\nu_2}{2}\right)}{\Gamma\left(\dfrac{\nu_1}{2}\right)\cdot\Gamma\left(\dfrac{\nu_2}{2}\right)}$ ist dabei so bestimmt, daß

$$
c\left(\nu_1,\nu_2\right)\int_0^\infty \frac{x^{\left(\frac{\nu_1}{2}-1\right)}}{\left(1+x\dfrac{\nu_1}{\nu_2}\right)^{\frac{\nu_1+\nu_2}{2}}}\,dx = 1
$$

ist; dabei ist $\Gamma(x)$ der Wert der Gammafunktion an der

Stelle x (vgl. Anhang 16).

Scharparameter: ν_1,ν_2, $\nu_1,\nu_2 = 1,2,3,\ldots$, ν_1 und ν_2 heißen Zähler-

bzw. Nennerfreiheitsgrad,

Mittelwert: $E(X) = \mu_X = \dfrac{\nu_2}{\nu_2-2}$,   für $\nu_2 \geq 3$,

Varianz: $\operatorname{Var}(X) = \sigma_X^2 = \dfrac{2\left(\nu_1+\nu_2-2\right)\nu_2^2}{\nu_1\left(\nu_2-4\right)\left(\nu_2-2\right)^2}$,   für $\nu_2 \geq 5$.

$F_{\nu_1,\nu_2,1-\alpha}$ ist das $(1-\alpha)$-Quantil der F-Verteilung, für das gilt:

$$
P\left(X \leq F_{\nu_1,\nu_2,1-\alpha}\right) = 1-\alpha\,.
$$

Es gilt: $F_{\nu_1,\nu_2,1-\alpha} = \dfrac{1}{F_{\nu_2,\nu_1,\alpha}}$;

also sind $\dfrac{1}{x} \geq F_{v_2,v_1,1-\alpha}$ und $x \leq F_{v_1,v_2,\alpha}$ äquivalent.

Dichten der F-Verteilung für verschiedene Freiheitsgrade

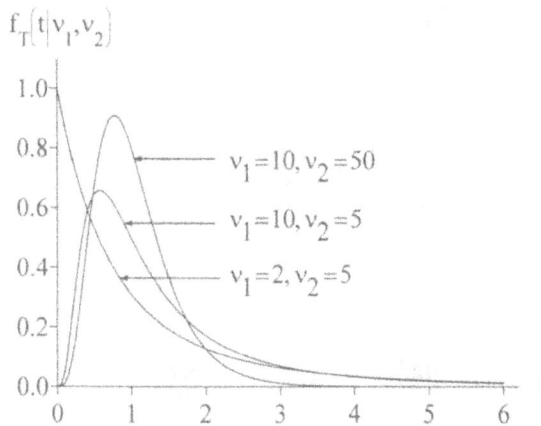

$$v_1 = 10, v_2 = 50$$
$$v_1 = 10, v_2 = 5$$
$$v_1 = 2, v_2 = 5$$

$(1-\alpha)$-Quantil einer F-Verteilung

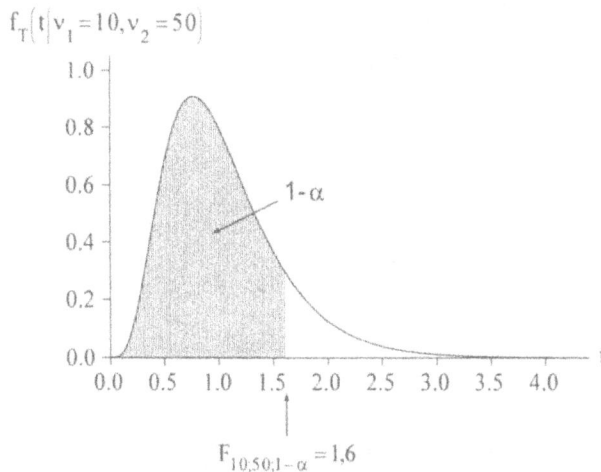

$$F_{10,50;1-\alpha} = 1{,}6$$

Anwendungsgebiete:

Schätz- und Testtheorie (F-Test), Prüfverteilung, Varianz- und Kovarianzanalyse.

(6) χ^2-Verteilung

Wenn $U_1, U_2, \ldots, U_n$ eine Folge stochastisch unabhängiger standardnormalverteilter Zufallsvariablen ist, dann hat die Zufallsvariable

$$U_1^2 + U_2^2 + \cdots + U_n^2 = \sum_{i=1}^{n} U_i^2 = \chi^2$$

die Dichtefunktion

$$f_{\chi^2}(x|v) = \begin{cases} c(v) x^{\frac{v}{2}-1} \exp\left[-\frac{x}{2}\right] & \text{für } x > 0, \\ 0 & \text{sonst,} \end{cases}$$

die als χ^2-Verteilung mit $v = n$ Freiheitsgraden bezeichnet wird.

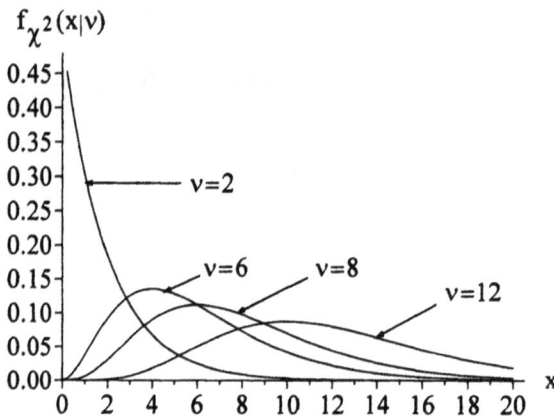

Die Konstante

$$c(v) = \left(2^{\frac{v}{2}} \Gamma\left(\frac{v}{2}\right)\right)^{-1} \text{ ist dabei so bestimmt, daß } c(v) \int_0^{\infty} x^{\frac{v}{2}-1} \exp\left[-\frac{x}{2}\right] dx = 1 \text{ ist; dabei ist}$$

$\Gamma(x)$ dert Wert der Gammafunktion an der Stelle x (vgl. Anhang 16).

Scharparameter:	$v, \quad v = 1, 2, 3, \ldots,$	v heißt Anzahl der Freiheitsgrade,
Mittelwert:	$E(\chi^2) = \mu_{\chi^2} = v,$	
Varianz:	$\text{Var}(\chi^2) = \sigma_{\chi^2}^2 = 2v.$	

$\chi^2_{1-\alpha,v}$ ist das $(1-\alpha)$-Quantil der χ^2-Verteilung, für das gilt:

$$P\left(\chi^2 \le \chi^2_{1-\alpha,v}\right) = 1-\alpha\,.$$

$(1-\alpha)$-Quantil einer χ^2-Verteilung

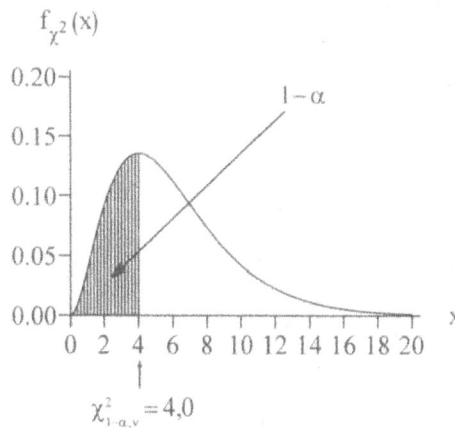

Für $v > 80$ ist die Zufallsvariable $U = \left(\sqrt{2\chi^2} - \sqrt{2v-1}\right)$ approximativ standardnormalverteilt.

Daraus folgt

$$P\left(\chi^2 \le \frac{\left(\lambda_{1-\alpha} + \sqrt{2v-1}\right)^2}{2}\right) \doteq 1-\alpha$$

und es gilt approximativ

$$\chi^2_{1-\alpha,v} \doteq \frac{\left(\lambda_{1-\alpha} + \sqrt{2v-1}\right)^2}{2}\,;$$

dabei ist $\lambda_{1-\alpha}$ das $(1-\alpha)$-Quantil der Standardnormalverteilung.

Hinweise:

a)   Ist die Zufallsvariable X standardnormalverteilt, so folgt die Zufallsvariable X^2 einer χ^2-Verteilung mit $v = 1$ Freiheitsgrad.

b)   Wenn $X_1, X_2, \ldots, X_n$ eine Folge stochastisch unabhängiger, mit μ_X und σ^2_X normalverteilter Zufallsvariablen ist, dann folgt die Zufallsvariable

$$\frac{1}{\sigma_X^2}\sum_{i=1}^{n}\left(X_i - \overline{X}\right)^2$$

einer χ^2-Verteilung mit $\nu = n-1$ Freiheitsgraden.

Anwendungsgebiete:

Schätz- und Testtheorie (nichtparametrische χ^2-Tests), Prüfverteilung, Test von Streuungen.

(7) Exponentialverteilung

Eine stetige Zufallsvariable X folgt einer Exponentialverteilung, wenn

$$f_X\left(x\,|\,\lambda\right) = \begin{cases} \lambda \cdot \exp\left[-\lambda x\right] & \text{für } x \geq 0, \\ 0 & \text{sonst;} \end{cases}$$

dabei ist $\exp\left[x\right] = e^x$ mit $\exp\left[1\right] = 2{,}718281...$.

Dichten der Exponentialverteilung für $\lambda = 0{,}5$, $\lambda = 2{,}5$ und $\lambda = 4{,}0$

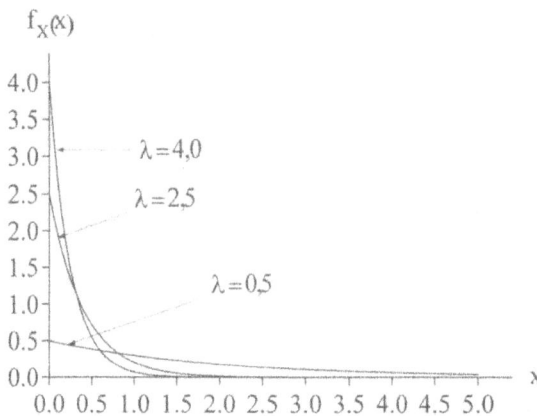

Scharparameter:	λ, $\quad \lambda > 0$,
Mittelwert:	$E\left(X\right) = \dfrac{1}{\lambda}$,
Varianz:	$\mathrm{Var}\left(X\right) = \dfrac{1}{\lambda^2}$.
Kurzbezeichnung:	$X \sim \mathrm{Exp}\left(\lambda\right)$.

Verteilungsfunktion:

$$F_X(x) = \begin{cases} 1 - \exp[-\lambda x] & \text{für } x \geq 0, \\ 0 & \text{für } x < 0. \end{cases}$$

Anwendungsgebiete:

Zuverlässigkeitstheorie, Bedienungstheorie, Verteilung von Wartezeiten.

11.5 Ungleichung von TSCHEBYSCHEV

Für eine Zufallsvariable X mit Mittelwert μ_X und Varianz σ_X^2 gilt, unabhängig von der zugehörigen Wahrscheinlichkeitsverteilung, die diskret oder stetig, ein- oder mehrgipflig, symmetrisch oder asymmetrisch sein kann, die TSCHEBYSCHEVsche Ungleichung (auch zentrales Schwankungsintervall nach TSCHEBYSCHEV):

$$P(\mu_X - c\sigma_X < X < \mu_X + c\sigma_X) \geq 1 - \frac{1}{c^2}, \quad c \geq 1.$$

Äquivalente Formulierungen sind:

$$P(|X - \mu_X| \geq c\sigma_X) \leq \frac{1}{c^2},$$

$$P(|X - \mu_X| < c\sigma_X) = P(\mu_X - c\sigma_X < X < \mu_X + c\sigma_X) \geq 1 - \frac{1}{c^2}, \quad \text{woraus auch}$$

$$P(|X - \mu_X| \leq c\sigma_X) \geq 1 - \frac{1}{c^2} \quad \text{folgt,}$$

vergleiche Kap. 14.3.3.

Es gilt also beispielsweise:

$$P(\mu_X - 2\sigma_X \leq X \leq \mu_X + 2\sigma_X) \geq 1 - \frac{1}{4} = 0{,}75.$$

Hinweis:

Für eingipflige und symmetrische Verteilungen gilt nach GAUSS die schärfere Ungleichung:

$$P(|X - \mu_X| \geq c\sigma_X) \leq \frac{4}{9c^2},$$

so daß in diesem Falle

$$P(|X - \mu_X| > 2\sigma_X) \leq \frac{4}{9 \cdot 4} \doteq 0{,}1111 \quad \text{ist.}$$

12 Einige spezielle Stichprobenverteilungen: Verteilungen für Häufigkeiten

12.1 Anzahl der möglichen Stichproben

12.1.1 Vorbemerkung

Vergleiche hierzu Anhang 10: Fakultäten, Anhang 11: Kombinatorik sowie Anhang 12: Binomialkoeffizienten. Es ist zweckmäßig, sich vorzustellen, daß die Gesamtheit vom Umfang N durch N irgendwie gekennzeichnete (gleich große und gleich schwere) Kugeln, die sich in einer Urne befinden, repräsentiert wird (Urnenmodell). Dann entspricht eine Zufallsauswahl von n Einheiten aus der Gesamtheit einer Ziehung von n Kugeln aus der Urne.

$N! = N \cdot (N-1) \cdot (N-2) \cdot \cdots \cdot 2 \cdot 1$ (lies: N-Fakultät) ist die Anzahl der Permutationen, d.h. der verschiedenen Anordnungsmöglichkeiten, von N verschiedenen Elementen.

12.1.2 Auswahl ohne Zurücklegen

Bei einer Zufallsauswahl ohne Zurücklegen von n Einheiten aus einer Gesamtheit vom Umfang N ist die Anzahl der möglichen Stichproben vom Umfang n gleich

$$\frac{N!}{(N-n)!},$$ wenn die Reihenfolge der ausgewählten Einheiten berücksichtigt wird, d.h. wenn Stichproben auch dann als verschieden gelten, wenn sie dieselben Einheiten, jedoch in unterschiedlicher Reihenfolge enthalten (Variationen ohne Wiederholung),

$$\frac{N!}{(N-n)!\,n!} = \binom{N}{n},$$ wenn die Reihenfolge der ausgewählten Einheiten nicht berücksichtigt wird (Kombinationen ohne Wiederholung).

Die Wahrscheinlichkeit dafür, daß eine dieser Stichproben realisiert wird, ist für jede der möglichen Stichproben gleich

$$\frac{(N-n)!}{N!} \quad \text{bzw.} \quad \frac{1}{\binom{N}{n}}.$$

$\binom{N}{n}$ (lies: N über n) heißt Binomialkoeffizient.

Es gilt:
$$\binom{N}{n} = 0 \quad \text{für} \quad n > N,$$

$$\binom{N}{n} = \binom{N}{N-n},$$

$$\binom{N+1}{n+1} = \binom{N}{n} + \binom{N}{n+1}.$$

12.1.3 Auswahl mit Zurücklegen

Bei einer Zufallsauswahl mit Zurücklegen von n Einheiten aus einer Gesamtheit vom Umfang N ist die Anzahl der möglichen Stichproben vom Umfang n gleich

$$N^n,$$

wenn die Reihenfolge der ausgewählten Einheiten berücksichtigt wird, d.h. wenn Stichproben auch dann als verschieden gelten, wenn sie dieselben Einheiten, jedoch in unterschiedlicher Reihenfolge enthalten (Variationen mit Wiederholung),

Die Wahrscheinlichkeit dafür, daß eine dieser Stichproben realisiert wird, ist für jede der möglichen Stichproben gleich

$$\frac{1}{N^n}.$$

Die Anzahl der möglichen Stichproben ist gleich

$$\frac{(N+n-1)!}{(N-1)!\,n!} = \binom{N+n-1}{n},$$

wenn die Reihenfolge der ausgewählten Einheiten nicht berücksichtigt wird (Kombinationen mit Wiederholung).

Die Wahrscheinlichkeit dafür, daß eine dieser Stichproben realisiert wird, ist nicht für jede der möglichen Stichproben gleich

$$\frac{1}{\binom{N+n-1}{n}},$$

daher ist dieser Fall bei der praktischen Anwendung von Auswahlverfahren ohne Bedeutung.

12.2 Stochastisch unabhängige und identisch verteilte Zufallsvariable

Die Glieder einer Folge von Zufallsvariablen $X_1, X_2, ..., X_n$ heißen genau dann voneinander stochastisch unabhängig, wenn

$$P\left[\left(X_1 \leq \xi_1\right) \cap \left(X_2 \leq \xi_2\right) \cap \cdots \cap \left(X_n \leq \xi_n\right)\right] =$$

$$= P\left(X_1 \leq \xi_1\right) \cdot P\left(X_2 \leq \xi_2\right) \cdot \cdots \cdot P\left(X_n \leq \xi_n\right) =$$

$$= F_{X_1}\left(\xi_1\right) \cdot F_{X_2}\left(\xi_2\right) \cdot \cdots \cdot F_{X_n}\left(\xi_n\right) \text{ für alle } \xi_i \in \Re \text{ gilt.}$$

Zufallsvariable sind stochastisch unabhängig, wenn die Zufallsprozesse, durch die sie ihre Ausprägung erhalten, voneinander unabhängig sind.

Zufallsvariable heißen identisch verteilt, wenn die Zufallsprozesse, durch die sie ihre Ausprägung erhalten, den gleichen Verteilungsgesetzen gehorchen, d.h. also, wenn

$$F_{X_i}\left(\xi\right) = F_X\left(\xi\right) \text{ für alle } i = 1, 2, ..., n \text{ und für alle } \xi \in \Re \text{ gilt.}$$

Zufallsvariable heißen stochastisch unabhängig und identisch verteilt, wenn

$$P\left[\left(X_1 \leq \xi_1\right) \cap \left(X_2 \leq \xi_2\right) \cap \cdots \cap \left(X_n \leq \xi_n\right)\right] =$$

$$= \prod_{i=1}^{n} F_X\left(\xi_i\right) \text{ für alle } \xi_i \in \Re \text{ gilt.}$$

12.3 Stichproben aus BERNOULLI-verteilten Gesamtheiten

12.3.1 Binomialverteilung

Unter der Voraussetzung, daß

1. die zugrundeliegende Gesamtheit BERNOULLI-verteilt ist mit dem Parameter $P(X = 1) = \pi$ und

2. eine Stichprobe vom Umfang n nach dem Prinzip einer Zufallsauswahl mit Zurücklegen gezogen wird,

sind die Stichprobenvariablen $X_i, i = 1, 2, ..., n$, voneinander stochastisch unabhängig und identisch BERNOULLI-verteilt mit dem Parameter π.

Die Zufallsvariable $X' = \sum\limits_{i=1}^{n} X_i$, die Anzahl der Einheiten einer Stichprobe vom Umfang n mit

der Eigenschaft x = 1, folgt dann einer Binomialverteilung $B(n, \pi)$ mit

$$f_{X'}(x'|n,\pi) = \begin{cases} \binom{n}{x'} \pi^{x'}(1-\pi)^{n-x'}, & \text{falls } x' = 0,1,2,\ldots,n, \\ 0 & \text{sonst.} \end{cases}$$

Binomialverteilung B(8;0,25)

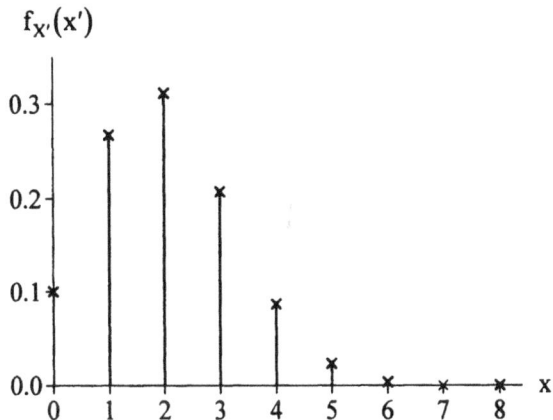

Scharparameter: $n, \pi, \quad n = 1, 2, \ldots, \quad 0 < \pi < 1,$

Mittelwert: $E(X') = \mu_{X'} = n\pi,$

Varianz: $Var(X') = \sigma^2_{X'} = n\pi(1-\pi).$

Es gilt die Rekursionsbeziehung:

$$f_{X'}(x'+1|n,\pi) = f_{X'}(x'|n,\pi) \cdot \frac{\pi}{1-\pi} \cdot \frac{n-x'}{x'+1}, \quad x' = 0,1,\ldots,n-1.$$

Eigenschaften:

a) $f_{X'}(x'|n,\pi) = f_{n-X'}(n-x'|n,1-\pi).$

b)   Für n = 1 ist die Binomialverteilung gleich der BERNOULLI-Verteilung, denn es gilt:

$$f_{X'}(0|1,\pi) = \binom{1}{0}\pi^0(1-\pi)^{1-0} = 1 - \pi \quad \text{und}$$

$$f_{X'}(1|1,\pi) = \binom{1}{1}\pi^1(1-\pi)^{1-1} = \pi.$$

Verteilungsfunktion:

$$F_{X'}(\xi|n,\pi) = \begin{cases} 0, & \text{falls } \xi < 0, \\ \sum_{x' \leq \xi} \binom{n}{x'}\pi^{x'}(1-\pi)^{n-x'}, & \text{falls } \xi \geq 0. \end{cases}$$

Binomialverteilung B(8;0,5)

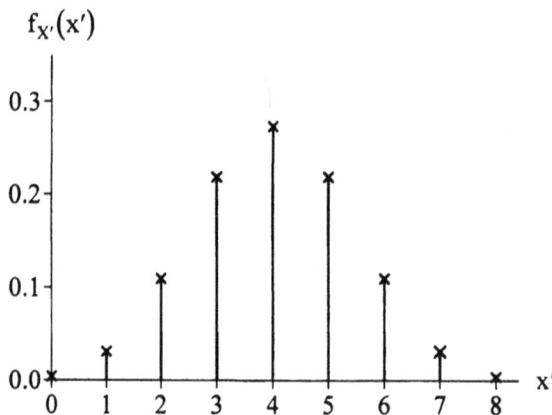

Die Wahrscheinlichkeiten für den Anteil

$$P = \overline{X} = \frac{X'}{n}, \quad p = \frac{x'}{n} = 0, \frac{1}{n}, \frac{2}{n}, \dots, 1,$$

ergeben sich mit Hilfe der Binomialverteilung aus:

$$P\left(\frac{X'}{n} = \frac{x'}{n}\right) = P(X' = x') = f_{X'}(x'|n,\pi);$$

dabei ist zu beachten, daß P nicht binomialverteilt ist (P ist "wie binomialverteilt").

Mittelwert: $E\left(\dfrac{X'}{n}\right) = E(P) = \mu_P = \pi,$

Varianz:
$$\text{Var}\left(\frac{X'}{n}\right) = \text{Var}(P) = \sigma_P^2 = \frac{\pi(1-\pi)}{n}.$$

Hinweis:

Die Wahrscheinlichkeiten $P(X' = x') = f_{X'}(x'|n,\pi)$ sind für ausgewählte n und π tabelliert (vgl. Anhang 13: Binomialverteilung).

Anwendungsgebiete:

BERNOULLI-Experimente, Verteilung von Häufigkeiten, Urnenmodell: Auswahl mit Zurücklegen, statistische Qualitätskontrolle, Prüfverteilung, Grenzverteilung der hypergeometrischen Verteilung.

12.3.2 Hypergeometrische Verteilung

Unter der Voraussetzung, daß

1. die zugrundeliegende Gesamtheit vom Umfang N BERNOULLI-verteilt ist mit dem Parameter $\pi = \dfrac{N_1}{N}$ (N_1 ist die Anzahl der Einheiten der Gesamtheit mit der Eigenschaft x = 1; $N - N_1$ ist die Anzahl der Einheiten mit der Eigenschaft x = 0; $N_1 < N$) und

2. eine Stichprobe vom Umfang n nach dem Prinzip einer Zufallsauswahl ohne Zurücklegen gezogen wird,

sind die Stichprobenvariablen X_i, i = 1,2,...,n, zwar identisch BERNOULLI-verteilt mit dem Parameter π, aber nicht voneinander stochastisch unabhängig.

Die Zufallsvariable $X' = \sum_{i=1}^{n} X_i$, die Anzahl der Einheiten einer Stichprobe vom Umfang n mit der Eigenschaft x = 1, folgt dann einer hypergeometrischen Verteilung $H(n,N,N_1)$ mit

$$f_{X'}(x'|n,N,N_1) = \begin{cases} \dfrac{\dbinom{N_1}{x'}\dbinom{N-N_1}{n-x'}}{\dbinom{N}{n}} & \text{für } \max\{0; n-(N-N_1)\} \le x' \le \min\{n; N_1\}, \\ 0 & \text{sonst.} \end{cases}$$

Scharparameter: n, N, N_1,   n = 1, 2, ..., N, $0 < N_1 < N$,

Mittelwert: $\qquad E(X') = \mu_{X'} = n\pi$,

Varianz: $\qquad Var(X') = \sigma_{X'}^2 = n\pi(1-\pi)\dfrac{N-n}{N-1}$.

Der Faktor $\dfrac{N-n}{N-1} \doteq \dfrac{N-n}{N} = 1 - \dfrac{n}{N}$ heißt Korrekturfaktor für endliche Gesamtheiten

(Endlichkeitskorrektur).

$\dfrac{n}{N}$ heißt Auswahlsatz.

Hypergeometrische Verteilung H(8;30;10)

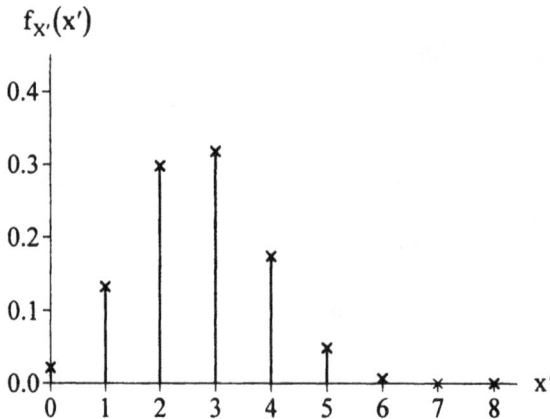

Es gilt die Rekursionsbeziehung:

$$f_{X'}(x'+1|n,N,N_1) = f_{X'}(x'|n,N,N_1) \cdot \frac{(n-x')(N_1-x')}{(x'+1)(N-N_1-n+x'+1)}.$$

Eigenschaften:

a) $\quad f_{X'}(x'|n,N,N_1) = f_{n-X'}(n-x'|n,N,N-N_1)$.

b) $\quad$ Für n = 1 ist die hypergeometrische Verteilung gleich der BERNOULLI-Verteilung, denn es gilt:

$$f_{X'}(0 | 1, N, N_1) = \frac{\binom{N_1}{0}\binom{N-N_1}{1-0}}{\binom{N}{1}} = 1 - \frac{N_1}{N} = 1 - \pi \text{ und}$$

$$f_{X'}(1 | 1, N, N_1) = \frac{\binom{N_1}{1}\binom{N-N_1}{1-1}}{\binom{N}{1}} = \frac{N_1}{N} = \pi .$$

Hypergeometrische Verteilung H(8;30;15)

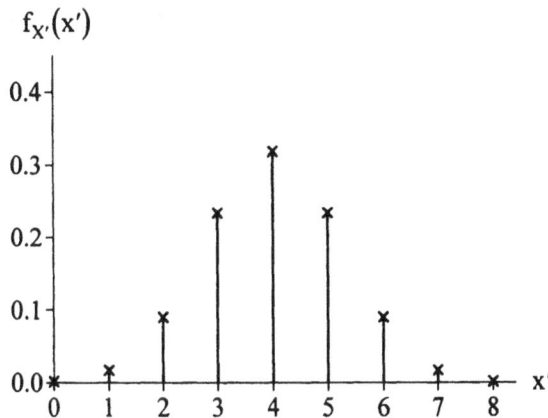

Verteilungsfunktion:

$$F_{X'}(\xi | n, N, N_1) = \begin{cases} 0, & \text{falls } \xi < 0, \\ \sum_{x' \le \xi} \dfrac{\binom{N_1}{x'}\binom{N-N_1}{n-x'}}{\binom{N}{n}}, & \text{falls } \xi \ge 0. \end{cases}$$

Die Wahrscheinlichkeiten für den Anteil

$$P = \overline{X} = \frac{X'}{n}, \quad p = \frac{x'}{n} = 0, \frac{1}{n}, \frac{2}{n}, \dots, 1,$$

ergeben sich mit Hilfe der hypergeometrischen Verteilung aus:

$$P\left(\frac{X'}{n} = \frac{x'}{n}\right) = P(X' = x') = f_{X'}(x' \mid n, N, N_1);$$

dabei ist zu beachten, daß P nicht hypergeometrisch verteilt ist (P ist "wie hypergeometrisch verteilt").

Mittelwert: $E\left(\frac{X'}{n}\right) = E(P) = \mu_P = \pi,$

Varianz: $Var\left(\frac{X'}{n}\right) = Var(P) = \sigma_P^2 = \frac{\pi(1-\pi)}{n}\frac{N-n}{N-1}.$

Anwendungsgebiete:

BERNOULLI-Experimente, Verteilung von Häufigkeiten, Urnenmodell: Auswahl ohne Zurücklegen, statistische Qualitätskontrolle, Prüfverteilung.

12.3.3 Approximation der hypergeometrischen Verteilung durch die Binomialverteilung

Mit $\frac{N_1}{N} = \pi$ = const. und n = const. ist

$$\lim_{N \to \infty} H(n, N, N_1) = B(n, \pi),$$

das heißt es gilt:

$$\lim_{N \to \infty} \frac{\binom{N_1}{x'}\binom{N-N_1}{n-x'}}{\binom{N}{n}} = \binom{n}{x'}\pi^{x'}(1-\pi)^{n-x'}.$$

Daraus folgt: Die hypergeometrische Verteilung kann durch die Binomialverteilung approximiert werden, wenn der Auswahlsatz $\frac{n}{N}$ hinreichend klein ist.

Die Approximation liefert im allgemeinen hinreichend genaue Ergebnisse, wenn der Auswahlsatz $\frac{n}{N} \leq 0,05$ ist.

12.3.4 Approximation der Binomialverteilung durch die Normalverteilung

Nach dem zentralen Grenzwertsatz von DE MOIVRE/LAPLACE strebt die Verteilung der standardisierten Summe

$$U_n = \frac{X'_n - n\pi}{\sqrt{n\pi(1-\pi)}}$$

mit $n \to \infty$ gegen die Standardnormalverteilung $N(0;1)$, wenn $X'_n = \sum_{i=1}^{n} X_i$ einer $B(n,\pi)$ folgt.

$X'_n = \sum_{i=1}^{n} X_i$ ist - bei gegebenem n - approximativ $N\left(n\pi; n\pi(1-\pi)\right)$-verteilt.

Approximation: B(30;0,5) und zugehörige N(15;7,5)

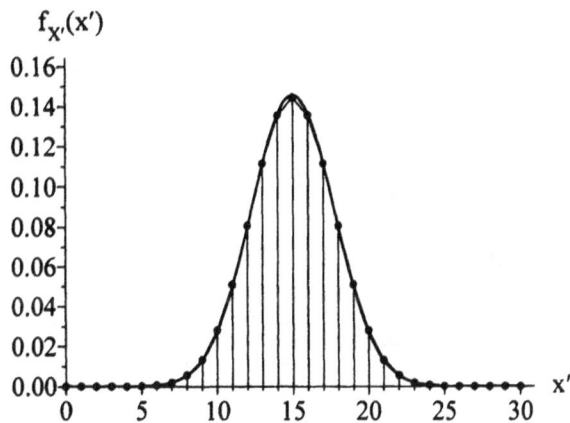

Die Verteilung von

$$U_n = \frac{P_n - \pi}{\sqrt{\dfrac{\pi(1-\pi)}{n}}}$$

strebt mit $n \to \infty$ ebenfalls gegen die Standardnormalverteilung $N(0;1)$.

Ersichtlich ist die Approximation bereits für $n = 30$ sehr gut, weil $\pi = 0,5$ ist.

$$P_n = \overline{X}_n = \frac{X'}{n} = \frac{1}{n}\sum_{i=1}^{n} X_i \text{ folgt - bei gegebenem n - approximativ einer } N\left(\pi; \frac{\pi(1-\pi)}{n}\right).$$

Aufgrund dieses Grenzwertsatzes kann die Binomialverteilung durch die Normalverteilung approximiert werden. Die Güte der Approximation ist abhängig von n und π. Sie kann durch eine Stetigkeitskorrektur verbessert werden.

Unter Berücksichtigung der Stetigkeitskorrektur ist (nach dem Integralwertsatz von DE MOIVRE/LAPLACE) mit $X' = \sum_{i=1}^{n} X_i$:

$$P(X' \leq x_1) = \sum_{x' \leq x_1} \binom{n}{x'} \pi^{x'} (1-\pi)^{n-x'}$$

$$\doteq F_U\left(\frac{x_1 + 0,5 - n\pi}{\sqrt{n\pi(1-\pi)}} \right)$$

und

$$P(x_0 \leq X' \leq x_1) = \sum_{x_0 \leq x' \leq x_1} \binom{n}{x'} \pi^{x'} (1-\pi)^{n-x'}$$

$$\doteq F_U(\lambda_1) - F_U(\lambda_0);$$

dabei ist F_U die Verteilungsfunktion der Standardnormalverteilung,

$$\lambda_1 = \frac{x_1 + 0,5 - n\pi}{\sqrt{n\pi(1-\pi)}} \quad \text{und} \quad \lambda_0 = \frac{x_0 - 0,5 - n\pi}{\sqrt{n\pi(1-\pi)}} \ .$$

Für Anteile $P_n = \overline{X}_n = \dfrac{X'}{n} = \dfrac{1}{n}\sum_{i=1}^{n} X_i$ ist entsprechend

$$F_P(p) \doteq F_U\left(\frac{p + \dfrac{0,5}{n} - \pi}{\sqrt{\dfrac{\pi(1-\pi)}{n}}} \right).$$

Die Approximation liefert im allgemeinen hinreichend genaue Ergebnisse, falls $0,1 \leq \pi \leq 0,9$ und $n\pi(1-\pi) > 9$ ist.

12.3.5 Approximation der hypergeometrischen Verteilung durch die Normalverteilung

Wenn $\dfrac{N_1}{N} = \pi = \text{const.}$ und $N_1, N \to \infty$, strebt die Verteilung von

$$U_n = \frac{X'_n - n\pi}{\sqrt{n\pi(1-\pi)\dfrac{N-n}{N-1}}}$$

mit $n \to \infty$ und $\dfrac{n}{N} = \text{const.}$ gegen die Standardnormalverteilung $N(0;1)$, falls $X'_n = \displaystyle\sum_{i=1}^{n} X_i$

einer $H(n, N, N_1)$ folgt.

$X'_n = \displaystyle\sum_{i=1}^{n} X_i$ ist - bei gegebenem n - approximativ $N\left(n\pi; n\pi(1-\pi)\dfrac{N-n}{N-1}\right)$-verteilt.

Aufgrund dieses Grenzwertsatzes kann die hypergeometrische Verteilung durch die Normalverteilung approximiert werden. Die Güte der Approximation ist abhängig von n, N und N_1. Sie kann durch eine Stetigkeitskorrektur verbessert werden.

Unter Berücksichtigung der Stetigkeitskorrektur ist mit $X' = \displaystyle\sum_{i=1}^{n} X_i$:

$$P(X' \le x_1) = \sum_{x' \le x_1} \frac{\dbinom{N_1}{x'}\dbinom{N-N_1}{n-x'}}{\dbinom{N}{n}}$$

$$\doteq F_U\left(\frac{x_1 + 0{,}5 - n\pi}{\sqrt{n\pi(1-\pi)\dfrac{N-n}{N-1}}}\right)$$

und

$$P\left(x_0 \le X' \le x_1\right) = \sum_{x_0 \le x' \le x_1} \frac{\binom{N_1}{x'}\binom{N-N_1}{n-x'}}{\binom{N}{n}}$$

$$\doteq F_U(\lambda_1) - F_U(\lambda_0);$$

dabei ist F_U die Verteilungsfunktion der Standardnormalverteilung,

$$\lambda_1 = \frac{x_1 + 0,5 - n\pi}{\sqrt{n\pi(1-\pi)\frac{N-n}{N-1}}} \quad \text{und} \quad \lambda_0 = \frac{x_0 - 0,5 - n\pi}{\sqrt{n\pi(1-\pi)\frac{N-n}{N-1}}}.$$

Für Anteile $P_n = \overline{X}_n = \frac{X'}{n} = \frac{1}{n}\sum_{i=1}^{n} X_i$ ist entsprechend

$$F_P(p) \doteq F_U\left(\frac{p + \frac{0,5}{n} - \pi}{\sqrt{\frac{\pi(1-\pi)}{n}\frac{N-n}{N-1}}}\right).$$

Die Approximation liefert im allgemeinen hinreichend genaue Ergebnisse, falls $0,1 \le \pi \le 0,9$ und $n\pi(1-\pi)\frac{N-n}{N-1} > 9$ ist.

12.3.6 Geometrische Verteilung

Ein Zufallsexperiment (BERNOULLI-Experiment) liefert mit der Eintrittswahrscheinlichkeit π das Ereignis E und mit der Gegenwahrscheinlichkeit $1-\pi$ das Ereignis $\overline{E}$. In einer endlichen Folge von unabhängigen Zufallsexperimenten dieser Art ist die Zufallsvariable X, die Anzahl der Zufallsexperimente vor dem ersten Eintreten des Ereignisses E, geometrisch verteilt. Kurzbezeichnung: $X \sim G(\pi)$.

Wahrscheinlichkeitsfunktion:

$$f_X(x|\pi) = \begin{cases} (1-\pi)^x \cdot \pi, & \text{für } x = 0,1,2,\dots, \\ 0 & \text{sonst.} \end{cases}$$

Die Funktion $f_X(x|\pi)$ gibt die Wahrscheinlichkeit dafür an, daß bei einer Folge von $(x+1)$ unabhängigen Zufallsexperimenten das Ereignis $\overline{E}$ x-mal hintereinander eintritt, beim $(x+1)$-ten Experiment jedoch das Ereignis E.

Das Ergebnis der Zufallsexperimente ist eine Stichprobe aus einer BERNOULLI-verteilten Gesamtheit vom Umfang $n = x + 1$.

Geometrische Verteilung G(0,3)

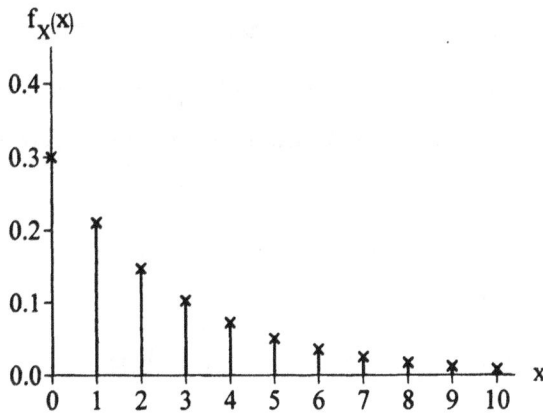

Scharparameter:	$\pi,\quad 0 < \pi < 1,$
Mittelwert:	$E(X) = \dfrac{1-\pi}{\pi},$
Varianz:	$Var(X) = \dfrac{1-\pi}{\pi^2}.$

Anwendungsgebiete:

Verteilung der Anzahl der Mißerfolge vor dem ersten Erfolg bei BERNOULLI-Experimenten, Ausfallexperimente, Verteilung von Häufigkeiten.

12.3.7 Negative Binomialverteilung (PASCAL-Verteilung)

Ein Zufallsexperiment (BERNOULLI-Experiment) liefert mit der Eintrittswahrscheinlichkeit π das Ereignis E und mit der Gegenwahrscheinlichkeit $1-\pi$ das Ereignis $\overline{E}$. In einer endlichen Folge von unabhängigen Zufallsexperimenten dieser Art ist die Zufallsvariable X, die

Anzahl der Ereignisse $\overline{E}$ vor dem r-ten Eintreten des Ereignisses E, negativ binomialverteilt. Kurzbezeichnung: $X \sim nB(\pi,r)$.

Wahrscheinlichkeitsfunktion:

$$f_X(x|\pi,r) = \begin{cases} \binom{x+r-1}{x} \pi^r (1-\pi)^x & \text{für } x = 0,1,2,\ldots, \\ \\ 0 & \text{sonst.} \end{cases}$$

Die Funktion $f_X(x|\pi,r)$ gibt die Wahrscheinlichkeit dafür an, daß bei den ersten $(x + r - 1)$ einer Folge von insgesamt $(x + r)$ unabhängigen Zufallsexperimenten das zufällige Ereignis E $(r - 1)$-mal und das Ereignis $\overline{E}$ x-mal eintritt. Beim $(x + r)$-ten Zufallsexperiment tritt das Ereignis E ein.

Das Ergebnis der Zufallsexperimente ist eine Stichprobe aus einer BERNOULLI-verteilten Gesamtheit vom Umfang $n = x + r$.

Für $r = 1$ ergibt sich als Spezialfall die geometrische Verteilung.

Negative Binomialverteilung nB(0,7;2)

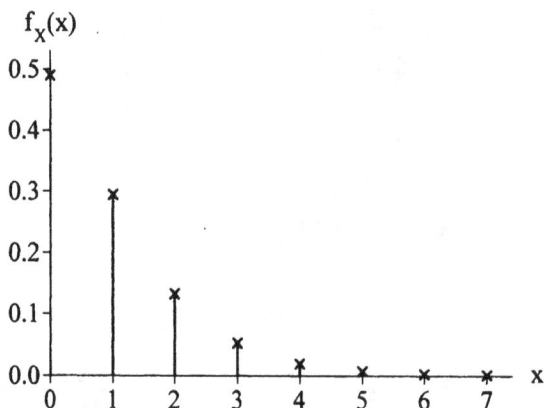

Scharparameter: π, $0 < \pi < 1$,

                       r, $r = 0, 1, 2, \ldots,$

Mittelwert: $E(X) = \dfrac{r(1-\pi)}{\pi}$,

Varianz:
$$Var(X) = \frac{r(1-\pi)}{\pi^2}.$$

Zur Berechnung der Wahrscheinlichkeiten kann für $x \geq 0$ die folgende Rekursionsbeziehung verwendet werden:

$$f_X(x+1|\pi,r) = f_X(x|\pi,r) \cdot (1-\pi) \cdot \frac{x+r}{x+1};$$

dabei ist

$$f_X(0|\pi,r) = \pi^r.$$

Anwendungsgebiete:

Verteilung der Anzahl der Mißerfolge vor dem r-ten Erfolg bei BERNOULLI-Experimenten, Verteilung von Häufigkeiten.

12.4 POISSON-Verteilung

Die POISSON-Verteilung ist einerseits eine Verteilung für stochastisch unabhängige Ereignisse, die in einem (begrenzten) räumlichen oder zeitlichen Kontinuum eintreten, und andererseits eine Grenzverteilung der Binomialverteilung für $n \to \infty$ und $n\pi = \mu = $ const. (daraus folgt $\pi \to 0$).

Die Zufallsvariable X folgt einer POISSON-Verteilung $PV(\mu)$, wenn

$$f_X(x|\mu) = \begin{cases} \dfrac{\mu^x}{x!} \exp(-\mu) & \text{für } x = 0,1,2,\ldots \text{ und } \mu > 0, \\[2mm] 0 & \text{sonst.} \end{cases}$$

Scharparameter: $\mu,\ \mu > 0,$

Mittelwert: $E(X) = \mu,$

Varianz: $Var(X) = \mu.$

Es gilt die Rekursionsbeziehung:

$$f_X(x+1|\mu) = f_X(x|\mu) \cdot \frac{\mu}{x+1}.$$

Die Wahrscheinlichkeitsfunktion $f_X(x|\mu) = P(X = x|\mu)$ der POISSON-Verteilung $PV(\mu)$ gibt die Wahrscheinlichkeit dafür an, daß ein Ereignis in einer bestimmten Bezugseinheit x-mal eintritt (x = 0, 1, 2, ...), wenn es in dieser Bezugseinheit im Mittel μ-mal eintritt.

POISSON-Verteilung PV(1,9)

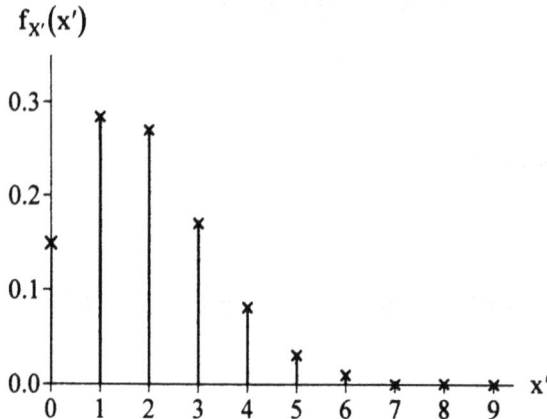

Verteilungsfunktion:

$$F_X(\xi|\mu) = \begin{cases} 0, & \text{falls } \xi < 0, \\ \sum_{x \le \xi} \dfrac{\mu^x}{x!} \exp(-\mu), & \text{falls } \xi \ge 0. \end{cases}$$

Grenzverteilung und Approximation

Nach dem POISSONschen Grenzwertsatz gilt für $n\pi = \mu = \text{const.}$:

$$\lim_{n \to \infty} \binom{n}{x'} \pi^{x'} (1-\pi)^{n-x'} = \frac{\mu^{x'}}{x'!} \exp(-\mu), \quad x' = 0,1,2,\ldots, \quad \mu > 0.$$

$X'_n = \sum_{i=1}^{n} X_i$ ist - für kleine π und gegebenes n - approximativ $PV(\mu)$-verteilt mit Mittelwert (Scharparameter) $\mu = n\pi$.

POISSON-Verteilung PV(5)

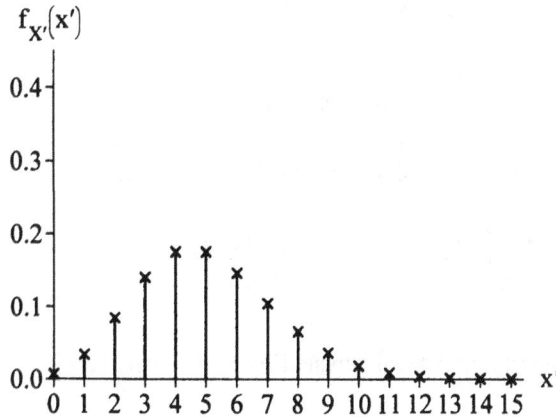

Die Approximation der Binomialverteilung durch die POISSON-Verteilung liefert hinreichend genaue Ergebnisse, falls $\pi \le 0,1$ und $n > 10$ ist.

Wenn X_μ einer $PV(\mu)$-Verteilung folgt, gilt für die Verteilungsfunktion von

$$Y_\mu = \frac{X_\mu - \mu}{\sqrt{\mu}} :$$

$$\lim_{\mu \to \infty} F_{Y_\mu}(\lambda) = F_U(\lambda);$$

dabei ist F_U die Verteilungsfunktion der Standardnormalverteilung.

X_μ ist - für große μ - approximativ $N(\mu, \mu)$-verteilt.

Aufgrund dieses Grenzwertsatzes kann die POISSON-Verteilung durch die Normalverteilung approximiert werden. Die Güte der Approximation ist abhängig von μ. Sie kann durch eine Stetigkeitskorrektur verbessert werden.

Unter Berücksichtigung der Stetigkeitskorrektur ist:

$$P(X \le x_1) = \sum_{x \le x_1} \frac{\mu^x}{x!} \exp(-\mu)$$

$$\doteq F_U\left(\frac{x_1 + 0,5 - \mu}{\sqrt{\mu}}\right)$$

und

$$P(x_0 \leq X \leq x_1) = \sum_{x_0 \leq x \leq x_1} \frac{\mu^x}{x!} \exp(-\mu)$$

$$\doteq F_U(\lambda_1) - F_U(\lambda_0);$$

dabei ist F_U die Verteilungsfunktion der Standardnormalverteilung,

$$\lambda_1 = \frac{x_1 + 0,5 - \mu}{\sqrt{\mu}} \quad \text{und} \quad \lambda_0 = \frac{x_0 - 0,5 - \mu}{\sqrt{\mu}} \ .$$

Die Approximation liefert hinreichend genaue Ergebnisse, falls $\mu > 9$.

Hinweise:

a)   Die Wahrscheinlichkeiten $f_X(x|\mu)$ sind für ausgewählte μ tabelliert. Vgl. Anhang 14:

POISSON-Verteilung.

b)   Es gilt der folgende Satz: Sind X_i, i = 1, 2, ..., n, stochastisch unabhängige POISSON-

verteilte Zufallsvariable mit Parameter μ_i, i = 1, 2, ..., n, so ist die Summe $X' = \sum_{i=1}^{n} X_i$

POISSON-verteilt mit Parameter $\sum_{i=1}^{n} \mu_i$ (Additionssatz für POISSON-verteilte Zufalls-

variable).

Wenn $\mu_i = \mu$ für alle i ist, gilt $X' \sim PV(n\mu)$.

Anwendungsgebiete:

Modellverteilung für zufällige Ereignisse, die in einem zeitlichen oder räumlichen Kontinuum eintreten, Zuverlässigkeitstheorie, Bedienungstheorie, Prüfverteilung, Grenzverteilung der Binomialverteilung.

12.5 Übersicht: Approximationsmöglichkeiten

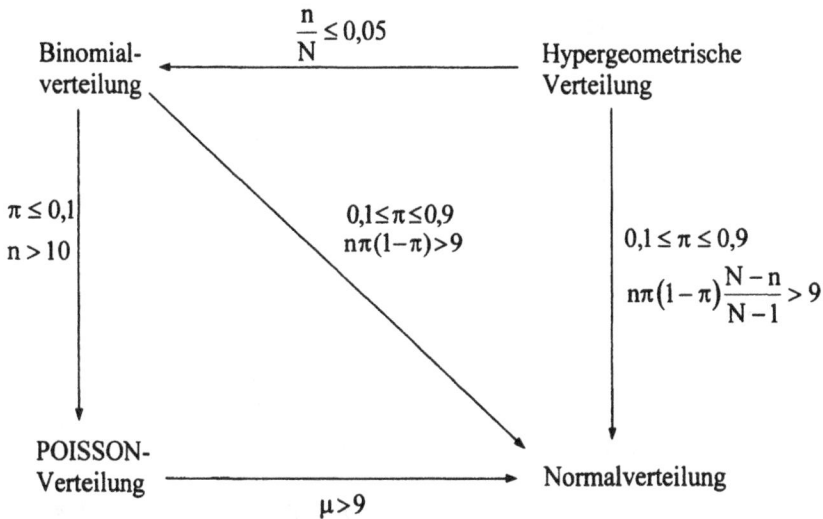

Binomial-
verteilung

$\dfrac{n}{N} \le 0,05$

Hypergeometrische
Verteilung

$\pi \le 0,1$
$n > 10$

$0,1 \le \pi \le 0,9$
$n\pi(1-\pi) > 9$

$0,1 \le \pi \le 0,9$

$n\pi(1-\pi)\dfrac{N-n}{N-1} > 9$

POISSON-
Verteilung

$\mu > 9$

Normalverteilung

12.6 Stichproben aus k-Punkt-verteilten Gesamtheiten

12.6.1 Multinomialverteilung (Polynomialverteilung)

Unter der Voraussetzung, daß

1. die zugrundeliegende Gesamtheit k-Punkt-verteilt ist mit den Scharparametern $\pi_j \left(j = 1,2,\ldots,k-1\right)$ und

2. eine Stichprobe vom Umfang n nach dem Prinzip einer Zufallsauswahl mit Zurücklegen gezogen wird,

sind die Stichprobenvariablen X_i, $i = 1,2,\ldots,n$, voneinander stochastisch unabhängig und identisch k-Punkt-verteilt mit den Scharparametern π_j, $j = 1,2,\ldots,k-1$.

Werden die Zufallsvariablen Y_j, die Anzahl der Einheiten einer Stichprobe vom Umfang n mit der Eigenschaft x_j, $j = 1,2,\ldots,k$, betrachtet, dann folgt die $\left(k-1\right)$-dimensionale Zufallsvariable $\left(Y_1, Y_2, \ldots, Y_{k-1}\right)$, die aus der n-dimensionalen Zufallsvariablen $\left(X_1, X_2, \ldots, X_n\right)$ abgeleitet wird, einer $\left(k-1\right)$-dimensionalen Multinomialverteilung mit der Wahrscheinlichkeitsfunktion

$$f_{Y_1,Y_2,\ldots,Y_{k-1}}(y_1,y_2,\ldots,y_{k-1}\mid n,\pi_1,\pi_2,\ldots,\pi_{k-1}) =$$

$$= \begin{cases} \dfrac{n!}{y_1!y_2!\cdots y_k!}\pi_1^{y_1}\pi_2^{y_2}\cdots\pi_k^{y_k}, & \text{für } 0 \le y_1,y_2,\ldots,y_k \le n, \\[2mm] & y_k = n-(y_1+y_2+\cdots+y_{k-1}) \quad \text{und} \\[2mm] & \pi_k = 1-(\pi_1+\pi_2+\cdots+\pi_{k-1}) \\[6mm] 0 & \text{sonst.} \end{cases}$$

Scharparameter:	$n,\pi_j,$	$j=1,2,\ldots,k-1,$
Mittelwert:	$E(Y_j) = n\pi_j,$	$j=1,2,\ldots,k-1,$
Varianz:	$\mathrm{Var}(Y_j) = n\pi_j(1-\pi_j),$	$j=1,2,\ldots,k-1,$
Kovarianz:	$\mathrm{Cov}(Y_i,Y_j) = -n\pi_i\pi_j,$	$i\neq j,\ i,j=1,2,\ldots,k-1,$ vgl. Kap. 13.7.1.

Die Wahrscheinlichkeitsfunktion

$$f_{Y_1,Y_2,\ldots,Y_{k-1}}(y_1,y_2,\ldots,y_{k-1}\mid n,\pi_1,\pi_2,\ldots,\pi_{k-1})$$

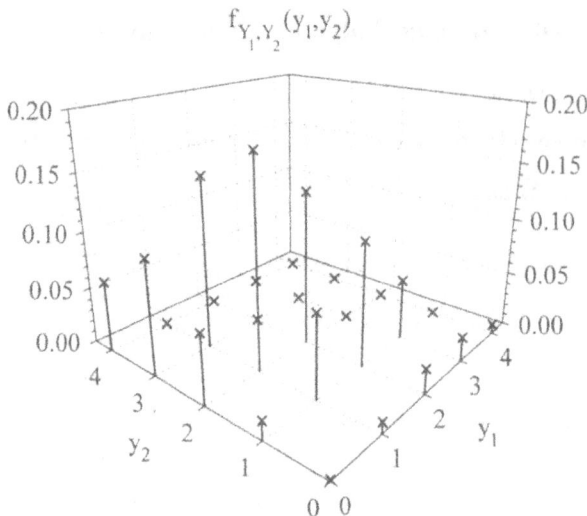

gibt die Wahrscheinlichkeit dafür an, daß genau y_j Einheiten mit der Eigenschaft x_j, $j=1,2,\ldots,k-1$, und folglich $y_k = n-(y_1+y_2+\cdots+y_{k-1})$ Einheiten mit der Eigenschaft x_k in eine Stichprobe vom Umfang n gelangen, wenn die Einheiten nach dem Prinzip einer Auswahl mit Zurücklegen gezogen werden.

Multinomialverteilung zur obigen Graphik

$$\pi_1 = 0,3, \quad \pi_2 = 0,5, \quad \pi_3 = 1 - \pi_1 - \pi_2 = 0,2, \quad n = 4$$

y_2 \ y_1	0	1	2	3	4	$\sum_{j=1}^{m}$
0	0,0016	0,0160	0,0600	0,1000	0,0625	0,2401
1	0,0096	0,0720	0,1800	0,1500	0	0,4116
2	0,0216	0,1080	0,1350	0	0	0,2646
3	0,0216	0,0540	0	0	0	0,0756
4	0,0081	0	0	0	0	0,0081
$\sum_{i=1}^{k}$	0,0625	0,2500	0,3750	0,2500	0,0625	1,0000

Eine spezielle Multinomialverteilung ist für k = 2 Ausprägungen die Binomialverteilung mit den Scharparametern n und $\pi = \pi_1$.

12.6.2 Multihypergeometrische Verteilung

Unter der Voraussetzung, daß

1. die zugrundeliegende (endliche) Gesamtheit k-Punkt-verteilt ist mit den Scharparametern $\pi_j = \dfrac{N_j}{N}$ $(j = 1,2,...,k-1)$ und

2. eine Stichprobe vom Umfang n nach dem Prinzip einer Zufallsauswahl ohne Zurücklegen gezogen wird,

sind die Stichprobenvariablen X_i, i = 1,2,...,n, zwar identisch k-Punkt-verteilt mit den Scharparametern π_j, j = 1,2,...,k-1, aber nicht voneinander stochastisch unabhängig.

Werden die Zufallsvariablen Y_j, die Anzahl der Einheiten einer Stichprobe vom Umfang n mit der Eigenschaft x_j, j = 1,2,...,k, betrachtet, dann folgt die $(k-1)$-dimensionale Zufallsvariable $(Y_1, Y_2,..., Y_{k-1})$, die aus der n-dimensionalen Zufallsvariablen $(X_1, X_2,..., X_n)$ abgeleitet wird, einer $(k-1)$-dimensionalen multihypergeometrischen Verteilung mit der Wahrscheinlichkeitsfunktion

$$f_{Y_1,Y_2,\ldots,Y_{k-1}}\left(y_1,y_2,\ldots,y_{k-1}\mid n,N,N_1,N_2,\ldots,N_{k-1}\right)=$$

$$=\begin{cases}\dfrac{\dbinom{N_1}{y_1}\dbinom{N_2}{y_2}\cdots\dbinom{N_k}{y_k}}{\dbinom{N}{n}}, & \begin{aligned}&\text{für } 0\le y_1,y_2,\ldots,y_k\le n,\\[4pt]&y_k=n-\left(y_1+y_2+\cdots+y_{k-1}\right)\text{ und}\\[4pt]&N_k=N-\left(N_1+N_2+\cdots+N_{k-1}\right)\end{aligned}\\[40pt]0 & \text{sonst}.\end{cases}$$

Scharparameter: n,N,N_j, $j=1,2,\ldots,k-1$,

Mittelwert: $E\left(Y_j\right)=n\pi_j$, $j=1,2,\ldots,k-1$,

Varianz: $\mathrm{Var}\left(Y_j\right)=n\pi_j\left(1-\pi_j\right)\dfrac{N-n}{N-1}$, $j=1,2,\ldots,k-1$,

Kovarianz: $\mathrm{Cov}\left(Y_i,Y_j\right)=-n\pi_i\pi_j\dfrac{N-n}{N-1}$, $i\ne j,\ i,j=1,2,\ldots,k-1$,

                                                                vgl. Kap. 13.7.1.

Die Wahrscheinlichkeitsfunktion

$$f_{Y_1,Y_2,\ldots,Y_{k-1}}\left(y_1,y_2,\ldots,y_{k-1}\mid n,N,N_1,N_2,\ldots,N_{k-1}\right)$$

gibt die Wahrscheinlichkeit dafür an, daß genau y_j Einheiten mit der Eigenschaft x_j, $j=1,2,\ldots,k-1$, und folglich $y_k=n-\left(y_1+y_2+\cdots+y_{k-1}\right)$ Einheiten mit der Eigenschaft x_k in eine Stichprobe vom Umfang n gelangen, wenn die Einheiten nach dem Prinzip einer Auswahl ohne Zurücklegen gezogen werden.

$$f_{Y_1, Y_2}(y_1, y_2)$$

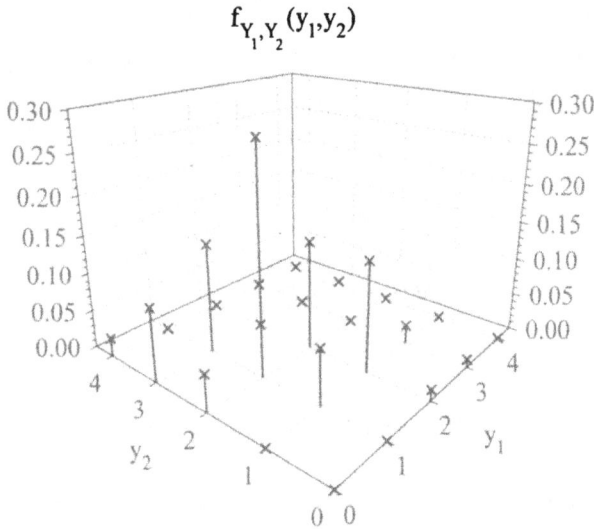

Multihypergeometrische Verteilung zur obigen Graphik

$$N = 10, N_1 = 3, N_2 = 5, N_3 = N - N_1 - N_2 = 2, n = 4$$

y_2 \ y_1	0	1	2	3	4	$\sum\limits_{j=1}^{m}$
0	0	0	0,048	0,095	0,024	0,167
1	0	0,072	0,285	0,144	0	0,501
2	0,014	0,143	0,143	0	0	0,300
3	0,010	0,024	0	0	0	0,034
4	0	0	0	0	0	0
$\sum\limits_{i=1}^{k}$	0,024	0,239	0,476	0,239	0,024	1

Eine spezielle multihypergeometrische Verteilung ist für k = 2 Ausprägungen die hypergeometrische Verteilung mit den Scharparametern n, N und $N_1 = \pi_1 N$.

Hinweis:

Multinomialverteilung und multihypergeometrische Verteilung sind spezielle diskrete mehrdimensionale Verteilungen, nämlich Verteilungen für absolute Häufigkeiten (Anzahlen) und Verteilungen von mehrdimensionalen Zufallsvariablen Y_j, j = 1,2,...,k − 1, die nicht stochastisch unabhängig sind (vgl. hierzu auch Kap. 13).

13 Mehrdimensionale, insbesondere zweidimensionale Zufallsvariable und ihre Verteilungen

13.1 Vorbemerkung

Jeder Merkmalsträger (jede Einheit) ist durch die Ausprägungen von zwei oder mehr Zufallsvariablen gekennzeichnet: $(X_1, X_2, ..., X_p)$, $p \geq 2$.

$\underline{X} = (X_1, X_2, ..., X_p)$ heißt Zufallsvektor oder p-dimensionale Zufallsvariable.

$\underline{x} = (x_1, x_2, ..., x_p)$ heißt Wert oder Realisation des Zufallsvektors oder der p-dimensionalen Zufallsvariablen.

Im folgenden werden im wesentlichen zweidimensionale Zufallsvariable und ihre Verteilungen betrachtet.

Eine zweidimensionale Zufallsvariable (X_1, X_2) heißt diskret, wenn X_1 und X_2 diskret sind.

Eine zweidimensionale Zufallsvariable (X_1, X_2) heißt stetig, wenn X_1 und X_2 stetig sind.

Gemischte Fälle, zum Beispiel X_1 ist stetig und X_2 ist diskret oder umgekehrt, sind formal schwerer handhabbar und werden deshalb im folgenden nicht betrachtet.

13.2 Diskrete zweidimensionale Zufallsvariable und ihre Verteilungen

Die diskrete zweidimensionale Zufallsvariable (X_1, X_2) kann die Werte (x_{1i}, x_{2j}) annehmen, $i = 1,2,...$, $j = 1,2,...$. Bei praktischen Anwendungen gilt in aller Regel: $i = 1,2,...,k$ und $j = 1,2,...,m$.

13.2.1 Gemeinsame Wahrscheinlichkeitsfunktion

Die Funktion

$$f_{X_1,X_2}(x_1,x_2) = \begin{cases} P(X_1 = x_1, X_2 = x_2) & \text{für } x_1 = x_{1i}, \quad i = 1,2,... \quad \text{und} \\ & x_2 = x_{2j}, \quad j = 1,2,..., \\ 0 & \text{sonst,} \end{cases}$$

heißt gemeinsame Wahrscheinlichkeitsfunktion der zweidimensionalen Zufallsvariablen (X_1, X_2).

Eigenschaften:

a) $0 \le f_{X_1, X_2}(x_1, x_2) \le 1$ (Wahrscheinlichkeit),

b) $\sum\limits_{i=1}^{\infty} \sum\limits_{j=1}^{\infty} f_{X_1, X_2}(x_{1i}, x_{2j}) = 1$ (normiert).

13.2.2 Zweidimensionale BERNOULLI-Verteilung

Vier-Felder-Tafel (i=1,2; j=1,2)

x_1 \ x_2	$x_{21} = 0$	$x_{22} = 1$	$\sum\limits_{j=1}^{2}$
$x_{11} = 0$	$f_{X_1, X_2}(0,0)$	$f_{X_1, X_2}(0,1)$	$f_{X_1}(0)$
$x_{12} = 1$	$f_{X_1, X_2}(1,0)$	$f_{X_1, X_2}(1,1)$	$f_{X_1}(1)$
$\sum\limits_{i=1}^{2}$	$f_{X_2}(0)$	$f_{X_2}(1)$	1

Beispiel für eine Vier-Felder-Tafel (abhängige Zufallsvariable)

x_1 \ x_2	0	1	$\sum\limits_{j=1}^{2}$
0	0,18	0,32	0,50
1	0,12	0,38	0,50
$\sum\limits_{i=1}^{2}$	0,30	0,70	1

13.2.3 k×m-Punkt-Verteilung

k×m-Felder-Tafel (i=1,2,...,k; j=1,2,...,m)

x_1 \ x_2	x_{21}	$\cdots$	x_{2j}	$\cdots$	x_{2m}	$\sum_{j=1}^{m}$
x_{11}			$\vdots$			$\vdots$
$\vdots$			$\vdots$			$\vdots$
x_{1i}	$\cdots$	$\cdots$	$f_{X_1,X_2}\left(x_{1i},x_{2j}\right)$	$\cdots$	$\cdots$	$f_{X_1}\left(x_{1i}\right)$
$\vdots$			$\vdots$			$\vdots$
x_{1k}			$\vdots$			$\vdots$
$\sum_{i=1}^{k}$	$\cdots$	$\cdots$	$f_{X_2}\left(x_{2j}\right)$	$\cdots$	$\cdots$	1

Beispiel für eine k×m-Felder-Tafel

mit k=2 und m=3 (unabhängige Zufallsvariable)

x_1 \ x_2	0	1	2	$\sum_{j=1}^{3}$
0	0,08	0,12	0,20	0,40
1	0,12	0,18	0,30	0,60
$\sum_{i=1}^{2}$	0,20	0,30	0,50	1

Vergleiche hierzu die folgende Abbildung.

2×3-Punkt-Verteilung

$$f_{X_1,X_2}(x_1,x_2)$$

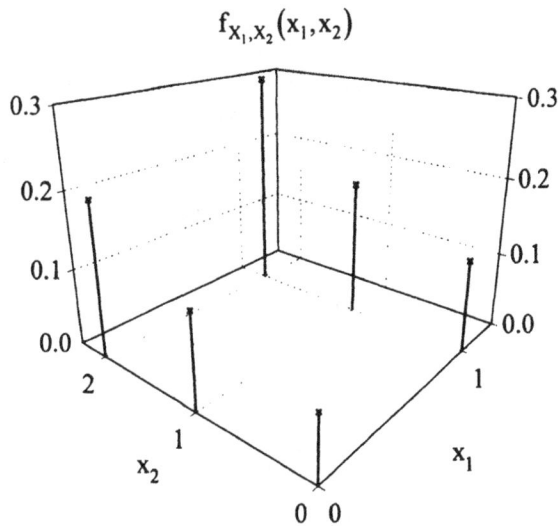

13.2.4 Randwahrscheinlichkeitsfunktionen und bedingte Wahrscheinlichkeitsfunktionen

Randwahrscheinlichkeitsfunktionen

Die Funktionen

$$f_{X_1}(x_{1i}) = \sum_{j=1}^{\infty} f_{X_1,X_2}(x_{1i},x_{2j}) = P(X_1 = x_{1i}), \quad i = 1,2,\dots$$

und

$$f_{X_2}(x_{2j}) = \sum_{i=1}^{\infty} f_{X_1,X_2}(x_{1i},x_{2j}) = P(X_2 = x_{2j}), \quad j = 1,2,\dots$$

heißen (eindimensionale) Randwahrscheinlichkeitsfunktionen von X_1 bzw. X_2.

Eigenschaften:

a) $0 \le f_{X_1}(x_{1i}), f_{X_2}(x_{2j}) \le 1$ (Wahrscheinlichkeit).

b) $\sum_{i=1}^{\infty} f_{X_1}(x_{1i}) = \sum_{j=1}^{\infty} f_{X_2}(x_{2j}) = 1$ (normiert).

Bedingte Wahrscheinlichkeitsfunktionen

Die Funktionen

$$
f_{X_1|X_2}(x_1|x_2) = \begin{cases} \dfrac{f_{X_1,X_2}(x_1,x_2)}{f_{X_2}(x_2)} & \text{für } x_1 = x_{1i}, i = 1,2,\ldots \text{ und} \\[2mm] & x_2 = x_{2j}, j = 1,2,\ldots \text{ und} \\[2mm] & f_{X_2}(x_2) > 0, \\[2mm] 0 & \text{sonst,} \end{cases}
$$

und

$$
f_{X_2|X_1}(x_2|x_1) = \begin{cases} \dfrac{f_{X_1,X_2}(x_1,x_2)}{f_{X_1}(x_1)} & \text{für } x_1 = x_{1i}, i = 1,2,\ldots \text{ und} \\[2mm] & x_2 = x_{2j}, j = 1,2,\ldots \text{ und} \\[2mm] & f_{X_1}(x_1) > 0, \\[2mm] 0 & \text{sonst,} \end{cases}
$$

heißen bedingte (eindimensionale) Wahrscheinlichkeitsfunktionen von X_1 (bzw. X_2) unter der Bedingung $X_2 = x_2$ (bzw. $X_1 = x_1$).

$f_{X_1|X_2}(x_1|x_2)$ ist also eine Kurzbezeichnung für $f_{X_1|X_2}(x_1|X_2 = x_2)$.

Eigenschaften:

a) $0 \le f_{X_1|X_2}(x_{1i}|x_{2j}), f_{X_2|X_1}(x_{2j}|x_{1i}) \le 1$ (Wahrscheinlichkeit).

b) $\displaystyle\sum_{i=1}^{\infty} f_{X_1|X_2}(x_{1i}|x_{2j}) = \sum_{j=1}^{\infty} f_{X_2|X_1}(x_{2j}|x_{1i}) = 1$ (normiert).

13.3 Die gemeinsame Verteilungsfunktion von zweidimensionalen Zufallsvariablen

Die Funktion

$$
F_{X_1,X_2}(\xi_1,\xi_2) = P(X_1 \le \xi_1, X_2 \le \xi_2), \quad (\xi_1,\xi_2) \in \mathfrak{R}^2
$$

heißt gemeinsame Verteilungsfunktion der zweidimensionalen Zufallsvariablen (X_1,X_2). Ihr Wert an der Stelle (ξ_1,ξ_2) ist die Wahrscheinlichkeit dafür, daß X_1 einen Wert annimmt, der kleiner oder höchstens gleich ξ_1 ist, und X_2 einen Wert annimmt, der kleiner oder höchstens gleich ξ_2 ist; dabei sind X_1 und X_2 entweder beide stetig oder beide diskret.

Eigenschaften:

a) $0 \le F_{X_1,X_2}(\xi_1,\xi_2) \le 1$ für alle $(\xi_1,\xi_2) \in \Re^2$.

b) $\lim\limits_{\xi_1 \to \infty} \lim\limits_{\xi_2 \to \infty} F_{X_1,X_2}(\xi_1,\xi_2) = 1.$

c) $\lim\limits_{\xi_1 \to -\infty} F_{X_1,X_2}(\xi_1,\xi_2) = 0$ für alle $\xi_2 \in \Re$ und

   $\lim\limits_{\xi_2 \to -\infty} F_{X_1,X_2}(\xi_1,\xi_2) = 0$ für alle $\xi_1 \in \Re$.

d) $F_{X_1,X_2}(\xi_1,\xi_2) \le F_{X_1,X_2}(\xi_1^*,\xi_2^*),$ falls $\xi_1 < \xi_1^*$ und $\xi_2 < \xi_2^*$

   (monoton nicht abnehmend in jeder Komponente).

e) $\lim\limits_{\varepsilon \to 0} F_{X_1,X_2}(\xi_1 + \varepsilon_1, \xi_2 + \varepsilon_2) = F_{X_1,X_2}(\xi_1,\xi_2),$ mit $\varepsilon_1, \varepsilon_2 < 0$ und $\varepsilon = \max(\varepsilon_1,\varepsilon_2),$

   (rechtsseitig stetig in jeder Komponente).

f) Für beliebige $\xi_{ij} \in \Re^2$ $(i,j = 1,2)$ gilt:

   $P(\xi_{11} < X_1 \le \xi_{12}, \xi_{21} < X_2 \le \xi_{22}) =$

   $= F_{X_1,X_2}(\xi_{12},\xi_{22}) - F_{X_1,X_2}(\xi_{12},\xi_{21}) - F_{X_1,X_2}(\xi_{11},\xi_{22}) + F_{X_1,X_2}(\xi_{11},\xi_{21}) \ge 0.$

Für diskrete zweidimensionale Zufallsvariable (X_1,X_2) ist:

$$F_{X_1,X_2}(\xi_1,\xi_2) = \sum_{x_{1i} \le \xi_1} \sum_{x_{2j} \le \xi_2} f_{X_1,X_2}(x_{1i},x_{2j}).$$

13.4 Stetige zweidimensionale Zufallsvariable und ihre Verteilungen

Die stetige zweidimensionale Zufallsvariable (X_1,X_2) kann überabzählbar viele Werte (x_1,x_2) annehmen.

13.4.1 Gemeinsame Wahrscheinlichkeitsdichtefunktion

Für eine stetige zweidimensionale Zufallsvariable (X_1, X_2) ist die gemeinsame Wahrscheinlichkeitsdichtefunktion f_{X_1, X_2} an der Stelle (x_1, x_2) definiert als Differentialquotient:

$$f_{X_1, X_2}(x_1, x_2) = \frac{\partial^2 F_{X_1, X_2}(x_1, x_2)}{\partial x_1 \, \partial x_2} \text{ für alle } (x_1, x_2) \in \Re^2 .$$

Voraussetzung: Die gemeinsame Verteilungsfunktion $F_{X_1, X_2}(x_1, x_2)$ ist differenzierbar (im gesamten Definitionsbereich).

Eigenschaften:

a) $f_{X_1, X_2}(x_1, x_2) \geq 0$ (keine Wahrscheinlichkeit).

b) $\int\limits_{-\infty}^{\infty} \int\limits_{-\infty}^{\infty} f_{X_1, X_2}(x_1, x_2) \, dx_1 \, dx_2 = 1$ (normiert).

Es gilt:

$$F_{X_1, X_2}(\xi_1, \xi_2) = \int\limits_{-\infty}^{\xi_2} \int\limits_{-\infty}^{\xi_1} f_{X_1, X_2}(x_1, x_2) \, dx_1 \, dx_2 .$$

13.4.2 Zweidimensionale Rechteckverteilung

Eine zweidimensionale Zufallsvariable (X_1, X_2) folgt einer zweidimensionalen Rechteckverteilung über einem Rechteck $(a_2 - a_1)(b_2 - b_1)$, wenn

$$f_{X_1, X_2}(x_1, x_2) = \begin{cases} \dfrac{1}{(a_2 - a_1) \cdot (b_2 - b_1)} & \text{für } a_1 \leq x_1 \leq a_2 \text{ und} \\ & b_1 \leq x_2 \leq b_2, \\ 0 & \text{sonst}. \end{cases}$$

Scharparameter: $a_1, a_2, b_1, b_2 \in \Re, \quad a_1 < a_2, b_1 < b_2,$

Mittelwerte: $E(X_1) = \mu_{X_1} = \dfrac{a_1 + a_2}{2},$

$$E(X_2) = \mu_{X_2} = \frac{b_1 + b_2}{2},$$

Varianzen:
$$Var(X_1) = \sigma_{X_1}^2 = \frac{(a_2 - a_1)^2}{12},$$

$$Var(X_2) = \sigma_{X_2}^2 = \frac{(b_2 - b_1)^2}{12},$$

Kovarianz:
$$Cov(X_1, X_2) = 0 \qquad \text{(vgl. Kap. 13.7.1).}$$

13.4.3 Zweidimensionale (bivariate) Normalverteilung

Eine zweidimensionale Zufallsvariable (X_1, X_2) folgt einer zweidimensionalen Normalverteilung, wenn

$$f_{X_1, X_2}(x_1, x_2) = \frac{1}{2\pi\sigma_1\sigma_2\sqrt{1-\rho^2}} \exp\left[-\frac{1}{2(1-\rho^2)} \cdot Q(x_1, x_2)\right];$$

dabei ist

$$Q(x_1, x_2) = \left(\frac{x_1 - \mu_1}{\sigma_1}\right)^2 - 2\rho \frac{x_1 - \mu_1}{\sigma_1} \cdot \frac{x_2 - \mu_2}{\sigma_2} + \left(\frac{x_2 - \mu_2}{\sigma_2}\right)^2;$$

dabei ist $\exp[x] = e^x$, $\pi = 3{,}141593\ldots$ und $-\infty < x_1, x_2 < +\infty$.

Scharparameter: $\mu_1, \mu_2, \sigma_1^2, \sigma_2^2, \rho$, $\mu_1, \mu_2 \in \Re$, $\sigma_1^2, \sigma_2^2 > 0$, $-1 < \rho < +1$,

Mittelwerte: $E(X_1) = \mu_{X_1} = \mu_1$,

$$E(X_2) = \mu_{X_2} = \mu_2,$$

Varianzen: $Var(X_1) = \sigma_{X_1}^2 = \sigma_1^2$,

$$Var(X_2) = \sigma_{X_2}^2 = \sigma_2^2,$$

Kovarianz: $Cov(X_1, X_2) = \rho\sigma_{X_1}\sigma_{X_2}$.

$\rho = \rho_{X_1, X_2}$ ist der Korrelationskoeffizient (vgl. Kap. 13.7.1) zwischen den Komponenten X_1 und X_2 der zweidimensionalen Zufallsvariablen (X_1, X_2).

Zweidimensionale Normalverteilungen

$$\mu_{X_1} = \mu_{X_2} = 0, \quad \rho = 0$$

Abbildung 1

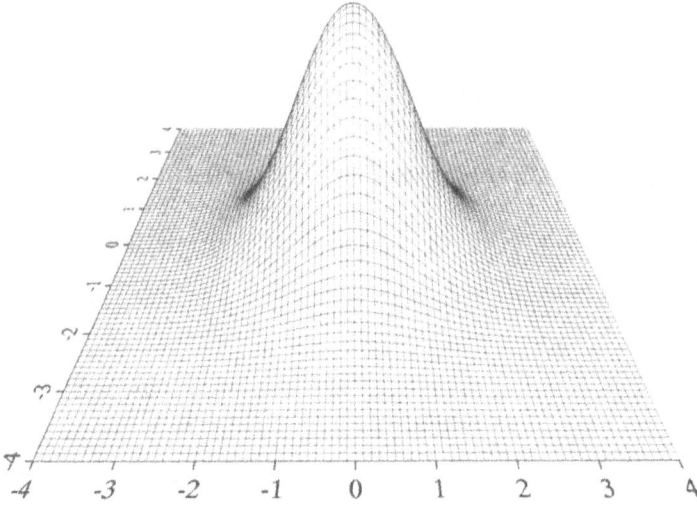

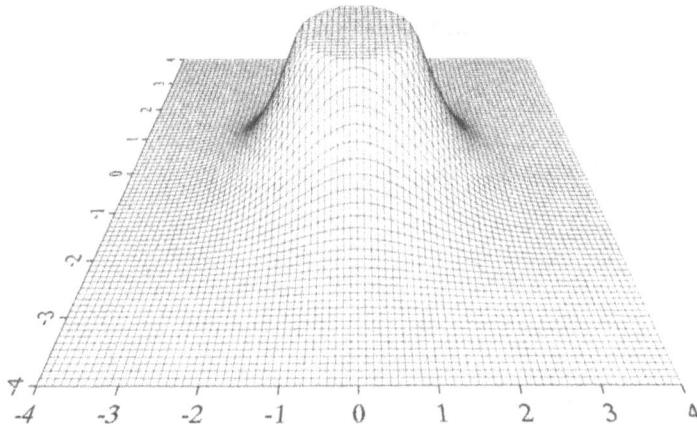

Zweidimensionale Normalverteilungen

$$\mu_{X_1} = \mu_{X_2} = 0, \quad \rho = +0,8$$

Abbildung 3

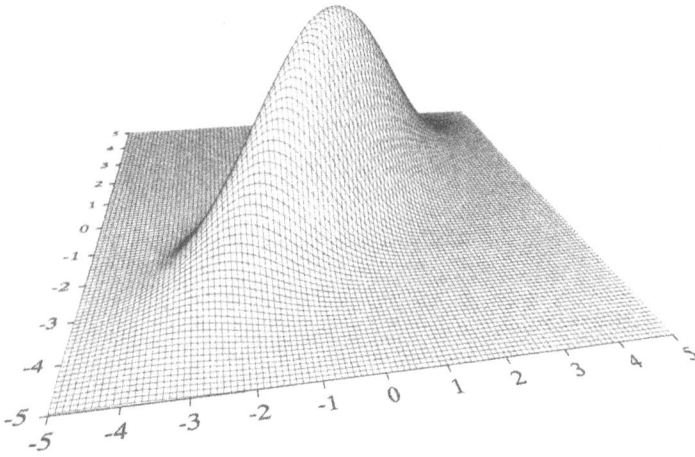

Abbildung 4

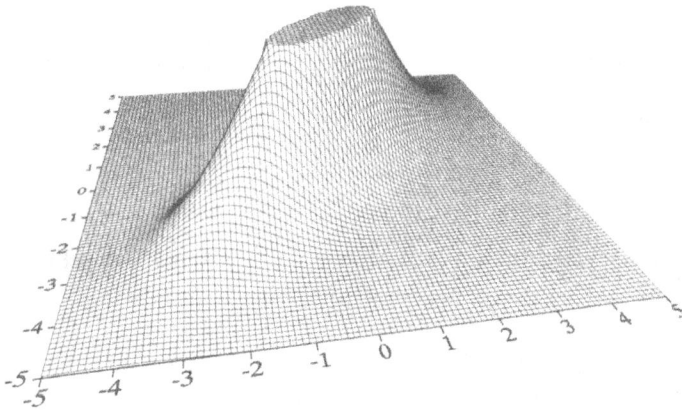

13.4.4 Randdichtefunktionen und bedingte Dichtefunktionen

Randdichtefunktionen

Die Funktionen

$$f_{X_1}(x_1) = \int_{-\infty}^{\infty} f_{X_1,X_2}(x_1,x_2)\,d\,x_2$$

und

$$f_{X_2}(x_2) = \int_{-\infty}^{\infty} f_{X_1,X_2}(x_1,x_2)\,d\,x_1$$

heißen (eindimensionale) Randdichtefunktionen von X_1 bzw. X_2.

Bedingte Dichtefunktionen

Die Funktionen

$$f_{X_1|X_2}(x_1|x_2) = \frac{f_{X_1,X_2}(x_1,x_2)}{f_{X_2}(x_2)}$$

und

$$f_{X_2|X_1}(x_2|x_1) = \frac{f_{X_1,X_2}(x_1,x_2)}{f_{X_1}(x_1)}$$

heißen bedingte (eindimensionale) Dichtefunktionen von X_1 (bzw. X_2) unter der Bedingung $X_2 = x_2$ (bzw. $X_1 = x_1$).

Eigenschaften:

a) $0 \le f_{X_1|X_2}(x_1|x_2), f_{X_2|X_1}(x_2|x_1)$ (keine Wahrscheinlichkeit).

b) $\displaystyle\int_{-\infty}^{\infty} f_{X_1|X_2}(x_1|x_2)\,d\,x_1 = \int_{-\infty}^{\infty} f_{X_2|X_1}(x_2|x_1)\,d\,x_2 = 1$ (normiert).

Hinweise:

a) Die Rand- und bedingten Dichtefunktionen der zweidimensionalen Rechteckverteilung sind eindimensionale Rechteckverteilungen.

b) Die Rand- und bedingten Dichtefunktionen der bivariaten Normalverteilung sind eindimensionale Normalverteilungen.

c) Aus Abbildung 2 geht hervor, daß die Realisationen der zweidimensionalen Zufallsvariablen $(x_1, x_2) \in \mathfrak{R}^2$, für die $f_{X_1, X_2}(x_1, x_2) \geq$ const. ist, für $\rho = 0$ und $\sigma_1^2 = \sigma_2^2$ in einem Kreis mit Mittelpunkt $\left(\mu_{X_1}, \mu_{X_2}\right)$ liegen.

d) Aus Abbildung 4 geht hervor, daß die Realisationen der zweidimensionalen Zufallsvariablen $(x_1, x_2) \in \mathfrak{R}^2$, für die $f_{X_1, X_2}(x_1, x_2) \geq$ const. ist, für $\rho = +0{,}8$ in einer Ellipse mit Mittelpunkt $\left(\mu_{X_1}, \mu_{X_2}\right)$ liegen.

e) Zwei bivariat normalverteilte Zufallsvariable (X_1, X_2) sind genau dann stochastisch unabhängig, wenn $\rho = 0$ ist, denn genau dann ist die Dichtefunktion der bivariaten Normalverteilung darstellbar als Produkt der beiden (eindimensionalen) Randdichten (vgl. Kap. 13.5).

13.5 Stochastische Unabhängigkeit der Komponenten einer zweidimensionalen Zufallsvariablen

Die Komponenten X_1 und X_2 einer zweidimensionalen Zufallsvariablen (X_1, X_2) heißen genau dann stochastisch unabhängig, wenn

$$f_{X_1, X_2}(x_1, x_2) = f_{X_1}(x_1) \cdot f_{X_2}(x_2) \text{ für alle } x_1, x_2 \in \mathfrak{R},$$

wenn also die gemeinsame (zweidimensionale) Verteilung als Produkt der beiden Randverteilungen darstellbar ist.

Äquivalente Formulierungen sind (für $\xi_1, \xi_2 \in \mathfrak{R}$ bzw. $x_1, x_2 \in \mathfrak{R}$):

a) $F_{X_1, X_2}(\xi_1, \xi_2) = F_{X_1}(\xi_1) \cdot F_{X_2}(\xi_2),$

b) $f_{X_1 | X_2}(x_1 | x_2) = f_{X_1}(x_1),$

c) $f_{X_2 | X_1}(x_2 | x_1) = f_{X_2}(x_2),$

d) $F_{X_1 | X_2}(\xi_1 | X_2 = \xi_2) = F_{X_1}(\xi_1),$

e) $F_{X_2 | X_1}(\xi_2 | X_1 = \xi_1) = F_{X_2}(\xi_2).$

13.6 Die gemeinsame Verteilungsfunktion von n-dimensionalen Zufallsvariablen

Die Funktion

$$F_{X_1,X_2,\ldots,X_n}(\xi_1,\xi_2,\ldots,\xi_n) = P(X_1 \leq \xi_1, X_2 \leq \xi_2,\ldots,X_n \leq \xi_n,), \quad \xi_i \in \Re,$$

heißt gemeinsame Verteilungsfunktion der n-dimensionalen Zufallsvariablen $(X_1,X_2,\ldots,X_n)$. Ihr Wert an der Stelle $(\xi_1,\xi_2,\ldots,\xi_n)$ ist die Wahrscheinlichkeit dafür, daß X_1 einen Wert annimmt, der kleiner oder höchstens gleich ξ_1 ist, und X_2 einen Wert annimmt, der kleiner oder höchstens gleich ξ_2 ist, und ... und X_n einen Wert annimmt, der kleiner oder höchstens gleich ξ_n ist; dabei sind die X_i, $i = 1,2,\ldots,n$, entweder stetig oder diskret.

Sind die n Komponenten der n-dimensionalen Zufallsvariablen $(X_1,X_2,\ldots,X_n)$ voneinander stochastisch unabhängig, so gilt:

$$F_{X_1,X_2,\ldots,X_n}(\xi_1,\xi_2,\ldots,\xi_n) = \prod_{i=1}^{n} F_{X_i}(\xi_i);$$

sind die n Komponenten außerdem identisch verteilt, ist also $F_{X_i}(\xi) = F_X(\xi)$ für alle i und $\xi \in \Re$, so gilt:

$$F_{X_1,X_2,\ldots,X_n}(\xi_1,\xi_2,\ldots,\xi_n) = \prod_{i=1}^{n} F_X(\xi_i).$$

Für die Eigenschaften der gemeinsamen Verteilungsfunktion der n-dimensionalen Zufallsvariablen $(X_1,X_2,\ldots,X_n)$ gilt das zu 13.3 Geschriebene entsprechend.

Hinweis:

Eine Zufallsstichprobe vom Umfang n ist darstellbar als n-dimensionale Zufallsvariable (Betrachtung vor der Ziehung). Daher ist $F_{X_1,X_2,\ldots,X_n}(\xi_1,\xi_2,\ldots,\xi_n)$ die Wahrscheinlichkeit dafür, daß - unter bestimmten Bedingungen - eine ganz bestimmte Stichprobe realisiert werden wird.

13.7 Maße zweidimensionaler Verteilungen

13.7.1 Erwartungswerte: Mittelwerte, Varianzen, Kovarianz

Mittelwerte

Für X_1, die erste Komponente der zweidimensionalen Zufallsvariablen (X_1, X_2), ist der Mittelwert (auch Erwartungswert) wie folgt definiert:

$$E(X_1) = \mu_{X_1} = \begin{cases} \sum_{i=1}^{\infty} x_{1i} f_{X_1}(x_{1i}), & \text{falls } X_1 \text{ diskret,} \\ \int_{-\infty}^{\infty} x_1 f_{X_1}(x_1) \, dx_1, & \text{falls } X_1 \text{ stetig;} \end{cases}$$

dabei ist $f_{X_1}(x_{1i})$ bzw. $f_{X_1}(x_1)$ die zu X_1 gehörende Randwahrscheinlichkeitsfunktion bzw. Randdichtefunktion an der Stelle (x_{1i}) bzw. (x_1).

Für die zweite Komponente X_2 gilt entsprechend:

$$E(X_2) = \mu_{X_2} = \begin{cases} \sum_{i=1}^{\infty} x_{2i} f_{X_2}(x_{2i}), & \text{falls } X_2 \text{ diskret,} \\ \int_{-\infty}^{\infty} x_2 f_{X_2}(x_2) \, dx_2, & \text{falls } X_2 \text{ stetig.} \end{cases}$$

Varianzen

$$\text{Var}(X_1) = \sigma_{X_1}^2 = \begin{cases} \sum_{i=1}^{\infty} (x_{1i} - \mu_{X_1})^2 f_{X_1}(x_{1i}), & \text{falls } X_1 \text{ diskret,} \\ \int_{-\infty}^{\infty} (x_1 - \mu_{X_1})^2 f_{X_1}(x_1) \, dx_1, & \text{falls } X_1 \text{ stetig;} \end{cases}$$

dabei ist $f_{X_1}(x_{1i})$ bzw. $f_{X_1}(x_1)$ die zu X_1 gehörende Randwahrscheinlichkeitsfunktion bzw. Randdichtefunktion an der Stelle (x_{1i}) bzw. (x_1).

Für die zweite Komponente X_2 gilt entsprechend:

$$Var(X_2) = \sigma_{X_2}^2 = \begin{cases} \sum_{i=1}^{\infty}(x_{2i} - \mu_{X_2})^2 f_{X_2}(x_{2i}), & \text{falls } X_2 \text{ diskret,} \\ \int_{-\infty}^{\infty}(x_2 - \mu_{X_2})^2 f_{X_2}(x_2)\,dx_2, & \text{falls } X_2 \text{ stetig.} \end{cases}$$

Kovarianz

Für die Zufallsvariablen X_1 und X_2 ist die Kovarianz wie folgt definiert:

$$Cov(X_1, X_2) = \sigma_{X_1, X_2} = \sigma_{1,2} = E\left\{(X_1 - \mu_{X_1})(X_2 - \mu_{X_2})\right\} =$$

$$= \begin{cases} \sum_{i=1}^{\infty}\sum_{j=1}^{\infty}(x_{1i} - \mu_{X_1})(x_{2j} - \mu_{X_2}) f_{X_1, X_2}(x_{1i}, x_{2j}), & \text{falls } (X_1, X_2) \text{ diskret,} \\ \int_{-\infty}^{\infty}\int_{-\infty}^{\infty}(x_1 - \mu_{X_1})(x_2 - \mu_{X_2}) f_{X_1, X_2}(x_1, x_2)\,dx_1\,dx_2, & \text{falls } (X_1, X_2) \text{ stetig;} \end{cases}$$

dabei ist $f_{X_1, X_2}(x_{1i}, x_{2j})$ bzw. $f_{X_1, X_2}(x_1, x_2)$ die gemeinsame Wahrscheinlichkeitsfunktion bzw. gemeinsame Wahrscheinlichkeitsdichtefunktion an der Stelle (x_{1i}, x_{2j}) bzw. (x_1, x_2).

Die Kovarianz ist ein Maß für den wechselseitigen linearen Zusammenhang zwischen den Zufallsvariablen X_1 und X_2; sie kann positiv, gleich Null oder auch negativ sein.

Für die Kovarianz gilt:

$$Cov(X_1, X_2) = E(X_1 \cdot X_2) - E(X_1) \cdot E(X_2) = Cov(X_2, X_1)$$

und

$$Cov(X_i, X_i) = Var(X_i), \quad i = 1,2;$$

dabei ist

$$E(X_1 \cdot X_2) = \begin{cases} \sum_{i=1}^{\infty}\sum_{j=1}^{\infty} x_{1i} \cdot x_{2j}\, f_{X_1, X_2}(x_{1i}, x_{2j}), & \text{falls } (X_1, X_2) \text{ diskret,} \\ \int_{-\infty}^{\infty}\int_{-\infty}^{\infty} x_1 \cdot x_2\, f_{X_1, X_2}(x_1, x_2)\,dx_1\,dx_2, & \text{falls } (X_1, X_2) \text{ stetig.} \end{cases}$$

Korrelationskoeffizient

Die normierte Kovarianz

$$\frac{Cov(X_1,X_2)}{\sqrt{Var(X_1)\cdot Var(X_2)}} = \frac{\sigma_{X_1,X_2}}{\sigma_{X_1}\cdot\sigma_{X_2}} = \rho_{X_1,X_2} = \rho, \quad \sigma_{X_1},\sigma_{X_2} > 0,$$

heißt Korrelationskoeffizient von X_1 und X_2. Der Korrelationskoeffizient ρ mißt die Stärke und die Richtung linearer Beziehungen zwischen den Zufallsvariablen X_1 und X_2.

Es gilt: $-1 < \rho_{X_1,X_2} < +1$.

Hinweise:

a)   Wenn X_1 und X_2 stochastisch unabhängig sind, dann ist $E(X_1\cdot X_2) = E(X_1)\cdot E(X_2)$

und somit $Cov(X_1,X_2) = 0$, und die Zufallsvariablen heißen unkorreliert, denn es ist

auch $\rho_{X_1,X_2} = 0$.

Aus $Cov(X_1,X_2) = 0$ bzw. $\rho_{X_1,X_2} = 0$ folgt im allgemeinen nicht die stochastische

Unabhängigkeit von X_1 und X_2, es sei denn, (X_1,X_2) folgt einer zweidimensionalen

Normalverteilung.

b)   Es gilt:

$$Cov(X_1 + a_1, X_2 + a_2) = Cov(X_1,X_2) \text{ und}$$

$$Cov(a_1X_1, a_2X_2) = a_1\,a_2\,Cov(X_1,X_2).$$

Momente (Produktmomente)

Momente für zweidimensionale Zufallsvariable (X_1,X_2) sind Verallgemeinerungen der Erwartungswerte. Sie können aus

$$E\{g(X_1,X_2)\} = \begin{cases} \displaystyle\sum_{i=1}^{\infty}\sum_{j=1}^{\infty} g(x_{1i},x_{2j})f_{X_1,X_2}(x_{1i},x_{2j}), & \text{falls } (X_1,X_2) \text{ diskret,} \\[2mm] \displaystyle\int_{-\infty}^{\infty}\int_{-\infty}^{\infty} g(x_1,x_2)f_{X_1,X_2}(x_1,x_2)\,dx_1\,dx_2, & \text{falls } (X_1,X_2) \text{ stetig,} \end{cases}$$

abgeleitet werden. $g(X_1, X_2)$ ist dabei eine geeignete reellwertige Funktion von X_1 und X_2.

Für die Funktion $g(X_1, X_2) = (X_1 - \mu_{X_1})^r \cdot (X_2 - \mu_{X_2})^s$ ist zum Beispiel mit $r = s = 1$ das Produktmoment zur Ordnung (1,1) gleich $E\{g(X_1, X_2)\} = \mathrm{Cov}(X_1, X_2)$, also gleich der Kovarianz.

13.8 Mittelwert und Varianz einer Summe von n Zufallsvariablen

Additionssatz für Mittelwerte (Erwartungswerte)

Der Mittelwert einer Summe von n Zufallsvariablen ist gleich der Summe ihrer Mittelwerte:

$$E(X_1 + X_2 + \cdots + X_n) = E\left(\sum_{i=1}^{n} X_i\right) = E(X_1) + E(X_2) + \cdots + E(X_n)$$
$$= \mu_{X_1} + \mu_{X_2} + \cdots + \mu_{X_n}.$$

Der Mittelwert der Summe ist also stets gleich der Summe der Mittelwerte.

Additionssätze für Varianzen

Für die Varianz der Summe von zwei Zufallsvariablen X_1 und X_2 gilt:

$$\mathrm{Var}(X_1 + X_2) = \mathrm{Var}(X_1) + \mathrm{Var}(X_2) + 2\,\mathrm{Cov}(X_1, X_2)$$
$$= \sigma_{X_1}^2 + \sigma_{X_2}^2 + 2\sigma_{X_1, X_2}.$$

Für die Varianz der Differenz von zwei Zufallsvariablen X_1 und X_2 gilt:

$$\mathrm{Var}(X_1 - X_2) = \mathrm{Var}(X_1) + \mathrm{Var}(X_2) - 2\,\mathrm{Cov}(X_1, X_2)$$
$$= \sigma_{X_1}^2 + \sigma_{X_2}^2 - 2\sigma_{X_1, X_2}.$$

Sind die Zufallsvariablen X_1 und X_2 stochastisch unabhängig, so ist $\mathrm{Cov}(X_1, X_2) = 0$ und es folgt

$$\mathrm{Var}(X_1 + X_2) = \mathrm{Var}(X_1) + \mathrm{Var}(X_2)$$
$$= \sigma_{X_1}^2 + \sigma_{X_2}^2.$$

Allgemein gilt der folgende Satz:

Die Varianz einer Summe von n nicht stochastisch unabhängigen Zufallsvariablen $X_1, X_2, \ldots, X_n$ ist:

$$\mathrm{Var}\left(X_1 + X_2 + \cdots + X_n\right) = \sum_{i=1}^{n} \mathrm{Var}\left(X_i\right) + 2\sum_{i<j} \mathrm{Cov}\left(X_i, X_j\right).$$

Die Varianz einer Summe von n stochastisch unabhängigen Zufallsvariablen $X_1, X_2, \ldots, X_n$ ist gleich der Summe ihrer Varianzen:

$$\mathrm{Var}\left(X_1 + X_2 + \cdots + X_n\right) = \mathrm{Var}\left(X_1\right) + \mathrm{Var}\left(X_2\right) + \cdots + \mathrm{Var}\left(X_n\right)$$

$$= \sigma_{X_1}^2 + \sigma_{X_2}^2 + \cdots + \sigma_{X_n}^2 .$$

Hinweis:

Für Mittelwert und Varianz von linear transformierten Zufallsvariablen gilt:

$$E\left(a_0 + a_1 X_1 + a_2 X_2\right) = a_0 + a_1 E\left(X_1\right) + a_2 E\left(X_2\right)$$

und

$$\mathrm{Var}\left(a_0 + a_1 X_1 + a_2 X_2\right) = a_1^2 \, \mathrm{Var}\left(X_1\right) + a_2^2 \, \mathrm{Var}\left(X_2\right) + 2 a_1 a_2 \, \mathrm{Cov}\left(X_1, X_2\right).$$

Sind die Zufallsvariablen X_1 und X_2 stochastisch unabhängig, so ist $2 a_1 a_2 \, \mathrm{Cov}\left(X_1, X_2\right) = 0$ und es gilt:

$$\mathrm{Var}\left(a_0 + a_1 X_1 + a_2 X_2\right) = a_1^2 \, \mathrm{Var}\left(X_1\right) + a_2^2 \, \mathrm{Var}\left(X_2\right).$$

14 Stichprobenfunktionen und ihre Verteilungen, Grenzwertsätze, Gesetz der großen Zahlen

14.1 Grundlagen

Zufallsstichprobe

Eine Zufallsstichprobe vom Umfang n (vgl. auch Kap. 9) ist formal darstellbar als n-dimensionale Zufallsvariable (Betrachtung vor der Ziehung):

$$\left(X_1, X_2, \ldots, X_n\right).$$

Eine konkrete Zufallsstichprobe vom Umfang n ist formal darstellbar als Realisation der n-dimensionalen Zufallsvariablen (Betrachtung nach der Ziehung):

$$\left(x_1, x_2, \ldots, x_n\right).$$

Die X_i, i = 1,2,...,n, heißen Stichprobenvariable, die x_i, i = 1,2,...,n, Stichprobenwerte.

Sind die Stichprobenvariablen X_i, i = 1,2,...,n, diskret, so ist die Wahrscheinlichkeit für die Realisierung einer konkreten Stichprobe durch die gemeinsame (n-dimensionale) Wahrscheinlichkeitsfunktion an der Stelle $\left(x_1, x_2, \ldots, x_n\right)$:

$$f_{X_1, X_2, \ldots, X_n}\left(x_1, x_2, \ldots, x_n\right) = P\left(X_1 = x_1, X_2 = x_2, \ldots, X_n = x_n\right)$$

gegeben.

Für stetige Zufallsvariable gilt entsprechend:

$$F_{X_1, X_2, \ldots, X_n}\left(\xi_1, \xi_2, \ldots, \xi_n\right) = P\left(X_1 \leq \xi_1, X_2 \leq \xi_2, \ldots, X_n \leq \xi_n\right), \; \xi_i \in \Re.$$

Einfache Zufallsstichprobe

Eine einfache Zufallsstichprobe ist eine n-dimensionale Zufallsvariable, deren Komponenten stochastisch unabhängig (vgl. Kap. 13.5) und identisch verteilt sind:

$$f_{X_1, X_2, \ldots, X_n}\left(x_1, x_2, \ldots, x_n\right) = f_X\left(x_1\right) \cdot f_X\left(x_2\right) \cdot \ldots \cdot f_X\left(x_n\right)$$

$$\text{für alle } \left(x_1, x_2, \ldots, x_n\right) \in \Re^n$$

beziehungsweise

$$F_{X_1, X_2, ..., X_n}(\xi_1, \xi_2, ..., \xi_n) = F_X(\xi_1) \cdot F_X(\xi_2) \cdots F_X(\xi_n)$$

$$\text{für alle } (\xi_1, \xi_2, ..., \xi_n) \in \mathfrak{R}^n.$$

Uneingeschränkte Zufallsstichprobe

Eine Zufallsstichprobe heißt uneingeschränkt, wenn jede Teilmenge von n Einheiten aus der Gesamtheit vom Umfang N die gleiche Wahrscheinlichkeit hat, gezogen zu werden. Mit einer systematischen Auswahl mit Zufallsstart (vgl. Kap. 9.3.2) kann z.B. keine uneingeschränkte Zufallsstichprobe erzeugt werden.

Hinweise:

a)   Eine Zufallsstichprobe liefert Informationen über die zumindest teilweise unbekannte Verteilung des Untersuchungsmerkmals X in der Gesamtheit.

b) $(x_1, x_2, ..., x_n)$ ist eine konkrete Zufallsstichprobe vom Umfang n aus einer Gesamtheit, für die das Untersuchungsmerkmal X eine (empirische Häufigkeits-) Verteilung besitzt, die durch die Wahrscheinlichkeits(dichte)funktion $f_X(x)$ bzw. die Verteilungsfunktion $F_X(\xi)$ approximiert wird. $f_X(x)$ und $F_X(\xi)$ heißen Modellverteilungen.

Ist beispielsweise $F_X(\xi) = F_X(\xi \mid \mu, \sigma^2)$ die Verteilungsfunktion einer Normalverteilung mit Scharparametern μ und σ^2, so spricht man verkürzt auch von einer "normalverteilten Gesamtheit". In diesem Falle sind im allgemeinen die Scharparameter μ und/oder σ^2 unbekannt.

c)   Bei praktischen Anwendungen wird eine einfache Zufallsstichprobe aus einer endlichen Gesamtheit durch eine Auswahl mit Zurücklegen erzeugt. Diese Gesamtheit darf sich während der Auswahl nicht ändern.

14.2 Stichprobenfunktionen und exakte Verteilungen

Stichprobenfunktion

Eine Stichprobenfunktion ist eine reellwertige Funktion f der n-dimensionalen Zufallsvariablen $(X_1, X_2, \ldots, X_n)$:

$$T_n = f(X_1, X_2, \ldots, X_n),$$

also eine eindimensionale Zufallsvariable.

$$t_n = f(x_1, x_2, \ldots, x_n)$$

ist der Wert (die Realisation) der Stichprobenfunktion T_n für eine konkrete Stichprobe vom Umfang n.

Eine Stichprobenfunktion wird auch „Statistik" genannt.

Stichprobenverteilung

Eine Stichprobenverteilung ist die (Wahrscheinlichkeits-) Verteilung einer Stichprobenfunktion. Sie ist abhängig von

- der Art der Stichprobenfunktion,
- der (Wahrscheinlichkeits-) Verteilung der Gesamtheit,
- dem Stichprobenumfang und
- dem Auswahlverfahren (einfache Zufallsauswahl; Auswahl ohne Zurücklegen).

Stichprobenverteilungen sind häufig tabelliert.

Einige Stichprobenfunktionen und ihre exakten Verteilungen

Voraussetzungen:

Eine Stichprobe vom Umfang n aus einer Gesamtheit.

Die Stichprobenvariablen X_i (i = 1,2,...,n) sind stochastisch unabhängig und identisch verteilt (einfache Stichprobe; z.B. aufgrund einer Auswahl mit Zurücklegen oder aufgrund einer Auswahl aus einer unendlichen Modellgesamtheit).

Verteilung der Gesamtheit	Stichprobenfunktion	exakte Stichprobenverteilung
Eine Normalverteilung: $X_i \sim N\left(\mu_X, \sigma_X^2\right)$	$X' = \sum_{i=1}^{n} X_i$	$N\left(n\mu_X, n\sigma_X^2\right)$
	$\dfrac{X' - n\mu_X}{\sqrt{n}\sigma_X}$	$N(0;1)$
	$\overline{X} = \dfrac{X'}{n}$	$N\left(\mu_X, \dfrac{\sigma_X^2}{n}\right)$
	$\dfrac{\overline{X} - \mu_X}{\sigma_X}\sqrt{n}$	$N(0;1)$
	$\dfrac{\overline{X} - \mu_X}{\hat{\sigma}_X}\sqrt{n}$	t-Verteilung mit $\nu = n - 1$ Freiheitsgraden
	$\sum_{i=1}^{n}\left(\dfrac{X_i - \mu_X}{\sigma_X}\right)^2$	χ^2-Verteilung mit $\nu = n$ Freiheitsgraden
	$\sum_{i=1}^{n}\left(\dfrac{X_i - \overline{X}}{\sigma_X}\right)^2$	χ^2-Verteilung mit $\nu = n - 1$ Freiheitsgraden
Eine BERNOULLI-Verteilung mit Scharparameter π	$X' = \sum_{i=1}^{n} X_i$	$B(n,\pi)$
	$P = \overline{X} = \dfrac{X'}{n}$	wie X', d.h. $f_P\left(p\|n,\pi\right) = f_{X'}\left(x'\|n,\pi\right)$

Voraussetzungen:

Zwei Stichproben vom Umfang n bzw. m aus zwei Gesamtheiten.

Die Stichprobenvariablen X_i (i = 1,2,...,n) bzw. Y_j (j = 1,2,...,m) sind stochastisch unabhängig und jeweils identisch verteilt (zwei einfache Stichproben). Die beiden Stichproben sind voneinander unabhängig. Die Stichprobenumfänge n und m müssen nicht gleich sein; sie sollten jedoch bei praktischen Anwendungen nicht allzu verschieden sein.

Verteilungen der Gesamtheit	Stichprobenfunktion	exakte Stichprobenverteilung
Zwei Normalverteilungen: $X_i \sim N(\mu_X, \sigma_X^2)$, $Y_j \sim N(\mu_Y, \sigma_Y^2)$	$\overline{X} - \overline{Y}$	$N\left(\mu_X - \mu_Y, \dfrac{\sigma_X^2}{n} + \dfrac{\sigma_Y^2}{m}\right)$
	$\dfrac{\left(\overline{X} - \overline{Y}\right) - \left(\mu_X - \mu_Y\right)}{\sqrt{\dfrac{\sigma_X^2}{n} + \dfrac{\sigma_Y^2}{m}}}$	$N(0;1)$
	$\dfrac{\left(\overline{X} - \overline{Y}\right) - \left(\mu_X - \mu_Y\right)}{\hat{\sigma}\sqrt{\dfrac{1}{n} + \dfrac{1}{m}}}$	t-Verteilung mit $\nu = n + m - 2$ Freiheitsgraden
	$\dfrac{\hat{\sigma}_X^2}{\hat{\sigma}_Y^2} \cdot \dfrac{\sigma_Y^2}{\sigma_X^2}$	F-Verteilung mit $\nu_1 = n - 1$ und $\nu_2 = m - 1$ Freiheitsgraden

14.3 Grenzwertsätze, Gesetz der großen Zahlen

14.3.1 Zentraler Grenzwertsatz von LINDEBERG/LEVY

Wenn die Zufalls-/Stichprobenvariablen $(X_1, X_2, ..., X_n)$ stochastisch unabhängig und identisch verteilt sind nach $F_X(\xi)$ mit Mittelwert μ_X und Varianz σ_X^2, dann strebt die Verteilung der standardisierten Zufallsvariablen

$$U_n = \frac{X_n' - n\mu_X}{\sigma_X\sqrt{n}}$$

mit $n \to \infty$ gegen die Standardnormalverteilung $N(0;1)$; dabei ist $X'_n = \sum_{i=1}^{n} X_i$.

Daraus folgt für das arithmetische Mittel $\overline{X}_n = \dfrac{X'}{n} = \dfrac{1}{n}\sum_{i=1}^{n} X_i$, daß auch die Verteilung von

$$U_n = \frac{\overline{X}_n - \mu_X}{\sigma_X}\sqrt{n}$$

mit $n \to \infty$ gegen die Standardnormalverteilung $N(0;1)$ strebt.

$\overline{X}_n = \dfrac{1}{n}\sum_{i=1}^{n} X_i$ ist - bei gegebenem n - approximativ $N\left(\mu_X, \dfrac{\sigma_X^2}{n}\right)$-verteilt.

Der zentrale Grenzwertsatz von LINDEBERG/LEVY ist von großer praktischer Bedeutung. Wenn nämlich eine Zufallsvariable als Summe einer größeren Anzahl voneinander unabhängiger Summanden (Zufallsvariablen) mit identischen Verteilungen interpretiert werden kann und wenn jeder dieser Summanden zu dieser Summe einen nur geringen Beitrag leistet, so ist diese Zufallsvariable approximativ normalverteilt und mithin die standardisierte Zufallsvariable approximativ standardnormalverteilt. Vergleiche hierzu die Abbildungen auf der folgenden Seite.

14.3.2 Zentraler Grenzwertsatz von LJAPUNOV

Eine Verallgemeinerung des Grenzwertsatzes von LINDEBERG/LEVY, der identisch verteilte Zufallsvariable $(X_1, X_2, ..., X_n)$ voraussetzt, ist der folgende Satz von LJAPUNOV.

Wenn die Zufallsvariablen $(X_1, X_2, ..., X_n)$ stochastisch unabhängig sind und wenn $E(X_i) = \mu_{X_i}$ und $Var(X_i) = \sigma_{X_i}^2$ für $i = 1,2,...,n$ sowie die Momente dritter Ordnung ihrer Verteilungen $F_{X_1}, F_{X_2}, ..., F_{X_n}$ existieren, dann strebt (unter einer recht allgemeinen Bedingung, die bei praktischen Anwendungen fast immer erfüllt ist) die Verteilung der standardisierten Summe

$$U_n = \frac{X'_n - \sum_{i=1}^{n} E(X_i)}{\sqrt{\sum_{i=1}^{n} Var(X_i)}}$$

mit $n \to \infty$ gegen die Standardnormalverteilung $N(0;1)$; dabei ist $X'_n = \sum_{i=1}^{n} X_i$.

**Stichprobenverteilungen des arithmetischen Mittelwerts einer Zufallsvariablen X
bei unterschiedlichen Gesamtheiten und für verschiedene Stichprobenumfänge**

Verteilung von X in den Gesamtheiten

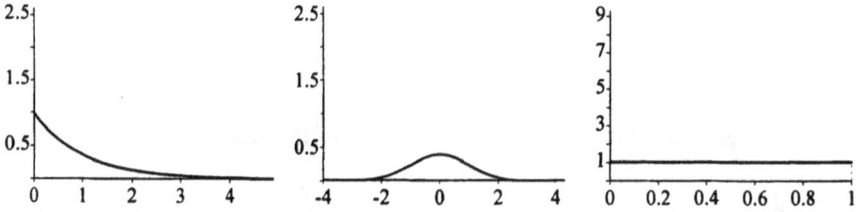

Verteilung von $\overline{X}$ in Stichproben des Umfangs

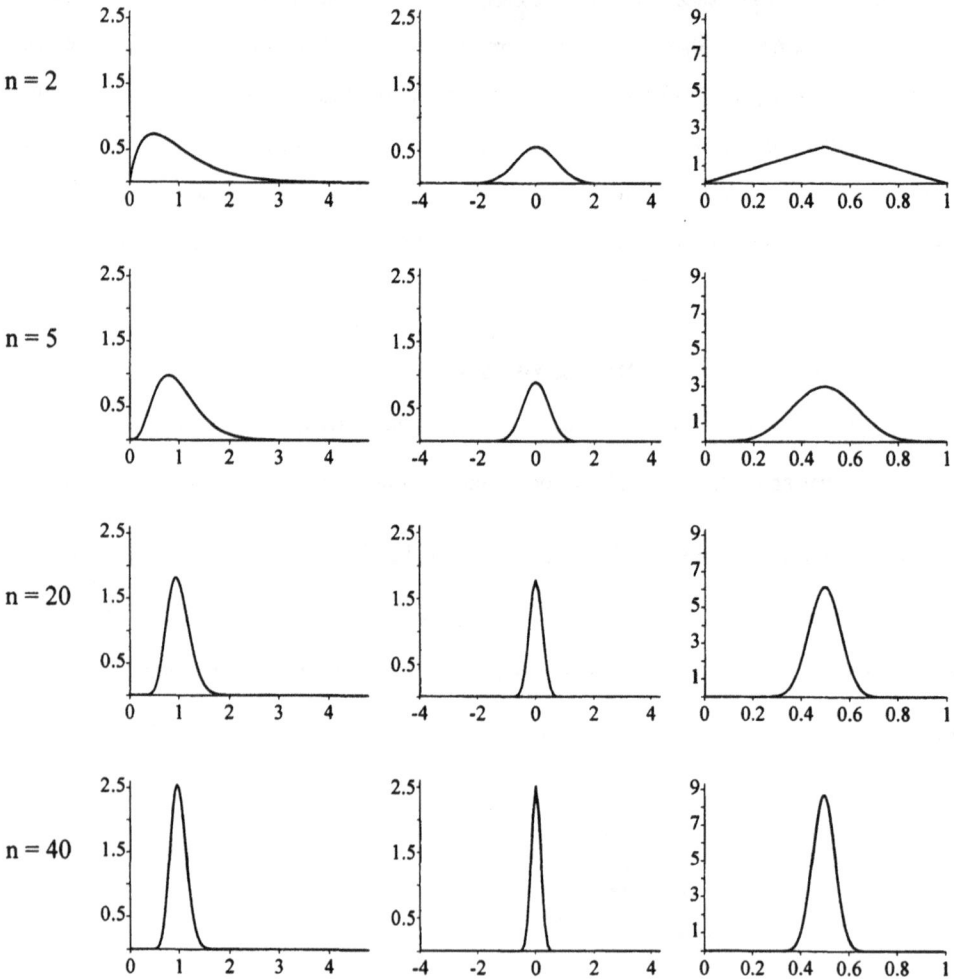

U_n ist - bei gegebenem n - approximativ $N(0;1)$-verteilt.

Aufgrund dieses Satzes ist also eine Summe von stochastisch unabhängigen Zufallsvariablen unter recht allgemeinen Bedingungen auch dann asymptotisch normalverteilt, wenn nicht alle Summanden, d.h. alle X_i, die gleiche Verteilung haben.

Der Satz von LJAPUNOV liefert die Erklärung dafür, daß bei praktischen Anwendungen approximativ normalverteilte Zufallsvariable bzw. Merkmale häufig zu beobachten sind. Wird der Wert einer Zufallsvariablen (eines Merkmals) durch eine größere Anzahl unabhängiger Einflußgrößen (Summanden) bestimmt, die nicht die gleiche Verteilung besitzen müssen, dann ist diese Zufallsvariable (dieses Merkmal) approximativ normalverteilt. Die Güte der Approximation hängt natürlich ab von n und der Symmetrie/Asymmetrie der Verteilungen der X_i. Grundlegend ist auch bei diesem Satz das additive Zusammenwirken sehr vieler, voneinander unabhängiger Einflußgrößen (Zufallsvariablen), die jeweils einen nur kleinen Beitrag zur Summe liefern.

Hinweise:

a)   Die Aussagen dieser zentralen Grenzwertsätze gelten unter bestimmten (in der Praxis in aller Regel erfüllten) Bedingungen auch dann, wenn eine gewisse schwache Abhängigkeit der Summanden (der Zufallsvariablen) $X_1, X_2, ..., X_n$ zugelassen wird. Eine solche schwache Abhängigkeit der Summanden ergibt sich beispielsweise, wenn die Summanden nach dem Prinzip einer Auswahl ohne Zurücklegen aus einer endlichen Gesamtheit erhoben werden.

b)   Der zentrale Grenzwertsatz von DE MOIVRE/LAPLACE (vgl. Kap. 12.3.4) ist ein Spezialfall des Satzes von LINDEBERG/LEVY.

14.3.3 Schwaches Gesetz der großen Zahlen (von TSCHEBYSCHEV)

Wenn die Zufallsvariablen $X_1, X_2, ..., X_n$ stochastisch unabhängig und identisch verteilt sind mit Mittelwert μ_X und endlicher Varianz σ_X^2, d.h. wenn eine einfache Stichprobe aus einer mit μ_X und σ_X^2 verteilten Gesamtheit betrachtet wird, dann gilt für jedes $\varepsilon > 0$:

$$\lim_{n \to \infty} P\left(\left|\overline{X}_n - \mu_X\right| \le \varepsilon\right) = 1;$$

dabei ist $\overline{X}_n = \dfrac{1}{n}\sum_{i=1}^{n} X_i$.

Dieser Satz folgt unmittelbar aus der Ungleichung von TSCHEBYSCHEV (Vgl. Kap. 11.5):

$$P\left(\left|\overline{X}_n - \mu_X\right| \leq \varepsilon\right) \geq 1 - \frac{1}{c^2} = 1 - \alpha,$$

wenn $\varepsilon = c\sigma_{\overline{X}} = c\frac{\sigma_X}{\sqrt{n}}$ und folglich $c = \frac{\varepsilon\sqrt{n}}{\sigma_X}$ gesetzt wird.

Auch das schwache Gesetz der großen Zahlen ist für praktische Anwendungen von großer Bedeutung. Aufgrund dieses Satzes ist nämlich gewährleistet, daß das arithmetische Mittel μ_X einer Gesamtheit durch das arithmetische Mittel $\overline{X}$ einer Stichprobe beliebig genau geschätzt werden kann, wenn nur der Stichprobenumfang n genügend groß ist.

Werden ε und $\alpha = \frac{1}{c^2}$ vorgegeben, dann ergibt sich der für eine vorgegebene Genauigkeit ε erforderliche Stichprobenumfang aus:

$$n = \frac{\sigma_X^2}{\alpha \cdot \varepsilon^2}.$$

Äquivalente Formulierungen für die oben angegebene Ungleichung von TSCHEBYSCHEV sind:

$$P\left(\left|\overline{X}_n - \mu_X\right| \leq c\frac{\sigma_X}{\sqrt{n}}\right) \geq 1 - \frac{\sigma_X^2}{n \cdot \varepsilon^2} = 1 - \alpha.$$

Daraus folgt:

$$P\left(\mu_X - c\frac{\sigma_X}{\sqrt{n}} \leq \overline{X}_n \leq \mu_X + c\frac{\sigma_X}{\sqrt{n}}\right) \geq 1 - \frac{\sigma_X^2}{n \cdot \varepsilon^2} = 1 - \alpha$$

und

$$P\left(\overline{X}_n - c\frac{\sigma_X}{\sqrt{n}} \leq \mu_X \leq \overline{X}_n + c\frac{\sigma_X}{\sqrt{n}}\right) \geq 1 - \frac{\sigma_X^2}{n \cdot \varepsilon^2} = 1 - \alpha.$$

Diese Abschätzung ist vor allem für kleine Stichprobenumfänge bei beliebiger Verteilung der X_i (der Gesamtheit) von Vorteil.

Hinweis:

Die Ungleichung von TSCHEBYSCHEV kann auch verwendet werden, wenn eine gewisse schwache Abhängigkeit der Summanden (der Stichprobenvariablen) $X_1, X_2, \ldots, X_n$ zugelassen wird. Eine solche schwache Abhängigkeit der Stichprobenvariablen ergibt sich beispielsweise, wenn die Stichprobe nach dem Prinzip einer Auswahl ohne Zurücklegen aus einer endlichen Gesamtheit erhoben wird.

14.4 Stichprobenfunktionen und approximierende Verteilungen

● **Voraussetzungen**:

Die Verteilung der Gesamtheit vom Umfang N ist beliebig. Sie hat den Mittelwert μ_X und die Varianz σ_X^2.

$(X_1, X_2, \ldots, X_n)$ ist eine Zufallsstichprobe aus dieser Gesamtheit.

Der Stichprobenumfang ist hinreichend groß (Faustregel: $n \geq 40$).

1. Bei einer Auswahl mit Zurücklegen oder unendlicher (Modell-) Gesamtheit (einfache Stichprobe) oder kleinem Auswahlsatz, d.h. $\frac{n}{N} \leq 0,05$ gilt:

Stichprobenfunktion	approximierende Stichprobenverteilung
$X' = \sum_{i=1}^{n} X_i$	$N\left(n\mu_X, n\sigma_X^2\right)$
$\dfrac{X' - n\mu_X}{\sigma_X \sqrt{n}}$	$N(0;1)$
$\overline{X} = \dfrac{X'}{n}$	$N\left(\mu_X, \dfrac{\sigma_X^2}{n}\right)$
$\dfrac{\overline{X} - \mu_X}{\sigma_X} \sqrt{n}$	$N(0;1)$
$\dfrac{\overline{X} - \mu_X}{\hat{\sigma}_X} \sqrt{n}$	t-Verteilung mit $\nu = n - 1$ Freiheitsgraden
$\sum_{i=1}^{n} \left(\dfrac{X_i - \overline{X}}{\sigma_X}\right)^2$	χ^2-Verteilung mit $\nu = n - 1$ Freiheitsgraden

2. Bei einer Auswahl ohne Zurücklegen und endlicher Gesamtheit und großem Auswahlsatz,

d.h. $\dfrac{n}{N} > 0,05$ gilt:

Stichprobenfunktion	approximierende Stichprobenverteilung
$X' = \sum\limits_{i=1}^{n} X_i$	$N\left(n\mu_X, n\sigma_X^2\left(1 - \dfrac{n}{N}\right)\right)$
$\dfrac{X' - n\mu_X}{\sigma_X\sqrt{n}\sqrt{1 - \dfrac{n}{N}}}$	$N(0;1)$
$\overline{X} = \dfrac{X'}{n}$	$N\left(\mu_X, \dfrac{\sigma_X^2}{n}\left(1 - \dfrac{n}{N}\right)\right)$
$\dfrac{\overline{X} - \mu_X}{\sigma_X\sqrt{1 - \dfrac{n}{N}}}\sqrt{n}$	$N(0;1)$
$\dfrac{\overline{X} - \mu_X}{\hat{\sigma}_X\sqrt{1 - \dfrac{n}{N}}}\sqrt{n}$	t-Verteilung mit $\nu = n - 1$ Freiheitsgraden

• **Voraussetzungen**:

Die Verteilungen der Gesamtheiten vom Umfang N bzw. M sind beliebig. Sie haben die Mittelwerte μ_X bzw. μ_Y und die Varianzen σ_X^2 bzw. σ_Y^2.

$(X_1, X_2, ..., X_n)$ und $(Y_1, Y_2, ..., Y_m)$ sind voneinander unabhängige Zufallsstichproben aus diesen Gesamtheiten.

Die Stichprobenumfänge sind hinreichend groß (Faustregel: $n \geq 40$ und $m \geq 40$).

1. Bei Auswahlen mit Zurücklegen oder unendlichen (Modell-) Gesamtheiten (einfache Stichproben) oder kleinen Auswahlsätzen, d.h. $\dfrac{n}{N} \leq 0,05$ und $\dfrac{m}{M} \leq 0,05$ gilt:

Stichprobenfunktion	approximierende Stichprobenverteilung
$\overline{X} - \overline{Y}$	$N\left(\mu_X - \mu_Y, \dfrac{\sigma_X^2}{n} + \dfrac{\sigma_Y^2}{m}\right)$
$\dfrac{\left(\overline{X} - \overline{Y}\right) - \left(\mu_X - \mu_Y\right)}{\sqrt{\dfrac{\sigma_X^2}{n} + \dfrac{\sigma_Y^2}{m}}}$	$N(0;1)$
$\dfrac{\left(\overline{X} - \overline{Y}\right) - \left(\mu_X - \mu_Y\right)}{\hat{\sigma}\sqrt{\dfrac{1}{n} + \dfrac{1}{m}}}$	t-Verteilung mit $\nu = n + m - 2$ Freiheitsgraden

2. Bei Auswahlen ohne Zurücklegen und endlichen Gesamtheiten und großen Auswahlsätzen,

d.h. $\dfrac{n}{N} > 0,05$ und $\dfrac{m}{M} > 0,05$ gilt:

Stichprobenfunktion	approximierende Stichprobenverteilung
$\overline{X} - \overline{Y}$	$N\left(\mu_X - \mu_Y, \dfrac{\sigma_X^2}{n}\left(1 - \dfrac{n}{N}\right) + \dfrac{\sigma_Y^2}{m}\left(1 - \dfrac{m}{M}\right)\right)$
$\dfrac{\left(\overline{X} - \overline{Y}\right) - \left(\mu_X - \mu_Y\right)}{\sqrt{\dfrac{\sigma_X^2}{n}\left(1 - \dfrac{n}{N}\right) + \dfrac{\sigma_Y^2}{m}\left(1 - \dfrac{m}{M}\right)}}$	$N(0;1)$
$\dfrac{\left(\overline{X} - \overline{Y}\right) - \left(\mu_X - \mu_Y\right)}{\hat{\sigma}\sqrt{\dfrac{1}{n}\left(1 - \dfrac{n}{N}\right) + \dfrac{1}{m}\left(1 - \dfrac{m}{M}\right)}}$	t-Verteilung mit $\nu = n + m - 2$ Freiheitsgraden

$\dfrac{N-n}{N-1} \doteq 1 - \dfrac{n}{N}$ bzw. $\dfrac{M-m}{M-1} \doteq 1 - \dfrac{m}{M}$ sind die Korrekturfaktoren für endliche Gesamtheiten.

$\dfrac{n}{N}$ und $\dfrac{m}{M}$ sind die Auswahlsätze.

Ist die Gesamtheit BERNOULLI-verteilt mit Parameter π und ist $0,1 \leq \pi \leq 0,9$, so gilt speziell:

1. Bei einer Auswahl mit Zurücklegen und $n\pi(1-\pi) > 9$:

Stichprobenfunktion	approximierende Stichprobenverteilung
$X' = \sum\limits_{i=1}^{n} X_i$	$N\big(n\pi, n\pi(1-\pi)\big)$
$\dfrac{X' - n\pi}{\sqrt{n\pi(1-\pi)}}$	$N(0;1)$
$P = \overline{X} = \dfrac{X'}{n}$	$N\left(\pi, \dfrac{\pi(1-\pi)}{n}\right)$
$\dfrac{P - \pi}{\sqrt{\dfrac{\pi(1-\pi)}{n}}}$	$N(0;1)$

2. Bei einer Auswahl ohne Zurücklegen und endlicher Gesamtheit und $n\pi(1-\pi)\left(1-\dfrac{n}{N}\right) > 9$:

Stichprobenfunktion	approximierende Stichprobenverteilung
$X' = \sum\limits_{i=1}^{n} X_i$	$N\left(n\pi, n\pi(1-\pi)\left(1-\dfrac{n}{N}\right)\right)$
$\dfrac{X' - n\pi}{\sqrt{n\pi(1-\pi)\left(1-\dfrac{n}{N}\right)}}$	$N(0;1)$
$P = \overline{X} = \dfrac{X'}{n}$	$N\left(\pi, \dfrac{\pi(1-\pi)}{n}\left(1-\dfrac{n}{N}\right)\right)$
$\dfrac{P - \pi}{\sqrt{\dfrac{\pi(1-\pi)}{n}\left(1-\dfrac{n}{N}\right)}}$	$N(0;1)$

Sind die Gesamtheiten BERNOULLI-verteilt mit den Parametern π_1 bzw. π_2 und ist $0,1 \le \pi_1, \pi_2 \le 0,9$ so gilt speziell:

1. Bei Auswahlen mit Zurücklegen und $n\pi_1(1-\pi_1) > 9$ sowie $m\pi_2(1-\pi_2) > 9$

Stichprobenfunktion	approximierende Stichprobenverteilung
$\dfrac{(P_1 - P_2) - (\pi_1 - \pi_2)}{\sqrt{\dfrac{\pi_1(1-\pi_1)}{n} + \dfrac{\pi_2(1-\pi_2)}{m}}}$	$N(0;1)$

2. Bei Auswahlen ohne Zurücklegen und $n\pi_1(1-\pi_1)\left(1-\dfrac{n}{N}\right) > 9$ sowie

$m\pi_2(1-\pi_2)\left(1-\dfrac{m}{M}\right) > 9$

Stichprobenfunktion	approximierende Stichprobenverteilung
$\dfrac{(P_1 - P_2) - (\pi_1 - \pi_2)}{\sqrt{\dfrac{\pi_1(1-\pi_1)}{n}\left(1-\dfrac{n}{N}\right) + \dfrac{\pi_2(1-\pi_2)}{m}\left(1-\dfrac{m}{M}\right)}}$	$N(0;1)$

$\dfrac{N-n}{N-1} \doteq 1 - \dfrac{n}{N}$ bzw. $\dfrac{M-m}{M-1} \doteq 1 - \dfrac{m}{M}$ sind die Korrekturfaktoren für endliche Gesamtheiten.

$\dfrac{n}{N}$ und $\dfrac{m}{M}$ sind die Auswahlsätze.

15 Parametrische Schätzverfahren

15.1 Punktschätzung

15.1.1 Vorbemerkung

Voraussetzung: Die Stichprobenvariablen $X_1, X_2, \ldots, X_n$ sind identisch verteilt mit $F_X(\xi|\Theta)$; dabei ist der Scharparameter Θ gegebenenfalls durch einen Parametervektor $(\Theta_1, \Theta_2, \ldots, \Theta_r)$ zu ersetzen.

Die zu $F_X(\xi|\Theta)$ gehörende Wahrscheinlichkeitsdichtefunktion bzw. die Wahrscheinlichkeits-funktion $f_X(x|\Theta)$ repräsentiert - als Modell - die empirische Häufigkeitsverteilung der zu-grundeliegenden Gesamtheit, so daß der Scharparameter Θ als "Parameter" (im Sinne von Maß oder Funktionalparameter) der Gesamtheit interpretiert werden kann. Θ ist unbekannt und soll mit Hilfe einer konkreten (Zufalls-) Stichprobe vom Umfang n geschätzt werden.

Schätzfunktion (Schätzer)

Eine Schätzfunktion

$$T_n = f(X_1, X_2, \ldots, X_n)$$

ist eine Stichprobenfunktion (Zufallsvariable), mit der aufgrund einer Stichprobe vom Um-fang n der unbekannte Wert des Parameters Θ geschätzt wird. Eine Schätzfunktion T_n für einen Parameter Θ (z.B. für den Mittelwert μ) wird häufig auch mit $\hat{\Theta}$ (z.B. $\hat{\mu}$) bezeichnet. Sie ist eine Vorschrift zur Berechnung eines Schätzwerts. T_n heißt auch Punkt-Schätzfunktion.

Schätzwert

Ein Schätzwert

$$t_n = f(x_1, x_2, \ldots, x_n)$$

ist der Wert (die Realisation) einer Schätzfunktion (T_n) für eine konkrete Stichprobe vom Umfang n. Er dient als Approximation (Näherungswert) für den unbekannten Wert des Parameters Θ der Gesamtheit.

15.1.2 Eigenschaften von Schätzfunktionen

Die Schätzwerte für Θ sollen so bestimmt werden, daß es gerechtfertigt ist anzunehmen, daß sie nur unwesentlich vom Parameter Θ abweichen, d.h. die Differenz $|\Theta - t_n|$ soll möglichst klein sein. Um das (im Mittel über alle möglichen Stichproben) zu erreichen, müssen die Schätzfunktionen bestimmte Eigenschaften besitzen.

(1) Erwartungstreue (unverzerrte) Schätzfunktionen

Eine Schätzfunktion T_n für einen Parameter Θ heißt erwartungstreu (unverzerrt), wenn für den Mittelwert (Erwartungswert) die Beziehung

$$E(T_n) = \Theta \text{ für alle n gilt.}$$

Mit einer erwartungstreuen Schätzfunktion wird im Mittel über alle möglichen Stichproben der unbekannte Wert des Parameters Θ fehlerfrei geschätzt.

Systematischer Fehler (Bias) einer Schätzfunktion

Die Differenz

$$B(T_n) = E(T_n) - \Theta$$

heißt systematischer Fehler (Bias, Verzerrung) der Schätzfunktion T_n.

Ist $B(T_n) > 0$, so wird Θ durch T_n im Mittel überschätzt; ist $B(T_n) < 0$, so wird Θ durch T_n im Mittel unterschätzt.

Asymptotisch erwartungstreue Schätzfunktionen

Eine Folge von Schätzfunktionen $\{T_n\}$, n = 1,2,..., heißt asymptotisch erwartungstreu, wenn für beliebige, aber feste n der Mittelwert (Erwartungswert) $E(T_n) \neq \Theta$ ist, jedoch

$$\lim_{n \to \infty} E(T_n) = \Theta \text{ gilt.}$$

Bei asymptotisch erwartungstreuen Schätzfunktionen nimmt der systematische Fehler mit steigendem Stichprobenumfang ab.

(2) Konsistente Schätzfunktionen

Eine Folge von Schätzfunktionen $\{T_n\}$, $n = 1, 2, \ldots$, heißt konsistent für den Parameter Θ, wenn für jedes $\varepsilon > 0$

$$\lim_{n \to \infty} P(|T_n - \Theta| \le \varepsilon) = 1 \text{ gilt.}$$

Eine konsistente Schätzfunktion liefert im Mittel mit zunehmendem Stichprobenumfang n bessere Schätzwerte, d.h. Schätzwerte, für die die Abweichung $|\Theta - t_n|$ mit zunehmendem n tendenziell immer kleiner wird.

Hinweis:

Eine Folge von (asymptotisch) erwartungstreuen Schätzfunktionen $\{T_n\}$, $n = 1, 2, \ldots$, ist immer dann konsistent, wenn $\lim_{n \to \infty} \text{Var}(T_n) = 0$ ist.

(3) Relative Effizienz, Effizienz, Wirksamkeit von Schätzfunktionen

Sind - bei festem n - $T_n^{(1)}$ und $T_n^{(2)}$ erwartungstreue Schätzfunktionen für den Parameter Θ, für die gilt:

$$\text{Var}\left(T_n^{(1)}\right) < \text{Var}\left(T_n^{(2)}\right),$$

so heißt $T_n^{(1)}$ effizienter (wirksamer) als $T_n^{(2)}$.

Der Quotient

$$e\left(T_n^{(1)} \middle| T_n^{(2)}\right) = \frac{\text{Var}\left(T_n^{(1)}\right)}{\text{Var}\left(T_n^{(2)}\right)}$$

wird als relative Effizienz (Wirksamkeit) von $T_n^{(1)}$ bezüglich $T_n^{(2)}$ bezeichnet.

Eine erwartungstreue Schätzfunktion T_n für den Parameter Θ heißt effizientest (wirksamst; häufig auch nur als "effizient" oder als "absolut effizient" bezeichnet), wenn sie von allen erwartungstreuen Schätzfunktionen $T_n^{(\bullet)}$ für Θ bei gleichem Stichprobenumfang n die kleinste Varianz besitzt.

Die folgende Abbildung enthält die Verteilungen von vier Schätzfunktionen für einen Parameter Θ bei gleichem Stichprobenumfang. Die Schätzfunktionen 1 und 2 sind erwartungstreu, wobei die Schätzfunktion 1 effizienter ist als die Schätzfunktion 2. Die Schätzfunktionen 3 und 4 sind zwar effizienter als die Schätzfunktion 2, aber nicht erwartungstreu. Der systematische Fehler (Bias) der Schätzfunktion 4 ist größer als der der Schätzfunktion 3.

Verteilungen von Schätzfunktionen

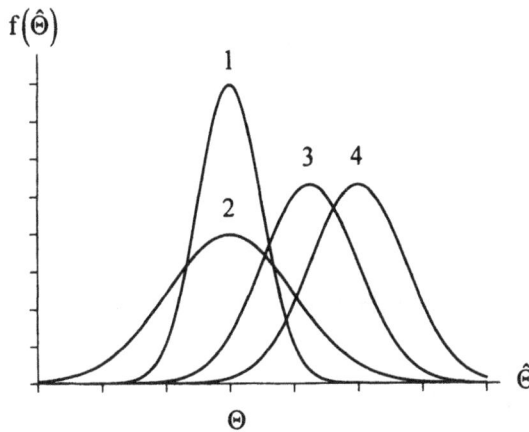

Hinweis:

Die Größe

$$MSE = E\left\{\left(\hat{\Theta} - \Theta\right)^2\right\}$$

wird als mittlerer quadratischer Fehler (auch "Mean Square Error") bezeichnet.

Es gilt:

$$MSE = Var\left(\hat{\Theta}\right) + \left[B(T_n)\right]^2,$$

so daß für erwartungstreue Schätzfunktionen

$$MSE = Var\left(\hat{\Theta}\right)$$

ist.

15.1.3 Methoden zur Konstruktion von Schätzfunktionen

(1) Methode der Momente

Die Momente (vgl. Kap. 11.3.2) der Verteilung einer Zufallsvariablen (der Gesamtheit) sind Funktionen des zu schätzenden Parameters Θ. Bei der Methode der Momente wird der zu schätzende Parameter Θ durch die Momente ausgedrückt. Werden in dem sich so ergebenden Ausdruck die Momente der Gesamtheit durch die entsprechenden Stichprobenmomente ersetzt, so resultiert daraus eine Schätzfunktion für Θ.

Für das erste Moment um Null (den Mittelwert der Gesamtheit)

$$\mu_X = \mu_1' = E(X) = \sum_{j=1}^{\infty} x_j f_X(x_j), \text{ falls X diskret,}$$

ist zum Beispiel

$$M_1' = \frac{1}{n} \sum_{i=1}^{n} X_i = \overline{X}$$

eine Schätzfunktion nach der Momentenmethode und

$$m_1' = \frac{1}{n} \sum_{i=1}^{n} x_i = \overline{x}$$

ist der zugehörige Schätzwert.

Die so konstruierten Schätzfunktionen sind stets konsistent und stets asymptotisch normalverteilt, zumindest asymptotisch erwartungstreu, häufig aber nicht effizient.

(2) Maximum-Likelihood-Methode

Die gemeinsame Verteilung einer einfachen Zufallsstichprobe

$$f_{X_1, X_2, \dots, X_n}(x_1, x_2, \dots, x_n | \Theta) = f_X(x_1 | \Theta) \cdot f_X(x_2 | \Theta) \cdot \dots \cdot f_X(x_n | \Theta)$$

kann als Funktion des zu schätzenden Parameters Θ bei gegebener konkreter Stichprobe $(x_1, x_2, \dots, x_n)$ interpretiert werden:

$$L(\Theta | x_1, x_2, \dots, x_n) = f_X(x_1 | \Theta) \cdot f_X(x_2 | \Theta) \cdot \dots \cdot f_X(x_n | \Theta).$$

Diese Funktion heißt Likelihood-Funktion der Stichprobe. Als Schätzwert für Θ wird jener Wert verwendet, für den die Likelihood-Funktion ihr Maximum annimmt. Für diskrete Stichprobenvariable bedeutet dies, daß der Schätzwert für Θ so gewählt wird, daß der konkreten Stichprobe $(x_1, x_2, \ldots, x_n)$ - aus der der Schätzwert berechnet wurde - a priori (d.h. vor dem Ziehen der Stichprobe) die größte "Wahrscheinlichkeit" (d.h. Likelihood) zukommt.

Ist

$$t_n^* = f(x_1, x_2, \ldots, x_n)$$

jener Wert, für den die Likelihood-Funktion maximal ist, und werden die Werte der konkreten Stichprobe x_i, $i = 1,2,\ldots,n$, durch die Stichprobenvariablen X_i, $i = 1,2,\ldots,n$, ersetzt, so ist

$$T_n^* = f(X_1, X_2, \ldots, X_n)$$

eine Maximum-Likelihood-Schätzfunktion.

Maximum-Likelihood-Schätzfunktionen sind zumindest asymptotisch erwartungstreu und asymptotisch normalverteilt sowie unter verhältnismäßig allgemeinen Bedingungen konsistent.

Sie sind zumindest asymptotisch effizientest (wirksamst), d.h. mit $n \to \infty$ strebt die Varianz der Schätzfunktionen gegen die kleinstmögliche Varianz. Allerdings setzt die Anwendung der Maximum-Likelihood-Methode im Gegensatz zur Momentenmethode die Kenntnis des Verteilungstyps von X und eine einfache Zufallsstichprobe voraus. Ein Maximum-Likelihood-Schätzer existiert nicht immer.

Eine Maximum-Likelihood-Schätzfunktion für den Parameter σ^2 einer Normalverteilung ist zum Beispiel $S^2 = \dfrac{1}{n} \sum_{i=1}^{n} (X_i - \overline{X})^2$. Diese Schätzfunktion ist wegen des Faktors $\dfrac{1}{n}$ (nur) asymptotisch erwartungstreu.

15.1.4 Punktschätzung bei einfachen Stichproben

Für Stichproben mit stochastisch unabhängigen und identisch verteilten Komponenten (einfache Stichproben; z.B. Auswahl mit Zurücklegen) gilt beispielsweise

1. Die Schätzfunktionen

$$\hat{\mu} = \overline{X} = \frac{1}{n}\sum_{i=1}^{n} X_i \qquad \text{für } \mu_X,$$

$$N\hat{\mu} = N\overline{X} = \frac{N}{n}\sum_{i=1}^{n} X_i \qquad \text{für } N\mu_X \text{ und}$$

$$\hat{\pi} = P = \frac{1}{n}\sum_{i=1}^{n} X_i \qquad \text{für } \pi$$

sind wegen

$$E(\hat{\mu}) = E(\overline{X}) = E\left(\frac{1}{n}\sum_{i=1}^{n} X_i\right) = \mu_X,$$

$$E(N\hat{\mu}) = E(N\overline{X}) = NE(\overline{X}) = N\mu_X \quad \text{und}$$

$$E(\hat{\pi}) = E(P) = E\left(\frac{1}{n}\sum_{i=1}^{n} X_i\right) = \pi \text{ erwartungstreu.}$$

Die Varianzen dieser Schätzfunktionen sind:

$$\sigma_{\hat{\mu}}^2 = \sigma_{\overline{X}}^2 = \frac{\sigma_X^2}{n},$$

$$\sigma_{N\hat{\mu}}^2 = N^2\sigma_{\overline{X}}^2 = N^2\frac{\sigma_X^2}{n} \text{ bzw.}$$

$$\sigma_{\hat{\pi}}^2 = \sigma_P^2 = \frac{\pi(1-\pi)}{n}.$$

2. Eine erwartungstreue Schätzfunktion für σ_X^2, die Varianz der Gesamtheit, ist:

$$\hat{\sigma}_X^2 = \frac{n}{n-1}S^2 = \frac{1}{n-1}\sum_{i=1}^{n}(X_i - \overline{X})^2.$$

$n-1$ heißt Anzahl der Freiheitsgrade.

3. Geschätzte Varianzen der Schätzfunktionen unter 1. sind:

$$\hat{\sigma}_{\hat{\mu}}^2 = \hat{\sigma}_{\overline{X}}^2 = \frac{\hat{\sigma}_X^2}{n},$$

$$\hat{\sigma}^2_{N\hat{\mu}} = N^2 \hat{\sigma}^2_{\overline{X}} = N^2 \frac{\hat{\sigma}^2_X}{n} \quad \text{bzw.}$$

$$\hat{\sigma}^2_{\hat{\pi}} = \hat{\sigma}^2_P = \frac{P(1-P)}{n}.$$

Hinweis:

Man beachte, daß die oben definierten Varianzen mit $n \to \infty$ gegen Null gehen.

15.1.5 Punktschätzung bei Stichproben ohne Zurücklegen aus endlichen Gesamtheiten

Bei einer Auswahl ohne Zurücklegen aus einer endlichen Gesamtheit sind die Stichprobenvariablen X_i, $i = 1,2,\ldots,n$, zwar identisch verteilt, aber nicht stochastisch unabhängig.

Es gilt beispielsweise:

1. Die Schätzfunktionen

$$\hat{\mu} = \overline{X} = \frac{1}{n}\sum_{i=1}^{n} X_i \qquad \text{für } \mu_X,$$

$$N\hat{\mu} = N\overline{X} = \frac{N}{n}\sum_{i=1}^{n} X_i \qquad \text{für } N\mu_X \text{ und}$$

$$\hat{\pi} = P = \frac{1}{n}\sum_{i=1}^{n} X_i \qquad \text{für } \pi$$

sind auch in diesem Falle erwartungstreu.

Hinweis:

a)   Der Faktor $\dfrac{N}{n}$, der Kehrwert des Auswahlsatzes, heißt Hochrechnungsfaktor.

b)   Die Varianzen dieser Schätzfunktionen sind:

$$\sigma^2_{\hat{\mu}} = \sigma^2_{\overline{X}} = \frac{\sigma^2_X}{n}\frac{N-n}{N-1},$$

$$\sigma^2_{N\hat{\mu}} = N^2\sigma^2_{\overline{X}} = N^2\frac{\sigma^2_X}{n}\frac{N-n}{N-1} \quad \text{bzw.}$$

$$\sigma_{\hat{\pi}}^2 = \sigma_P^2 = \frac{\pi(1-\pi)}{n} \frac{N-n}{N-1};$$

dabei ist $\dfrac{N-n}{N-1} \doteq 1 - \dfrac{n}{N}$ der Korrekturfaktor für endliche Gesamtheiten (Endlichkeits-

korrektur) und $\dfrac{n}{N}$ ist der Auswahlsatz.

2. Eine erwartungstreue Schätzfunktion für σ_X^2, die Varianz der Gesamtheit, ist:

$$\hat{\sigma}_*^2 = \frac{n}{n-1} S^2 \frac{N-1}{N} = \hat{\sigma}_X^2 \frac{N-1}{N};$$

dabei ist

$$S^2 = \frac{1}{n} \sum_{i=1}^{n} (X_i - \overline{X})^2 \quad \text{und} \quad \hat{\sigma}_X^2 = \frac{1}{n-1} \sum_{i=1}^{n} (X_i - \overline{X})^2.$$

$n-1$ heißt Anzahl der Freiheitsgrade.

3. Geschätzte Varianzen der Schätzfunktionen unter 1. sind:

$$\hat{\sigma}_{\hat{\mu}}^2 = \hat{\sigma}_{\overline{X}}^2 = \frac{\hat{\sigma}_X^2}{n} \frac{N-n}{N-1},$$

$$\hat{\sigma}_{N\hat{\mu}}^2 = N^2 \hat{\sigma}_{\overline{X}}^2 = N^2 \frac{\hat{\sigma}_X^2}{n} \frac{N-n}{N-1} \quad \text{mit} \quad \hat{\sigma}_X^2 = \frac{1}{n-1} \sum_{i=1}^{n} (X_i - \overline{X})^2 \quad \text{und}$$

$$\hat{\sigma}_{\hat{\pi}}^2 = \hat{\sigma}_P^2 = \frac{P(1-P)}{n} \frac{N-n}{N-1}.$$

Hinweis:

Man beachte, daß die oben definierten Varianzen mit $n \to \infty$ gegen Null gehen.

15.2 Intervallschätzung

15.2.1 Vorbemerkung

Konfidenzintervall (Vertrauensintervall)

Wenn $\qquad T_n^u = f\left(X_1, X_2, \dots, X_n, \dfrac{\alpha}{2}\right) \qquad$ und

$$T_n^o = f\left(X_1, X_2, \ldots, X_n, \frac{\alpha}{2}\right)$$

zwei Stichprobenfunktionen sind, für die gilt:

$$T_n^u < T_n^o \quad \text{für alle} \quad (X_1, X_2, \ldots, X_n) \quad \text{und}$$

$$P\left(T_n^u \leq \Theta \leq T_n^o\right) = 1 - \alpha \quad \text{für alle } \Theta,$$

so heißt das Intervall $\left[T_n^u, T_n^o\right]$ ein (zentrales, zweiseitiges) Konfidenzintervall für den unbekannten Parameter Θ. Zentrale (oder symmetrische) zweiseitige Konfidenzintervalle haben die Eigenschaft, daß $P\left(\Theta < T_n^u\right) = P\left(\Theta > T_n^o\right) = \dfrac{\alpha}{2}$ ist. Die Intervallbreite $T_n^o - T_n^u$ ist eine Zufallsvariable.

$1 - \alpha$ (mit $0 < \alpha < 1$; meist $\alpha = 0{,}05$ oder $\alpha = 0{,}01$) heißt Konfidenzniveau (oder Konfidenzkoeffizient).

Die Realisation $\left[t_n^u, t_n^o\right]$ des Intervalls $\left[T_n^u, T_n^o\right]$ heißt empirisches oder konkretes Konfidenzintervall; die Grenzen dieser Intervalle heißen entsprechend Konfidenzgrenzen.

Hinweis:

Es ist nicht zulässig, ein konkretes Konfidenzintervall $\left[t_n^u, t_n^o\right]$ mit einer objektiven Wahrscheinlichkeitsaussage zu verbinden, da ein konkretes Konfidenzintervall den zu schätzenden Parameter entweder enthält, oder ihn nicht enthält. Werden einer Gesamtheit sehr viele Zufallsstichproben vom Umfang n entnommen und werden aufgrund dieser konkreten Stichproben jeweils die konkreten Konfidenzintervalle berechnet, dann kann erwartet werden, daß $(1 - \alpha) \cdot 100\%$ dieser Konfidenzintervalle den zu schätzenden Parameter enthalten und $\alpha \cdot 100\%$ der Konfidenzintervalle diesen nicht enthalten. Bei hinreichend kleinem α ist es daher berechtigt anzunehmen, daß - bei nur einer gezogenen Zufallsstichprobe - diese Stichprobe konkrete Konfidenzgrenzen geliefert hat, welche den zu schätzenden Parameter einschließen. Dies veranschaulicht die folgende Abbildung.

25 zufällig ausgewählte Konfidenzintervalle zum Konfidenzniveau $1 - \alpha = 0{,}9$ für den Parameter $\pi = 0{,}4$ einer BERNOULLI-verteilten Gesamtheit (Auswahl mit Zurücklegen; Stichprobenumfang $n = 100$)

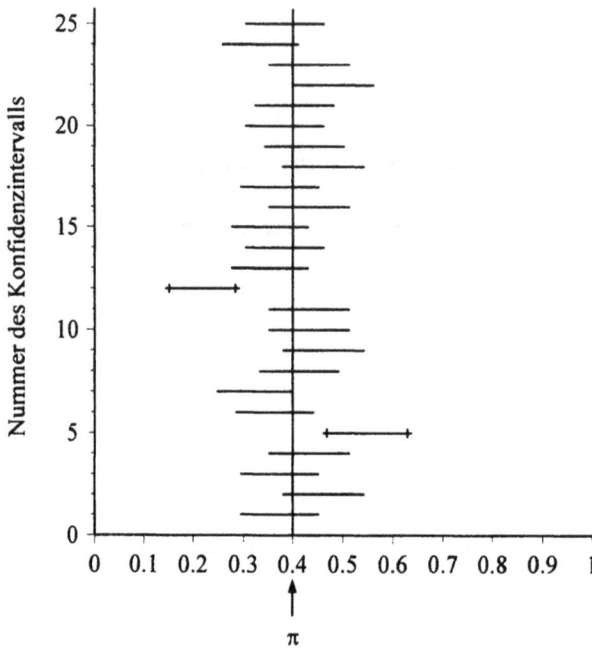

Ersichtlich schließen zwei der 25 konkreten Konfidenzintervalle (also 8%) den zu schätzenden Parameter $\pi = 0{,}4$ nicht ein..

15.2.2 Konfidenzintervalle für den Mittelwert und den Totalwert

(1) Unter der Voraussetzung, daß $(X_1, X_2, \ldots, X_n)$ eine (einfache) Zufallsstichprobe aus einer normalverteilten Gesamtheit $N\left(\mu_X, \sigma_X^2\right)$ ist, gilt für beliebiges n

a) falls σ_X^2 bekannt ist:

$$P\left(\overline{X} - \lambda_{1-\frac{\alpha}{2}} \frac{\sigma_X}{\sqrt{n}} \leq \mu_X \leq \overline{X} + \lambda_{1-\frac{\alpha}{2}} \frac{\sigma_X}{\sqrt{n}}\right) = 1 - \alpha \qquad \text{bzw.}$$

$$P\left(N\overline{X} - \lambda_{1-\frac{\alpha}{2}} N\frac{\sigma_X}{\sqrt{n}} \leq N\mu_X \leq N\overline{X} + \lambda_{1-\frac{\alpha}{2}} N\frac{\sigma_X}{\sqrt{n}}\right) = 1 - \alpha \, ;$$

b) falls σ_X^2 unbekannt ist:

$$P\left(\overline{X} - t_{1-\frac{\alpha}{2},v} \frac{\hat{\sigma}_X}{\sqrt{n}} \leq \mu_X \leq \overline{X} + t_{1-\frac{\alpha}{2},v} \frac{\hat{\sigma}_X}{\sqrt{n}}\right) = 1-\alpha \qquad \text{bzw.}$$

$$P\left(N\overline{X} - t_{1-\frac{\alpha}{2},v} N\frac{\hat{\sigma}_X}{\sqrt{n}} \leq N\mu_X \leq N\overline{X} + t_{1-\frac{\alpha}{2},v} N\frac{\hat{\sigma}_X}{\sqrt{n}}\right) = 1-\alpha \,;$$

dabei ist $\hat{\sigma}_X^2 = \dfrac{1}{n-1}\sum_{i=1}^{n}\left(X_i - \overline{X}\right)^2$ eine erwartungstreue Schätzfunktion für σ_X^2, deren Wert aus

derselben Stichprobe zu bestimmen ist, aus der auch $\bar{x}$ bestimmt wurde, und $t_{1-\frac{\alpha}{2},v}$ ist das

$\left(1-\dfrac{\alpha}{2}\right)$- Quantil der t-Verteilung mit $v = n-1$ Freiheitsgraden.

$N\mu_X$ heißt Totalwert (oder Merkmalssumme) der Gesamtheit.

c) falls σ_X^2 unbekannt und $v = n-1 \geq 120$ ist:

$$P\left(\overline{X} - \lambda_{1-\frac{\alpha}{2}} \frac{\hat{\sigma}_X}{\sqrt{n}} \leq \mu_X \leq \overline{X} + \lambda_{1-\frac{\alpha}{2}} \frac{\hat{\sigma}_X}{\sqrt{n}}\right) \doteq 1-\alpha \qquad \text{bzw.}$$

$$P\left(N\overline{X} - \lambda_{1-\frac{\alpha}{2}} N\frac{\hat{\sigma}_X}{\sqrt{n}} \leq N\mu_X \leq N\overline{X} + \lambda_{1-\frac{\alpha}{2}} N\frac{\hat{\sigma}_X}{\sqrt{n}}\right) \doteq 1-\alpha \,;$$

(2) Unter der Voraussetzung, daß $\left(X_1, X_2, \ldots, X_n\right)$ eine Zufallsstichprobe ist, deren Einheiten

ohne Zurücklegen aus einer beliebigen Gesamtheit vom Umfang N gezogen werden, und der

Auswahlsatz groß ist $\left(\dfrac{n}{N} > 0{,}05\right)$, gilt

a) falls σ_X^2 bekannt und $n \geq 40$ ist:

$$P\left(\overline{X} - \lambda_{1-\frac{\alpha}{2}} \frac{\sigma_X}{\sqrt{n}}\sqrt{1-\frac{n}{N}} \leq \mu_X \leq \overline{X} + \lambda_{1-\frac{\alpha}{2}} \frac{\sigma_X}{\sqrt{n}}\sqrt{1-\frac{n}{N}}\right) \doteq 1-\alpha \qquad \text{bzw.}$$

$$P\left(N\overline{X} - \lambda_{1-\frac{\alpha}{2}} N\frac{\sigma_X}{\sqrt{n}}\sqrt{1-\frac{n}{N}} \leq N\mu_X \leq N\overline{X} + \lambda_{1-\frac{\alpha}{2}} N\frac{\sigma_X}{\sqrt{n}}\sqrt{1-\frac{n}{N}}\right) \doteq 1-\alpha \,;$$

b) falls σ_X^2 unbekannt und $n \geq 40$ ist:

$$P\left(\overline{X} - t_{1-\frac{\alpha}{2},v}\frac{\hat{\sigma}_X}{\sqrt{n}}\sqrt{1-\frac{n}{N}} \leq \mu_X \leq \overline{X} + t_{1-\frac{\alpha}{2},v}\frac{\hat{\sigma}_X}{\sqrt{n}}\sqrt{1-\frac{n}{N}}\right) \doteq 1-\alpha \quad \text{bzw.}$$

$$P\left(N\overline{X} - t_{1-\frac{\alpha}{2},v}N\frac{\hat{\sigma}_X}{\sqrt{n}}\sqrt{1-\frac{n}{N}} \leq N\mu_X \leq N\overline{X} + t_{1-\frac{\alpha}{2},v}N\frac{\hat{\sigma}_X}{\sqrt{n}}\sqrt{1-\frac{n}{N}}\right) \doteq 1-\alpha ;$$

c) falls σ_X^2 unbekannt und $v = n-1 \geq 120$ ist:

$$P\left(\overline{X} - \lambda_{1-\frac{\alpha}{2}}\frac{\hat{\sigma}_X}{\sqrt{n}}\sqrt{1-\frac{n}{N}} \leq \mu_X \leq \overline{X} + \lambda_{1-\frac{\alpha}{2}}\frac{\hat{\sigma}_X}{\sqrt{n}}\sqrt{1-\frac{n}{N}}\right) \doteq 1-\alpha \quad \text{bzw.}$$

$$P\left(N\overline{X} - \lambda_{1-\frac{\alpha}{2}}N\frac{\hat{\sigma}_X}{\sqrt{n}}\sqrt{1-\frac{n}{N}} \leq N\mu_X \leq N\overline{X} + \lambda_{1-\frac{\alpha}{2}}N\frac{\hat{\sigma}_X}{\sqrt{n}}\sqrt{1-\frac{n}{N}}\right) \doteq 1-\alpha ;$$

Für b) und c) ist dabei $\hat{\sigma}_X^2 = \dfrac{1}{n-1}\sum_{i=1}^{n}(X_i - \overline{X})^2$.

Hinweis:

Falls - bei sonst unbekannter Verteilung - σ_X^2 bekannt, aber $n < 40$ ist, kann die folgende Abschätzung auf der Grundlage der Ungleichung von TSCHEBYSCHEV

$$P\left(\overline{X} - c\frac{\sigma_X}{\sqrt{n}}\sqrt{1-\frac{n}{N}} \leq \mu_X \leq \overline{X} + c\frac{\sigma_X}{\sqrt{n}}\sqrt{1-\frac{n}{N}}\right) \geq 1-\frac{1}{c^2} \quad \text{bzw.}$$

$$P\left(N\overline{X} - cN\frac{\sigma_X}{\sqrt{n}}\sqrt{1-\frac{n}{N}} \leq N\mu_X \leq N\overline{X} + cN\frac{\sigma_X}{\sqrt{n}}\sqrt{1-\frac{n}{N}}\right) \geq 1-\frac{1}{c^2} ;$$

mit $c \geq 1$ verwendet werden.

(3) Unter der Voraussetzung, daß $(X_1, X_2, \ldots, X_n)$ eine Zufallsstichprobe ist, deren Einheiten mit Zurücklegen aus einer beliebigen endlichen Gesamtheit gezogen werden, gilt

a) falls σ_X^2 bekannt und $n \geq 40$ ist:

$$P\left(\overline{X} - \lambda_{1-\frac{\alpha}{2}}\frac{\sigma_X}{\sqrt{n}} \leq \mu_X \leq \overline{X} + \lambda_{1-\frac{\alpha}{2}}\frac{\sigma_X}{\sqrt{n}}\right) \doteq 1-\alpha \quad \text{bzw.}$$

$$P\left(N\overline{X} - \lambda_{1-\frac{\alpha}{2}} N\frac{\sigma_X}{\sqrt{n}} \le N\mu_X \le N\overline{X} + \lambda_{1-\frac{\alpha}{2}} N\frac{\sigma_X}{\sqrt{n}}\right) \doteq 1 - \alpha\,;$$

b) falls σ_X^2 unbekannt und $n \ge 40$ ist:

$$P\left(\overline{X} - t_{1-\frac{\alpha}{2},v}\frac{\hat{\sigma}_X}{\sqrt{n}} \le \mu_X \le \overline{X} + t_{1-\frac{\alpha}{2},v}\frac{\hat{\sigma}_X}{\sqrt{n}}\right) \doteq 1 - \alpha \qquad \text{bzw.}$$

$$P\left(N\overline{X} - t_{1-\frac{\alpha}{2},v} N\frac{\hat{\sigma}_X}{\sqrt{n}} \le N\mu_X \le N\overline{X} + t_{1-\frac{\alpha}{2},v} N\frac{\hat{\sigma}_X}{\sqrt{n}}\right) \doteq 1 - \alpha\,;$$

c) falls σ_X^2 unbekannt und $v = n - 1 \ge 120$ ist:

$$P\left(\overline{X} - \lambda_{1-\frac{\alpha}{2}}\frac{\hat{\sigma}_X}{\sqrt{n}} \le \mu_X \le \overline{X} + \lambda_{1-\frac{\alpha}{2}}\frac{\hat{\sigma}_X}{\sqrt{n}}\right) \doteq 1 - \alpha \qquad \text{bzw.}$$

$$P\left(N\overline{X} - \lambda_{1-\frac{\alpha}{2}} N\frac{\hat{\sigma}_X}{\sqrt{n}} \le N\mu_X \le N\overline{X} + \lambda_{1-\frac{\alpha}{2}} N\frac{\hat{\sigma}_X}{\sqrt{n}}\right) \doteq 1 - \alpha\,;$$

Für b) und c) ist dabei $\hat{\sigma}_X^2 = \dfrac{1}{n-1}\sum_{i=1}^{n}\left(X_i - \overline{X}\right)^2$.

Die Aussagen zu (3) gelten näherungsweise auch dann, wenn $(X_1, X_2, \ldots, X_n)$ eine Zufallsstichprobe ist, deren Einheiten ohne Zurücklegen aus einer Gesamtheit vom Umfang N gezogen werden, und der Auswahlsatz $\dfrac{n}{N}$ klein $\left(\dfrac{n}{N} \le 0{,}05\right)$ ist.

Hinweis:

Falls - bei ansonsten unbekannter Verteilung - σ_X^2 bekannt, aber $n < 40$ ist, kann die folgende Abschätzung auf der Grundlage der Ungleichung von TSCHEBYSCHEV

$$P\left(\overline{X} - c\frac{\sigma_X}{\sqrt{n}} \le \mu_X \le \overline{X} + c\frac{\sigma_X}{\sqrt{n}}\right) \ge 1 - \frac{1}{c^2} \qquad \text{bzw.}$$

$$P\left(N\overline{X} - cN\frac{\sigma_X}{\sqrt{n}} \le N\mu_X \le N\overline{X} + cN\frac{\sigma_X}{\sqrt{n}}\right) \ge 1 - \frac{1}{c^2}\,;$$

mit $c \ge 1$ verwendet werden.

15.2.3 Konfidenzintervalle für den Anteilswert

(1) Unter der Voraussetzung, daß $(X_1, X_2, ..., X_n)$ eine Zufallsstichprobe ist, deren Einheiten mit Zurücklegen aus einer BERNOULLI-verteilten Gesamtheit gezogen werden, und n nicht zu klein ist (Faustregel: $n\pi(1-\pi) > 9$ und $0,1 \leq \pi \leq 0,9$), gilt:

$$P\left(T_n^u \leq \pi \leq T_n^o\right) \doteq 1 - \alpha \; ;$$

dabei ist mit $\lambda = \lambda_{1-\frac{\alpha}{2}}$

$$T_n^u = \frac{1}{1+\frac{\lambda^2}{n}}\left(P + \frac{\lambda^2}{2n} - \lambda\sqrt{\frac{P(1-P)}{n} + \frac{\lambda^2}{4n^2}}\right) \qquad \text{und}$$

$$T_n^o = \frac{1}{1+\frac{\lambda^2}{n}}\left(P + \frac{\lambda^2}{2n} + \lambda\sqrt{\frac{P(1-P)}{n} + \frac{\lambda^2}{4n^2}}\right).$$

Ist $\frac{\lambda^2}{n}$ klein gegenüber 1 und $\frac{\lambda^2}{4n^2}$ klein gegenüber $\frac{P(1-P)}{n}$ und vor allem $\frac{\lambda^2}{2n}$ klein gegenüber P, so gilt näherungsweise

$$P\left(P - \lambda_{1-\frac{\alpha}{2}}\sqrt{\frac{P(1-P)}{n}} \leq \pi \leq P + \lambda_{1-\frac{\alpha}{2}}\sqrt{\frac{P(1-P)}{n}}\right) \doteq 1 - \alpha.$$

Diese Approximation gilt als hinreichend genau, falls $\lambda \leq 2,58$ ($1-\alpha \leq 0,99$) und $n \geq 400$ ist.

Diese Aussagen gelten näherungsweise auch dann, wenn $(X_1, X_2, ..., X_n)$ eine Zufallsstichprobe ist, deren Einheiten ohne Zurücklegen aus einer BERNOULLI-verteilten Gesamtheit vom Umfang N gezogen werden, und der Auswahlsatz $\frac{n}{N}$ klein ist $\left(\frac{n}{N} \leq 0,05\right)$.

(2) Unter der Voraussetzung, daß $(X_1, X_2, ..., X_n)$ eine Zufallsstichprobe ist, deren Einheiten ohne Zurücklegen aus einer BERNOULLI-verteilten Gesamtheit vom Umfang N gezogen werden, der Auswahlsatz groß ist $\left(\frac{n}{N} > 0,05\right)$ und n nicht zu klein ist (Faustregel:

$n\pi(1-\pi)\frac{N-n}{N-1} > 9$ und $0,1 \leq \pi \leq 0,9$), gilt:

$$P\left(T_n^u \le \pi \le T_n^o\right) \doteq 1 - \alpha \, ;$$

dabei ist mit $\lambda = \lambda_{1-\frac{\alpha}{2}}$

$$T_n^u = \frac{1}{1 + \frac{\lambda^2}{n}\left(1 - \frac{n}{N}\right)}\left(P + \frac{\lambda^2}{2n}\left(1 - \frac{n}{N}\right) - \lambda\sqrt{\frac{P(1-P)}{n} + \frac{\lambda^2}{4n^2}\left(1 - \frac{n}{N}\right)}\sqrt{1 - \frac{n}{N}}\right)$$

und

$$T_n^o = \frac{1}{1 + \frac{\lambda^2}{n}\left(1 - \frac{n}{N}\right)}\left(P + \frac{\lambda^2}{2n}\left(1 - \frac{n}{N}\right) + \lambda\sqrt{\frac{P(1-P)}{n} + \frac{\lambda^2}{4n^2}\left(1 - \frac{n}{N}\right)}\sqrt{1 - \frac{n}{N}}\right).$$

Ist $\frac{\lambda^2}{n}\left(1 - \frac{n}{N}\right)$ klein gegenüber 1 und $\frac{\lambda^2}{4n^2}\left(1 - \frac{n}{N}\right)$ klein gegenüber $\frac{P(1-P)}{n}$ und vor allem

$\frac{\lambda^2}{2n}\left(1 - \frac{n}{N}\right)$ klein gegenüber P, so gilt näherungsweise

$$P\left(P - \lambda_{1-\frac{\alpha}{2}}\sqrt{\frac{P(1-P)}{n}}\sqrt{1 - \frac{n}{N}} \le \pi \le P + \lambda_{1-\frac{\alpha}{2}}\sqrt{\frac{P(1-P)}{n}}\sqrt{1 - \frac{n}{N}}\right) \doteq 1 - \alpha.$$

Die Approximation gilt als hinreichend genau, falls $\lambda \le 2{,}58$ und $n \ge 380$ ist.

Hinweis:

Falls die Approximationsregeln für t_n^u oder t_n^o nicht erfüllt sind, z.B. $t_n^u < 0{,}1$ oder $t_n^o > 0{,}9$, sind exakte Verfahren oder Nomogramme zu verwenden (für (1) vgl. Anhang 17).

15.2.4 Approximatives Konfidenzintervall für den Mittelwert einer POISSON-Verteilung

Voraussetzung: Die Zufallsvariable X kennzeichnet die Häufigkeit des Eintretens eines Ereignisses in einer bestimmten Bezugseinheit (Zufallsstichprobe). X ist POISSON-verteilt mit dem Scharparameter μ.

Für hinreichend große μ ($\mu > 9$) ist die standardisierte Stichprobenfunktion

$$\frac{X - \mu}{\sqrt{\mu}}$$

approximativ standardnormalverteilt.

Daraus folgt

$$P\left(\frac{|X-\mu|}{\sqrt{\mu}} \le \lambda_{1-\frac{\alpha}{2}}\right) \doteq 1-\alpha \ .$$

Unter Berücksichtigung der Stetigkeitskorrektur ergibt sich das approximative Konfidenzintervall für μ:

$$P\left(T^u \le \mu \le T^o\right) \doteq 1-\alpha$$

mit den Grenzen

$$T^u = X - 0{,}5 + \frac{\lambda^2_{1-\frac{\alpha}{2}}}{2} - \lambda_{1-\frac{\alpha}{2}}\sqrt{X - 0{,}5 + \frac{\lambda^2_{1-\frac{\alpha}{2}}}{4}} \qquad \text{und}$$

$$T^o = X + 0{,}5 + \frac{\lambda^2_{1-\frac{\alpha}{2}}}{2} + \lambda_{1-\frac{\alpha}{2}}\sqrt{X + 0{,}5 + \frac{\lambda^2_{1-\frac{\alpha}{2}}}{4}} \ .$$

15.2.5 Konfidenzintervalle für die Differenz zweier Mittelwerte

(1) Unter der Voraussetzung, daß $\left(X_1, X_2, \dots, X_n\right)$ und $\left(Y_1, Y_2, \dots, Y_m\right)$ voneinander unabhängige und einfache Zufallsstichproben aus zwei normalverteilten Gesamtheiten $N\left(\mu_X, \sigma_X^2\right)$ bzw. $N\left(\mu_Y, \sigma_Y^2\right)$ sind, gilt für beliebige n und m

a) falls σ_X^2 und σ_Y^2 bekannt sind:

$$P\left(\overline{X} - \overline{Y} - \lambda_{1-\frac{\alpha}{2}}\sigma_{\overline{X}-\overline{Y}} \le \mu_X - \mu_Y \le \overline{X} - \overline{Y} + \lambda_{1-\frac{\alpha}{2}}\sigma_{\overline{X}-\overline{Y}}\right) = 1-\alpha \ ;$$

dabei sind

$$\overline{X} = \frac{1}{n}\sum_{i=1}^{n} X_i, \quad \overline{Y} = \frac{1}{m}\sum_{j=1}^{m} Y_j, \quad \text{und} \quad \sigma_{\overline{X}-\overline{Y}} = \sqrt{\frac{\sigma_X^2}{n} + \frac{\sigma_Y^2}{m}} \ ;$$

b) falls σ_X^2 und σ_Y^2 unbekannt, aber gleich sind $\left(\sigma_X^2 = \sigma_Y^2 = \sigma^2\right)$:

$$P\left(\overline{X} - \overline{Y} - t_{1-\frac{\alpha}{2},v} \hat{\sigma}_{\overline{X}-\overline{Y}} \le \mu_X - \mu_Y \le \overline{X} - \overline{Y} + t_{1-\frac{\alpha}{2},v} \hat{\sigma}_{\overline{X}-\overline{Y}}\right) = 1 - \alpha;$$

dabei ist

$$\hat{\sigma}_{\overline{X}-\overline{Y}} = \hat{\sigma}\sqrt{\frac{1}{n} + \frac{1}{m}}$$

und

$$\hat{\sigma}^2 = \frac{1}{n+m-2}\left(\sum_{i=1}^{n}(X_i - \overline{X})^2 + \sum_{j=1}^{m}(Y_j - \overline{Y})^2\right)$$

$$= \frac{1}{n+m-2}\left((n-1)\hat{\sigma}_X^2 + (m-1)\hat{\sigma}_Y^2\right)$$

ist eine erwartungstreue Schätzfunktion für die Varianz der Gesamtheiten, deren Wert aus denselben Stichproben zu bestimmen ist.

$t_{1-\frac{\alpha}{2},v}$ ist das $\left(1 - \frac{\alpha}{2}\right)$-Quantil der t-Verteilung mit $v = n + m - 2$ Freiheitsgraden.

Mit $v \to \infty$ strebt die t-Verteilung gegen die Standardnormalverteilung. Das Quantil der t-Verteilung kann daher für große v durch das entsprechende Quantil der Standardnormalverteilung approximiert werden. Die Approximation gilt als gut, wenn $v = n + m - 2 \ge 120$ ist.

(2) Unter der Voraussetzung, daß $(X_1, X_2, \ldots, X_n)$ und $(Y_1, Y_2, \ldots, Y_m)$ voneinander unabhängige Zufallsstichproben sind, deren Einheiten ohne Zurücklegen aus beliebigen Gesamtheiten vom Umfang N bzw. M gezogen werden, und die Auswahlsätze groß sind $\left(\frac{n}{N} > 0{,}05 \text{ und } \frac{m}{M} > 0{,}05\right)$, gilt

a) falls σ_X^2 und σ_Y^2 bekannt sowie $n \ge 40$ und $m \ge 40$ sind:

$$P\left(\overline{X} - \overline{Y} - \lambda_{1-\frac{\alpha}{2}} \sigma_{\overline{X}-\overline{Y}} \le \mu_X - \mu_Y \le \overline{X} - \overline{Y} + \lambda_{1-\frac{\alpha}{2}} \sigma_{\overline{X}-\overline{Y}}\right) \doteq 1 - \alpha \quad \text{mit}$$

$$\overline{X} = \frac{1}{n}\sum_{i=1}^{n}X_i, \quad \overline{Y} = \frac{1}{m}\sum_{j=1}^{m}Y_j, \quad \text{und} \quad \sigma_{\overline{X}-\overline{Y}} = \sqrt{\frac{\sigma_X^2}{n}\left(1 - \frac{n}{N}\right) + \frac{\sigma_Y^2}{m}\left(1 - \frac{m}{M}\right)};$$

b) falls σ_X^2 und σ_Y^2 unbekannt, aber gleich $\left(\sigma_X^2 = \sigma_Y^2 = \sigma^2\right)$ sowie $n \geq 40$ und $m \geq 40$ sind:

$$P\left(\overline{X} - \overline{Y} - t_{1-\frac{\alpha}{2},\nu}\,\hat{\sigma}_{\overline{X}-\overline{Y}} \leq \mu_X - \mu_Y \leq \overline{X} - \overline{Y} + t_{1-\frac{\alpha}{2},\nu}\,\hat{\sigma}_{\overline{X}-\overline{Y}}\right) \doteq 1 - \alpha\,;$$

dabei ist

$$\hat{\sigma}_{\overline{X}-\overline{Y}} = \hat{\sigma}\sqrt{\frac{1}{n}\left(1 - \frac{n}{N}\right) + \frac{1}{m}\left(1 - \frac{m}{M}\right)}$$

und

$$\hat{\sigma}^2 = \frac{1}{n+m-2}\left(\sum_{i=1}^{n}\left(X_i - \overline{X}\right)^2 + \sum_{j=1}^{m}\left(Y_j - \overline{Y}\right)^2\right)$$

$$= \frac{1}{n+m-2}\left((n-1)\hat{\sigma}_X^2 + (m-1)\hat{\sigma}_Y^2\right)$$

ist eine erwartungstreue Schätzfunktion für die Varianz der Gesamtheiten, deren Wert aus denselben Stichproben zu bestimmen ist.

$t_{1-\frac{\alpha}{2},\nu}$ ist das $\left(1 - \frac{\alpha}{2}\right)$-Quantil der t-Verteilung mit $\nu = n + m - 2$ Freiheitsgraden.

c) falls σ_X^2 und σ_Y^2 unbekannt, aber gleich $\left(\sigma_X^2 = \sigma_Y^2 = \sigma^2\right)$ sowie $\nu = n + m - 2 \geq 120$ sind:

$$P\left(\overline{X} - \overline{Y} - \lambda_{1-\frac{\alpha}{2}}\hat{\sigma}_{\overline{X}-\overline{Y}} \leq \mu_X - \mu_Y \leq \overline{X} - \overline{Y} + \lambda_{1-\frac{\alpha}{2}}\hat{\sigma}_{\overline{X}-\overline{Y}}\right) \doteq 1 - \alpha\,;$$

dabei sind

$$\overline{X} = \frac{1}{n}\sum_{i=1}^{n}X_i,\quad \overline{Y} = \frac{1}{m}\sum_{j=1}^{m}Y_j,\quad \hat{\sigma}_{\overline{X}-\overline{Y}} = \hat{\sigma}\sqrt{\frac{1}{n}\left(1 - \frac{n}{N}\right) + \frac{1}{m}\left(1 - \frac{m}{M}\right)}\quad \text{und}$$

$$\hat{\sigma}^2 = \frac{1}{n+m-2}\left(\sum_{i=1}^{n}\left(X_i - \overline{X}\right)^2 + \sum_{j=1}^{m}\left(Y_j - \overline{Y}\right)^2\right)$$

$$= \frac{1}{n+m-2}\left((n-1)\hat{\sigma}_X^2 + (m-1)\hat{\sigma}_Y^2\right).$$

(3) Unter der Voraussetzung, daß $(X_1, X_2, ..., X_n)$ und $(Y_1, Y_2, ..., Y_m)$ voneinander unabhängige Zufallsstichproben sind, deren Einheiten mit Zurücklegen aus beliebigen Gesamtheiten vom Umfang N bzw. M gezogen werden, gilt

a) falls σ_X^2 und σ_Y^2 bekannt sowie $n \geq 40$ und $m \geq 40$ sind:

$$P\left(\overline{X} - \overline{Y} - \lambda_{1-\frac{\alpha}{2}} \sigma_{\overline{X}-\overline{Y}} \leq \mu_X - \mu_Y \leq \overline{X} - \overline{Y} + \lambda_{1-\frac{\alpha}{2}} \sigma_{\overline{X}-\overline{Y}}\right) \doteq 1 - \alpha \;;$$

b) falls σ_X^2 und σ_Y^2 unbekannt, aber gleich $\left(\sigma_X^2 = \sigma_Y^2 = \sigma^2\right)$, sowie $n \geq 40$ und $m \geq 40$ sind:

$$P\left(\overline{X} - \overline{Y} - t_{1-\frac{\alpha}{2}, \nu} \hat{\sigma}_{\overline{X}-\overline{Y}} \leq \mu_X - \mu_Y \leq \overline{X} - \overline{Y} + t_{1-\frac{\alpha}{2}, \nu} \hat{\sigma}_{\overline{X}-\overline{Y}}\right) \doteq 1 - \alpha \;;$$

dabei ist

$$\hat{\sigma}_{\overline{X}-\overline{Y}} = \hat{\sigma}\sqrt{\frac{1}{n} + \frac{1}{m}}$$

und

$$\hat{\sigma}^2 = \frac{1}{n+m-2}\left(\sum_{i=1}^{n}\left(X_i - \overline{X}\right)^2 + \sum_{j=1}^{m}\left(Y_j - \overline{Y}\right)^2\right)$$

$$= \frac{1}{n+m-2}\left((n-1)\hat{\sigma}_X^2 + (m-1)\hat{\sigma}_Y^2\right)$$

ist eine erwartungstreue Schätzfunktion für die Varianz der Gesamtheiten, deren Wert aus denselben Stichproben zu bestimmen ist.

$t_{1-\frac{\alpha}{2}, \nu}$ ist das $\left(1 - \frac{\alpha}{2}\right)$-Quantil der t-Verteilung mit $\nu = n + m - 2$ Freiheitsgraden.

c) falls σ_X^2 und σ_Y^2 unbekannt, aber gleich $\left(\sigma_X^2 = \sigma_Y^2 = \sigma^2\right)$, sowie $\nu = n + m - 2 \geq 120$ sind:

$$P\left(\overline{X} - \overline{Y} - \lambda_{1-\frac{\alpha}{2}} \hat{\sigma}_{\overline{X}-\overline{Y}} \leq \mu_X - \mu_Y \leq \overline{X} - \overline{Y} + \lambda_{1-\frac{\alpha}{2}} \hat{\sigma}_{\overline{X}-\overline{Y}}\right) \doteq 1 - \alpha \;;$$

dabei ist

$$\overline{X} = \frac{1}{n}\sum_{i=1}^{n}X_i, \quad \overline{Y} = \frac{1}{m}\sum_{j=1}^{m}Y_j \quad \text{und} \quad \hat{\sigma}_{\overline{X}-\overline{Y}} = \hat{\sigma}\sqrt{\frac{1}{n}+\frac{1}{m}}\,.$$

Die Aussagen zu (3) gelten näherungsweise auch dann, wenn $(X_1, X_2,...,X_n)$ und $(Y_1, Y_2,...,Y_m)$ voneinander unabhängige Zufallsstichproben sind, deren Einheiten ohne Zurücklegen aus Gesamtheiten vom Umfang N bzw. M gezogen werden, und die Auswahlsätze klein sind, d.h. wenn $\frac{n}{N} < 0,05$ und $\frac{m}{M} < 0,05$.

15.2.6 Konfidenzintervalle für die Differenz zweier Anteilswerte

Unter der Voraussetzung, daß $(X_1, X_2,...,X_n)$ und $(Y_1, Y_2,...,Y_m)$ voneinander unabhängige Zufallsstichproben aus zwei BERNOULLI-verteilten Gesamtheiten mit Parametern π_1 bzw. π_2 sind, gilt für hinreichend große n und m

$$P\left(P_1 - P_2 - \lambda_{1-\frac{\alpha}{2}}\hat{\sigma}_D \leq \pi_1 - \pi_2 \leq P_1 - P_2 + \lambda_{1-\frac{\alpha}{2}}\hat{\sigma}_D\right) \doteq 1-\alpha\,;$$

dabei ist

$$\hat{\sigma}_D = \hat{\sigma}_{P_1-P_2} = \sqrt{\frac{P_1(1-P_1)}{n} + \frac{P_2(1-P_2)}{m}}\,,$$

falls die Einheiten der beiden Stichproben mit Zurücklegen gezogen werden oder die Auswahlsätze klein sind, d.h. $\frac{n}{N} \leq 0,05$ und $\frac{m}{M} \leq 0,05$.

Falls die Einheiten der beiden Stichproben ohne Zurücklegen gezogen werden und die Auswahlsätze groß sind, d.h. $\frac{n}{N} > 0,05$ und $\frac{m}{M} > 0,05$ ist, ist

$$\hat{\sigma}_D = \hat{\sigma}_{P_1-P_2} = \sqrt{\frac{P_1(1-P_1)}{n}\left(1-\frac{n}{N}\right) + \frac{P_2(1-P_2)}{m}\left(1-\frac{m}{M}\right)}$$

zu verwenden.

15.3 Die Bestimmung des Stichprobenumfangs

Der (Mindest-) Stichprobenumfang n bzw. n' ist so zu bestimmen, daß der maximale absolute Zufallsfehler ε bei vorgegebenem Konfidenzniveau $1 - \alpha$ einen vorzugebenden Wert nicht überschreitet.

Voraussetzung: $\overline{X}$ bzw. P sind wenigstens approximativ normalverteilt.

15.3.1 Auswahl mit Zurücklegen oder kleiner Auswahlsatz $\left(\dfrac{n}{N} \leq 0{,}05\right)$

Aus $\varepsilon = \left|\mu_X - \overline{X}\right| = \lambda_{1-\frac{\alpha}{2}} \dfrac{\sigma_X}{\sqrt{n}}$, dem maximalen absoluten Zufallsfehler des Stichprobenmittels

bei vorgegebenem Konfidenzniveau, folgt

$$n = \frac{\lambda_{1-\frac{\alpha}{2}}^2 \, \sigma_X^2}{\varepsilon^2}.$$

Ist die Varianz der Gesamtheit σ_X^2 unbekannt, so kann sie durch

$$\hat{\sigma}_X^2 = \frac{1}{n-1} \sum_{i=1}^{n} \left(X_i - \overline{X}\right)^2$$

ersetzt werden. $\hat{\sigma}_X^2$ kann die Varianz einer Vorstichprobe oder die Varianz einer früheren Totalerhebung (zeitliche Konstanz) sein.

Wenn die Gesamtheit vom Umfang N annähernd normalverteilt ist, kann die Standardabweichung $\hat{\sigma}$ für die Bestimmung des Stichprobenumfangs - wegen $R_0 \doteq 6\sigma$ - durch

$$\hat{\sigma} = 0{,}17 \cdot R_0 = 0{,}17 \cdot \left(x_{[N]} - x_{[1]}\right)$$

abgeschätzt werden.

Wenn die Gesamtheit vom Umfang N annähernd rechteckverteilt ist, kann die für die Bestimmung des Stichprobenumfangs benötigte Standardabweichung $\hat{\sigma}$ durch

$$\hat{\sigma} = 0{,}29 \cdot R_0 = 0{,}29 \cdot \left(x_{[N]} - x_{[1]}\right)$$

abgeschätzt werden.

Für BERNOULLI-verteilte Gesamtheiten folgt aus $\varepsilon = |\pi - P| = \lambda_{1-\frac{\alpha}{2}} \sqrt{\dfrac{P(1-P)}{n}}$, dem maximalen absoluten Zufallsfehler des Stichprobenanteilswerts bei vorgegebenem Konfidenzniveau,

$$n = \frac{\lambda_{1-\frac{\alpha}{2}}^{2} \, P(1-P)}{\varepsilon^{2}} \; ;$$

dabei ist für P der Schätzwert aus einer Vorstichprobe oder der Anteilswert einer früheren Totalerhebung (zeitliche Konstanz!) einzusetzen. Ersatzweise kann $P = 1 - P = 0{,}5$ gesetzt werden. Allerdings ist damit der (Mindest-) Stichprobenumfang n maximal.

Hinweis:

Der berechnete (Mindest-) Stichprobenumfang n muß hinreichend groß sein, damit die Approximation durch die Normalverteilung gerechtfertigt ist (vgl. die entsprechenden Anmerkungen zu den Konfidenzintervallen).

15.3.2 Auswahl ohne Zurücklegen und großer Auswahlsatz $\left(\dfrac{n}{N} > 0{,}05 \right)$

Bei einer Auswahl ohne Zurücklegen und großem Auswahlsatz reduziert sich der bei einer Auswahl mit Zurücklegen erforderliche Stichprobenumfang von n auf n':

$$n' = \frac{n}{1 + \dfrac{n}{N}} \, .$$

Hinweis:

Der berechnete (Mindest-) Stichprobenumfang n' muß hinreichend groß sein, damit die Approximation durch die Normalverteilung gerechtfertigt ist (vgl. die entsprechenden Anmerkungen zu den Konfidenzintervallen).

16 Testverfahren (Tests)

16.1 Grundlagen

Testverfahren (Prüfverfahren, Tests)

Statistische Testverfahren (Tests) sind Regeln zur Überprüfung von Annahmen/Vermutungen (Hypothesen) über die Verteilung einer Gesamtheit aufgrund konkreter Stichproben; dabei wird die Verteilung der Gesamtheit durch eine Wahrscheinlichkeitsverteilung modellmäßig abgebildet.

Hinweis:

Mit Hilfe statistischer Tests lassen sich Hypothesen (Annahmen/Vermutungen) über die Verteilung einer Gesamtheit in aller Regel weder verifizieren noch falsifizieren!

16.1.1 Statistische Hypothesen

Statistische Hypothese

Eine statistische Hypothese ist eine sachlich begründete Annahme/Vermutung über die nicht vollständig bekannte Wahrscheinlichkeitsverteilung einer Zufallsvariablen, also eine Annahme/Vermutung über eine Wahrscheinlichkeits-(dichte-)funktion, die - als Modell - die empirische Häufigkeitsverteilung der zugrundeliegenden Gesamtheit repräsentiert.

Parametrische und nichtparametrische Hypothese

Wenn sich eine Hypothese auf Scharparameter (explizite Parameter) von Wahrscheinlichkeits-(dichte-)funktionen bezieht, so heißt sie parametrisch, anderenfalls nichtparametrisch. Nichtparametrische Hypothesen können sich z.B. auf Wahrscheinlichkeits-(dichte-)funktionen als Ganzes beziehen.

Null- und Alternativhypothese

Die mit Hilfe einer konkreten Stichprobe zu überprüfende Hypothese heißt Nullhypothese (H_0). Eine andere, meist komplementäre Annahme/Vermutung über die Wahrscheinlichkeitsverteilung oder einen ihrer Parameter heißt Alternativhypothese (H_1).

Einfache und zusammengesetzte Hypothese

Eine Hypothese H_0 (H_1) heißt einfach, wenn sie sich nur auf einen festen Wert (z.B. nur auf den Parameterwert Θ einer bestimmten Verteilung) bezieht (beispielsweise $H_0: \Theta = \Theta_0$). Anderenfalls heißt die Hypothese zusammengesetzt (beispielsweise $H_0: \Theta \leq \Theta_0$). Alternativhypothesen sind fast immer zusammengesetzte Hypothesen (beispielsweise $H_1: \Theta \neq \Theta_0$).

Hinweise:

a)   Tests parametrischer Hypothesen sind "auf Verwerfen" konstruiert. Als Nullhypothese (H_0) ist, soweit möglich, jene Annahme/Vermutung (über Scharparameter von Verteilungen) zu wählen, die - mit Hilfe eines Tests (aufgrund einer konkreten Stichprobe) - "verworfen werden soll".

Die Alternativhypothese (H_1) ist also jene Annahme/Vermutung, die der Anwender gerne durch die Stichprobenergebnisse "bestätigen" würde. Daher ist es bei einseitigen Hypothesen oft sinnvoll, zuerst die Alternativhypothese zu formulieren.

b)   Null- und Alternativhypothese sind vor der Ziehung der Stichprobe oder zumindest unabhängig von einer konkreten Stichprobe zu formulieren!

16.1.2 Prüffunktion

Prüffunktion (Prüfmaß, Testgröße, Teststatistik, Statistik)

Eine Prüffunktion ist eine reellwertige (und vom jeweiligen Test abhängige) Funktion der n-dimensionalen Zufallsvariablen $(X_1, X_2, ..., X_n)$, also eine Funktion der Stichprobe, und folglich eine Zufallsvariable:

$$T_n = f_n(X_1, X_2, ..., X_n).$$

Sie kann als Rechenvorschrift - z.B. $T_n = \overline{X} = \dfrac{1}{n}\sum_{i=1}^{n} X_i$ - betrachtet werden.

$$t_n = f_n(x_1, x_2, ..., x_n)$$

ist der Wert der Prüffunktion für eine konkrete Stichprobe $(x_1, x_2, ..., x_n)$ vom Umfang n.

Prüfverteilung (Testverteilung)

Die Verteilung der Prüffunktion T_n unter der Annahme, daß die Nullhypothese (H_0) richtig ist, heißt Prüfverteilung. Die Prüfverteilung ist also eine spezielle Stichprobenverteilung.

Kritischer Bereich

Der kritische Bereich K_α (auch "Ablehnungsbereich") eines Tests besteht aus den Werten der Prüffunktion T_n, für die die Nullhypothese verworfen wird. Er wird so festgelegt, daß

$$P(T_n \in K_\alpha | H_0) \le \alpha \text{ ist.}$$

Die vorzugebende Zahl α (mit $0 < \alpha < 1$; meist $\alpha = 0,05$ oder $\alpha = 0,01$) heißt Signifikanzniveau (auch Irrtumswahrscheinlichkeit) des Tests.

Annahmebereich

Das Komplement $\overline{K}_\alpha$ zu K_α heißt Annahmebereich.

Entscheidungsregeln

H_0 verwerfen, falls $t_n \in K_\alpha$,

H_0 nicht verwerfen, falls $t_n \notin K_\alpha$, d.h. $t_n \in \overline{K}_\alpha$.

Statistisch signifikant

Ein Testergebnis heißt statistisch signifikant, falls $t_n \in K_\alpha$ ist, d.h. falls die Wahrscheinlichkeit für das Ereignis $T_n \in K_\alpha$ unter der Voraussetzung, daß die Nullhypothese richtig ist, so klein ist ($\le \alpha$), daß es berechtigt ist, an der Richtigkeit der Nullhypothese zu zweifeln.

Statistisch signifikant bedeutet nicht "praktisch relevant"!

Hinweis:

"H_0 verwerfen" bedeutet, daß es einen Grund gibt, an der Richtigkeit der Nullhypothese zu zweifeln, d.h. daß es einen Grund gibt, die Alternativhypothese vorzuziehen. Es bedeutet nicht, daß die Alternativhypothese richtig ist.

Entsprechend bedeutet "H_0 nicht verwerfen", daß es keinen Grund gibt, an der Richtigkeit der Nullhypothese zu zweifeln. Es bedeutet nicht, daß die Nullhypothese richtig ist.

Kritische Werte

Der Wert bzw. die beiden Werte des Wertebereichs von T_n, die die Grenze bilden zwischen dem kritischen Bereich K_α und dem Annahmebereich $\overline{K}_\alpha$, heißen kritische Werte. Sie ergeben sich aus der Prüfverteilung und sind abhängig von α.

Ein- und zweiseitige Tests

Besteht der kritische Bereich K_α aus zwei getrennten (Werte-)Bereichen K_{α_1} und K_{α_2} mit $K_{\alpha_1} \cup K_{\alpha_2} = K_\alpha$ und $\alpha_1 + \alpha_2 = \alpha$, so heißt der zugehörige Test zweiseitig, anderenfalls heißt er einseitig. Im allgemeinen ist $\alpha_1 = \alpha_2 = \dfrac{\alpha}{2}$.

Hinweis:

Werden einer Gesamtheit sehr viele Zufallsstichproben vom Umfang n entnommen und werden aufgrund dieser konkreten Stichproben Tests einer bestimmten und richtigen Nullhypothese H_0 gegen eine bestimmte Alternativhypothese H_1 zum Signifikanzniveau α durchgeführt, dann kann erwartet werden, daß in höchstens $\alpha \cdot 100\%$ dieser Tests H_0 zu verwerfen ist, obwohl H_0 richtig ist. In $(1-\alpha) \cdot 100\%$ dieser Tests wird, wenn H_0 richtig ist, H_0 nicht verworfen, also eine richtige Entscheidung getroffen.

16.1.3 Fehlentscheidungen: Fehler erster und zweiter Art

Bei einem statistischen Test gibt es folgende Entscheidungsmöglichkeiten:

Entscheidung / unbekannte Realität	H_0 nicht verwerfen $t_n \notin K_\alpha$	H_0 verwerfen $t_n \in K_\alpha$
H_0 ist richtig	richtige Entscheidung $P\left(T_n \notin K_\alpha \mid H_0\right) \geq 1-\alpha$	Fehler 1. Art $P\left(T_n \in K_\alpha \mid H_0\right) \leq \alpha$
H_0 ist falsch	Fehler 2. Art $P\left(T_n \notin K_\alpha \mid \overline{H}_0\right) = \beta$	richtige Entscheidung $P\left(T_n \in K_\alpha \mid \overline{H}_0\right) = 1-\beta$

Entscheidungen

Die Testentscheidungen "H_0 verwerfen" und "H_0 nicht verwerfen" sind bezüglich ihrer Fehlerrisiken nicht gleichwertig. Eine richtige Nullhypothese wird in $\alpha \cdot 100\%$ aller Fälle i.S. aller möglichen Stichprobenergebnisse verworfen. Die Entscheidung "H_0 verwerfen" ist also relativ sicher. Eine Begrenzung des Fehlerrisikos für die Entscheidung "H_0 nicht verwerfen" ist bei zusammengesetzten Hypothesen nicht möglich. Das Fehlerrisiko bei dieser Testentscheidung ist also nicht begrenzbar und nicht kalkulierbar.

Hinweis:

Die Wahrscheinlichkeiten $P\left(T_n \notin K_\alpha \mid \overline{H}_0\right) = \beta$ und $P\left(T_n \in K_\alpha \mid \overline{H}_0\right) = 1 - \beta$ können nur für einen bestimmten Wert aus dem Wertebereich von $\overline{H}_0$ ($= H_1$) berechnet werden.

Fehler erster und zweiter Art

Fehler erster Art: H_0 wird aufgrund einer konkreten Stichprobe verworfen, obwohl H_0 richtig ist.

Fehler zweiter Art: H_0 wird aufgrund einer konkreten Stichprobe nicht verworfen, obwohl H_0 falsch ist.

Hinweis:

Bei der Durchführung eines Tests wird die Wahrscheinlichkeit, einen Fehler erster Art zu begehen, durch die vorzugebende Zahl α (das Signifikanzniveau) begrenzt; daher heißt der Fehler 1. Art auch α-Fehler.

16.1.4 Güte statistischer Tests

Die Güte statistischer Tests kann bei vorgegebenem Signifikanzniveau α anhand von

$$P\left(T_n \in K_\alpha \mid \overline{H}_0\right) = 1 - \beta$$

beurteilt werden, also anhand der Wahrscheinlichkeit, eine falsche Nullhypothese zu verwerfen. $1 - \beta$ soll möglichst groß sein.

Gütefunktion (Trennschärfefunktion)

Bei parametrischen Hypothesen, die für den wahren, aber unbekannten Parameter Θ einen bestimmten Wertebereich zulassen (zusammengesetzte Hypothesen), wird anstelle der Fehler 1. und 2. Art die folgende Funktion betrachtet:

$$g(\Theta) = P\big(T_n \in K_\alpha | \Theta\big).$$

Diese Funktion heißt Gütefunktion (auch Trennschärfefunktion) eines parametrischen Tests. Sie gibt die Wahrscheinlichkeit dafür an, daß die Nullhypothese verworfen wird, wenn der unbekannte wahre Parameter gleich Θ ist. Es gilt: $0 \le g(\Theta) \le 1$.

Gütefunktion

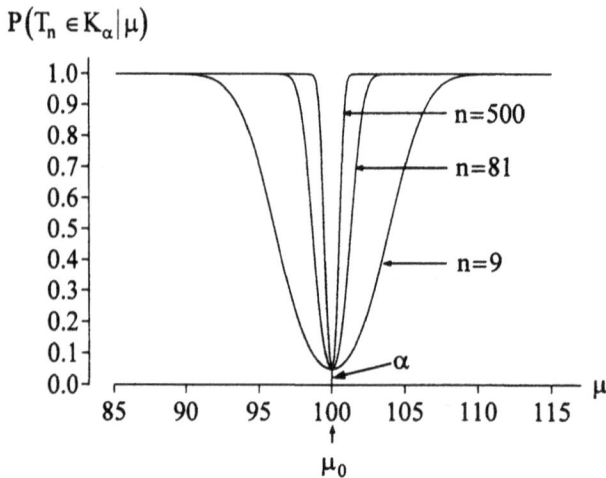

Die obige Abbildung zeigt die Gütefunktion für einen zweiseitigen Mittelwerttest $H_0: \mu = \mu_0$ gegen die Alternative $H_1: \mu \ne \mu_0$, mit $\mu_0 = 100$, $\sigma^2 = 36$ und $\alpha = 0{,}05$ für $n = 9$, $n = 81$ sowie $n = 500$. Ersichtlich ist der Verlauf der Gütefunktion ceteris paribus abhängig vom Stichprobenumfang n.

Bei einem (unverzerrten) Test einer einfachen Nullhypothese $H_0: \Theta = \Theta_0$ gegen die zusammengesetzte Alternativhypothese $H_1: \Theta \ne \Theta_0$ ist $g(\Theta_0) = \alpha$ (Fehler 1. Art, Signifikanzniveau) für $\Theta = \Theta_0$, d.h. H_0 ist richtig. Für $\Theta = \Theta_1$, d.h. H_1 ist richtig, ist $g(\Theta_1) = 1 - \beta(\Theta_1) > \alpha$, dabei ist $\beta(\Theta_1)$ der Fehler 2. Art an der Stelle $\Theta = \Theta_1$.

16.1.5 Stichprobenumfang

Der (Mindest-) Stichprobenumfang n (bzw. n') ist bei einem parametrischen Test so zu be-stimmen, daß eine Differenz der Größe $\Delta = |\Theta - \Theta_0|$ bei vorgegebenem Signifikanzniveau α erkannt wird.

Für $\Theta = \mu_X$, $\Theta_0 = \mu_0$ und Auswahl mit Zurücklegen oder kleinem Auswahlsatz ($\frac{n}{N} \leq 0,05$) folgt (wenn $\alpha = \beta$) aus

$$\frac{\Delta}{2} = \varepsilon = \lambda_{1-\frac{\alpha}{2}} \frac{\sigma_X}{\sqrt{n}} \text{ , daß}$$

$$n = \frac{\lambda_{1-\frac{\alpha}{2}}^2 \sigma_X^2}{\varepsilon^2} \text{ ist.}$$

Bei einer Auswahl ohne Zurücklegen und großem Auswahlsatz ($\frac{n}{N} > 0,05$) ist

$$n' = \frac{n}{1 + \frac{n}{N}}.$$

Im übrigen gilt das zu 15.3 Geschriebene entsprechend.

16.1.6 Der Zusammenhang zwischen Schätz- und Testverfahren

Schätz- und Testverfahren beruhen auf im wesentlichen gleichen Überlegungen. Ein Konfi-denzintervall besteht - mit Ausnahme der Grenzen - aus all jenen (hypothetischen) Werten eines Parameters, für die die entsprechenden Nullhypothesen mittels des zugehörigen Tests nicht verworfen werden können. In aller Regel ist ein Konfidenzintervall also wesentlich in-formativer als der zugehörige Test.

16.2 Tests für parametrische Hypothesen

16.2.1 Tests für den Mittelwert

Voraussetzung: $(X_1, X_2, ..., X_n)$ ist eine (einfache) Stichprobe aus einer normalverteilten Ge-samtheit $N(\mu_X, \sigma_X^2)$ mit unbekanntem Mittelwert μ_X.

(1) Tests für μ_X bei bekannter Varianz

Prüffunktion: $T = \dfrac{\overline{X} - \mu_0}{\sigma_X} \sqrt{n}$; mit $\overline{X} = \dfrac{1}{n} \sum\limits_{i=1}^{n} X_i$.

Unter H_0 ist T standardnormalverteilt.

Hypothesen und kritische Bereiche

H_0	H_1	K_α
$\mu_X = \mu_0$	$\mu_X \neq \mu_0$	$\|t\| \geq \lambda_{1-\frac{\alpha}{2}}$
$\mu_X \geq \mu_0$	$\mu_X < \mu_0$	$t \leq \lambda_\alpha \;\; (= -\lambda_{1-\alpha})$
$\mu_X \leq \mu_0$	$\mu_X > \mu_0$	$t \geq \lambda_{1-\alpha}$

Hinweis:

Bei großen Stichproben ($n \geq 40$) aus beliebigen (nicht normalverteilten) Gesamtheiten ist die Prüffunktion

$$T = \frac{\overline{X} - \mu_0}{\sigma_{\overline{X}}}$$

unter H_0 approximativ standardnormalverteilt (vgl. zentraler Grenzwertsatz von LINDE-BERG/LEVY). Der Mittelwerttest ist daher in diesem Falle ein approximativer Test.

Bei einer Auswahl mit Zurücklegen oder kleinem Auswahlsatz ($\dfrac{n}{N} \leq 0,05$) ist dabei

$$\sigma_{\overline{X}} = \frac{\sigma_X}{\sqrt{n}} ;$$

bei einer Auswahl ohne Zurücklegen und großem Auswahlsatz ($\dfrac{n}{N} > 0,05$) ist

$$\sigma_{\overline{X}} = \frac{\sigma_X}{\sqrt{n}} \sqrt{1 - \frac{n}{N}} .$$

(2) Tests für μ_X bei unbekannter Varianz

Prüffunktion: $T = \dfrac{\overline{X} - \mu_0}{\hat{\sigma}_X} \sqrt{n}$;

dabei ist $\hat{\sigma}_X^2 = \dfrac{1}{n-1} \sum\limits_{i=1}^{n} \left(X_i - \overline{X}\right)^2$.

Unter H_0 ist T t-verteilt mit $\nu = n - 1$ Freiheitsgraden.

Hypothesen und kritische Bereiche

H_0	H_1	K_α
$\mu_X = \mu_0$	$\mu_X \neq \mu_0$	$\left\lvert t \right\rvert \geq t_{1-\frac{\alpha}{2}, \nu}$
$\mu_X \geq \mu_0$	$\mu_X < \mu_0$	$t \leq t_{\alpha, \nu} \; \left(= -t_{1-\alpha, \nu} \right)$
$\mu_X \leq \mu_0$	$\mu_X > \mu_0$	$t \geq t_{1-\alpha, \nu}$

Hinweise:

a) Bei großen Stichproben ($n \geq 40$) aus beliebigen (nicht normalverteilten) Gesamtheiten ist die Prüffunktion

$$T = \frac{\overline{X} - \mu_0}{\hat{\sigma}_{\overline{X}}}$$

unter H_0 approximativ t-verteilt. Der Mittelwerttest ist daher in diesem Falle ein approximativer Test.

Bei einer Auswahl mit Zurücklegen oder kleinem Auswahlsatz ($\frac{n}{N} \leq 0{,}05$) ist dabei

$$\hat{\sigma}_{\overline{X}} = \frac{\hat{\sigma}_X}{\sqrt{n}} ;$$

bei einer Auswahl ohne Zurücklegen und großem Auswahlsatz ($\frac{n}{N} > 0{,}05$) ist

$$\hat{\sigma}_{\bar{X}} = \frac{\hat{\sigma}_X}{\sqrt{n}} \sqrt{1 - \frac{n}{N}}.$$

b)   Wenn $\nu = n - 1 \geq 120$ ist, können die Quantile der t-Verteilung durch die entsprechenden Quantile der Standardnormalverteilung approximiert werden.

16.2.2 Tests für den Anteilswert

Voraussetzung: $(X_1, X_2, \ldots, X_n)$ ist eine Zufallsstichprobe aus einer BERNOULLI-verteilten Gesamtheit mit unbekanntem Parameter π.

(1) Tests für den Anteilswert bei kleinem Stichprobenumfang

Prüffunktion: $T = \sum_{i=1}^{n} X_i = X'.$

Bei einer Auswahl mit Zurücklegen folgt T, wenn H_0 richtig ist, einer Binomialverteilung mit den Parametern n und π_0.

Bei einer Auswahl ohne Zurücklegen folgt T, wenn H_0 richtig ist, einer hypergeometrischen Verteilung mit den Parametern n, N und $\pi_0 = \frac{N_1^0}{N}$.

Daher sind Tests für den Anteilswert π (dem Parameter π der zugrundeliegenden BERNOULLI-Verteilung) je nach Auswahlverfahren entweder Tests für den Parameter π der Binomialverteilung oder Tests für den Parameter $\pi = \frac{N_1}{N}$ der hypergeometrischen Verteilung.

Die Werte der Prüffunktion, die bei vorgegebenem α den kritischen Bereich K_α bilden, lassen sich aus Tabellen der entsprechenden Binomialverteilung ablesen oder mit Hilfe der Wahrscheinlichkeitsfunktion der Binomialverteilung bzw. der hypergeometrischen Verteilung berechnen. (Die hypergeometrische Verteilung ist wegen der Abhängigkeit von drei Scharparametern nur selten tabelliert.)

Für die Alternativhypothese zum zweiseitigen Test

$$H_0: \pi = \pi_0 \quad \text{gegen} \quad H_1: \pi \neq \pi_0$$

sind die kritischen Werte $w_{\frac{\alpha}{2}}$ und $w_{1-\frac{\alpha}{2}}$ die größte bzw. kleinste ganze Zahl, für die gilt:

$$P\left(T \leq w_{\frac{\alpha}{2}}\right) \leq \frac{\alpha}{2} \quad \text{bzw.} \quad P\left(T \geq w_{1-\frac{\alpha}{2}}\right) \leq \frac{\alpha}{2}.$$

Für den unteren kritischen Wert und für den Fall, daß T einer $B(n,\pi_0)$ folgt, ist unter H_0:

$$P\left(T \leq w_{\frac{\alpha}{2}}\right) = \sum_{t=0}^{w_{\frac{\alpha}{2}}} \binom{n}{t} \pi_0^t (1-\pi_0)^{n-t} \leq \frac{\alpha}{2}.$$

Für den unteren kritischen Wert und für den Fall, daß T einer $H(n,N,N_1^0)$ folgt, ist unter H_0:

$$P\left(T \leq w_{\frac{\alpha}{2}}\right) = \sum_{t=0}^{w_{\frac{\alpha}{2}}} \frac{\binom{N_1^0}{t}\binom{N-N_1^0}{n-t}}{\binom{N}{n}} \leq \frac{\alpha}{2}.$$

Entsprechendes gilt für die oberen kritischen Werte.

Hypothesen und kritische Bereiche

H_0	H_1	K_α
$\pi = \pi_0$	$\pi \neq \pi_0$	$t \leq w_{\frac{\alpha}{2}}$ und $t \geq w_{1-\frac{\alpha}{2}}$
$\pi \geq \pi_0$	$\pi < \pi_0$	$t \leq w_\alpha$
$\pi \leq \pi_0$	$\pi > \pi_0$	$t \geq w_{1-\alpha}$

(2) Tests für den Anteilswert bei großem Stichprobenumfang

Bei einer Auswahl mit Zurücklegen oder kleinem Auswahlsatz ($\frac{n}{N} \leq 0,05$) und wenn $0,1 \leq \pi_0 \leq 0,9$ sowie $n\pi_0(1-\pi_0) > 9$ ist die Prüffunktion

$$T = \frac{\frac{X'}{n} - \pi_0}{\sqrt{\frac{\pi_0(1-\pi_0)}{n}}} = \frac{P - \pi_0}{\sqrt{\frac{\pi_0(1-\pi_0)}{n}}} = \frac{X' - n\pi_0}{\sqrt{n\pi_0(1-\pi_0)}}$$

mit $X' = \sum_{i=1}^{n} X_i$ und $\dfrac{X'}{n} = P$

unter H_0 approximativ standardnormalverteilt.

Hypothesen und kritische Bereiche

H_0	H_1	K_α
$\pi = \pi_0$	$\pi \neq \pi_0$	$\lvert t \rvert \geq \lambda_{1-\frac{\alpha}{2}}$
$\pi \geq \pi_0$	$\pi < \pi_0$	$t \leq \lambda_\alpha \ \left(= -\lambda_{1-\alpha}\right)$
$\pi \leq \pi_0$	$\pi > \pi_0$	$t \geq \lambda_{1-\alpha}$

Hinweise:

a)   Bei einer Auswahl ohne Zurücklegen und großem Auswahlsatz ($\dfrac{n}{N} > 0{,}05$) und wenn

$0{,}1 \leq \pi_0 \leq 0{,}9$ sowie $n\pi_0(1 - \pi_0)\left(1 - \dfrac{n}{N}\right) > 9$ ist die Prüffunktion

$$T = \frac{\dfrac{X'}{n} - \pi_0}{\sqrt{\dfrac{\pi_0(1 - \pi_0)}{n}}\sqrt{1 - \dfrac{n}{N}}} = \frac{P - \pi_0}{\sqrt{\dfrac{\pi_0(1 - \pi_0)}{n}}\sqrt{1 - \dfrac{n}{N}}} = \frac{X' - n\pi_0}{\sqrt{n\pi_0(1 - \pi_0)}\sqrt{1 - \dfrac{n}{N}}}$$

zu verwenden, die ebenfalls approximativ standardnormalverteilt ist.

b)   Aus $\dfrac{\lvert P - \pi_0 \rvert}{\sqrt{\dfrac{\pi_0(1 - \pi_0)}{n}}}$ läßt sich das in Kap. 15.2.3 (1) angegebene Konfidenzintervall für π

ableiten.

16.2.3 Tests für die Differenz zweier Mittelwerte

Voraussetzung: $\left(X_1, X_2, \ldots, X_n\right)$ und $\left(Y_1, Y_2, \ldots, Y_m\right)$ sind voneinander unabhängige

(einfache) Stichproben aus zwei normalverteilten Gesamtheiten $N\left(\mu_X, \sigma_X^2\right)$ bzw. $N\left(\mu_Y, \sigma_Y^2\right)$;

dabei müssen die Stichprobenumfänge n und m zwar nicht gleich sein, sie sollten sich aber

auch nicht allzu stark unterscheiden.

(1) Tests für die Differenz bei bekannten Varianzen

Prüffunktion: $T = \dfrac{\overline{X} - \overline{Y}}{\sqrt{\dfrac{\sigma_X^2}{n} + \dfrac{\sigma_Y^2}{m}}}$,

mit $\overline{X} = \dfrac{1}{n}\sum\limits_{i=1}^{n} X_i$ und $\overline{Y} = \dfrac{1}{m}\sum\limits_{j=1}^{m} Y_j$.

Unter H_0 ist T standardnormalverteilt.

Hypothesen und kritische Bereiche

H_0	H_1	K_α
$\mu_X = \mu_Y$	$\mu_X \neq \mu_Y$	$|t| \geq \lambda_{1-\frac{\alpha}{2}}$
$\mu_X \geq \mu_Y$	$\mu_X < \mu_Y$	$t \leq \lambda_\alpha \;\left(= -\lambda_{1-\alpha}\right)$
$\mu_X \leq \mu_Y$	$\mu_X > \mu_Y$	$t \geq \lambda_{1-\alpha}$

Wenn $\sigma_X^2 = \sigma_Y^2 = \sigma^2$ ist, vereinfacht sich die Prüffunktion zu

$$T = \dfrac{\overline{X} - \overline{Y}}{\sigma\sqrt{\dfrac{1}{n} + \dfrac{1}{m}}} .$$

Hinweise:

a)   Bei großen Stichproben ($n \geq 40$ und $m \geq 40$) aus beliebigen (nicht normalverteilten) Gesamtheiten ist die Prüffunktion

$$T = \dfrac{\overline{X} - \overline{Y}}{\sigma_{\overline{X} - \overline{Y}}}$$

unter H_0 approximativ standardnormalverteilt. Der Mittelwertdifferenzentest ist daher in diesem Falle ein approximativer Test.

b)   Bei einer Auswahl mit Zurücklegen oder kleinen Auswahlsätzen ($\dfrac{n}{N} \leq 0{,}05$ und $\dfrac{m}{M} \leq 0{,}05$) ist

$$\sigma^2_{\overline{X}-\overline{Y}} = \frac{\sigma^2_X}{n} + \frac{\sigma^2_Y}{m};$$

Bei einer Auswahl ohne Zurücklegen und großen Auswahlsätzen ($\frac{n}{N} > 0,05$ und $\frac{m}{M} > 0,05$) ist

$$\sigma^2_{\overline{X}-\overline{Y}} = \frac{\sigma^2_X}{n}\left(1 - \frac{n}{N}\right) + \frac{\sigma^2_Y}{m}\left(1 - \frac{m}{M}\right);$$

dabei sind N bzw. M die Umfänge der beiden Gesamtheiten.

(2) Tests für die Differenz bei unbekannten Varianzen

Voraussetzung: $\sigma^2_X = \sigma^2_Y = \sigma^2$ (Gleichheit der Varianzen).

Prüffunktion: $T = \dfrac{\overline{X} - \overline{Y}}{\hat{\sigma}\sqrt{\dfrac{1}{n} + \dfrac{1}{m}}};$

dabei ist

$$\hat{\sigma}^2 = \frac{1}{n+m-2}\left[\sum_{i=1}^{n}(X_i - \overline{X})^2 + \sum_{j=1}^{m}(Y_j - \overline{Y})^2\right]$$

$$= \frac{1}{n+m-2}\left[(n-1)\hat{\sigma}^2_X + (m-1)\hat{\sigma}^2_Y\right]$$

eine erwartungstreue Schätzfunktion für die Varianz der Gesamtheiten.

$\hat{\sigma}^2$ ist das gewogene arithmetische Mittel von $\hat{\sigma}^2_X$ und $\hat{\sigma}^2_Y$.

Für n = m vereinfacht sich die Schätzfunktion zu $\hat{\sigma}^2 = \dfrac{\hat{\sigma}^2_X + \hat{\sigma}^2_Y}{2}$.

Unter H_0 ist T t-verteilt mit $\nu = n + m - 2$ Freiheitsgraden.

Hypothesen und kritische Bereiche

H_0	H_1	K_α
$\mu_X = \mu_Y$	$\mu_X \neq \mu_Y$	$|t| \geq t_{1-\frac{\alpha}{2},\nu}$
$\mu_X \geq \mu_Y$	$\mu_X < \mu_Y$	$t \leq t_{\alpha,\nu}\ \left(= -t_{1-\alpha,\nu}\right)$
$\mu_X \leq \mu_Y$	$\mu_X > \mu_Y$	$t \geq t_{1-\alpha,\nu}$

Hinweise:

a)   Bei großen Stichproben ($n \geq 40$ und $m \geq 40$) aus beliebigen (nicht normalverteilten) Gesamtheiten ist die Prüffunktion

$$T = \frac{\overline{X} - \overline{Y}}{\hat{\sigma}_{\overline{X} - \overline{Y}}}$$

unter H_0 approximativ t-verteilt mit $\nu = n + m - 2$ Freiheitsgraden. Der Mittelwertdifferenzentest ist daher in diesem Falle ein approximativer Test.

b)   Bei einer Auswahl mit Zurücklegen oder kleinen Auswahlsätzen ($\frac{n}{N} \leq 0,05$ und

$\frac{m}{M} \leq 0,05$) ist

$$\hat{\sigma}_{\overline{X} - \overline{Y}} = \hat{\sigma} \sqrt{\frac{1}{n} + \frac{1}{m}} \ .$$

Bei einer Auswahl ohne Zurücklegen und großen Auswahlsätzen ($\frac{n}{N} > 0,05$ und

$\frac{m}{M} > 0,05$) ist

$$\hat{\sigma}_{\overline{X} - \overline{Y}} = \hat{\sigma} \sqrt{\frac{1}{n}\left(1 - \frac{n}{N}\right) + \frac{1}{m}\left(1 - \frac{m}{M}\right)} \ ;$$

dabei sind N bzw. M die Umfänge der beiden Gesamtheiten.

c)   Wenn $\nu = n + m - 2 \geq 120$ ist, können die Quantile der t-Verteilung durch die entsprechenden Quantile der Standardnormalverteilung approximiert werden.

16.2.4 Tests für die Differenz zweier Anteilswerte

Voraussetzungen: $(X_1, X_2, ..., X_n)$ und $(Y_1, Y_2, ..., Y_m)$ sind voneinander unabhängige (einfache) Stichproben (Auswahlen mit Zurücklegen) aus zwei BERNOULLI-verteilten Gesamtheiten mit Parametern π_1 bzw. π_2.

Es ist $0,1 \leq \pi_1, \pi_2 \leq 0,9$, $n\pi_1(1 - \pi_1) > 9$ und $m\pi_2(1 - \pi_2) > 9$. Die Stichprobenumfänge n und m müssen zwar nicht gleich sein, sie sollten sich aber auch nicht allzu stark unterscheiden.

Unter diesen Voraussetzungen und unter H_0 ist die

Prüffunktion: $T = \dfrac{P_1 - P_2}{\sqrt{P(1-P)\left(\dfrac{1}{n} + \dfrac{1}{m}\right)}}$

approximativ standardnormalverteilt.

Dabei ist

$$X' = \sum_{i=1}^{n} X_i \quad \text{und} \quad \frac{X'}{n} = P_1 \text{ sowie}$$

$$Y' = \sum_{j=1}^{m} Y_j \quad \text{und} \quad \frac{Y'}{m} = P_2.$$

P ist eine Schätzfunktion für den unbekannten Parameter π (vgl. $H_0: \pi_1 = \pi_2 = \pi$), deren Wert

p mit

$$p = \frac{p_1 n + p_2 m}{n + m} = \frac{x' + y'}{n + m}$$

aus den Stichprobenwerten zu bestimmen ist.

Hypothesen und kritische Bereiche

H_0	H_1	K_α
$\pi_1 = \pi_2 = \pi$	$\pi_1 \neq \pi_2$	$\lvert t \rvert \geq \lambda_{1-\frac{\alpha}{2}}$
$\pi_1 \geq \pi_2$	$\pi_1 < \pi_2$	$t \leq \lambda_\alpha \ (= -\lambda_{1-\alpha})$
$\pi_1 \leq \pi_2$	$\pi_1 > \pi_2$	$t \geq \lambda_{1-\alpha}$

Hinweise:

a)   Die Prüffunktion T kann auch verwendet werden bei Auswahlen ohne Zurücklegen und

kleinen Auswahlsätzen ($\frac{n}{N} \leq 0{,}05$ und $\frac{m}{M} \leq 0{,}05$).

b)   Bei einer Auswahl ohne Zurücklegen und großen Auswahlsätzen ($\frac{n}{N} > 0{,}05$ und

$\frac{m}{M} > 0{,}05$) ist die

Prüffunktion: $T = \dfrac{P_1 - P_2}{\sqrt{P(1-P)\left[\dfrac{1}{n}\left(1-\dfrac{n}{N}\right) + \dfrac{1}{m}\left(1-\dfrac{m}{M}\right)\right]}}$

zu verwenden.

c)   Die Approximation durch die Standardnormalverteilung gilt als hinreichend genau, falls $n \geq 400$ und $m \geq 400$ ist (vgl. Kap. 15.2.3).

d)   Für kleine Stichprobenumfänge ist der "exakte Test von FISHER" geeignet, dessen Prüffunktion unter H_0 einer hypergeometrischen Verteilung folgt.

16.2.5 Test auf Gleichheit zweier Varianzen (F-Test)

Voraussetzung: $(X_1, X_2, \ldots, X_n)$ und $(Y_1, Y_2, \ldots, Y_m)$ sind   voneinander   unabhängige (einfache) Stichproben aus zwei normalverteilten Gesamtheiten $N(\mu_X, \sigma_X^2)$ bzw. $N(\mu_Y, \sigma_Y^2)$; dabei müssen die Stichprobenumfänge n und m zwar nicht gleich sein, sie sollten sich aber auch nicht allzu stark unterscheiden.

Prüffunktion: $T = \dfrac{\hat{\sigma}_X^2}{\hat{\sigma}_Y^2}$;

dabei ist $\hat{\sigma}_X^2 = \dfrac{1}{n-1}\sum_{i=1}^{n}(X_i - \overline{X})^2$ und $\hat{\sigma}_Y^2 = \dfrac{1}{m-1}\sum_{j=1}^{m}(Y_j - \overline{Y})^2$.

Unter H_0 ist T F-verteilt mit $v_1 = n-1$ und $v_2 = m-1$ Freiheitsgraden.

Hypothesen und kritische Bereiche

H_0	H_1	K_α
$\sigma_X^2 = \sigma_Y^2$	$\sigma_X^2 \neq \sigma_Y^2$	$t \geq F_{n-1, m-1, 1-\frac{\alpha}{2}}$ und $\dfrac{1}{t} \geq F_{m-1, n-1, 1-\frac{\alpha}{2}}$
$\sigma_X^2 \geq \sigma_Y^2$	$\sigma_X^2 < \sigma_Y^2$	$\dfrac{1}{t} \geq F_{m-1, n-1, 1-\alpha}$
$\sigma_X^2 \leq \sigma_Y^2$	$\sigma_X^2 > \sigma_Y^2$	$t \geq F_{n-1, m-1, 1-\alpha}$

Hinweise:

a)   Der F-Test gilt als nicht robust gegen Verletzungen der Normalitätsannahme.

b)   Der F-Test wird häufig als "Vor-Test" für den Test der Hypothese $H_0: \mu_X = \mu_Y$ (Mittelwertdifferenzentest) bei unbekannten, aber (vermutlich) gleichen Varianzen verwendet.

c)   Es gilt

$$F_{n-1,m-1,1-\alpha} = \frac{1}{F_{m-1,n-1,\alpha}} \; ; \text{ also sind}$$

$$\frac{1}{t} \geq F_{m-1,n-1,1-\alpha} \text{ und } t \leq F_{n-1,m-1,\alpha} \text{ äquivalent.}$$

16.2.6 Approximativer Test für den Mittelwert einer POISSON-Verteilung

Voraussetzung: Die Zufallsvariable X kennzeichnet die Häufigkeit des Eintretens eines Ereignisses in einer bestimmten Bezugseinheit (Zufallsstichprobe). X ist POISSON-verteilt mit dem Scharparameter μ.

Prüffunktion: $T = \dfrac{X + 0{,}5 - \mu_0}{\sqrt{\mu_0}}$.

Unter H_0 und unter der Bedingung $\mu_0 > 9$ ist T approximativ standardnormalverteilt.

Hinweis:

Bezieht sich der hypothetische Mittelwert der POISSON-Verteilung nicht auf dieselbe Bezugseinheit wie die Zufallsvariable X, so muß er zunächst auf diese Bezugseinheit umgerechnet werden.

Hypothesen und kritische Bereiche

H_0	H_1	K_α
$\mu = \mu_0$	$\mu \neq \mu_0$	$|t| \geq \lambda_{1-\frac{\alpha}{2}}$
$\mu \geq \mu_0$	$\mu < \mu_0$	$t \leq \lambda_\alpha$
$\mu \leq \mu_0$	$\mu > \mu_0$	$t \geq \lambda_{1-\alpha}$

16.3 Tests für nichtparametrische Hypothesen

16.3.1 χ^2-Tests

Definition: Unter den Begriff "χ^2-Tests" werden all jene Tests subsumiert, deren Prüffunktion exakt oder approximativ einer χ^2-Verteilung folgen.

(1) χ^2-Anpassungstest

Tests der Hypothese, daß die Wahrscheinlichkeits(dichte)funktion einer Zufallsvariablen eine bestimmte Wahrscheinlichkeits(dichte)funktion ist bzw. einer Familie bestimmter Wahrscheinlichkeits(dichte)funktionen angehört, heißen Anpassungstests.

Die zu testenden Hypothesen heißen Anpassungshypothesen:

$$H_0: f_X(x) = f_0(x|\Theta) \text{ für alle } x \in \Re \text{ bei vorgegebener } f_0;$$

dabei ist der Parameter(-vektor) $\Theta = (\Theta_1, \Theta_2, ..., \Theta_r)$ entweder bekannt oder muß aus der Stichprobe geschätzt werden.

Voraussetzungen:

- $(X_1, X_2, ..., X_n)$ ist eine einfache Stichprobe (z.B. Auswahl mit Zurücklegen).

- Der Wertebereich der Zufallsvariablen X ist bzw. wird in k disjunkte, nicht-leere Klassen $A_1, A_2, ..., A_k$ zerlegt, so daß $\pi_i^0 = P(X \in A_i | H_0)$, $i = 1, 2, ..., k$, die durch die Nullhypothese spezifizierte Wahrscheinlichkeit dafür ist, daß die Zufallsvariable X Werte der i-ten Klasse annimmt. (Die $\pi_i^0, i = 1, 2, ..., k$, spezifizieren eine hypothetische k-Punkt-Verteilung, vgl. Kap. 11.4.1, die $k - 1$ Scharparameter hat. Für die konkrete Stichprobe $(x_1, x_2, ..., x_n)$ ist $n_i = n(A_i)$, also die Anzahl der Einheiten, die der i-ten Klasse angehören (mit der Ausprägung A_i), eine Realisation der Zufallsvariablen $N_i = N(A_i)$.)

Prüffunktion: $T = \sum_{i=1}^{k} \frac{(N_i - n\pi_i^0)^2}{n\pi_i^0}$.

Die Prüffunktion T ist unter H_0 approximativ χ^2-verteilt mit $\nu = k - 1$ Freiheitsgraden.

Die Approximation gilt als gut, falls $k > 2$ und $n\pi_i^0 \geq 10$ für alle i ist.

Hypothesen und approximativer kritischer Bereich

H_0	H_1	K_α
$f_X(x) = f_0(x\|\Theta)$	$f_X(x) \neq f_0(x\|\Theta)$	$t \geq \chi_{1-\alpha,\nu}^2$
für alle $x \in \Re$	für mindestens ein $x \in \Re$	

Hinweise

a) In der Regel sind die hypothetischen Wahrscheinlichkeiten π_i^0 durch P_i^0 aus der Stichprobe zu schätzen. Die

Prüffunktion: $T = \sum_{i=1}^{k} \dfrac{\left(N_i - nP_i^0\right)^2}{nP_i^0}$

ist unter H_0 approximativ χ^2-verteilt mit $\nu = k - 1 - r$ Freiheitsgraden; dabei ist r die Anzahl der aus der Stichprobe geschätzten Parameter. Die Approximation gilt als gut, falls $k > 2$ und $nP_i^0 \geq 10$ für alle i ist.

Es gilt: $P_i^0 = \hat{\pi}_i^0 = P\left(X \in A_i \middle| f_X(x) = f_0\left(x\middle|\hat{\Theta}\right)\right)$.

b) Bei stetigen und metrischen Zufallsvariablen sind die Klassen A_i, $i = 1,2,...,k$, so zu bilden, daß $\pi_i^0 = \dfrac{1}{k}$ für alle i ist. Aber auch dann ist der χ^2-Anpassungstest kein leistungsfähiger Test, weil die metrische Information der Variablen (Abstands- und Ordnungsinformation) nicht verwertet wird. Ein einfacher (approximativer) Test auf Normalverteilung mit Hilfe von Nomogrammen wird im Anhang 20 beschrieben.

c) Ist $n\pi_i^0$ oder nP_i^0 nicht ganzzahlig (und das wird bei praktischen Anwendungen die Regel sein), so ist es rechnerisch zweckmäßig, anstelle der Prüffunktion T die äquivalente Prüffunktion

$$T' = \frac{1}{n}\sum_{i=1}^{k}\frac{N_i^2}{\pi_i^0} - n \quad \text{bzw.} \quad T' = \frac{1}{n}\sum_{i=1}^{k}\frac{N_i^2}{P_i^0} - n$$

zu verwenden.

(2) χ^2-Unabhängigkeitstest

Tests der Hypothese, daß zwei Zufallsvariable (X_1, X_2) stochastisch unabhängig sind, heißen Unabhängigkeitstests.

Die zu testenden Hypothesen heißen Unabhängigkeitshypothesen:

$$H_0: f_{X_1, X_2}(x_1, x_2) = f_{X_1}(x_1) \cdot f_{X_2}(x_2) \text{ für alle } (x_1, x_2) \in \mathfrak{R}^2.$$

Voraussetzungen:

- $\left[(X_{11}, X_{21}), (X_{12}, X_{22}), \ldots, (X_{1n}, X_{2n})\right]$ ist eine einfache Stichprobe (z.B. Auswahl mit Zurücklegen) aus einer Gesamtheit, die durch eine zweidimensionale Verteilung gekennzeichnet ist..

- Die Wertebereiche der Zufallsvariablen X_1 und X_2 sind bzw. werden in k bzw. m disjunkte, nicht-leere Klassen $A_1, A_2, \ldots, A_i, \ldots, A_k$ und $B_1, B_2, \ldots, B_j, \ldots, B_m$ zerlegt, so daß $\pi_{ij}^0 = P\left[(X_1, X_2) \in A_i, B_j \mid H_0\right]$, $i = 1, 2, \ldots, k$, $j = 1, 2, \ldots, m$, die durch die Nullhypothese spezifizierte Wahrscheinlichkeit dafür ist, daß die zweidimensionale Zufallsvariable (X_1, X_2) Werte der Klasse (A_i, B_j) annimmt. (Die $\pi_{ij}^0, i = 1, 2, \ldots, k$, $j = 1, 2, \ldots, m$, spezifizieren eine hypothetische k×m-Punkt-Verteilung, vgl. Kap. 13.2.3. Für die konkrete Stichprobe $\left[(x_{11}, x_{21}), (x_{12}, x_{22}), \ldots, (x_{1n}, x_{2n})\right]$, deren Ergebnisse zweckmäßigerweise in einer Kontingenz-(Korrelations-)tabelle zusammengefaßt werden, ist $n_{ij} = n(A_i, B_j)$, also die Anzahl der Einheiten, die der Klasse (A_i, B_j) angehören (mit den Ausprägungen A_i und B_j), eine Realisation der Zufallsvariablen $N_{ij} = N(A_i, B_j)$.)

Prüffunktion: $\displaystyle T = \sum_{i=1}^{k} \sum_{j=1}^{m} \frac{\left(N_{ij} - n\pi_{ij}^0\right)^2}{n\pi_{ij}^0}$.

Die Prüffunktion T ist unter H_0 approximativ χ^2-verteilt mit $\nu = k \cdot m - 1$ Freiheitsgraden. Die Approximation gilt als gut, falls $n\pi_{ij}^0 \geq 10$ für alle i,j ist.

Hypothesen und kritischer Bereich

H_0	H_1	K_α
$f_{X_1,X_2}(x_1,x_2) = f_{X_1}(x_1) \cdot f_{X_2}(x_2)$ für alle $(x_1,x_2) \in \mathfrak{R}^2$	$f_{X_1,X_2}(x_1,x_2) \neq f_{X_1}(x_1) \cdot f_{X_2}(x_2)$ für mindestens ein $(x_1,x_2) \in \mathfrak{R}^2$	$t \geq \chi^2_{1-\alpha,\nu}$

Hinweise:

a)   In der Regel sind die hypothetischen Wahrscheinlichkeiten π^0_{ij} unbekannt und müssen aus der Stichprobe geschätzt werden, und zwar durch

$$\hat{\pi}^0_{ij} = P^0_{ij} = \frac{N_{i\bullet}}{n} \cdot \frac{N_{\bullet j}}{n} = P_{i\bullet} P_{\bullet j};$$

dabei ist $N_{i\bullet} = \sum_{j=1}^{m} N_{ij}$ und $N_{\bullet j} = \sum_{i=1}^{k} N_{ij}$.

Damit ergibt sich die

Prüffunktion: $T = \sum_{i=1}^{k} \sum_{j=1}^{m} \dfrac{\left(N_{ij} - \dfrac{N_{i\bullet}N_{\bullet j}}{n}\right)^2}{\dfrac{N_{i\bullet}N_{\bullet j}}{n}}$,

die unter H_0 approximativ χ^2-verteilt ist mit $\nu = (k-1) \cdot (m-1)$ Freiheitsgraden (es werden $r = k + m - 2$ Parameter aus der Stichprobe geschätzt). Die Approximation gilt als gut, falls $np^0_{ij} \geq 10$ für alle i,j ist.

b)   Vergleiche zum χ^2-Unabhängigkeitsstest Anhang 21: Freiheitsgrade von χ^2-Verteilungen für $k \times m$-Tabellen.

(3) χ^2-Homogenitätstest

Tests der Hypothese, daß die Wahrscheinlichkeits(dichte)funktionen von zwei oder mehr Zufallsvariablen gleich sind, heißen Homogenitätstests.

Die zu testenden Hypothesen heißen Homogenitätshypothesen.

Für zwei Zufallsvariable X und Y ist

$$H_0: f_X(x) = f_Y(x) \text{ für alle } x \in \mathfrak{R}$$

eine Homogenitätshypothese.

Voraussetzungen:

- $\left(X_1, X_2, \ldots, X_{n_1}\right)$ und $\left(Y_1, Y_2, \ldots, Y_{n_2}\right)$ sind voneinander unabhängige einfache Stichproben (z.B. Auswahlen mit Zurücklegen) aus zwei Gesamtheiten. Die Stichprobenumfänge n_1 und n_2 müssen zwar nicht gleich sein, sie sollten sich aber auch nicht allzu stark unterscheiden.

- Der gemeinsame Wertebereich der beiden Zufallsvariablen X und Y ist bzw. wird in k disjunkte, nicht-leere Klassen $A_1, A_2, \ldots, A_i, \ldots, A_k$ zerlegt, so daß $\pi_i^0 = P\left(X \in A_i \mid H_0\right)$ $= P\left(Y \in A_i \mid H_0\right)$, $i = 1, 2, \ldots, k$, die durch die Nullhypothese spezifizierte Wahrscheinlichkeit dafür ist, daß die Zufallsvariable X bzw. Y Werte der i-ten Klasse annimmt. (Die $\pi_i^0, i = 1, 2, \ldots, k$, spezifizieren eine hypothetische k-Punkt-Verteilung, vgl. Kap. 11.4.1, die $k - 1$ Scharparameter hat. Für die konkreten Stichproben $\left(x_1, x_2, \ldots, x_{n_1}\right)$ und $\left(y_1, y_2, \ldots, y_{n_2}\right)$ ist $n_{i1} = n_1\left(A_i\right)$ bzw. $n_{i2} = n_2\left(A_i\right)$, also die Anzahl der Einheiten der ersten bzw. zweiten Stichprobe, die der i-ten Klasse angehören (mit der Ausprägung A_i), eine Realisation der Zufallsvariablen $N_{i1} = N_1\left(A_i\right)$ bzw. $N_{i2} = N_2\left(A_i\right)$.)

Prüffunktion: $\displaystyle T = \sum_{i=1}^{k} \sum_{j=1}^{2} \frac{\left(N_{ij} - n_j \pi_i^0\right)^2}{n_j \pi_i^0}$.

Die Prüffunktion T ist unter H_0 approximativ χ^2-verteilt mit $\nu = 2(k - 1)$ Freiheitsgraden (es werden keine Parameter aus der Stichprobe geschätzt).

Die Approximation gilt als gut, falls $n_j \pi_i^0 \geq 10$ für alle i,j ist.

Hypothesen und kritischer Bereich

H_0	H_1	K_α
$f_X(x) = f_Y(x)$	$f_X(x) \neq f_Y(x)$	$t \geq \chi^2_{1-\alpha,\,\nu}$
für alle $x \in \Re$	für mindestens ein $x \in \Re$	

Hinweise:

a) In der Regel sind die hypothetischen Wahrscheinlichkeiten π_i^0 unbekannt und daher aus der Stichprobe zu schätzen und zwar durch

$$\hat{\pi}_i^0 = P_i^0 = \frac{N_{i\bullet}}{n}$$

mit $n = n_1 + n_2$ und $N_{i\bullet} = \sum_{j=1}^{2} N_{ij}$.

Damit ergibt sich die Prüffunktion

$$T = \sum_{i=1}^{k} \sum_{j=1}^{2} \frac{\left(N_{ij} - \dfrac{N_{i\bullet} n_j}{n} \right)^2}{\dfrac{N_{i\bullet} n_j}{n}},$$

die unter H_0 approximativ χ^2-verteilt ist mit $\nu = 2(k-1) - (k-1) = k-1$ Freiheitsgraden (es werden $r = k-1$ Parameter aus der Stichprobe geschätzt).

Die Approximation gilt als gut, falls $n_j p_i^0 \geq 10$ für alle i,j ist.

b) Sollen die Verteilungen von mehr als zwei Zufallsvariablen anhand von mehr als zwei unabhängigen Stichproben ($j = 1,2,\ldots,s$) auf Gleichheit überprüft werden, ist die Prüffunktion

$$T = \sum_{i=1}^{k} \sum_{j=1}^{s} \frac{\left(N_{ij} - \dfrac{N_{i\bullet} n_j}{n} \right)^2}{\dfrac{N_{i\bullet} n_j}{n}},$$

die unter H_0 approximativ χ^2-verteilt ist mit $\nu = (s-1)(k-1)$ Freiheitsgraden, zu verwenden.

c)   Vergleiche zum χ^2-Homogenitätstest Anhang 21: Freiheitsgrade von χ^2-Verteilungen für k×m-Tabellen.

16.3.2 Vorzeichentest für den Median

Die zu testende Hypothese

$$H_0 : \mu_{0,5} = \mu_{0,5}^0$$

heißt Medianhypothese.

Voraussetzungen:

* $(X_1, X_2, \ldots, X_n)$ ist eine einfache Stichprobe (Auswahl mit Zurücklegen).

*   Die Verteilung der X_i ist stetig (zumindest in der Umgebung des Medians $\mu_{0,5}$). Daraus folgt, daß es keine Bindungen gibt.

Prüffunktion: $T = \sum_{i=1}^{n} V_i$;

dabei ist V_i eine Indikatorvariable mit

$$V_i = \begin{cases} 1, & \text{falls } X_i > \mu_{0,5}^0, \\ 0, & \text{falls } X_i < \mu_{0,5}^0. \end{cases}$$

Unter H_0 ist die Prüffunktion T binomialverteilt mit den Parametern n und $\pi_0 = 0,5$.

Die Werte der Prüffunktion, die bei vorgegebenem α den kritischen Bereich K_α bilden, lassen sich mit Hilfe der $B(n; 0,5)$ berechnen oder aus Tabellen der Binomialverteilung ablesen (vgl. Kap. 16.2.2 (1)).

Für den (zweiseitigen) Test von

$$H_0 : \mu_{0,5} = \mu_{0,5}^0 \text{ gegen } H_1 : \mu_{0,5} \neq \mu_{0,5}^0$$

sind die kritischen Werte $w_{\frac{\alpha}{2}}$ und $w_{1-\frac{\alpha}{2}}$ die größte bzw. kleinste ganze Zahl, für die gilt:

$$P\left(T \leq w_{\frac{\alpha}{2}}\right) \leq \frac{\alpha}{2} \text{ und } P\left(T \geq w_{1-\frac{\alpha}{2}}\right) \leq \frac{\alpha}{2}.$$

Für den unteren kritischen Wert gilt beispielsweise:

$$P\left(T \le w_{\frac{\alpha}{2}}\right) = \sum_{t=0}^{w_{\frac{\alpha}{2}}} \binom{n}{t}\left(\frac{1}{2}\right)^n \le \frac{\alpha}{2}.$$

Hypothesen und kritische Bereiche

H_0	H_1	K_α
$\mu_{0,5} = \mu_{0,5}^0$	$\mu_{0,5} \ne \mu_{0,5}^0$	$t \le w_{\frac{\alpha}{2}}$ und $t \ge w_{1-\frac{\alpha}{2}}$
$\mu_{0,5} \ge \mu_{0,5}^0$	$\mu_{0,5} < \mu_{0,5}^0$	$t \le w_\alpha$
$\mu_{0,5} \le \mu_{0,5}^0$	$\mu_{0,5} > \mu_{0,5}^0$	$t \ge w_{1-\alpha}$

Hinweise:

a) Für die kritischen Werte der $B(n;0,5)$ gilt unter H_0: $w_{1-\alpha} = n - w_\alpha$.

b) Für große Stichprobenumfänge kann die Binomialverteilung durch die Normalverteilung approximiert werden (Grenzwertsatz von DE MOIVRE/LAPLACE), so daß

$$w_\alpha \doteq \frac{1}{2}\left(n - 1 + \lambda_\alpha \sqrt{n}\right) \quad \text{und} \quad w_{1-\alpha} \doteq \frac{1}{2}\left(n + 1 + \lambda_{1-\alpha} \sqrt{n}\right);$$

dabei sind λ_α (negativ) und $\lambda_{1-\alpha}$ (positiv) Quantile der Standardnormalverteilung.

Wegen der Symmetrie der $B(n;0,5)$ gilt die Approximation als hinreichend gut, falls $n \ge 40$ ist.

Anhang 1: Aufbau und Bestandteile einer Tabelle

Zu den Mindestbestandteilen einer Tabelle gehören: Eine Überschrift, eine Kopfzeile (beispielsweise K, K_1, K_2, K_3), eine Vorspalte (z.B. V, V_1, V_2) und Tabellenfelder, die mit absoluten ($n_{11}, n_{12}, ..., n_{23}$) oder relativen ($f_{11}, f_{12}, ..., f_{23}$) Häufigkeiten besetzt sind.

Überschrift

KV		K			$\sum_{j=1}^{m}$
		K_1	K_2	K_3	
V	V_1	n_{11}	n_{12}	n_{13}	$n_{1\bullet}$
	V_2	n_{21}	n_{22}	n_{23}	$n_{2\bullet}$
$\sum_{i=1}^{k}$		$n_{\bullet 1}$	$n_{\bullet 2}$	$n_{\bullet 3}$	n

Quelle: ...

Das mit KV bezeichnete Feld kann als Kopfzeile zur Vorspalte und/oder als Vorspalte zur Kopfzeile verwendet werden.

Bei der Indizierung der Tabellenfelder durch ij (i = 1, 2, ..., k und j = 1, 2, ..., m) ist k (hier gleich 2) die Anzahl der Zeilen und m (hier gleich 3) die Anzahl der Spalten der Tabelle, dabei werden also Kopfzeile(n) und Vorspalte(n) nicht mitgezählt.

Gelegentlich ist es zweckmäßig, die Tabelle durch eine Summenspalte und/oder eine Summenzeile zu ergänzen. Dann sind $n_{i\bullet}$ die Zeilensummen, $n_{\bullet j}$ die Spaltensummen und n ist die Summe über alle n_{ij}. Zur Kennzeichnung der Summenspalte und Summenzeile wird anstelle von Σ auch "insgesamt" geschrieben.

Bei größeren Tabellen kann es zweckmäßig sein, die Zeilen und/oder Spalten zu numerieren.

Bei klassierten Merkmalen muß aus der Kopfzeile und/oder der Vorspalte die genaue Abgrenzung der Klassen hervorgehen, z.B. K_1: 1 - 19, K_2: 20 - 99, K_3: 100 und mehr oder V_1: von 2 bis unter 5, V_2: von 5 bis unter 10.

Die Überschrift muß vollständig und eindeutig in dem Sinne sein, daß sie alle Informationen über den in der Tabelle dargestellten Sachverhalt enthält, u.a. den Zeitpunkt bzw. Zeitraum und gegebenenfalls den Gebietsstand (z.B. früheres Bundesgebiet), auf den sich die Daten beziehen, die Dimension (z.B. hl) und die dargestellte Maßeinheit (z.B. in 1000 oder in %). Letztere kann auch in der Kopfzeile stehen und den Inhalt von Spalten kennzeichnen.

Durch die Angabe einer Quelle wird auf die Herkunft der Tabelle hingewiesen.

Für Kommentare zur Überschrift (z. B. methodische Hinweise) oder zu einzelnen Tabellenfeldern können Fußnoten vorgesehen werden.

In der amtlichen Statistik der Bundesrepublik Deutschland ist es üblich, die folgenden Zeichen zu verwenden:

0   weniger als die Hälfte von 1 in der letzten besetzten Stelle, aber mehr als nichts,

–   nichts vorhanden,

...   Angabe fällt später an,

/   keine Angaben, da Zahlenwert nicht sicher genug,

·   Zahlenwert unbekannt oder geheimzuhalten,

×   Tabellenfeld gesperrt, weil Aussage nicht sinnvoll,

( )   Aussagewert eingeschränkt, weil der Zahlenwert statistisch relativ unsicher ist.

Anhang 2: Summen und Produkte

1.1   Das Summenzeichen

Das Summenzeichen Σ ist wie folgt definiert:

$$\sum_{i=m}^{n} x_i = x_m + x_{m+1} + \cdots + x_{n-1} + x_n \quad .$$

Die ganzen Zahlen m und n (m $\leq$ n) heißen Summationsgrenzen, i heißt Summationsin-
dex. Die Anzahl der Summanden dieser Summe ist gleich n−m+1.

Speziell ist mit m = 1:

$$\sum_{i=1}^{n} x_i = x_1 + x_2 + \cdots + x_{n-1} + x_n \quad .$$

Für das Rechnen mit Summenzeichen gelten folgende Sätze bzw. Folgerungen; dabei sind
a,b $\in$ $\Re$ beliebige Konstante.

1.2   Einfache Summen

(1) $\displaystyle\sum_{i=1}^{n}(x_i + y_i) = \sum_{i=1}^{n} x_i + \sum_{i=1}^{n} y_i \, .$

Entsprechend gilt:

$$\sum_{i=1}^{n}(x_i - y_i) = \sum_{i=1}^{n} x_i - \sum_{i=1}^{n} y_i \, .$$

(2) $\displaystyle\sum_{i=m}^{n} a = (n - m + 1)a \, ;$

speziell ist:

$$\sum_{i=1}^{n} a = na \quad \text{und} \quad \sum_{i=1}^{n} 1 = n \, .$$

Daraus folgt:

$$\sum_{i=1}^{n}(x_i \pm a) = \left(\sum_{i=1}^{n}x_i\right) \pm na.$$

(3) $\quad \sum_{i=1}^{n}(ax_i) = a\sum_{i=1}^{n}x_i .$

Daraus folgt:

$$\sum_{i=1}^{n}(ax_i + by_i) = a\sum_{i=1}^{n}x_i + b\sum_{i=1}^{n}y_i .$$

(4) $\quad \sum_{i=1}^{n}x_i + \sum_{i=n+1}^{m}x_i = \sum_{i=1}^{m}x_i .$

(5) $\quad \sum_{i=m}^{n}x_i = \sum_{j=k}^{n+k-m}x_{j-k+m}$; dabei ist $i = j-k+m$.

Hinweis: Statt $\sum_{i=1}^{n}x_i$ wird auch kürzer $\sum_{i}^{n}x_i$ oder $\sum_{i}x_i$ oder $\sum_{i}x_i$ oder einfach $\sum x_i$

geschrieben.

1.3 Doppelsummen

Für doppelt indizierte Größen x_{ij}, $i = 1, 2, ..., n$ (Zeilen), $j = 1, 2, ..., m$ (Spalten), gilt folgendes.

(1)   In einer Doppelsumme ist die Reihenfolge der Summierung unwesentlich:

$$\sum_{i=1}^{n}\sum_{j=1}^{m}x_{ij} = \sum_{j=1}^{m}\sum_{i=1}^{n}x_{ij} .$$

(2)   Mit den Zeilensummen

$$\sum_{j=1}^{m}x_{ij} = x_{i\bullet} , \quad i = 1, 2, ..., n,$$

und den Spaltensummen

$$\sum_{i=1}^{n}x_{ij} = x_{\bullet j} , \quad j = 1, 2, ..., m, \quad \text{ist}$$

$$\sum_{i=1}^{n} x_{i\bullet} = \sum_{j=1}^{m} x_{\bullet j} = \sum_{i=1}^{n}\sum_{j=1}^{m} x_{ij} \; .$$

(3) $$\sum_{i=1}^{n}\sum_{j=1}^{m} (a_i x_{ij} + b_i y_{ij}) = \sum_{i=1}^{n} a_i \sum_{j=1}^{m} x_{ij} + \sum_{i=1}^{n} b_i \sum_{j=1}^{m} y_{ij} = \sum_{i=1}^{n} a_i x_{i\bullet} + \sum_{i=1}^{n} b_i y_{i\bullet} \; .$$

Speziell ist

$$\sum_{i=1}^{n}\sum_{j=1}^{m} (a x_{ij} + b y_{ij}) = a \sum_{i=1}^{n}\sum_{j=1}^{m} x_{ij} + b \sum_{i=1}^{n}\sum_{j=1}^{m} y_{ij} \; .$$

(4) $$\sum_{i=1}^{n}\sum_{j=1}^{m} (x_{ij} \pm c) = \left(\sum_{i=1}^{n}\sum_{j=1}^{m} x_{ij} \right) \pm nmc \; ;$$

$$\sum_{i=1}^{n}\sum_{j=1}^{m} (x_{ij} \pm c_i) = \sum_{i=1}^{n}\sum_{j=1}^{m} x_{ij} \pm m \sum_{i=1}^{n} c_i \; .$$

(5) $$\sum_{i=1}^{n}\sum_{j=1}^{m} x_i y_j = \left(\sum_{i=1}^{n} x_i \right) \cdot \left(\sum_{j=1}^{m} y_j \right) \; .$$

Hinweis: Statt $\displaystyle\sum_{i=1}^{n}\sum_{j=1}^{m} x_{ij}$ wird auch kürzer $\displaystyle\sum_{i}\sum_{j} x_{ij}$ oder einfach $\displaystyle\sum_{i,j} x_{ij}$ geschrieben.

(6) $$\sum_{i,j=1}^{n} x_i x_j = \left(\sum_{i=1}^{n} x_i \right) \cdot \left(\sum_{j=1}^{n} x_j \right) = \left(\sum_{i=1}^{n} x_i \right)^2 .$$

(7) $$\sum_{i,j=1|i<j}^{n} x_i x_j = \sum_{i,j=1|i>j}^{n} x_i x_j \; ,$$

$$\sum_{i,j=1|i\neq j}^{n} x_i x_j = \sum_{i,j=1}^{n} x_i x_j - \sum_{i,j=1|i=j}^{n} x_i x_j$$

$$= \left(\sum_{i=1}^{n} x_i \right)^2 - \sum_{i=1}^{n} x_i^2$$

$$= \sum_{i,j=1|i<j}^{n} x_i x_j + \sum_{i,j=1|i>j}^{n} x_i x_j$$

$$= 2 \cdot \sum_{i,j=1|i<j}^{n} x_i x_j \; .$$

1.4   Einige spezielle Summen

$$\sum_{i=1}^{n} 1 = n \ ,$$

$$\sum_{i=1}^{n} i = \frac{n(n+1)}{2} \ ,$$

$$\sum_{i=1}^{n} i^2 = \frac{n(n+1)(2n+1)}{6} \ ,$$

$$\sum_{i=1}^{n} i^3 = \frac{n^2(n+1)^2}{4} \ .$$

1.5   Das Produktzeichen

Das Produktzeichen Π ist wie folgt definiert:

$$\prod_{i=m}^{n} x_i = x_m \cdot x_{m+1} \cdot \ \cdots \cdot x_{n-1} \cdot x_n \ ;$$

dabei ist i der Multiplikationsindex mit den Grenzen n und m.

Speziell ist mit n > 1 und m = 1

$$\prod_{i=1}^{n} x_i = x_1 \cdot x_2 \cdot \ \cdots \cdot x_{n-1} \cdot x_n \ .$$

Hinweis: Statt $\displaystyle\prod_{i=1}^{n} x_i$ wird auch kürzer $\displaystyle\prod_{i}^{n} x_i$ oder $\displaystyle\prod_{i} x_i$ oder einfach $\displaystyle\prod x_i$ geschrieben.

Für das Rechnen mit Produktzeichen gelten folgende Regeln; dabei sind a,b,c $\in \Re$ beliebige Konstante.

$$\prod_{i=m}^{n} a x_i^b y_i^c = a^{(n-m+1)} \left(\prod_{i=m}^{n} x_i \right)^b \cdot \left(\prod_{i=m}^{n} y_i \right)^c \ ;$$

speziell ist mit n > 1 und m = 1

$$\prod_{i=1}^{n} a x_i = a^n \prod_{i=1}^{n} x_i \ ,$$

$$\prod_{i=1}^{n} a = a^n \; ,$$

$$\prod_{i=1}^{n} x_i y_i = \left(\prod_{i=1}^{n} x_i \right) \cdot \left(\prod_{i=1}^{n} y_i \right) \; ,$$

$$\prod_{i=1}^{n} x_i^2 = \left(\prod_{i=1}^{n} x_i \right)^2 \; ,$$

$$\prod_{i=1}^{n} a^{x_i} = a^{\sum_{i=1}^{n} x_i} \; ,$$

$$\prod_{i=1}^{n} x_i^a = \left(\prod_{i=1}^{n} x_i \right)^a$$

und

$$\prod_{i=1}^{n} \frac{x_i}{y_i} = \frac{\left(\prod\limits_{i=1}^{n} x_i \right)}{\left(\prod\limits_{i=1}^{n} y_i \right)} \; .$$

1.6 Einige spezielle Produkte

$$\prod_{i=1}^{n} 1 = 1 \; ,$$

$$\prod_{i=1}^{1} x_i = x_1 \; ,$$

$$\prod_{i=1}^{n} i = n! \quad .$$

Anhang 3: Entropietabellen

Tabelle 1: ld n,   0 < n < 1000

n	0	1	2	3	4	5	6	7	8	9
0		0,0000	1,0000	1,5850	2,0000	2,3219	2,5850	2,8074	3,0000	3,1699
10	3,3219	3,4594	3,5850	3,7004	3,8074	3,9069	4,0000	4,0875	4,1699	4,2479
20	4,3219	4,3923	4,4594	4,5236	4,5850	4,6439	4,7004	4,7549	4,8074	4,8580
30	4,9069	4,9542	5,0000	5,0444	5,0875	5,1293	5,1699	5,2095	5,2479	5,2854
40	5,3219	5,3576	5,3923	5,4263	5,4594	5,4919	5,5236	5,5546	5,5850	5,6147
50	5,6439	5,6724	5,7004	5,7279	5,7549	5,7814	5,8074	5,8329	5,8580	5,8826
60	5,9069	5,9307	5,9542	5,9773	6,0000	6,0224	6,0444	6,0661	6,0875	6,1085
70	6,1293	6,1497	6,1699	6,1898	6,2095	6,2288	6,2479	6,2668	6,2854	6,3038
80	6,3219	6,3398	6,3576	6,3750	6,3923	6,4094	6,4263	6,4429	6,4594	6,4757
90	6,4919	6,5078	6,5236	6,5392	6,5546	6,5699	6,5850	6,5999	6,6147	6,6294
100	6,6439	6,6582	6,6724	6,6865	6,7004	6,7142	6,7279	6,7415	6,7549	6,7682
110	6,7814	6,7944	6,8074	6,8202	6,8329	6,8455	6,8580	6,8704	6,8826	6,8948
120	6,9069	6,9189	6,9307	6,9425	6,9542	6,9658	6,9773	6,9887	7,0000	7,0112
130	7,0224	7,0334	7,0444	7,0553	7,0661	7,0768	7,0875	7,0980	7,1085	7,1189
140	7,1293	7,1396	7,1497	7,1599	7,1699	7,1799	7,1898	7,1997	7,2095	7,2192
150	7,2288	7,2384	7,2479	7,2574	7,2668	7,2761	7,2854	7,2946	7,3038	7,3129
160	7,3219	7,3309	7,3399	7,3487	7,3576	7,3663	7,3750	7,3837	7,3923	7,4009
170	7,4094	7,4179	7,4263	7,4346	7,4429	7,4512	7,4594	7,4676	7,4757	7,4838
180	7,4919	7,4998	7,5078	7,5157	7,5236	7,5314	7,5392	7,5469	7,5546	7,5622
190	7,5699	7,5774	7,5850	7,5925	7,5999	7,6073	7,6147	7,6221	7,6294	7,6366
200	7,6439	7,6511	7,6582	7,6653	7,6724	7,6795	7,6865	7,6935	7,7004	7,7074
210	7,7142	7,7211	7,7279	7,7347	7,7415	7,7482	7,7549	7,7616	7,7682	7,7748
220	7,7814	7,7879	7,7944	7,8009	7,8074	7,8138	7,8202	7,8265	7,8329	7,8392
230	7,8455	7,8517	7,8580	7,8642	7,8704	7,8765	7,8826	7,8887	7,8948	7,9009
240	7,9069	7,9129	7,9189	7,9248	7,9307	7,9366	7,9425	7,9484	7,9542	7,9600
250	7,9658	7,9715	7,9773	7,9830	7,9887	7,9944	8,0000	8,0056	8,0112	8,0168
260	8,0224	8,0279	8,0334	8,0389	8,0444	8,0498	8,0553	8,0607	8,0661	8,0715
270	8,0768	8,0821	8,0875	8,0928	8,0980	8,1033	8,1085	8,1137	8,1189	8,1241
280	8,1293	8,1344	8,1396	8,1447	8,1497	8,1548	8,1599	8,1649	8,1699	8,1749
290	8,1799	8,1849	8,1898	8,1948	8,1997	8,2046	8,2095	8,2143	8,2192	8,2240
300	8,2288	8,2336	8,2384	8,2432	8,2479	8,2527	8,2574	8,2621	8,2668	8,2715
310	8,2761	8,2808	8,2854	8,2900	8,2946	8,2992	8,3038	8,3083	8,3129	8,3174
320	8,3219	8,3264	8,3309	8,3354	8,3398	8,3443	8,3487	8,3531	8,3576	8,3619
330	8,3663	8,3707	8,3750	8,3794	8,3837	8,3880	8,3923	8,3966	8,4009	8,4051
340	8,4094	8,4136	8,4179	8,4221	8,4263	8,4305	8,4346	8,4388	8,4429	8,4471
350	8,4512	8,4553	8,4594	8,4635	8,4676	8,4717	8,4757	8,4798	8,4838	8,4878
360	8,4919	8,4959	8,4998	8,5038	8,5078	8,5118	8,5157	8,5196	8,5236	8,5275
370	8,5314	8,5353	8,5392	8,5430	8,5469	8,5507	8,5546	8,5584	8,5622	8,5661
380	8,5699	8,5736	8,5774	8,5812	8,5850	8,5887	8,5925	8,5962	8,5999	8,6036
390	8,6073	8,6110	8,6147	8,6184	8,6221	8,6257	8,6294	8,6330	8,6366	8,6402
400	8,6439	8,6475	8,6511	8,6546	8,6582	8,6618	8,6653	8,6689	8,6724	8,6760
410	8,6795	8,6830	8,6865	8,6900	8,6935	8,6970	8,7004	8,7039	8,7074	8,7108
420	8,7142	8,7177	8,7211	8,7245	8,7279	8,7313	8,7347	8,7381	8,7415	8,7448
430	8,7482	8,7515	8,7549	8,7582	8,7616	8,7649	8,7682	8,7715	8,7748	8,7781
440	8,7814	8,7846	8,7879	8,7912	8,7944	8,7977	8,8009	8,8041	8,8074	8,8106
450	8,8138	8,8170	8,8202	8,8234	8,8265	8,8297	8,8329	8,8360	8,8392	8,8423
460	8,8455	8,8486	8,8517	8,8549	8,8580	8,8611	8,8642	8,8673	8,8704	8,8734
470	8,8765	8,8796	8,8826	8,8857	8,8887	8,8918	8,8948	8,8978	8,9009	8,9039
480	8,9069	8,9099	8,9129	8,9159	8,9189	8,9218	8,9248	8,9278	8,9307	8,9337
490	8,9366	8,9396	8,9425	8,9454	8,9484	8,9513	8,9542	8,9571	8,9600	8,9629

Fortsetzung von Tabelle 1

n	0	1	2	3	4	5	6	7	8	9
500	8,9658	8,9687	8,9715	8,9744	8,9773	8,9801	8,9830	8,9858	8,9887	8,9915
510	8,9944	8,9972	9,0000	9,0028	9,0056	9,0084	9,0112	9,0140	9,0168	9,0196
520	9,0224	9,0251	9,0279	9,0307	9,0334	9,0362	9,0389	9,0417	9,0444	9,0471
530	9,0498	9,0526	9,0553	9,0580	9,0607	9,0634	9,0661	9,0688	9,0715	9,0741
540	9,0768	9,0795	9,0821	9,0848	9,0875	9,0901	9,0928	9,0954	9,0980	9,1007
550	9,1033	9,1059	9,1085	9,1111	9,1137	9,1163	9,1189	9,1215	9,1241	9,1267
560	9,1293	9,1319	9,1344	9,1370	9,1396	9,1421	9,1447	9,1472	9,1497	9,1523
570	9,1548	9,1573	9,1599	9,1624	9,1649	9,1674	9,1699	9,1724	9,1749	9,1774
580	9,1799	9,1824	9,1849	9,1874	9,1898	9,1923	9,1948	9,1972	9,1997	9,2021
590	9,2046	9,2070	9,2095	9,2119	9,2143	9,2167	9,2192	9,2216	9,2240	9,2264
600	9,2288	9,2312	9,2336	9,2360	9,2384	9,2408	9,2432	9,2456	9,2479	9,2503
610	9,2527	9,2550	9,2574	9,2597	9,2621	9,2644	9,2668	9,2691	9,2715	9,2738
620	9,2761	9,2784	9,2808	9,2831	9,2854	9,2877	9,2900	9,2923	9,2946	9,2969
630	9,2992	9,3015	9,3038	9,3061	9,3083	9,3106	9,3129	9,3151	9,3174	9,3197
640	9,3219	9,3242	9,3264	9,3287	9,3309	9,3332	9,3354	9,3376	9,3399	9,3421
650	9,3443	9,3465	9,3487	9,3509	9,3531	9,3554	9,3576	9,3597	9,3619	9,3641
660	9,3663	9,3685	9,3707	9,3729	9,3750	9,3772	9,3794	9,3815	9,3837	9,3859
670	9,3880	9,3902	9,3923	9,3945	9,3966	9,3987	9,4009	9,4030	9,4051	9,4073
680	9,4094	9,4115	9,4136	9,4157	9,4179	9,4200	9,4221	9,4242	9,4263	9,4284
690	9,4305	9,4325	9,4346	9,4367	9,4388	9,4409	9,4429	9,4450	9,4471	9,4491
700	9,4512	9,4533	9,4553	9,4574	9,4594	9,4615	9,4635	9,4656	9,4676	9,4696
710	9,4717	9,4737	9,4757	9,4778	9,4798	9,4818	9,4838	9,4858	9,4878	9,4898
720	9,4919	9,4939	9,4959	9,4979	9,4998	9,5018	9,5038	9,5058	9,5078	9,5098
730	9,5118	9,5137	9,5157	9,5177	9,5196	9,5216	9,5236	9,5255	9,5275	9,5294
740	9,5314	9,5333	9,5353	9,5372	9,5392	9,5411	9,5430	9,5450	9,5469	9,5488
750	9,5507	9,5527	9,5546	9,5565	9,5584	9,5603	9,5622	9,5641	9,5661	9,5680
760	9,5699	9,5718	9,5736	9,5755	9,5774	9,5793	9,5812	9,5831	9,5850	9,5868
770	9,5887	9,5906	9,5925	9,5943	9,5962	9,5981	9,5999	9,6018	9,6036	9,6055
780	9,6073	9,6092	9,6110	9,6129	9,6147	9,6165	9,6184	9,6202	9,6221	9,6239
790	9,6257	9,6275	9,6294	9,6312	9,6330	9,6348	9,6366	9,6384	9,6402	9,6421
800	9,6439	9,6457	9,6475	9,6493	9,6511	9,6528	9,6546	9,6564	9,6582	9,6600
810	9,6618	9,6636	9,6653	9,6671	9,6689	9,6707	9,6724	9,6742	9,6760	9,6777
820	9,6795	9,6812	9,6830	9,6847	9,6865	9,6882	9,6900	9,6917	9,6935	9,6952
830	9,6970	9,6987·	9,7004	9,7022	9,7039	9,7056	9,7074	9,7091	9,7108	9,7125
840	9,7142	9,7160	9,7177	9,7194	9,7211	9,7228	9,7245	9,7262	9,7279	9,7296
850	9,7313	9,7330	9,7347	9,7364	9,7381	9,7398	9,7415	9,7432	9,7448	9,7465
860	9,7482	9,7499	9,7515	9,7532	9,7549	9,7566	9,7582	9,7599	9,7616	9,7632
870	9,7649	9,7665	9,7682	9,7698	9,7715	9,7731	9,7748	9,7764	9,7781	9,7797
880	9,7814	9,7830	9,7846	9,7863	9,7879	9,7895	9,7912	9,7928	9,7944	9,7960
890	9,7977	9,7993	9,8009	9,8025	9,8041	9,8057	9,8074	9,8090	9,8106	9,8122
900	9,8138	9,8154	9,8170	9,8186	9,8202	9,8218	9,8234	9,8250	9,8265	9,8281
910	9,8297	9,8313	9,8329	9,8345	9,8360	9,8376	9,8392	9,8408	9,8423	9,8439
920	9,8455	9,8471	9,8486	9,8502	9,8517	9,8533	9,8549	9,8564	9,8580	9,8595
930	9,8611	9,8626	9,8642	9,8657	9,8673	9,8688	9,8704	9,8719	9,8734	9,8750
940	9,8765	9,8781	9,8796	9,8811	9,8826	9,8842	9,8857	9,8872	9,8887	9,8903
950	9,8918	9,8933	9,8948	9,8963	9,8978	9,8994	9,9009	9,9024	9,9039	9,9054
960	9,9069	9,9084	9,9099	9,9114	9,9129	9,9144	9,9159	9,9174	9,9189	9,9204
970	9,9218	9,9233	9,9248	9,9263	9,9278	9,9293	9,9307	9,9322	9,9337	9,9352
980	9,9366	9,9381	9,9396	9,9410	9,9425	9,9440	9,9454	9,9469	9,9484	9,9498
990	9,9513	9,9527	9,9542	9,9557	9,9571	9,9586	9,9600	9,9614	9,9629	9,9643

Tabelle 2: n·ld n,   0 < n < 1000

n	0	1	2	3	4	5	6	7	8	9
0		0,00	2,00	4,75	8,00	11,61	15,51	19,65	24,00	28,53
10	33,22	38,05	43,02	48,11	53,30	58,60	64,00	69,49	75,06	80,71
20	86,44	92,24	98,11	104,04	110,04	116,10	122,21	128,38	134,61	140,88
30	147,21	153,58	160,00	166,47	172,97	179,52	186,12	192,75	199,42	206,13
40	212,88	219,66	226,48	233,33	240,21	247,13	254,08	261,07	268,08	275,12
50	282,19	289,29	296,42	303,58	310,76	317,97	325,21	332,47	339,76	347,08
60	354,41	361,77	369,16	376,57	384,00	391,45	398,93	406,43	413,95	421,49
70	429,05	436,63	444,23	451,86	459,50	467,16	474,84	482,54	490,26	498,00
80	505,75	513,53	521,32	529,13	536,95	544,80	552,66	560,54	568,43	576,34
90	584,27	592,21	600,17	608,14	616,13	624,14	632,16	640,19	648,24	656,31
100	664,39	672,48	680,59	688,71	696,85	705,00	713,16	721,34	729,53	737,73
110	745,95	754,18	762,42	770,68	778,95	787,23	795,53	803,83	812,15	820,48
120	828,83	837,18	845,55	853,93	862,32	870,72	879,14	887,56	896,00	904,45
130	912,91	921,38	929,86	938,35	946,86	955,37	963,89	972,43	980,98	989,53
140	998,10	1006,7	1015,3	1023,9	1032,5	1041,1	1049,7	1058,4	1067,0	1075,7
150	1084,3	1093,0	1101,7	1110,4	1119,1	1127,8	1136,5	1145,3	1154,0	1162,7
160	1171,5	1180,3	1189,1	1197,8	1206,6	1215,4	1224,3	1233,1	1241,9	1250,7
170	1259,6	1268,5	1277,3	1286,2	1295,1	1304,0	1312,9	1321,8	1330,7	1339,6
180	1348,5	1357,5	1366,4	1375,4	1384,3	1393,3	1402,3	1411,3	1420,3	1429,3
190	1438,3	1447,3	1456,3	1465,3	1474,4	1483,4	1492,5	1501,5	1510,6	1519,7
200	1528,8	1537,9	1547,0	1556,1	1565,2	1574,3	1583,4	1592,6	1601,7	1610,8
210	1620,0	1629,2	1638,3	1647,5	1656,7	1665,9	1675,1	1684,3	1693,5	1702,7
220	1711,9	1721,1	1730,4	1739,6	1748,8	1758,1	1767,4	1776,6	1785,9	1795,2
230	1804,5	1813,8	1823,1	1832,4	1841,7	1851,0	1860,3	1869,6	1879,0	1888,3
240	1897,7	1907,0	1916,4	1925,7	1935,1	1944,5	1953,9	1963,2	1972,6	1982,0
250	1991,4	2000,9	2010,3	2019,7	2029,1	2038,6	2048,0	2057,4	2066,9	2076,4
260	2085,8	2095,3	2104,8	2114,2	2123,7	2133,2	2142,7	2152,2	2161,7	2171,2
270	2180,7	2190,3	2199,8	2209,3	2218,9	2228,4	2238,0	2247,5	2257,1	2266,6
280	2276,2	2285,8	2295,4	2304,9	2314,5	2324,1	2333,7	2343,3	2352,9	2362,6
290	2372,2	2381,8	2391,4	2401,1	2410,7	2420,3	2430,0	2439,7	2449,3	2459,0
300	2468,6	2478,3	2488,0	2497,7	2507,4	2517,1	2526,8	2536,5	2546,2	2555,9
310	2565,6	2575,3	2585,0	2594,8	2604,5	2614,3	2624,0	2633,7	2643,5	2653,3
320	2663,0	2672,8	2682,6	2692,3	2702,1	2711,9	2721,7	2731,5	2741,3	2751,1
330	2760,9	2770,7	2780,5	2790,3	2800,2	2810,0	2819,8	2829,7	2839,5	2849,3
340	2859,2	2869,0	2878,9	2888,8	2898,6	2908,5	2918,4	2928,3	2938,1	2948,0
350	2957,9	2967,8	2977,7	2987,6	2997,5	3007,4	3017,4	3027,3	3037,2	3047,1
360	3057,1	3067,0	3076,9	3086,9	3096,8	3106,8	3116,7	3126,7	3136,7	3146,6
370	3156,6	3166,6	3176,6	3186,6	3196,5	3206,5	3216,5	3226,5	3236,5	3246,5
380	3256,5	3266,6	3276,6	3286,6	3296,6	3306,7	3316,7	3326,7	3336,8	3346,8
390	3356,9	3366,9	3377,0	3387,0	3397,1	3407,2	3417,2	3427,3	3437,4	3447,5
400	3457,5	3467,6	3477,7	3487,8	3497,9	3508,0	3518,1	3528,2	3538,3	3548,5
410	3558,6	3568,7	3578,8	3589,0	3599,1	3609,2	3619,4	3629,5	3639,7	3649,8
420	3660,0	3670,1	3680,3	3690,5	3700,6	3710,8	3721,0	3731,2	3741,3	3751,5
430	3761,7	3771,9	3782,1	3792,3	3802,5	3812,7	3822,9	3833,1	3843,4	3853,6
440	3863,8	3874,0	3884,3	3894,5	3904,7	3915,0	3925,2	3935,4	3945,7	3955,9
450	3966,2	3976,5	3986,7	3997,0	4007,3	4017,5	4027,8	4038,1	4048,4	4058,6
460	4068,9	4079,2	4089,5	4099,8	4110,1	4120,4	4130,7	4141,0	4151,3	4161,6
470	4172,0	4182,3	4192,6	4202,9	4213,3	4223,6	4233,9	4244,3	4254,6	4265,0
480	4275,3	4285,7	4296,0	4306,4	4316,7	4327,1	4337,5	4347,8	4358,2	4368,6
490	4379,0	4389,3	4399,7	4410,1	4420,5	4430,9	4441,3	4451,7	4462,1	4472,5

Fortsetzung von Tabelle 2

n	0	1	2	3	4	5	6	7	8	9
500	4482,9	4493,3	4503,7	4514,1	4524,5	4535,0	4545,4	4555,8	4566,3	4576,7
510	4587,1	4597,6	4608,0	4618,4	4628,9	4639,3	4649,8	4660,2	4670,7	4681,2
520	4691,6	4702,1	4712,6	4723,0	4733,5	4744,0	4754,5	4765,0	4775,4	4785,9
530	4796,4	4806,9	4817,4	4827,9	4838,4	4848,9	4859,4	4869,9	4880,4	4891,0
540	4901,5	4912,0	4922,5	4933,1	4943,6	4954,1	4964,6	4975,2	4985,7	4996,3
550	5006,8	5017,4	5027,9	5038,5	5049,0	5059,6	5070,1	5080,7	5091,3	5101,8
560	5112,4	5123,0	5133,5	5144,1	5154,7	5165,3	5175,9	5186,5	5197,1	5207,6
570	5218,2	5228,8	5239,4	5250,0	5260,7	5271,3	5281,9	5292,5	5303,1	5313,7
580	5324,3	5335,0	5345,6	5356,2	5366,9	5377,5	5388,1	5398,8	5409,4	5420,1
590	5430,7	5441,3	5452,0	5462,6	5473,3	5484,0	5494,6	5505,3	5516,0	5526,6
600	5537,3	5548,0	5558,6	5569,3	5580,0	5590,7	5601,4	5612,1	5622,7	5633,4
610	5644,1	5654,8	5665,5	5676,2	5686,9	5697,6	5708,3	5719,1	5729,8	5740,5
620	5751,2	5761,9	5772,6	5783,4	5794,1	5804,8	5815,6	5826,3	5837,0	5847,8
630	5858,5	5869,2	5880,0	5890,7	5901,5	5912,2	5923,0	5933,7	5944,5	5955,3
640	5966,0	5976,8	5987,6	5998,3	6009,1	6019,9	6030,7	6041,4	6052,2	6063,0
650	6073,8	6084,6	6095,4	6106,2	6117,0	6127,8	6138,6	6149,4	6160,2	6171,0
660	6181,8	6192,6	6203,4	6214,2	6225,0	6235,8	6246,7	6257,5	6268,3	6279,1
670	6290,0	6300,8	6311,6	6322,5	6333,3	6344,2	6355,0	6365,8	6376,7	6387,5
680	6398,4	6409,2	6420,1	6431,0	6441,8	6452,7	6463,5	6474,4	6485,3	6496,1
690	6507,0	6517,9	6528,8	6539,6	6550,5	6561,4	6572,3	6583,2	6594,1	6605,0
700	6615,8	6626,7	6637,6	6648,5	6659,4	6670,3	6681,2	6692,2	6703,1	6714,0
710	6724,9	6735,8	6746,7	6757,6	6768,6	6779,5	6790,4	6801,3	6812,3	6823,2
720	6834,1	6845,1	6856,0	6866,9	6877,9	6888,8	6899,8	6910,7	6921,7	6932,6
730	6943,6	6954,5	6965,5	6976,5	6987,4	6998,4	7009,3	7020,3	7031,3	7042,2
740	7053,2	7064,2	7075,2	7086,2	7097,1	7108,1	7119,1	7130,1	7141,1	7152,1
750	7163,1	7174,1	7185,1	7196,0	7207,0	7218,1	7229,1	7240,1	7251,1	7262,1
760	7273,1	7284,1	7295,1	7306,1	7317,2	7328,2	7339,2	7350,2	7361,3	7372,3
770	7383,3	7394,3	7405,4	7416,4	7427,5	7438,5	7449,5	7460,6	7471,6	7482,7
780	7493,7	7504,8	7515,8	7526,9	7537,9	7549,0	7560,1	7571,1	7582,2	7593,2
790	7604,3	7615,4	7626,5	7637,5	7648,6	7659,7	7670,8	7681,8	7692,9	7704,0
800	7715,1	7726,2	7737,3	7748,4	7759,4	7770,5	7781,6	7792,7	7803,8	7814,9
810	7826,0	7837,1	7848,3	7859,4	7870,5	7881,6	7892,7	7903,8	7914,9	7926,1
820	7937,2	7948,3	7959,4	7970,5	7981,7	7992,8	8003,9	8015,1	8026,2	8037,3
830	8048,5	8059,6	8070,8	8081,9	8093,1	8104,2	8115,4	8126,5	8137,7	8148,8
840	8160,0	8171,1	8182,3	8193,4	8204,6	8215,8	8226,9	8238,1	8249,3	8260,4
850	8271,6	8282,8	8294,0	8305,2	8316,3	8327,5	8338,7	8349,9	8361,1	8372,3
860	8383,4	8394,6	8405,8	8417,0	8428,2	8439,4	8450,6	8461,8	8473,0	8484,2
870	8495,4	8506,6	8517,9	8529,1	8540,3	8551,5	8562,7	8573,9	8585,2	8596,4
880	8607,6	8618,8	8630,0	8641,3	8652,5	8663,7	8675,0	8686,2	8697,4	8708,7
890	8719,9	8731,2	8742,4	8753,6	8764,9	8776,1	8787,4	8798,6	8809,9	8821,1
900	8832,4	8843,7	8854,9	8866,2	8877,4	8888,7	8900,0	8911,2	8922,5	8933,8
910	8945,0	8956,3	8967,6	8978,9	8990,1	9001,4	9012,7	9024,0	9035,3	9046,6
920	9057,9	9069,1	9080,4	9091,7	9103,0	9114,3	9125,6	9136,9	9148,2	9159,5
930	9170,8	9182,1	9193,4	9204,7	9216,0	9227,3	9238,7	9250,0	9261,3	9272,6
940	9283,9	9295,2	9306,6	9317,9	9329,2	9340,5	9351,9	9363,2	9374,5	9385,9
950	9397,2	9408,5	9419,9	9431,2	9442,5	9453,9	9465,2	9476,6	9487,9	9499,3
960	9510,6	9522,0	9533,3	9544,7	9556,0	9567,4	9578,7	9590,1	9601,5	9612,8
970	9624,2	9635,6	9646,9	9658,3	9669,7	9681,0	9692,4	9703,8	9715,1	9726,5
980	9737,9	9749,3	9760,7	9772,0	9783,4	9794,8	9806,2	9817,6	9829,0	9840,4
990	9851,8	9863,2	9874,6	9886,0	9897,4	9908,8	9920,2	9931,6	9943,0	9954,4

Tabelle 3: $-f \cdot \text{ld } f$, $0{,}000 \leq f < 1{,}000$

f	0,000	0,001	0,002	0,003	0,004	0,005	0,006	0,007	0,008	0,009
0,000	0	0,0100	0,0179	0,0251	0,0319	0,0382	0,0443	0,0501	0,0557	0,0612
0,010	0,0664	0,0716	0,0766	0,0814	0,0862	0,0909	0,0955	0,0999	0,1043	0,1086
0,020	0,1129	0,1170	0,1211	0,1252	0,1291	0,1330	0,1369	0,1407	0,1444	0,1481
0,030	0,1518	0,1554	0,1589	0,1624	0,1659	0,1693	0,1727	0,1760	0,1793	0,1825
0,040	0,1858	0,1889	0,1921	0,1952	0,1983	0,2013	0,2043	0,2073	0,2103	0,2132
0,050	0,2161	0,2190	0,2218	0,2246	0,2274	0,2301	0,2329	0,2356	0,2383	0,2409
0,060	0,2435	0,2461	0,2487	0,2513	0,2538	0,2563	0,2588	0,2613	0,2637	0,2662
0,070	0,2686	0,2709	0,2733	0,2756	0,2780	0,2803	0,2826	0,2848	0,2871	0,2893
0,080	0,2915	0,2937	0,2959	0,2980	0,3002	0,3023	0,3044	0,3065	0,3086	0,3106
0,090	0,3127	0,3147	0,3167	0,3187	0,3207	0,3226	0,3246	0,3265	0,3284	0,3303
0,100	0,3322	0,3341	0,3359	0,3378	0,3396	0,3414	0,3432	0,3450	0,3468	0,3485
0,110	0,3503	0,3520	0,3537	0,3555	0,3571	0,3588	0,3605	0,3622	0,3638	0,3654
0,120	0,3671	0,3687	0,3703	0,3719	0,3734	0,3750	0,3766	0,3781	0,3796	0,3811
0,130	0,3826	0,3841	0,3856	0,3871	0,3886	0,3900	0,3915	0,3929	0,3943	0,3957
0,140	0,3971	0,3985	0,3999	0,4012	0,4026	0,4040	0,4053	0,4066	0,4079	0,4092
0,150	0,4105	0,4118	0,4131	0,4144	0,4156	0,4169	0,4181	0,4194	0,4206	0,4218
0,160	0,4230	0,4242	0,4254	0,4266	0,4278	0,4289	0,4301	0,4312	0,4323	0,4335
0,170	0,4346	0,4357	0,4368	0,4379	0,4390	0,4401	0,4411	0,4422	0,4432	0,4443
0,180	0,4453	0,4463	0,4474	0,4484	0,4494	0,4504	0,4514	0,4523	0,4533	0,4543
0,190	0,4552	0,4562	0,4571	0,4581	0,4590	0,4599	0,4608	0,4617	0,4626	0,4635
0,200	0,4644	0,4653	0,4661	0,4670	0,4678	0,4687	0,4695	0,4704	0,4712	0,4720
0,210	0,4728	0,4736	0,4744	0,4752	0,4760	0,4768	0,4776	0,4783	0,4791	0,4798
0,220	0,4806	0,4813	0,4820	0,4828	0,4835	0,4842	0,4849	0,4856	0,4863	0,4870
0,230	0,4877	0,4883	0,4890	0,4897	0,4903	0,4910	0,4916	0,4923	0,4929	0,4935
0,240	0,4941	0,4947	0,4954	0,4960	0,4966	0,4971	0,4977	0,4983	0,4989	0,4994
0,250	0,5000	0,5006	0,5011	0,5016	0,5022	0,5027	0,5032	0,5038	0,5043	0,5048
0,260	0,5053	0,5058	0,5063	0,5068	0,5072	0,5077	0,5082	0,5087	0,5091	0,5096
0,270	0,5100	0,5105	0,5109	0,5113	0,5118	0,5122	0,5126	0,5130	0,5134	0,5138
0,280	0,5142	0,5146	0,5150	0,5154	0,5158	0,5161	0,5165	0,5169	0,5172	0,5176
0,290	0,5179	0,5182	0,5186	0,5189	0,5192	0,5196	0,5199	0,5202	0,5205	0,5208
0,300	0,5211	0,5214	0,5217	0,5220	0,5222	0,5225	0,5228	0,5230	0,5233	0,5235
0,310	0,5238	0,5240	0,5243	0,5245	0,5247	0,5250	0,5252	0,5254	0,5256	0,5258
0,320	0,5260	0,5262	0,5264	0,5266	0,5268	0,5270	0,5272	0,5273	0,5275	0,5277
0,330	0,5278	0,5280	0,5281	0,5283	0,5284	0,5286	0,5287	0,5288	0,5289	0,5291
0,340	0,5292	0,5293	0,5294	0,5295	0,5296	0,5297	0,5298	0,5299	0,5299	0,5300
0,350	0,5301	0,5302	0,5302	0,5303	0,5304	0,5304	0,5305	0,5305	0,5305	0,5306
0,360	0,5306	0,5306	0,5307	0,5307	0,5307	0,5307	0,5307	0,5307	0,5307	0,5307
0,370	0,5307	0,5307	0,5307	0,5307	0,5307	0,5306	0,5306	0,5306	0,5305	0,5305
0,380	0,5305	0,5304	0,5304	0,5303	0,5302	0,5302	0,5301	0,5300	0,5300	0,5299
0,390	0,5298	0,5297	0,5296	0,5295	0,5294	0,5293	0,5292	0,5291	0,5290	0,5289
0,400	0,5288	0,5286	0,5285	0,5284	0,5283	0,5281	0,5280	0,5278	0,5277	0,5275
0,410	0,5274	0,5272	0,5271	0,5269	0,5267	0,5266	0,5264	0,5262	0,5260	0,5258
0,420	0,5256	0,5255	0,5253	0,5251	0,5249	0,5246	0,5244	0,5242	0,5240	0,5238
0,430	0,5236	0,5233	0,5231	0,5229	0,5226	0,5224	0,5222	0,5219	0,5217	0,5214
0,440	0,5211	0,5209	0,5206	0,5204	0,5201	0,5198	0,5195	0,5193	0,5190	0,5187
0,450	0,5184	0,5181	0,5178	0,5175	0,5172	0,5169	0,5166	0,5163	0,5160	0,5157
0,460	0,5153	0,5150	0,5147	0,5144	0,5140	0,5137	0,5133	0,5130	0,5127	0,5123
0,470	0,5120	0,5116	0,5112	0,5109	0,5105	0,5102	0,5098	0,5094	0,5090	0,5087
0,480	0,5083	0,5079	0,5075	0,5071	0,5067	0,5063	0,5059	0,5055	0,5051	0,5047
0,490	0,5043	0,5039	0,5034	0,5030	0,5026	0,5022	0,5017	0,5013	0,5009	0,5004

Fortsetzung von Tabelle 3

f	0,000	0,001	0,002	0,003	0,004	0,005	0,006	0,007	0,008	0,009
0,500	0,5000	0,4996	0,4991	0,4987	0,4982	0,4978	0,4973	0,4968	0,4964	0,4959
0,510	0,4954	0,4950	0,4945	0,4940	0,4935	0,4930	0,4926	0,4921	0,4916	0,4911
0,520	0,4906	0,4901	0,4896	0,4891	0,4886	0,4880	0,4875	0,4870	0,4865	0,4860
0,530	0,4854	0,4849	0,4844	0,4839	0,4833	0,4828	0,4822	0,4817	0,4811	0,4806
0,540	0,4800	0,4795	0,4789	0,4784	0,4778	0,4772	0,4767	0,4761	0,4755	0,4750
0,550	0,4744	0,4738	0,4732	0,4726	0,4720	0,4714	0,4708	0,4702	0,4696	0,4690
0,560	0,4684	0,4678	0,4672	0,4666	0,4660	0,4654	0,4648	0,4641	0,4635	0,4629
0,570	0,4623	0,4616	0,4610	0,4603	0,4597	0,4591	0,4584	0,4578	0,4571	0,4565
0,580	0,4558	0,4551	0,4545	0,4538	0,4532	0,4525	0,4518	0,4511	0,4505	0,4498
0,590	0,4491	0,4484	0,4477	0,4471	0,4464	0,4457	0,4450	0,4443	0,4436	0,4429
0,600	0,4422	0,4415	0,4408	0,4401	0,4393	0,4386	0,4379	0,4372	0,4365	0,4357
0,610	0,4350	0,4343	0,4335	0,4328	0,4321	0,4313	0,4306	0,4298	0,4291	0,4283
0,620	0,4276	0,4268	0,4261	0,4253	0,4246	0,4238	0,4230	0,4223	0,4215	0,4207
0,630	0,4199	0,4192	0,4184	0,4176	0,4168	0,4160	0,4152	0,4145	0,4137	0,4129
0,640	0,4121	0,4113	0,4105	0,4097	0,4089	0,4080	0,4072	0,4064	0,4056	0,4048
0,650	0,4040	0,4031	0,4023	0,4015	0,4007	0,3998	0,3990	0,3982	0,3973	0,3965
0,660	0,3956	0,3948	0,3940	0,3931	0,3923	0,3914	0,3905	0,3897	0,3888	0,3880
0,670	0,3871	0,3862	0,3854	0,3845	0,3836	0,3828	0,3819	0,3810	0,3801	0,3792
0,680	0,3783	0,3775	0,3766	0,3757	0,3748	0,3739	0,3730	0,3721	0,3712	0,3703
0,690	0,3694	0,3685	0,3676	0,3666	0,3657	0,3648	0,3639	0,3630	0,3621	0,3611
0,700	0,3602	0,3593	0,3583	0,3574	0,3565	0,3555	0,3546	0,3537	0,3527	0,3518
0,710	0,3508	0,3499	0,3489	0,3480	0,3470	0,3460	0,3451	0,3441	0,3432	0,3422
0,720	0,3412	0,3403	0,3393	0,3383	0,3373	0,3364	0,3354	0,3344	0,3334	0,3324
0,730	0,3314	0,3305	0,3295	0,3285	0,3275	0,3265	0,3255	0,3245	0,3235	0,3225
0,740	0,3215	0,3204	0,3194	0,3184	0,3174	0,3164	0,3154	0,3144	0,3133	0,3123
0,750	0,3113	0,3102	0,3092	0,3082	0,3072	0,3061	0,3051	0,3040	0,3030	0,3020
0,760	0,3009	0,2999	0,2988	0,2978	0,2967	0,2956	0,2946	0,2935	0,2925	0,2914
0,770	0,2903	0,2893	0,2882	0,2871	0,2861	0,2850	0,2839	0,2828	0,2818	0,2807
0,780	0,2796	0,2785	0,2774	0,2763	0,2752	0,2741	0,2731	0,2720	0,2709	0,2698
0,790	0,2687	0,2676	0,2665	0,2653	0,2642	0,2631	0,2620	0,2609	0,2598	0,2587
0,800	0,2575	0,2564	0,2553	0,2542	0,2530	0,2519	0,2508	0,2497	0,2485	0,2474
0,810	0,2462	0,2451	0,2440	0,2428	0,2417	0,2405	0,2394	0,2382	0,2371	0,2359
0,820	0,2348	0,2336	0,2325	0,2313	0,2301	0,2290	0,2278	0,2266	0,2255	0,2243
0,830	0,2231	0,2219	0,2208	0,2196	0,2184	0,2172	0,2160	0,2149	0,2137	0,2125
0,840	0,2113	0,2101	0,2089	0,2077	0,2065	0,2053	0,2041	0,2029	0,2017	0,2005
0,850	0,1993	0,1981	0,1969	0,1957	0,1944	0,1932	0,1920	0,1908	0,1896	0,1884
0,860	0,1871	0,1859	0,1847	0,1834	0,1822	0,1810	0,1797	0,1785	0,1773	0,1760
0,870	0,1748	0,1736	0,1723	0,1711	0,1698	0,1686	0,1673	0,1661	0,1648	0,1636
0,880	0,1623	0,1610	0,1598	0,1585	0,1572	0,1560	0,1547	0,1534	0,1522	0,1509
0,890	0,1496	0,1484	0,1471	0,1458	0,1445	0,1432	0,1420	0,1407	0,1394	0,1381
0,900	0,1368	0,1355	0,1342	0,1329	0,1316	0,1303	0,1290	0,1277	0,1264	0,1251
0,910	0,1238	0,1225	0,1212	0,1199	0,1186	0,1173	0,1159	0,1146	0,1133	0,1120
0,920	0,1107	0,1093	0,1080	0,1067	0,1054	0,1040	0,1027	0,1014	0,1000	0,0987
0,930	0,0974	0,0960	0,0947	0,0933	0,0920	0,0907	0,0893	0,0880	0,0866	0,0853
0,940	0,0839	0,0826	0,0812	0,0798	0,0785	0,0771	0,0758	0,0744	0,0730	0,0717
0,950	0,0703	0,0689	0,0676	0,0662	0,0648	0,0634	0,0621	0,0607	0,0593	0,0579
0,960	0,0565	0,0552	0,0538	0,0524	0,0510	0,0496	0,0482	0,0468	0,0454	0,0440
0,970	0,0426	0,0412	0,0398	0,0384	0,0370	0,0356	0,0342	0,0328	0,0314	0,0300
0,980	0,0286	0,0271	0,0257	0,0243	0,0229	0,0215	0,0201	0,0186	0,0172	0,0158
0,990	0,0144	0,0129	0,0115	0,0101	0,0086	0,0072	0,0058	0,0043	0,0029	0,0014

Anhang 4: Gleichverteilte Zufallsziffern

```
32902   77871   63687   75067   46776   34538   27591   07367   59018   04780
16049   48362   16555   20013   18443   64161   54098   96212   00622   73808
55583   83302   62205   75443   57414   36731   04811   06057   64960   53600
39737   63180   57282   59506   06204   93753   33072   33378   39181   33235
63893   77182   17246   54668   67740   19856   80143   81985   41544   20738

24661   94420   97503   48982   17018   43116   77673   29332   13555   19133
25194   09320   56987   30612   84611   44664   65655   55905   36186   55814
16098   82946   30788   59265   04991   51125   58164   82652   28232   91236
18107   20211   69655   75012   91760   90682   69512   28721   50267   66291
56668   85599   71123   62903   38652   21726   10804   85790   44783   90504

84699   22811   22605   88408   57435   80225   61812   55088   31523   68971
84582   83600   97566   67010   00409   09180   22585   68439   73961   82141
61152   59045   17417   06410   25209   73446   63029   95353   63107   93408
76987   67202   45713   38720   61849   90494   65580   57577   32948   36031
74031   37663   88905   02800   32347   35248   32389   66337   55471   85130

32983   52741   98188   75329   14655   93818   49962   72116   43179   83792
42889   71914   63915   08173   98630   51488   05728   03651   79802   59943
59650   92342   92663   96182   59230   06654   76179   69107   89758   31647
76134   72791   69822   59651   54316   21868   45064   38452   56046   12330
19532   24427   18919   05483   44080   49472   65875   02307   77887   69115

99716   65584   90774   90598   25935   83814   65629   94043   99769   51027
60858   32121   53102   57553   32727   74487   86164   31945   87513   44559
90500   95848   39657   20395   42982   41139   39895   87386   66019   38456
61214   44770   63010   12111   56862   73018   19322   40267   07347   28758
52036   46433   93495   74557   20498   76674   84751   14317   01168   51671

72596   20189   63478   84637   37777   64094   15153   62401   84470   59778
74698   66484   00457   46724   68207   44592   19542   70465   46033   40185
13276   35272   19654   61946   06088   62758   35466   26939   85266   99928
68495   99154   33412   20704   85460   94111   84074   31624   42228   57261
91089   51387   54318   09824   24528   52340   04040   32046   58422   91953

49004   00669   61386   91272   52646   39794   79323   66478   13298   88109
37139   09079   42218   95554   40667   70565   61719   46263   33257   86229
29437   77655   67595   06600   97686   02892   39299   93369   34196   74294
93024   32431   07557   79063   54416   04234   55210   16092   59463   87196
24301   30776   65022   10206   29102   10800   19562   27587   88544   22062

25204   26988   09025   77536   48614   51691   50441   67718   63565   61731
09606   00499   51307   06139   52345   07464   72528   23870   61068   45091
59950   05392   35085   20744   63299   52168   04922   29241   04588   92826
46781   88367   32044   53939   85629   52099   47976   91091   42483   05780
34544   87611   03432   86988   93947   53057   84939   01214   26760   92171

96461   22192   01074   12519   47196   70164   00920   78465   92600   34728
37477   06542   69702   49809   78597   96004   42325   20949   69513   95633
75293   87430   71036   95750   96460   05691   64576   51668   86645   31899
54460   44358   75626   06600   26016   79107   53234   99310   39354   66038
74517   47983   56232   26747   16644   43024   69070   52056   06761   52234

03991   08107   81044   26089   23019   60251   15209   67935   97369   69704
31829   43497   90336   84876   40244   71792   20308   55399   22541   34229
22584   20029   16019   45940   48356   22497   19839   31007   44074   13937
37751   98180   00531   26820   35479   92544   08319   79682   94798   04041
49115   14729   40223   40681   24578   11552   23552   04087   27420   11227
```

Anhang 5: Statistische Wahrscheinlichkeit nach von MISES

Spalte 1: n=1,2,...,55; Spalte 2: Im Intervall (0,1) rechteckverteilte Zufallszahlen (Realisationen); Spalte 3: daraus abgeleitete 0-1-verteilte Zufallszahlen (Realisationen); Spalte 4: Anteil der Einsen. Ersichtlich strebt der Anteil p der Einsen mit zunehmendem n gegen $\pi = 0{,}5$.

1	2	3	4
1	0.001	1	1.000
2	0.575	0	0.500
3	0.493	1	0.667
4	0.361	1	0.750
5	0.884	0	0.600
6	0.268	1	0.667
7	0.140	1	0.714
8	0.740	0	0.625
9	0.778	0	0.556
10	0.253	1	0.600
11	0.748	0	0.545
12	0.709	0	0.500
13	0.125	1	0.538
14	0.042	1	0.571
15	0.705	0	0.533
16	0.614	0	0.500
17	0.061	1	0.529
18	0.677	0	0.500
19	0.741	0	0.474
20	0.882	0	0.450
21	0.739	0	0.429
22	0.436	1	0.455
23	0.830	0	0.435
24	0.878	0	0.417
25	0.463	1	0.440
26	0.370	1	0.462
27	0.093	1	0.481
28	0.545	0	0.464
29	0.608	0	0.448
30	0.705	0	0.433
31	0.108	1	0.452
32	0.073	1	0.469
33	0.096	1	0.485
34	0.177	1	0.500
35	0.775	0	0.486
36	0.885	0	0.472
37	0.672	0	0.459
38	0.564	0	0.447
39	0.211	1	0.462
40	0.150	1	0.475
41	0.739	0	0.463
42	0.464	1	0.476
43	0.594	0	0.465
44	0.295	1	0.477
45	0.334	1	0.489
46	0.396	1	0.500
47	0.584	0	0.489
48	0.854	0	0.479
49	0.998	0	0.469
50	0.404	1	0.480
51	0.452	1	0.490
52	0.040	1	0.500
53	0.924	0	0.491
54	0.192	1	0.500
55	0.615	0	0.491

Anhang 6: Standardnormalverteilte Zufallszahlen

0,86	−0,02	0,35	1,24	−0,25	1,44	−0,50	0,63	0,18	1,33
0,03	1,02	0,31	0,51	1,19	−1,38	−0,63	0,78	−0,25	0,09
0,11	−0,84	0,49	−0,55	1,01	−0,49	0,52	2,24	−0,03	0,22
−1,60	−0,77	0,06	−0,92	1,39	0,86	−0,25	1,82	0,60	1,29
0,78	2,44	0,74	−0,45	−0,02	0,52	−0,48	−0,27	−0,29	−0,24
−1,75	0,95	−0,48	2,83	−0,51	−1,44	0,55	0,53	−0,82	−0,75
0,57	0,62	1,15	1,02	−0,46	−1,54	0,55	−0,37	1,58	−0,14
−1,11	−1,80	−0,73	0,27	0,44	−0,75	0,67	0,12	0,41	−1,29
1,45	0,89	−1,20	−0,78	−0,20	1,64	0,46	−0,13	−0,29	−0,75
1,20	−1,22	1,37	0,87	2,29	−1,33	−0,96	0,83	−0,74	1,23
−0,27	1,49	−0,48	−0,91	0,02	−1,89	−0,43	0,76	0,16	−1,38
−1,75	−1,20	−1,55	1,46	0,10	−1,05	0,87	0,17	−0,33	−0,40
−0,79	−0,77	−0,85	1,35	1,26	−0,12	−0,23	0,16	1,48	−1,80
−0,55	0,29	0,59	0,33	0,50	−0,57	−1,12	−0,09	−1,35	−1,69
−0,09	1,50	−0,07	−0,23	0,49	1,33	−0,14	0,76	−0,62	−0,21
−1,73	0,94	1,38	−2,22	1,29	0,42	0,18	−0,61	−2,26	−0,65
0,02	0,84	1,55	−0,14	0,33	0,97	−0,66	0,21	−0,35	0,05
−1,70	0,26	−0,18	−0,40	0,11	−0,81	−0,81	−1,40	−0,22	−0,75
0,33	−0,81	−0,67	−0,26	−0,55	−0,44	0,01	−0,07	1,14	−1,47
−1,16	−0,52	−1,13	−1,38	−0,90	0,30	0,84	1,35	0,59	0,00
−0,56	−0,61	−0,32	0,00	−0,69	0,02	−0,06	1,55	−0,70	−0,17
−0,83	0,69	0,78	−0,41	0,53	−0,16	−0,44	−0,01	−0,78	0,28
−0,33	1,21	−0,79	−0,40	−0,24	−0,42	1,55	0,29	1,42	−0,41
−0,50	−0,55	−1,05	0,76	−0,45	2,28	−0,48	−0,51	1,49	−1,29
−1,52	1,15	0,62	−1,28	−0,52	3,20	−0,14	−0,42	0,97	−0,36
−0,88	1,54	0,46	0,27	0,35	0,20	−0,69	−0,68	0,68	0,85
2,17	0,53	−0,99	−1,15	0,88	0,80	−0,38	−1,25	0,99	1,67
0,22	−2,66	−0,74	0,26	0,96	1,40	1,19	1,21	0,39	−0,17
−0,43	−0,41	−1,15	−1,58	0,48	0,60	−0,38	−0,40	1,12	−1,68
−0,03	1,75	−0,47	1,61	0,20	0,38	0,30	−0,83	0,37	−0,46
0,54	−0,91	0,58	0,71	0,37	−1,21	1,02	0,33	−1,76	0,98
−0,66	0,13	0,82	0,38	−1,49	−2,25	−1,70	−0,94	−0,33	−0,63
0,45	0,51	−0,23	−0,53	−0,16	1,37	1,21	2,31	0,27	0,89
−1,40	0,43	1,37	−1,04	0,77	1,90	−0,17	0,02	−0,15	1,45
0,71	−0,93	0,13	−1,33	−2,18	−0,12	−0,90	−0,08	−1,69	1,42
0,82	0,14	−1,44	−0,42	0,74	0,11	−2,17	0,79	−0,84	−1,13
−1,56	−0,34	1,69	−0,36	−0,15	0,60	0,06	−0,17	−1,54	−0,24
−0,34	−0,77	−1,31	−0,54	1,25	−0,41	−0,52	0,61	0,54	−0,27
1,43	−2,11	1,06	0,25	−0,09	1,30	0,35	0,12	−0,64	0,32
−0,65	0,39	−2,21	0,76	0,45	1,28	−0,75	1,32	0,04	0,47
0,10	0,46	−0,94	1,15	1,26	−0,81	0,43	−1,02	0,05	0,54
−1,72	0,23	0,80	2,14	−0,91	0,79	0,47	−2,72	0,97	−0,78
1,76	1,23	0,11	1,01	−0,09	0,11	1,35	−0,27	−0,10	1,18
0,99	−0,31	0,51	0,27	−0,82	−1,78	0,74	−0,85	0,48	−0,38
−0,21	−0,89	−1,11	−0,14	0,11	0,17	0,83	−0,05	0,03	0,43
0,56	−0,90	−2,26	1,31	−0,53	−2,10	0,06	0,68	−0,57	0,16
−0,14	−0,05	0,04	−0,35	−0,98	0,84	0,99	1,30	−1,92	−0,94
1,82	0,54	−0,06	−1,47	−1,57	0,61	0,17	−0,71	−1,85	−0,68
−1,82	−0,03	−0,03	−1,04	1,02	1,04	−0,78	−0,62	−0,57	0,90
0,26	0,15	−1,24	−1,83	1,35	0,21	0,89	−0,38	−0,61	−1,44

Fortsetzung Anhang 6

1,74	1,85	0,90	−0,83	1,38	0,75	−0,23	0,25	0,77	−1,30
−0,74	0,18	−0,58	−0,23	−1,00	0,63	1,20	−0,45	−0,88	0,46
1,10	1,67	0,70	1,21	1,32	0,38	−0,55	0,11	−0,82	1,16
−0,15	−0,83	0,45	−0,27	0,41	−0,25	−0,65	−1,33	0,41	1,10
0,08	−0,65	−0,52	0,50	0,55	−0,33	1,19	−0,82	0,93	−1,06
−0,20	1,43	−1,04	0,95	−0,38	−0,99	−0,23	1,37	2,03	0,78
−0,21	−0,58	0,65	−1,00	0,30	0,13	−0,05	1,52	−1,24	−0,65
0,92	0,32	0,22	1,52	0,26	−1,47	1,73	0,44	−0,64	−0,91
−0,15	−0,41	0,54	−0,87	0,61	0,84	−0,62	1,65	1,01	2,93
0,50	−1,07	0,54	−0,02	−0,98	−1,09	0,06	1,34	−3,07	−1,60
−2,07	1,09	−0,33	−1,09	−0,65	0,55	−0,67	0,29	0,69	−2,09
−1,19	−0,20	0,29	0,76	0,19	0,67	0,92	−0,20	−0,41	0,09
1,44	−0,50	−1,93	−0,69	−3,03	−0,89	−0,33	−0,97	−0,14	2,22
0,88	−1,10	0,13	−0,56	0,55	0,06	−0,28	0,76	3,25	0,91
1,27	0,81	−1,16	0,99	1,46	0,83	1,39	−1,62	−0,69	0,39
−0,43	1,27	−1,64	−0,07	0,35	0,14	−0,61	−0,94	−0,37	0,91
−0,01	−0,82	0,47	−1,42	0,68	−1,27	−0,11	−0,03	−0,05	0,37
−2,70	1,09	0,94	−1,21	−0,21	0,04	2,23	2,43	−0,03	−0,88
0,83	0,98	−1,80	−0,32	−0,53	−0,57	−2,41	−0,37	−0,25	−0,52
−0,02	−1,18	2,21	0,77	−0,22	0,92	1,30	−0,41	0,52	−2,11
0,19	0,42	−0,06	0,39	0,04	−0,37	0,47	−0,19	−0,92	0,32
−1,56	0,48	−0,03	1,01	−0,52	0,20	0,81	−0,87	−0,91	−0,96
0,96	−1,00	0,11	0,36	0,31	0,04	−0,58	0,38	−1,34	−1,31
−1,05	−1,04	0,19	0,08	0,32	−1,28	−1,75	−1,20	0,68	1,21
1,25	−0,02	−0,08	0,61	−0,82	−1,08	2,35	1,40	−0,31	−1,01
0,88	−0,41	1,11	1,22	−0,14	0,78	−0,12	−0,37	1,68	1,10
0,06	−0,56	0,06	0,14	−1,22	−0,62	−0,21	−0,61	−0,67	1,02
−0,35	−0,91	0,40	0,77	0,62	−0,87	0,67	−0,77	0,01	−1,08
1,70	−0,45	0,78	−0,59	0,64	−1,97	0,89	0,57	−2,05	0,42
−1,06	−0,39	−0,10	−0,31	−1,48	−0,15	−0,34	0,37	1,71	−0,65
−1,16	−0,64	0,79	2,10	2,15	0,65	1,24	1,57	0,66	0,40
0,50	1,11	0,55	1,21	0,56	0,88	0,21	1,05	0,07	−0,10
−0,89	−1,59	−0,38	−1,22	0,16	0,78	0,04	−0,55	−0,08	0,62
−1,80	−1,36	0,58	−1,32	−0,31	−0,09	0,72	0,21	0,12	0,99
0,28	−1,34	−2,01	0,15	0,73	1,14	−0,77	0,16	0,23	3,15
−0,77	0,06	−1,22	−0,43	−0,61	1,02	−0,12	1,09	0,15	1,19
0,67	−0,09	−1,16	0,15	0,84	−1,16	1,20	0,58	0,35	0,64
0,75	−1,06	0,04	−0,42	−0,25	0,51	0,99	−1,65	−0,09	−2,12
0,48	0,88	−0,41	−0,47	−0,19	−0,23	1,05	−0,27	1,91	−2,03
−1,62	−0,17	−0,31	−0,70	−0,07	0,72	0,01	−1,97	0,20	−0,26
0,32	−2,37	−0,07	−0,47	1,59	0,29	−0,64	−1,75	0,05	0,04
0,16	0,19	−1,18	1,67	−0,13	−0,58	−0,34	1,45	0,14	0,16
0,93	2,24	0,42	1,62	−0,49	−0,34	1,02	−0,68	−0,19	1,42
−1,83	−0,42	−1,66	0,61	−0,58	0,68	−1,87	−1,22	0,67	−0,79
1,13	0,37	−0,04	1,19	−0,48	0,71	−0,98	−1,43	−0,73	−0,66
−0,31	0,88	−0,68	0,30	0,61	0,31	−1,23	1,57	−0,93	0,05
0,10	0,66	−0,42	0,47	0,01	−0,01	0,95	1,71	0,40	0,13
0,76	−0,92	−0,24	0,37	−1,56	−0,28	−0,24	−0,94	−0,20	0,87
−1,20	−0,02	0,54	1,55	0,43	0,53	0,75	−0,47	0,31	0,07
1,64	−1,51	−0,10	0,50	0,93	−0,64	−0,53	0,51	1,57	0,59

Anhang 7: Verteilungsfunktion der Standardnormalverteilung

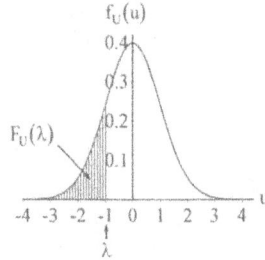

λ	0,09	0,08	0,07	0,06	0,05	0,04	0,03	0,02	0,01	0,00
-3,90	0,0000	0,0000	0,0000	0,0000	0,0000	0,0000	0,0000	0,0000	0,0000	0,0000
-3,80	0,0001	0,0001	0,0001	0,0001	0,0001	0,0001	0,0001	0,0001	0,0001	0,0001
-3,70	0,0001	0,0001	0,0001	0,0001	0,0001	0,0001	0,0001	0,0001	0,0001	0,0001
-3,60	0,0001	0,0001	0,0001	0,0001	0,0001	0,0001	0,0001	0,0001	0,0002	0,0002
-3,50	0,0002	0,0002	0,0002	0,0002	0,0002	0,0002	0,0002	0,0002	0,0002	0,0002
-3,40	0,0002	0,0003	0,0003	0,0003	0,0003	0,0003	0,0003	0,0003	0,0003	0,0003
-3,30	0,0003	0,0004	0,0004	0,0004	0,0004	0,0004	0,0004	0,0005	0,0005	0,0005
-3,20	0,0005	0,0005	0,0005	0,0006	0,0006	0,0006	0,0006	0,0006	0,0007	0,0007
-3,10	0,0007	0,0007	0,0008	0,0008	0,0008	0,0008	0,0009	0,0009	0,0009	0,0010
-3,00	0,0010	0,0010	0,0011	0,0011	0,0011	0,0012	0,0012	0,0013	0,0013	0,0013
-2,90	0,0014	0,0014	0,0015	0,0015	0,0016	0,0016	0,0017	0,0018	0,0018	0,0019
-2,80	0,0019	0,0020	0,0021	0,0021	0,0022	0,0023	0,0023	0,0024	0,0025	0,0026
-2,70	0,0026	0,0027	0,0028	0,0029	0,0030	0,0031	0,0032	0,0033	0,0034	0,0035
-2,60	0,0036	0,0037	0,0038	0,0039	0,0040	0,0041	0,0043	0,0044	0,0045	0,0047
-2,50	0,0048	0,0049	0,0051	0,0052	0,0054	0,0055	0,0057	0,0059	0,0060	0,0062
-2,40	0,0064	0,0066	0,0068	0,0069	0,0071	0,0073	0,0075	0,0078	0,0080	0,0082
-2,30	0,0084	0,0087	0,0089	0,0091	0,0094	0,0096	0,0099	0,0102	0,0104	0,0107
-2,20	0,0110	0,0113	0,0116	0,0119	0,0122	0,0125	0,0129	0,0132	0,0136	0,0139
-2,10	0,0143	0,0146	0,0150	0,0154	0,0158	0,0162	0,0166	0,0170	0,0174	0,0179
-2,00	0,0183	0,0188	0,0192	0,0197	0,0202	0,0207	0,0212	0,0217	0,0222	0,0228
-1,90	0,0233	0,0239	0,0244	0,0250	0,0256	0,0262	0,0268	0,0274	0,0281	0,0287
-1,80	0,0294	0,0301	0,0307	0,0314	0,0322	0,0329	0,0336	0,0344	0,0351	0,0359
-1,70	0,0367	0,0375	0,0384	0,0392	0,0401	0,0409	0,0418	0,0427	0,0436	0,0446
-1,60	0,0455	0,0465	0,0475	0,0485	0,0495	0,0505	0,0516	0,0526	0,0537	0,0548
-1,50	0,0559	0,0571	0,0582	0,0594	0,0606	0,0618	0,0630	0,0643	0,0655	0,0668
-1,40	0,0681	0,0694	0,0708	0,0721	0,0735	0,0749	0,0764	0,0778	0,0793	0,0808
-1,30	0,0823	0,0838	0,0853	0,0869	0,0885	0,0901	0,0918	0,0934	0,0951	0,0968
-1,20	0,0985	0,1003	0,1020	0,1038	0,1056	0,1075	0,1093	0,1112	0,1131	0,1151
-1,10	0,1170	0,1190	0,1210	0,1230	0,1251	0,1271	0,1292	0,1314	0,1335	0,1357
-1,00	0,1379	0,1401	0,1423	0,1446	0,1469	0,1492	0,1515	0,1539	0,1562	0,1587
-0,90	0,1611	0,1635	0,1660	0,1685	0,1711	0,1736	0,1762	0,1788	0,1814	0,1841
-0,80	0,1867	0,1894	0,1922	0,1949	0,1977	0,2005	0,2033	0,2061	0,2090	0,2119
-0,70	0,2148	0,2177	0,2206	0,2236	0,2266	0,2296	0,2327	0,2358	0,2389	0,2420
-0,60	0,2451	0,2483	0,2514	0,2546	0,2578	0,2611	0,2643	0,2676	0,2709	0,2743
-0,50	0,2776	0,2810	0,2843	0,2877	0,2912	0,2946	0,2981	0,3015	0,3050	0,3085
-0,40	0,3121	0,3156	0,3192	0,3228	0,3264	0,3300	0,3336	0,3372	0,3409	0,3446
-0,30	0,3483	0,3520	0,3557	0,3594	0,3632	0,3669	0,3707	0,3745	0,3783	0,3821
-0,20	0,3859	0,3897	0,3936	0,3974	0,4013	0,4052	0,4090	0,4129	0,4168	0,4207
-0,10	0,4247	0,4286	0,4325	0,4364	0,4404	0,4443	0,4483	0,4522	0,4562	0,4602
-0,00	0,4641	0,4681	0,4721	0,4761	0,4801	0,4840	0,4880	0,4920	0,4960	0,5000

Fortsetzung Anhang 7

λ	0,00	0,01	0,02	0,03	0,04	0,05	0,06	0,07	0,08	0,09
0,00	0,5000	0,5040	0,5080	0,5120	0,5160	0,5199	0,5239	0,5279	0,5319	0,5359
0,10	0,5398	0,5438	0,5478	0,5517	0,5557	0,5596	0,5636	0,5675	0,5714	0,5753
0,20	0,5793	0,5832	0,5871	0,5910	0,5948	0,5987	0,6026	0,6064	0,6103	0,6141
0,30	0,6179	0,6217	0,6255	0,6293	0,6331	0,6368	0,6406	0,6443	0,6480	0,6517
0,40	0,6554	0,6591	0,6628	0,6664	0,6700	0,6736	0,6772	0,6808	0,6844	0,6879
0,50	0,6915	0,6950	0,6985	0,7019	0,7054	0,7088	0,7123	0,7157	0,7190	0,7224
0,60	0,7257	0,7291	0,7324	0,7357	0,7389	0,7422	0,7454	0,7486	0,7517	0,7549
0,70	0,7580	0,7611	0,7642	0,7673	0,7704	0,7734	0,7764	0,7794	0,7823	0,7852
0,80	0,7881	0,7910	0,7939	0,7967	0,7995	0,8023	0,8051	0,8078	0,8106	0,8133
0,90	0,8159	0,8186	0,8212	0,8238	0,8264	0,8289	0,8315	0,8340	0,8365	0,8389
1,00	0,8413	0,8438	0,8461	0,8485	0,8508	0,8531	0,8554	0,8577	0,8599	0,8621
1,10	0,8643	0,8665	0,8686	0,8708	0,8729	0,8749	0,8770	0,8790	0,8810	0,8830
1,20	0,8849	0,8869	0,8888	0,8907	0,8925	0,8944	0,8962	0,8980	0,8997	0,9015
1,30	0,9032	0,9049	0,9066	0,9082	0,9099	0,9115	0,9131	0,9147	0,9162	0,9177
1,40	0,9192	0,9207	0,9222	0,9236	0,9251	0,9265	0,9279	0,9292	0,9306	0,9319
1,50	0,9332	0,9345	0,9357	0,9370	0,9382	0,9394	0,9406	0,9418	0,9429	0,9441
1,60	0,9452	0,9463	0,9474	0,9484	0,9495	0,9505	0,9515	0,9525	0,9535	0,9545
1,70	0,9554	0,9564	0,9573	0,9582	0,9591	0,9599	0,9608	0,9616	0,9625	0,9633
1,80	0,9641	0,9649	0,9656	0,9664	0,9671	0,9678	0,9686	0,9693	0,9699	0,9706
1,90	0,9713	0,9719	0,9726	0,9732	0,9738	0,9744	0,9750	0,9756	0,9761	0,9767
2,00	0,9772	0,9778	0,9783	0,9788	0,9793	0,9798	0,9803	0,9808	0,9812	0,9817
2,10	0,9821	0,9826	0,9830	0,9834	0,9838	0,9842	0,9846	0,9850	0,9854	0,9857
2,20	0,9861	0,9864	0,9868	0,9871	0,9875	0,9878	0,9881	0,9884	0,9887	0,9890
2,30	0,9893	0,9896	0,9898	0,9901	0,9904	0,9906	0,9909	0,9911	0,9913	0,9916
2,40	0,9918	0,9920	0,9922	0,9925	0,9927	0,9929	0,9931	0,9932	0,9934	0,9936
2,50	0,9938	0,9940	0,9941	0,9943	0,9945	0,9946	0,9948	0,9949	0,9951	0,9952
2,60	0,9953	0,9955	0,9956	0,9957	0,9959	0,9960	0,9961	0,9962	0,9963	0,9964
2,70	0,9965	0,9966	0,9967	0,9968	0,9969	0,9970	0,9971	0,9972	0,9973	0,9974
2,80	0,9974	0,9975	0,9976	0,9977	0,9977	0,9978	0,9979	0,9979	0,9980	0,9981
2,90	0,9981	0,9982	0,9982	0,9983	0,9984	0,9984	0,9985	0,9985	0,9986	0,9986
3,00	0,9987	0,9987	0,9987	0,9988	0,9988	0,9989	0,9989	0,9989	0,9990	0,9990
3,10	0,9990	0,9991	0,9991	0,9991	0,9992	0,9992	0,9992	0,9992	0,9993	0,9993
3,20	0,9993	0,9993	0,9994	0,9994	0,9994	0,9994	0,9994	0,9995	0,9995	0,9995
3,30	0,9995	0,9995	0,9995	0,9996	0,9996	0,9996	0,9996	0,9996	0,9996	0,9997
3,40	0,9997	0,9997	0,9997	0,9997	0,9997	0,9997	0,9997	0,9997	0,9997	0,9998
3,50	0,9998	0,9998	0,9998	0,9998	0,9998	0,9998	0,9998	0,9998	0,9998	0,9998
3,60	0,9998	0,9998	0,9999	0,9999	0,9999	0,9999	0,9999	0,9999	0,9999	0,9999
3,70	0,9999	0,9999	0,9999	0,9999	0,9999	0,9999	0,9999	0,9999	0,9999	0,9999
3,80	0,9999	0,9999	0,9999	0,9999	0,9999	0,9999	0,9999	0,9999	0,9999	0,9999
3,90	1,0000	1,0000	1,0000	1,0000	1,0000	1,0000	1,0000	1,0000	1,0000	1,0000

Anhang 8: Quantilsfunktion der Standardnormalverteilung $\lambda_{1-\alpha} = F_U^{-1}(1-\alpha)$

Für α-Werte $0 < \alpha < 0,5$ gilt: $\lambda_\alpha = -\lambda_{1-\alpha}$.

$1-\alpha$	0,00	0,01	0,02	0,03	0,04	0,05	0,06	0,07	0,08	0,09
0,50	0,0000	0,0251	0,0502	0,0753	0,1004	0,1257	0,1510	0,1764	0,2019	0,2275
0,60	0,2533	0,2793	0,3055	0,3319	0,3585	0,3853	0,4125	0,4399	0,4677	0,4958
0,70	0,5244	0,5534	0,5828	0,6128	0,6433	0,6745	0,7063	0,7388	0,7722	0,8064

$1-\alpha$	0,000	0,001	0,002	0,003	0,004	0,005	0,006	0,007	0,008	0,009
0,800	0,8416	0,8452	0,8488	0,8524	0,8560	0,8596	0,8632	0,8669	0,8706	0,8742
0,810	0,8779	0,8816	0,8853	0,8890	0,8927	0,8965	0,9002	0,9040	0,9078	0,9116
0,820	0,9154	0,9192	0,9230	0,9269	0,9307	0,9346	0,9385	0,9424	0,9463	0,9502
0,830	0,9542	0,9581	0,9621	0,9661	0,9701	0,9741	0,9782	0,9822	0,9863	0,9904
0,840	0,9945	0,9986	1,0027	1,0069	1,0110	1,0152	1,0194	1,0237	1,0279	1,0322
0,850	1,0364	1,0407	1,0451	1,0494	1,0537	1,0581	1,0625	1,0669	1,0714	1,0758
0,860	1,0803	1,0848	1,0893	1,0939	1,0985	1,1031	1,1077	1,1123	1,1170	1,1217
0,870	1,1264	1,1311	1,1359	1,1407	1,1455	1,1503	1,1552	1,1601	1,1650	1,1700
0,880	1,1750	1,1800	1,1850	1,1901	1,1952	1,2004	1,2055	1,2107	1,2160	1,2212
0,890	1,2265	1,2319	1,2372	1,2426	1,2481	1,2536	1,2591	1,2646	1,2702	1,2759
0,900	1,2816	1,2873	1,2930	1,2988	1,3047	1,3106	1,3165	1,3225	1,3285	1,3346
0,910	1,3408	1,3469	1,3532	1,3595	1,3658	1,3722	1,3787	1,3852	1,3917	1,3984
0,920	1,4051	1,4118	1,4187	1,4255	1,4325	1,4395	1,4466	1,4538	1,4611	1,4684
0,930	1,4758	1,4833	1,4909	1,4985	1,5063	1,5141	1,5220	1,5301	1,5382	1,5464
0,940	1,5548	1,5632	1,5718	1,5805	1,5893	1,5982	1,6072	1,6164	1,6258	1,6352
0,950	1,6449	1,6546	1,6646	1,6747	1,6849	1,6954	1,7060	1,7169	1,7279	1,7392
0,960	1,7507	1,7624	1,7744	1,7866	1,7991	1,8119	1,8250	1,8384	1,8522	1,8663
0,970	1,8808	1,8957	1,9110	1,9268	1,9431	1,9600	1,9774	1,9954	2,0141	2,0335
0,980	2,0537	2,0748	2,0969	2,1201	2,1444	2,1701	2,1973	2,2262	2,2571	2,2904
0,990	2,3263	2,3656	2,4089	2,4573	2,5121	2,5758	2,6521	2,7478	2,8782	3,0902

$1-\alpha$	0,0000	0,0001	0,0002	0,0003	0,0004	0,0005	0,0006	0,0007	0,0008	0,0009
0,999	3,0902	3,1214	3,1560	3,1947	3,2390	3,2905	3,3528	3,4319	3,5402	3,7195

$1-\alpha$	0,0013	0,0062	0,0228	0,0668	0,1587	0,8413	0,9332	0,9772	0,9938	0,9987
$\lambda_{1-\alpha}$	-3,00	-2,50	-2,00	-1,50	-1,00	1,00	1,50	2,00	2,50	3,00

Anhang 9: Ausgewählte Quantile der Standardnormalverteilung
für einseitige und zweiseitige Fragestellungen

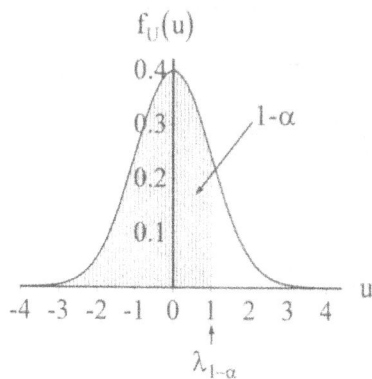

einseitig

$1-\alpha$	$\lambda_{1-\alpha}$
0,0010	-3,09
0,0050	-2,58
0,0100	-2,33
0,0228	-2,00
0,0250	-1,96
0,0500	-1,64
0,1000	-1,28
0,1590	-1,00
0,5000	0,00
0,8410	1,00
0,9000	1,28
0,9500	1,64
0,9750	1,96
0,9772	2,00
0,9900	2,33
0,9950	2,58
0,9990	3,09

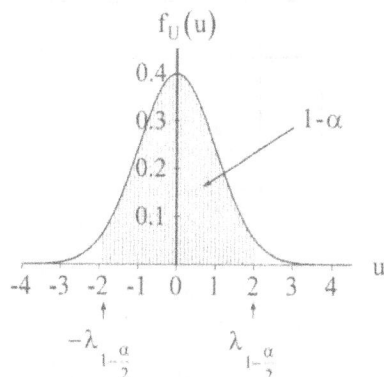

zweiseitig

$1-\alpha$	$\lambda_{1-\alpha/2}$
0,6826	1,00
0,8000	1,28
0,9000	1,64
0,9500	1,96
0,9545	2,00
0,9600	2,05
0,9700	2,17
0,9800	2,33
0,9900	2,58
0,9950	2,81
0,9973	3,00
0,9990	3,29

Anhang 10: Fakultäten

$$k! = k \cdot (k-1) \cdot (k-2) \cdot \ \cdots \ \cdot 3 \cdot 2 \cdot 1$$

k	k!
1	1
2	2
3	6
4	24
5	120
6	720
7	5 040
8	40 320
9	362 880
10	3 628 800
11	39 916 800
12	479 001 600
13	6 227 020 800
14	87 178 291 200
15	1 307 674 368 000
16	20 922 789 888 000
17	355 687 428 096 000
18	6 402 373 705 728 000
19	121 645 100 408 832 000
20	2 432 902 008 176 640 000
21	51 090 942 171 709 440 000
22	1 124 000 727 777 607 680 000
23	25 852 016 738 884 976 640 000
24	620 448 401 733 239 439 360 000
25	15 511 210 043 330 985 984 000 000
26	403 291 461 126 605 635 584 000 000
27	10 888 869 450 418 352 160 768 000 000
28	304 888 344 611 713 860 501 504 000 000
29	8 841 761 993 739 701 954 543 616 000 000
30	265 252 859 812 191 058 636 308 480 000 000
31	8 222 838 654 177 922 817 725 562 880 000 000
32	263 130 836 933 693 530 167 218 012 160 000 000
33	8 683 317 618 811 886 495 518 194 401 280 000 000
34	295 232 799 039 604 140 847 618 609 643 520 000 000
35	10 333 147 966 386 144 929 666 651 337 523 200 000 000
36	371 993 326 789 901 217 467 999 448 150 835 200 000 000
37	13 763 753 091 226 345 046 315 979 581 580 902 400 000 000
38	523 022 617 466 601 111 760 007 224 100 074 291 200 000 000
39	20 397 882 081 197 443 358 640 281 739 902 897 356 800 000 000
40	815 915 283 247 897 734 345 611 269 596 115 894 272 000 000 000

Anhang 11: Kombinatorik

1 Permutationen

1.1 Permutationen ohne Wiederholung (P. ohne W.)

Jede Anordnung von n voneinander verschiedenen Elementen unter Beachtung der Reihenfolge heißt P. ohne W. dieser Elemente. Für die Anzahl dieser Permutationen gilt:

$$n \cdot (n-1) \cdot (n-2) \cdots 3 \cdot 2 \cdot 1 = n!$$

Für $n = 0$ wird $0! = 1$ gesetzt.

Beispiel: Für die Anordnung von 8 verschiedenen Statistik-Aufgaben gibt es insgesamt $8! = 40.320$ verschiedene Möglichkeiten.

1.2 Permutationen mit Wiederholung (P. mit W.)

Jede Anordnung von n Elementen, von denen jeweils $n_1, n_2, \ldots, n_k$ gleich sind $(n_1 + n_2 + \cdots + n_k = n)$, unter Beachtung der Reihenfolge heißt P. mit W. dieser Elemente. Für die Anzahl dieser Permutationen gilt:

$$\binom{n}{n_1, n_2, \ldots, n_k} = \frac{n!}{n_1! \, n_2! \cdots n_k!} \qquad \text{(Multinomialkoeffizient)}.$$

Beispiel: Aus den Ziffern 1, 2, 2, 7, 7 können insgesamt $5!/(1!2!2!) = 30$ verschiedene fünfstellige Zahlen gebildet werden, in denen die Ziffer 1 genau einmal und die Ziffern 2 und 7 jeweils genau zweimal vorkommen.

Hinweis:

Bestehen die n Elemente aus nur zwei verschiedenen Gruppen von jeweils k bzw. n–k gleichen Elementen, so gilt für die Anzahl der verschiedenen Anordnungen:

$$\binom{n}{k} = \frac{n!}{k!(n-k)!} = \binom{n}{n-k} \qquad \text{(Binomialkoeffizient)}.$$

2 Variationen

2.1 Variationen ohne Wiederholung (V. ohne W.)

Wenn aus n verschiedenen Elementen unter Beachtung der Reihenfolge und ohne Wiederholung $k < n$ Elemente ausgewählt werden sollen, dann gibt es

$$n \cdot (n-1) \cdot (n-2) \cdots (n-k+1) = \frac{n!}{(n-k)!}$$

verschiedene Auswahlmöglichkeiten (Auswahl ohne Zurücklegen und mit Beachtung der Reihenfolge). Die Zahl $\frac{n!}{(n-k)!}$ heißt V. ohne W.

Beispiel: Unter den 28 Teilnehmern einer schriftlichen Prüfung sollen vier verschiedene Bücher so verteilt werden, daß jeder Teilnehmer höchstens ein Buch erhält. Dann gibt es $28 \cdot 27 \cdot 26 \cdot 25 = 491.400 = 28!/(28-4)!$ verschiedene Möglichkeiten, die vier Teilnehmer auszuwählen.

2.2 Variationen mit Wiederholung (V. mit W.)

Wenn aus n verschiedenen Elementen - unter Beachtung der Reihenfolge und mit Wiederholung - k Elemente ausgewählt werden sollen, dann gibt es

$$n^k$$

verschiedene Auswahlmöglichkeiten (Auswahl mit Zurücklegen und mit Beachtung der Reihenfolge). Die Zahl n^k heißt V. mit W.

Beispiel: Wenn unter den 28 Teilnehmern einer schriftlichen Prüfung vier verschiedene Bücher so verteilt werden, daß jeder Teilnehmer mehrere (ein Teilnehmer höchstens vier) Bücher erhalten kann, dann gibt es $n^k = 28^4 = 614.656$ verschiedene Möglichkeiten die Teilnehmer auszuwählen.

3 Kombinationen

3.1 Kombinationen ohne Wiederholung (K. ohne W.)

Jede Auswahl (Teilmenge) von k Elementen aus einer Menge von n Elementen heißt K. ohne W., wenn jedes der n Elemente höchstens einmal ausgewählt und die Reihenfolge nicht beachtet wird (Auswahl ohne Zurücklegen und ohne Beachtung der Reihenfolge). Für die Anzahl dieser Kombinationen (aus n Elementen zur Klasse k oder zur Ordnung k) gilt mit $k \leq n$:

$$\binom{n}{k} = \frac{n!}{k!(n-k)!} \ .$$

Beispiel: Bei einem Zahlenlotto werden aus 49 Zahlen 6 ausgewählt. Es gibt $49!/(6!43!)$ = 13.983.816 verschiedene Auswahlmöglichkeiten.

3.2 Kombinationen mit Wiederholung (K. mit W.)

Jede Auswahl (Teilmenge) von k Elementen aus einer Menge von n Elementen heißt K. mit W., wenn jedes der n Elemente beliebig oft ausgewählt werden kann und die Reihenfolge nicht beachtet wird (Auswahl mit Zurücklegen und ohne Beachtung der Reihenfolge). Für die Anzahl dieser Kombinationen (aus n Elementen zur Klasse k oder zur Ordnung k) gilt:

$$\binom{n+k-1}{k} = \frac{(n+k-1)!}{k!(n-1)!}.$$

Beispiel: Wenn ein Winzer aus sechs verschiedene Weinsorten Kisten zu je 12 Flaschen zusammenstellt, so gibt es insgesamt

$$\binom{6+12-1}{12} = \binom{17}{12} = 6.188$$

verschiedene Möglichkeiten, die Kisten zu füllen.

Übersicht zu 2 und 3

Anzahl der Variationen und Kombinationen mit und ohne Wiederholung

aus 3 Elementen (den Ziffern 1, 2 und 3) zur Klasse k=2

	Beachtung der Reihenfolge	Anzahl	Auswahl und Anordnung
V. ohne W.	ja	$n!/(n-k)!$ $3!/(3-2)!=6$	12 13 23 21 31 32
V. mit W.	ja	n^k $3^2 = 9$	11 22 33 12 13 23 21 31 32
K. ohne W.	nein	$n!/k!(n-k)!$ $3!/2!(3-2)!=3$	12 13 23
K. mit W.	nein	$(n+k-1)!/k!(n-1)!$ $(3+2-1)!/2!(3-1)!=6$	11 22 33 12 13 23

Hinweis: "Beachtung der Reihenfolge" bedeutet, daß Zusammenstellungen von k Elementen dann als verschieden gelten, wenn sie zwar genau dieselben Elemente, diese aber in verschiedener Anordnung enthalten (wie zum Beispiel "123" und "231").

Anhang 12: Binomialkoeffizienten

$$\binom{n}{k} = \frac{n!}{k!(n-k)!}, \quad n \in N, \quad k \in N_0$$

k \ n	0	1	2	3	4	5	6	7	8	9	10
1	1										
2	1	2									
3	1	3									
4	1	4	6								
5	1	5	10								
6	1	6	15	20							
7	1	7	21	35							
8	1	8	28	56	70						
9	1	9	36	84	126						
10	1	10	45	120	210	252					
11	1	11	55	165	330	462					
12	1	12	66	220	495	792	924				
13	1	13	78	286	715	1287	1716				
14	1	14	91	364	1001	2002	3003	3432			
15	1	15	105	455	1365	3003	5005	6435			
16	1	16	120	560	1820	4368	8008	11440	12870		
17	1	17	136	680	2380	6188	12376	19448	24310		
18	1	18	153	816	3060	8568	18564	31824	43758	48620	
19	1	19	171	969	3876	11628	27132	50388	75582	92378	
20	1	20	190	1140	4845	15504	38760	77520	125970	167960	184756

Es gilt:

$$\binom{n}{0} = \binom{n}{n} = 1,$$

$$\binom{n}{1} = \binom{n}{n-1} = n,$$

$$\binom{n}{k} = \binom{n}{n-k},$$

$$\binom{n+1}{k+1} = \binom{n}{k} + \binom{n}{k+1}.$$

Anhang 13: Binomialverteilung

Beispiel: $f(3|4;0,3) = 0,0756$.

Für $\pi > 0,5$ ist die Beziehung $f_{X'}(x'|n,\pi) = f_{n-X'}(n-x'|n,1-\pi)$ zu verwenden.

n	x'	0,99	0,95	0,90	0,85	0,80	0,75	0,70	0,65	0,60	0,55	0,50	n−x'
		\multicolumn{11}{c}{π}	
		0,01	0,05	0,10	0,15	0,20	0,25	0,30	0,35	0,40	0,45	0,50	
2	0	,9801	,9025	,8100	,7225	,6400	,5625	,4900	,4225	,3600	,3025	,2500	2
	1	,0198	,0950	,1800	,2550	,3200	,3750	,4200	,4550	,4800	,4950	,5000	1
	2	,0001	,0025	,0100	,0225	,0400	,0625	,0900	,1225	,1600	,2025	,2500	0
3	0	,9703	,8574	,7290	,6141	,5120	,4219	,3430	,2746	,2160	,1664	,1250	3
	1	,0294	,1354	,2430	,3251	,3840	,4219	,4410	,4436	,4320	,4084	,3750	2
	2	,0003	,0071	,0270	,0574	,0960	,1406	,1890	,2389	,2880	,3341	,3750	1
	3	,0000	,0001	,0010	,0034	,0080	,0156	,0270	,0429	,0640	,0911	,1250	0
4	0	,9606	,8145	,6561	,5220	,4096	,3164	,2401	,1785	,1296	,0915	,0625	4
	1	,0388	,1715	,2916	,3685	,4096	,4219	,4116	,3845	,3456	,2995	,2500	3
	2	,0006	,0135	,0486	,0975	,1536	,2109	,2646	,3105	,3456	,3675	,3750	2
	3	,0000	,0005	,0036	,0115	,0256	,0469	,0756	,1115	,1536	,2005	,2500	1
	4	,0000	,0000	,0001	,0005	,0016	,0039	,0081	,0150	,0256	,0410	,0625	0
5	0	,9510	,7738	,5905	,4437	,3277	,2373	,1681	,1160	,0778	,0503	,0312	5
	1	,0480	,2036	,3281	,3915	,4096	,3955	,3601	,3124	,2592	,2059	,1562	4
	2	,0010	,0214	,0729	,1382	,2048	,2637	,3087	,3364	,3456	,3369	,3125	3
	3	,0000	,0011	,0081	,0244	,0512	,0879	,1323	,1811	,2304	,2757	,3125	2
	4	,0000	,0000	,0005	,0022	,0064	,0146	,0284	,0488	,0768	,1128	,1563	1
	5	,0000	,0000	,0000	,0001	,0003	,0010	,0024	,0053	,0102	,0185	,0313	0
6	0	,9415	,7351	,5314	,3771	,2621	,1780	,1176	,0754	,0467	,0277	,0156	6
	1	,0571	,2321	,3543	,3993	,3932	,3560	,3025	,2437	,1866	,1359	,0937	5
	2	,0014	,0305	,0984	,1762	,2458	,2966	,3241	,3280	,3110	,2780	,2344	4
	3	,0000	,0021	,0146	,0415	,0819	,1318	,1852	,2355	,2765	,3032	,3125	3
	4	,0000	,0001	,0012	,0055	,0154	,0330	,0595	,0951	,1382	,1861	,2344	2
	5	,0000	,0000	,0001	,0004	,0015	,0044	,0102	,0205	,0369	,0609	,0938	1
	6	,0000	,0000	,0000	,0000	,0001	,0002	,0007	,0018	,0041	,0083	,0156	0
7	0	,9321	,6983	,4783	,3206	,2097	,1335	,0824	,0490	,0280	,0152	,0078	7
	1	,0659	,2573	,3720	,3960	,3670	,3115	,2471	,1848	,1306	,0872	,0547	6
	2	,0020	,0406	,1240	,2097	,2753	,3115	,3177	,2985	,2613	,2140	,1641	5
	3	,0000	,0036	,0230	,0617	,1147	,1730	,2269	,2679	,2903	,2918	,2734	4
	4	,0000	,0002	,0026	,0109	,0287	,0577	,0972	,1442	,1935	,2388	,2734	3
	5	,0000	,0000	,0002	,0012	,0043	,0115	,0250	,0466	,0774	,1172	,1641	2
	6	,0000	,0000	,0000	,0001	,0004	,0013	,0036	,0084	,0172	,0320	,0547	1
	7	,0000	,0000	,0000	,0000	,0000	,0001	,0002	,0006	,0016	,0037	,0078	0
8	0	,9227	,6634	,4305	,2725	,1678	,1001	,0576	,0319	,0168	,0084	,0039	8
	1	,0746	,2793	,3826	,3847	,3355	,2670	,1977	,1373	,0896	,0548	,0312	7
	2	,0026	,0515	,1488	,2376	,2936	,3115	,2965	,2587	,2090	,1569	,1094	6
	3	,0001	,0054	,0331	,0839	,1468	,2076	,2541	,2786	,2787	,2568	,2187	5
	4	,0000	,0004	,0046	,0185	,0459	,0865	,1361	,1875	,2322	,2627	,2734	4
	5	,0000	,0000	,0004	,0026	,0092	,0231	,0467	,0808	,1239	,1719	,2188	3
	6	,0000	,0000	,0000	,0002	,0011	,0038	,0100	,0217	,0413	,0703	,1094	2
	7	,0000	,0000	,0000	,0000	,0001	,0004	,0012	,0033	,0079	,0164	,0313	1
	8	,0000	,0000	,0000	,0000	,0000	,0000	,0001	,0002	,0007	,0017	,0039	0

Fortsetzung Anhang 13

n	x'	0,99	0,95	0,90	0,85	0,80	0,75	0,70	0,65	0,60	0,55	0,50	n−x'
		0,01	0,05	0,10	0,15	0,20	0,25	0,30	0,35	0,40	0,45	0,50	
9	0	,9135	,6302	,3874	,2316	,1342	,0751	,0404	,0207	,0101	,0046	,0020	9
	1	,0830	,2985	,3874	,3679	,3020	,2253	,1556	,1004	,0605	,0339	,0176	8
	2	,0034	,0629	,1722	,2597	,3020	,3003	,2668	,2162	,1612	,1110	,0703	7
	3	,0001	,0077	,0446	,1069	,1762	,2336	,2668	,2716	,2508	,2119	,1641	6
	4	,0000	,0006	,0074	,0283	,0661	,1168	,1715	,2194	,2508	,2600	,2461	5
	5	,0000	,0000	,0008	,0050	,0165	,0389	,0735	,1181	,1672	,2128	,2461	4
	6	,0000	,0000	,0001	,0006	,0028	,0087	,0210	,0424	,0743	,1160	,1641	3
	7	,0000	,0000	,0000	,0000	,0003	,0012	,0039	,0098	,0212	,0407	,0703	2
	8	,0000	,0000	,0000	,0000	,0000	,0001	,0004	,0013	,0035	,0083	,0176	1
	9	,0000	,0000	,0000	,0000	,0000	,0000	,0000	,0001	,0003	,0008	,0020	0
10	0	,9044	,5987	,3487	,1969	,1074	,0563	,0282	,0135	,0060	,0025	,0010	10
	1	,0914	,3151	,3874	,3474	,2684	,1877	,1211	,0725	,0403	,0207	,0098	9
	2	,0042	,0746	,1937	,2759	,3020	,2816	,2335	,1757	,1209	,0763	,0439	8
	3	,0001	,0105	,0574	,1298	,2013	,2503	,2668	,2522	,2150	,1665	,1172	7
	4	,0000	,0010	,0112	,0401	,0881	,1460	,2001	,2377	,2508	,2384	,2051	6
	5	,0000	,0001	,0015	,0085	,0264	,0584	,1029	,1536	,2007	,2340	,2461	5
	6	,0000	,0000	,0001	,0012	,0055	,0162	,0368	,0689	,1115	,1596	,2051	4
	7	,0000	,0000	,0000	,0001	,0008	,0031	,0090	,0212	,0425	,0746	,1172	3
	8	,0000	,0000	,0000	,0000	,0001	,0004	,0014	,0043	,0106	,0229	,0439	2
	9	,0000	,0000	,0000	,0000	,0000	,0000	,0001	,0005	,0016	,0042	,0098	1
	10	,0000	,0000	,0000	,0000	,0000	,0000	,0000	,0000	,0001	,0003	,0010	0
11	0	,8953	,5688	,3138	,1673	,0859	,0422	,0198	,0088	,0036	,0014	,0005	11
	1	,0995	,3293	,3835	,3248	,2362	,1549	,0932	,0518	,0266	,0125	,0054	10
	2	,0050	,0867	,2131	,2866	,2953	,2581	,1998	,1395	,0887	,0513	,0269	9
	3	,0002	,0137	,0710	,1517	,2215	,2581	,2568	,2254	,1774	,1259	,0806	8
	4	,0000	,0014	,0158	,0536	,1107	,1721	,2201	,2428	,2365	,2060	,1611	7
	5	,0000	,0001	,0025	,0132	,0388	,0803	,1321	,1830	,2207	,2360	,2256	6
	6	,0000	,0000	,0003	,0023	,0097	,0268	,0566	,0985	,1471	,1931	,2256	5
	7	,0000	,0000	,0000	,0003	,0017	,0064	,0173	,0379	,0701	,1128	,1611	4
	8	,0000	,0000	,0000	,0000	,0002	,0011	,0037	,0102	,0234	,0462	,0806	3
	9	,0000	,0000	,0000	,0000	,0000	,0001	,0005	,0018	,0052	,0126	,0269	2
	10	,0000	,0000	,0000	,0000	,0000	,0000	,0000	,0002	,0007	,0021	,0054	1
	11	,0000	,0000	,0000	,0000	,0000	,0000	,0000	,0000	,0000	,0002	,0005	0
12	0	,8864	,5404	,2824	,1422	,0687	,0317	,0138	,0057	,0022	,0008	,0002	12
	1	,1074	,3413	,3766	,3012	,2062	,1267	,0712	,0368	,0174	,0075	,0029	11
	2	,0060	,0988	,2301	,2924	,2835	,2323	,1678	,1088	,0639	,0339	,0161	10
	3	,0002	,0173	,0852	,1720	,2362	,2581	,2397	,1954	,1419	,0923	,0537	9
	4	,0000	,0021	,0213	,0683	,1329	,1936	,2311	,2367	,2128	,1700	,1208	8
	5	,0000	,0002	,0038	,0193	,0532	,1032	,1585	,2039	,2270	,2225	,1934	7
	6	,0000	,0000	,0005	,0040	,0155	,0401	,0792	,1281	,1766	,2124	,2256	6
	7	,0000	,0000	,0000	,0006	,0033	,0115	,0291	,0591	,1009	,1489	,1934	5
	8	,0000	,0000	,0000	,0001	,0005	,0024	,0078	,0199	,0420	,0762	,1208	4
	9	,0000	,0000	,0000	,0000	,0001	,0004	,0015	,0048	,0125	,0277	,0537	3
	10	,0000	,0000	,0000	,0000	,0000	,0000	,0002	,0008	,0025	,0068	,0161	2
	11	,0000	,0000	,0000	,0000	,0000	,0000	,0000	,0001	,0003	,0010	,0029	1
	12	,0000	,0000	,0000	,0000	,0000	,0000	,0000	,0000	,0000	,0001	,0002	0

Fortsetzung Anhang 13

n	x'	0,99	0,95	0,90	0,85	0,80	0,75	0,70	0,65	0,60	0,55	0,50	n−x'
							π						
		0,01	0,05	0,10	0,15	0,20	0,25	0,30	0,35	0,40	0,45	0,50	
13	0	,8775	,5133	,2542	,1209	,0550	,0238	,0097	,0037	,0013	,0004	,0001	13
	1	,1152	,3512	,3672	,2774	,1787	,1029	,0540	,0259	,0113	,0045	,0016	12
	2	,0070	,1109	,2448	,2937	,2680	,2059	,1388	,0836	,0453	,0220	,0095	11
	3	,0003	,0214	,0997	,1900	,2457	,2517	,2181	,1651	,1107	,0660	,0349	10
	4	,0000	,0028	,0277	,0838	,1535	,2097	,2337	,2222	,1845	,1350	,0873	9
	5	,0000	,0003	,0055	,0266	,0691	,1258	,1803	,2154	,2214	,1989	,1571	8
	6	,0000	,0000	,0008	,0063	,0230	,0559	,1030	,1546	,1968	,2169	,2095	7
	7	,0000	,0000	,0001	,0011	,0058	,0186	,0442	,0833	,1312	,1775	,2095	6
	8	,0000	,0000	,0000	,0001	,0011	,0047	,0142	,0336	,0656	,1089	,1571	5
	9	,0000	,0000	,0000	,0000	,0001	,0009	,0034	,0101	,0243	,0495	,0873	4
	10	,0000	,0000	,0000	,0000	,0000	,0001	,0006	,0022	,0065	,0162	,0349	3
	11	,0000	,0000	,0000	,0000	,0000	,0000	,0001	,0003	,0012	,0036	,0095	2
	12	,0000	,0000	,0000	,0000	,0000	,0000	,0000	,0000	,0001	,0005	,0016	1
	13	,0000	,0000	,0000	,0000	,0000	,0000	,0000	,0000	,0000	,0000	,0001	0
14	0	,8687	,4877	,2288	,1028	,0440	,0178	,0068	,0024	,0008	,0002	,0001	14
	1	,1229	,3593	,3559	,2539	,1539	,0832	,0407	,0181	,0073	,0027	,0009	13
	2	,0081	,1229	,2570	,2912	,2501	,1802	,1134	,0634	,0317	,0141	,0056	12
	3	,0003	,0259	,1142	,2056	,2501	,2402	,1943	,1366	,0845	,0462	,0222	11
	4	,0000	,0037	,0349	,0998	,1720	,2202	,2290	,2022	,1549	,1040	,0611	10
	5	,0000	,0004	,0078	,0352	,0860	,1468	,1963	,2178	,2066	,1701	,1222	9
	6	,0000	,0000	,0013	,0093	,0322	,0734	,1262	,1759	,2066	,2088	,1833	8
	7	,0000	,0000	,0002	,0019	,0092	,0280	,0618	,1082	,1574	,1952	,2095	7
	8	,0000	,0000	,0000	,0003	,0020	,0082	,0232	,0510	,0918	,1398	,1833	6
	9	,0000	,0000	,0000	,0000	,0003	,0018	,0066	,0183	,0408	,0762	,1222	5
	10	,0000	,0000	,0000	,0000	,0000	,0003	,0014	,0049	,0136	,0312	,0611	4
	11	,0000	,0000	,0000	,0000	,0000	,0000	,0002	,0010	,0033	,0093	,0222	3
	12	,0000	,0000	,0000	,0000	,0000	,0000	,0000	,0001	,0005	,0019	,0056	2
	13	,0000	,0000	,0000	,0000	,0000	,0000	,0000	,0000	,0001	,0002	,0009	1
	14	,0000	,0000	,0000	,0000	,0000	,0000	,0000	,0000	,0000	,0000	,0001	0
15	0	,8601	,4633	,2059	,0874	,0352	,0134	,0047	,0016	,0005	,0001	,0000	15
	1	,1303	,3658	,3432	,2312	,1319	,0668	,0305	,0126	,0047	,0016	,0005	14
	2	,0092	,1348	,2669	,2856	,2309	,1559	,0916	,0476	,0219	,0090	,0032	13
	3	,0004	,0307	,1285	,2184	,2501	,2252	,1700	,1110	,0634	,0318	,0139	12
	4	,0000	,0049	,0428	,1156	,1876	,2252	,2186	,1792	,1268	,0780	,0417	11
	5	,0000	,0006	,0105	,0449	,1032	,1651	,2061	,2123	,1859	,1404	,0916	10
	6	,0000	,0000	,0019	,0132	,0430	,0917	,1472	,1906	,2066	,1914	,1527	9
	7	,0000	,0000	,0003	,0030	,0138	,0393	,0811	,1319	,1771	,2013	,1964	8
	8	,0000	,0000	,0000	,0005	,0035	,0131	,0348	,0710	,1181	,1647	,1964	7
	9	,0000	,0000	,0000	,0001	,0007	,0034	,0116	,0298	,0612	,1048	,1527	6
	10	,0000	,0000	,0000	,0000	,0001	,0007	,0030	,0096	,0245	,0515	,0916	5
	11	,0000	,0000	,0000	,0000	,0000	,0001	,0006	,0024	,0074	,0191	,0417	4
	12	,0000	,0000	,0000	,0000	,0000	,0000	,0001	,0004	,0016	,0052	,0139	3
	13	,0000	,0000	,0000	,0000	,0000	,0000	,0000	,0001	,0003	,0010	,0032	2
	14	,0000	,0000	,0000	,0000	,0000	,0000	,0000	,0000	,0000	,0001	,0005	1
	15	,0000	,0000	,0000	,0000	,0000	,0000	,0000	,0000	,0000	,0000	,0000	0

Fortsetzung Anhang 13

n	x'	0,99	0,95	0,90	0,85	0,80	0,75	0,70	0,65	0,60	0,55	0,50	n−x'
		0,01	0,05	0,10	0,15	0,20	0,25	0,30	0,35	0,40	0,45	0,50	
16	0	,8515	,4401	,1853	,0743	,0281	,0100	,0033	,0010	,0003	,0001	,0000	16
	1	,1376	,3706	,3294	,2097	,1126	,0535	,0228	,0087	,0030	,0009	,0002	15
	2	,0104	,1463	,2745	,2775	,2111	,1336	,0732	,0353	,0150	,0056	,0018	14
	3	,0005	,0359	,1423	,2285	,2463	,2079	,1465	,0888	,0468	,0215	,0085	13
	4	,0000	,0061	,0514	,1311	,2001	,2252	,2040	,1553	,1014	,0572	,0278	12
	5	,0000	,0008	,0137	,0555	,1201	,1802	,2099	,2008	,1623	,1123	,0667	11
	6	,0000	,0001	,0028	,0180	,0550	,1101	,1649	,1982	,1983	,1684	,1222	10
	7	,0000	,0000	,0004	,0045	,0197	,0524	,1010	,1524	,1889	,1969	,1746	9
	8	,0000	,0000	,0001	,0009	,0055	,0197	,0487	,0923	,1417	,1812	,1964	8
	9	,0000	,0000	,0000	,0001	,0012	,0058	,0185	,0442	,0840	,1318	,1746	7
	10	,0000	,0000	,0000	,0000	,0002	,0014	,0056	,0167	,0392	,0755	,1222	6
	11	,0000	,0000	,0000	,0000	,0000	,0002	,0013	,0049	,0142	,0337	,0667	5
	12	,0000	,0000	,0000	,0000	,0000	,0000	,0002	,0011	,0040	,0115	,0278	4
	13	,0000	,0000	,0000	,0000	,0000	,0000	,0000	,0002	,0008	,0029	,0085	3
	14	,0000	,0000	,0000	,0000	,0000	,0000	,0000	,0000	,0001	,0005	,0018	2
	15	,0000	,0000	,0000	,0000	,0000	,0000	,0000	,0000	,0000	,0001	,0002	1
	16	,0000	,0000	,0000	,0000	,0000	,0000	,0000	,0000	,0000	,0000	,0000	0
17	0	,8429	,4181	,1668	,0631	,0225	,0075	,0023	,0007	,0002	,0000	,0000	17
	1	,1447	,3741	,3150	,1893	,0957	,0426	,0169	,0060	,0019	,0005	,0001	16
	2	,0117	,1575	,2800	,2673	,1914	,1136	,0581	,0260	,0102	,0035	,0010	15
	3	,0006	,0415	,1556	,2359	,2393	,1893	,1245	,0701	,0341	,0144	,0052	14
	4	,0000	,0076	,0605	,1457	,2093	,2209	,1868	,1320	,0796	,0411	,0182	13
	5	,0000	,0010	,0175	,0668	,1361	,1914	,2081	,1849	,1379	,0875	,0472	12
	6	,0000	,0001	,0039	,0236	,0680	,1276	,1784	,1991	,1839	,1432	,0944	11
	7	,0000	,0000	,0007	,0065	,0267	,0668	,1201	,1685	,1927	,1841	,1484	10
	8	,0000	,0000	,0001	,0014	,0084	,0279	,0644	,1134	,1606	,1883	,1855	9
	9	,0000	,0000	,0000	,0003	,0021	,0093	,0276	,0611	,1070	,1540	,1855	8
	10	,0000	,0000	,0000	,0000	,0004	,0025	,0095	,0263	,0571	,1008	,1484	7
	11	,0000	,0000	,0000	,0000	,0001	,0005	,0026	,0090	,0242	,0525	,0944	6
	12	,0000	,0000	,0000	,0000	,0000	,0001	,0006	,0024	,0081	,0215	,0472	5
	13	,0000	,0000	,0000	,0000	,0000	,0000	,0001	,0005	,0021	,0068	,0182	4
	14	,0000	,0000	,0000	,0000	,0000	,0000	,0000	,0001	,0004	,0016	,0052	3
	15	,0000	,0000	,0000	,0000	,0000	,0000	,0000	,0000	,0001	,0003	,0010	2
	16	,0000	,0000	,0000	,0000	,0000	,0000	,0000	,0000	,0000	,0000	,0001	1
	17	,0000	,0000	,0000	,0000	,0000	,0000	,0000	,0000	,0000	,0000	,0000	0
18	0	,8345	,3972	,1501	,0536	,0180	,0056	,0016	,0004	,0001	,0000	,0000	18
	1	,1517	,3763	,3002	,1704	,0811	,0338	,0126	,0042	,0012	,0003	,0001	17
	2	,0130	,1683	,2835	,2556	,1723	,0958	,0458	,0190	,0069	,0022	,0006	16
	3	,0007	,0473	,1680	,2406	,2297	,1704	,1046	,0547	,0246	,0095	,0031	15
	4	,0000	,0093	,0700	,1592	,2153	,2130	,1681	,1104	,0614	,0291	,0117	14
	5	,0000	,0014	,0218	,0787	,1507	,1988	,2017	,1664	,1146	,0666	,0327	13
	6	,0000	,0002	,0052	,0301	,0816	,1436	,1873	,1941	,1655	,1181	,0708	12
	7	,0000	,0000	,0010	,0091	,0350	,0820	,1376	,1792	,1892	,1657	,1214	11
	8	,0000	,0000	,0002	,0022	,0120	,0376	,0811	,1327	,1734	,1864	,1669	10
	9	,0000	,0000	,0000	,0004	,0033	,0139	,0386	,0794	,1284	,1694	,1855	9
	10	,0000	,0000	,0000	,0001	,0008	,0042	,0149	,0385	,0771	,1248	,1669	8
	11	,0000	,0000	,0000	,0000	,0001	,0010	,0046	,0151	,0374	,0742	,1214	7
	12	,0000	,0000	,0000	,0000	,0000	,0002	,0012	,0047	,0145	,0354	,0708	6
	13	,0000	,0000	,0000	,0000	,0000	,0000	,0002	,0012	,0045	,0134	,0327	5
	14	,0000	,0000	,0000	,0000	,0000	,0000	,0000	,0002	,0011	,0039	,0117	4
	15	,0000	,0000	,0000	,0000	,0000	,0000	,0000	,0000	,0002	,0009	,0031	3
	16	,0000	,0000	,0000	,0000	,0000	,0000	,0000	,0000	,0000	,0001	,0006	2
	17	,0000	,0000	,0000	,0000	,0000	,0000	,0000	,0000	,0000	,0000	,0001	1
	18	,0000	,0000	,0000	,0000	,0000	,0000	,0000	,0000	,0000	,0000	,0000	0

Fortsetzung Anhang 13

n	x'	0,99	0,95	0,90	0,85	0,80	0,75	0,70	0,65	0,60	0,55	0,50	n−x'
		0,01	0,05	0,10	0,15	0,20	0,25	0,30	0,35	0,40	0,45	0,50	
19	0	,8262	,3774	,1351	,0456	,0144	,0042	,0011	,0003	,0001	,0000	,0000	19
	1	,1586	,3774	,2852	,1529	,0685	,0268	,0093	,0029	,0008	,0002	,0000	18
	2	,0144	,1787	,2852	,2428	,1540	,0803	,0358	,0138	,0046	,0013	,0003	17
	3	,0008	,0533	,1796	,2428	,2182	,1517	,0869	,0422	,0175	,0062	,0018	16
	4	,0000	,0112	,0798	,1714	,2182	,2023	,1491	,0909	,0467	,0203	,0074	15
	5	,0000	,0018	,0266	,0907	,1636	,2023	,1916	,1468	,0933	,0497	,0222	14
	6	,0000	,0002	,0069	,0374	,0955	,1574	,1916	,1844	,1451	,0949	,0518	13
	7	,0000	,0000	,0014	,0122	,0443	,0974	,1525	,1844	,1797	,1443	,0961	12
	8	,0000	,0000	,0002	,0032	,0166	,0487	,0981	,1489	,1797	,1771	,1442	11
	9	,0000	,0000	,0000	,0007	,0051	,0198	,0514	,0980	,1464	,1771	,1762	10
	10	,0000	,0000	,0000	,0001	,0013	,0066	,0220	,0528	,0976	,1449	,1762	9
	11	,0000	,0000	,0000	,0000	,0003	,0018	,0077	,0233	,0532	,0970	,1442	8
	12	,0000	,0000	,0000	,0000	,0000	,0004	,0022	,0083	,0237	,0529	,0961	7
	13	,0000	,0000	,0000	,0000	,0000	,0001	,0005	,0024	,0085	,0233	,0518	6
	14	,0000	,0000	,0000	,0000	,0000	,0000	,0001	,0006	,0024	,0082	,0222	5
	15	,0000	,0000	,0000	,0000	,0000	,0000	,0000	,0001	,0005	,0022	,0074	4
	16	,0000	,0000	,0000	,0000	,0000	,0000	,0000	,0000	,0001	,0005	,0018	3
	17	,0000	,0000	,0000	,0000	,0000	,0000	,0000	,0000	,0000	,0001	,0003	2
	18	,0000	,0000	,0000	,0000	,0000	,0000	,0000	,0000	,0000	,0000	,0000	1
	19	,0000	,0000	,0000	,0000	,0000	,0000	,0000	,0000	,0000	,0000	,0000	0
20	0	,8179	,3585	,1216	,0388	,0115	,0032	,0008	,0002	,0000	,0000	,0000	20
	1	,1652	,3774	,2702	,1368	,0576	,0211	,0068	,0020	,0005	,0001	,0000	19
	2	,0159	,1887	,2852	,2293	,1369	,0669	,0278	,0100	,0031	,0008	,0002	18
	3	,0010	,0596	,1901	,2428	,2054	,1339	,0716	,0323	,0123	,0040	,0011	17
	4	,0000	,0133	,0898	,1821	,2182	,1897	,1304	,0738	,0350	,0139	,0046	16
	5	,0000	,0022	,0319	,1028	,1746	,2023	,1789	,1272	,0746	,0365	,0148	15
	6	,0000	,0003	,0089	,0454	,1091	,1686	,1916	,1712	,1244	,0746	,0370	14
	7	,0000	,0000	,0020	,0160	,0545	,1124	,1643	,1844	,1659	,1221	,0739	13
	8	,0000	,0000	,0004	,0046	,0222	,0609	,1144	,1614	,1797	,1623	,1201	12
	9	,0000	,0000	,0001	,0011	,0074	,0271	,0654	,1158	,1597	,1771	,1602	11
	10	,0000	,0000	,0000	,0002	,0020	,0099	,0308	,0686	,1171	,1593	,1762	10
	11	,0000	,0000	,0000	,0000	,0005	,0030	,0120	,0336	,0710	,1185	,1602	9
	12	,0000	,0000	,0000	,0000	,0001	,0008	,0039	,0136	,0355	,0727	,1201	8
	13	,0000	,0000	,0000	,0000	,0000	,0002	,0010	,0045	,0146	,0366	,0739	7
	14	,0000	,0000	,0000	,0000	,0000	,0000	,0002	,0012	,0049	,0150	,0370	6
	15	,0000	,0000	,0000	,0000	,0000	,0000	,0000	,0003	,0013	,0049	,0148	5
	16	,0000	,0000	,0000	,0000	,0000	,0000	,0000	,0000	,0003	,0013	,0046	4
	17	,0000	,0000	,0000	,0000	,0000	,0000	,0000	,0000	,0000	,0002	,0011	3
	18	,0000	,0000	,0000	,0000	,0000	,0000	,0000	,0000	,0000	,0000	,0002	2
	19	,0000	,0000	,0000	,0000	,0000	,0000	,0000	,0000	,0000	,0000	,0000	1
	20	,0000	,0000	,0000	,0000	,0000	,0000	,0000	,0000	,0000	,0000	,0000	0
21	0	,8097	,3406	,1094	,0329	,0092	,0024	,0006	,0001	,0000	,0000	,0000	21
	1	,1718	,3764	,2553	,1221	,0484	,0166	,0050	,0013	,0003	,0001	,0000	20
	2	,0173	,1981	,2837	,2155	,1211	,0555	,0215	,0072	,0020	,0005	,0001	19
	3	,0011	,0660	,1996	,2408	,1917	,1172	,0585	,0245	,0086	,0026	,0006	18
	4	,0001	,0156	,0998	,1912	,2156	,1757	,1128	,0593	,0259	,0095	,0029	17
	5	,0000	,0028	,0377	,1147	,1833	,1992	,1643	,1085	,0588	,0263	,0097	16
	6	,0000	,0004	,0112	,0540	,1222	,1770	,1878	,1558	,1045	,0574	,0259	15
	7	,0000	,0000	,0027	,0204	,0655	,1265	,1725	,1798	,1493	,1007	,0554	14
	8	,0000	,0000	,0005	,0063	,0286	,0738	,1294	,1694	,1742	,1442	,0970	13
	9	,0000	,0000	,0001	,0016	,0103	,0355	,0801	,1318	,1677	,1704	,1402	12
	10	,0000	,0000	,0000	,0003	,0031	,0142	,0412	,0851	,1342	,1673	,1682	11
	11	,0000	,0000	,0000	,0001	,0008	,0047	,0176	,0458	,0895	,1369	,1682	10
	12	,0000	,0000	,0000	,0000	,0002	,0013	,0063	,0206	,0497	,0933	,1402	9

Fortsetzung Anhang 13

n	x'	0,99	0,95	0,90	0,85	0,80	0,75	0,70	0,65	0,60	0,55	0,50	n–x'
		0,01	0,05	0,10	0,15	0,20	0,25	0,30	0,35	0,40	0,45	0,50	
	13	,0000	,0000	,0000	,0000	,0000	,0003	,0019	,0077	,0229	,0529	,0970	8
	14	,0000	,0000	,0000	,0000	,0000	,0001	,0005	,0024	,0087	,0247	,0554	7
	15	,0000	,0000	,0000	,0000	,0000	,0000	,0001	,0006	,0027	,0094	,0259	6
	16	,0000	,0000	,0000	,0000	,0000	,0000	,0000	,0001	,0007	,0029	,0097	5
	17	,0000	,0000	,0000	,0000	,0000	,0000	,0000	,0000	,0001	,0007	,0029	4
	18	,0000	,0000	,0000	,0000	,0000	,0000	,0000	,0000	,0000	,0001	,0006	3
	19	,0000	,0000	,0000	,0000	,0000	,0000	,0000	,0000	,0000	,0000	,0001	2
	20	,0000	,0000	,0000	,0000	,0000	,0000	,0000	,0000	,0000	,0000	,0000	1
	21	,0000	,0000	,0000	,0000	,0000	,0000	,0000	,0000	,0000	,0000	,0000	0
22	0	,8016	,3235	,0985	,0280	,0074	,0018	,0004	,0001	,0000	,0000	,0000	22
	1	,1781	,3746	,2407	,1087	,0406	,0131	,0037	,0009	,0002	,0000	,0000	21
	2	,0189	,2070	,2808	,2015	,1065	,0458	,0166	,0051	,0014	,0003	,0001	20
	3	,0013	,0726	,2080	,2370	,1775	,1017	,0474	,0184	,0060	,0016	,0004	19
	4	,0001	,0182	,1098	,1987	,2108	,1611	,0965	,0471	,0190	,0064	,0017	18
	5	,0000	,0034	,0439	,1262	,1898	,1933	,1489	,0913	,0456	,0187	,0063	17
	6	,0000	,0005	,0138	,0631	,1344	,1826	,1808	,1393	,0862	,0434	,0178	16
	7	,0000	,0001	,0035	,0255	,0768	,1391	,1771	,1714	,1314	,0812	,0407	15
	8	,0000	,0000	,0007	,0084	,0360	,0869	,1423	,1730	,1642	,1246	,0762	14
	9	,0000	,0000	,0001	,0023	,0140	,0451	,0949	,1449	,1703	,1586	,1186	13
	10	,0000	,0000	,0000	,0005	,0046	,0195	,0529	,1015	,1476	,1687	,1542	12
	11	,0000	,0000	,0000	,0001	,0012	,0071	,0247	,0596	,1073	,1506	,1682	11
	12	,0000	,0000	,0000	,0000	,0003	,0022	,0097	,0294	,0656	,1129	,1542	10
	13	,0000	,0000	,0000	,0000	,0001	,0006	,0032	,0122	,0336	,0711	,1186	9
	14	,0000	,0000	,0000	,0000	,0000	,0001	,0009	,0042	,0144	,0374	,0762	8
	15	,0000	,0000	,0000	,0000	,0000	,0000	,0002	,0012	,0051	,0163	,0407	7
	16	,0000	,0000	,0000	,0000	,0000	,0000	,0000	,0003	,0015	,0058	,0178	6
	17	,0000	,0000	,0000	,0000	,0000	,0000	,0000	,0001	,0004	,0017	,0063	5
	18	,0000	,0000	,0000	,0000	,0000	,0000	,0000	,0000	,0001	,0004	,0017	4
	19	,0000	,0000	,0000	,0000	,0000	,0000	,0000	,0000	,0000	,0001	,0004	3
	20	,0000	,0000	,0000	,0000	,0000	,0000	,0000	,0000	,0000	,0000	,0001	2
	21	,0000	,0000	,0000	,0000	,0000	,0000	,0000	,0000	,0000	,0000	,0000	1
	22	,0000	,0000	,0000	,0000	,0000	,0000	,0000	,0000	,0000	,0000	,0000	0
23	0	,7936	,3074	,0886	,0238	,0059	,0013	,0003	,0000	,0000	,0000	,0000	23
	1	,1844	,3721	,2265	,0966	,0339	,0103	,0027	,0006	,0001	,0000	,0000	22
	2	,0205	,2154	,2768	,1875	,0933	,0376	,0127	,0037	,0009	,0002	,0000	21
	3	,0014	,0794	,2153	,2317	,1633	,0878	,0382	,0138	,0041	,0010	,0002	20
	4	,0001	,0209	,1196	,2044	,2042	,1463	,0818	,0371	,0138	,0042	,0011	19
	5	,0000	,0042	,0505	,1371	,1940	,1853	,1332	,0758	,0350	,0132	,0040	18
	6	,0000	,0007	,0168	,0726	,1455	,1853	,1712	,1225	,0700	,0323	,0120	17
	7	,0000	,0001	,0045	,0311	,0883	,1500	,1782	,1602	,1133	,0642	,0292	16
	8	,0000	,0000	,0010	,0110	,0442	,1000	,1527	,1725	,1511	,1051	,0584	15
	9	,0000	,0000	,0002	,0032	,0184	,0555	,1091	,1548	,1679	,1433	,0974	14
	10	,0000	,0000	,0000	,0008	,0064	,0259	,0655	,1167	,1567	,1642	,1364	13
	11	,0000	,0000	,0000	,0002	,0019	,0102	,0332	,0743	,1234	,1587	,1612	12
	12	,0000	,0000	,0000	,0000	,0005	,0034	,0142	,0400	,0823	,1299	,1612	11
	13	,0000	,0000	,0000	,0000	,0001	,0010	,0052	,0182	,0464	,0899	,1364	10
	14	,0000	,0000	,0000	,0000	,0000	,0002	,0016	,0070	,0221	,0525	,0974	9
	15	,0000	,0000	,0000	,0000	,0000	,0000	,0004	,0023	,0088	,0258	,0585	8
	16	,0000	,0000	,0000	,0000	,0000	,0000	,0001	,0006	,0029	,0106	,0292	7
	17	,0000	,0000	,0000	,0000	,0000	,0000	,0000	,0001	,0008	,0036	,0120	6
	18	,0000	,0000	,0000	,0000	,0000	,0000	,0000	,0000	,0002	,0010	,0040	5
	19	,0000	,0000	,0000	,0000	,0000	,0000	,0000	,0000	,0000	,0002	,0011	4
	20	,0000	,0000	,0000	,0000	,0000	,0000	,0000	,0000	,0000	,0000	,0002	3
	21	,0000	,0000	,0000	,0000	,0000	,0000	,0000	,0000	,0000	,0000	,0000	2

Fortsetzung Anhang 13

n	x'	0,99	0,95	0,90	0,85	0,80	0,75	0,70	0,65	0,60	0,55	0,50	n−x'
							π						
		0,01	0,05	0,10	0,15	0,20	0,25	0,30	0,35	0,40	0,45	0,50	
	22	,0000	,0000	,0000	,0000	,0000	,0000	,0000	,0000	,0000	,0000	,0000	1
	23	,0000	,0000	,0000	,0000	,0000	,0000	,0000	,0000	,0000	,0000	,0000	0
24	0	,7857	,2920	,0798	,0202	,0047	,0010	,0002	,0000	,0000	,0000	,0000	24
	1	,1905	,3688	,2127	,0857	,0283	,0080	,0020	,0004	,0001	,0000	,0000	23
	2	,0221	,2232	,2718	,1739	,0815	,0308	,0097	,0026	,0006	,0001	,0000	22
	3	,0016	,0862	,2215	,2251	,1493	,0752	,0305	,0102	,0028	,0007	,0001	21
	4	,0001	,0238	,1292	,2085	,1960	,1316	,0687	,0289	,0099	,0028	,0006	20
	5	,0000	,0050	,0574	,1472	,1960	,1755	,1177	,0622	,0265	,0091	,0025	19
	6	,0000	,0008	,0202	,0822	,1552	,1853	,1598	,1061	,0560	,0237	,0080	18
	7	,0000	,0001	,0058	,0373	,0998	,1588	,1761	,1470	,0960	,0499	,0206	17
	8	,0000	,0000	,0014	,0140	,0530	,1125	,1604	,1682	,1360	,0867	,0438	16
	9	,0000	,0000	,0003	,0044	,0236	,0667	,1222	,1610	,1612	,1261	,0779	15
	10	,0000	,0000	,0000	,0012	,0088	,0333	,0785	,1300	,1612	,1548	,1169	14
	11	,0000	,0000	,0000	,0003	,0028	,0141	,0428	,0891	,1367	,1612	,1488	13
	12	,0000	,0000	,0000	,0000	,0008	,0051	,0199	,0520	,0988	,1429	,1612	12
	13	,0000	,0000	,0000	,0000	,0002	,0016	,0079	,0258	,0608	,1079	,1488	11
	14	,0000	,0000	,0000	,0000	,0000	,0004	,0026	,0109	,0318	,0694	,1169	10
	15	,0000	,0000	,0000	,0000	,0000	,0001	,0008	,0039	,0141	,0378	,0779	9
	16	,0000	,0000	,0000	,0000	,0000	,0000	,0002	,0012	,0053	,0174	,0438	8
	17	,0000	,0000	,0000	,0000	,0000	,0000	,0000	,0003	,0017	,0067	,0206	7
	18	,0000	,0000	,0000	,0000	,0000	,0000	,0000	,0001	,0004	,0021	,0080	6
	19	,0000	,0000	,0000	,0000	,0000	,0000	,0000	,0001	,0006	,0025	5
	20	,0000	,0000	,0000	,0000	,0000	,0000	,0000	,0000	,0000	,0001	,0006	4
	21	,0000	,0000	,0000	,0000	,0000	,0000	,0000	,0000	,0000	,0000	,0001	3
	22	,0000	,0000	,0000	,0000	,0000	,0000	,0000	,0000	,0000	,0000	,0000	2
	23	,0000	,0000	,0000	,0000	,0000	,0000	,0000	,0000	,0000	,0000	,0000	1
	24	,0000	,0000	,0000	,0000	,0000	,0000	,0000	,0000	,0000	,0000	,0000	0
25	0	,7778	,2774	,0718	,0172	,0038	,0008	,0001	,0000	,0000	,0000	,0000	25
	1	,1964	,3650	,1994	,0759	,0236	,0063	,0014	,0003	,0000	,0000	,0000	24
	2	,0238	,2305	,2659	,1607	,0708	,0251	,0074	,0018	,0004	,0001	,0000	23
	3	,0018	,0930	,2265	,2174	,1358	,0641	,0243	,0076	,0019	,0004	,0001	22
	4	,0001	,0269	,1384	,2110	,1867	,1175	,0572	,0224	,0071	,0018	,0004	21
	5	,0000	,0060	,0646	,1564	,1960	,1645	,1030	,0506	,0199	,0063	,0016	20
	6	,0000	,0010	,0239	,0920	,1633	,1828	,1472	,0908	,0442	,0172	,0053	19
	7	,0000	,0001	,0072	,0441	,1108	,1654	,1712	,1327	,0800	,0381	,0143	18
	8	,0000	,0000	,0018	,0175	,0623	,1241	,1651	,1607	,1200	,0701	,0322	17
	9	,0000	,0000	,0004	,0058	,0294	,0781	,1336	,1635	,1511	,1084	,0609	16
	10	,0000	,0000	,0001	,0016	,0118	,0417	,0916	,1409	,1612	,1419	,0974	15
	11	,0000	,0000	,0000	,0004	,0040	,0189	,0536	,1034	,1465	,1583	,1328	14
	12	,0000	,0000	,0000	,0001	,0012	,0074	,0268	,0650	,1140	,1511	,1550	13
	13	,0000	,0000	,0000	,0000	,0003	,0025	,0115	,0350	,0760	,1236	,1550	12
	14	,0000	,0000	,0000	,0000	,0001	,0007	,0042	,0161	,0434	,0867	,1328	11
	15	,0000	,0000	,0000	,0000	,0000	,0002	,0013	,0064	,0212	,0520	,0974	10
	16	,0000	,0000	,0000	,0000	,0000	,0000	,0004	,0021	,0088	,0266	,0609	9
	17	,0000	,0000	,0000	,0000	,0000	,0000	,0001	,0006	,0031	,0115	,0322	8
	18	,0000	,0000	,0000	,0000	,0000	,0000	,0000	,0001	,0009	,0042	,0143	7
	19	,0000	,0000	,0000	,0000	,0000	,0000	,0000	,0000	,0002	,0013	,0053	6
	20	,0000	,0000	,0000	,0000	,0000	,0000	,0000	,0000	,0000	,0003	,0016	5
	21	,0000	,0000	,0000	,0000	,0000	,0000	,0000	,0000	,0000	,0001	,0004	4
	22	,0000	,0000	,0000	,0000	,0000	,0000	,0000	,0000	,0000	,0000	,0001	3
	23	,0000	,0000	,0000	,0000	,0000	,0000	,0000	,0000	,0000	,0000	,0000	2
	24	,0000	,0000	,0000	,0000	,0000	,0000	,0000	,0000	,0000	,0000	,0000	1
	25	,0000	,0000	,0000	,0000	,0000	,0000	,0000	,0000	,0000	,0000	,0000	0

Fortsetzung Anhang 13

n	x'	0,99	0,95	0,90	0,85	0,80	0,75	0,70	0,65	0,60	0,55	0,50	n−x'
							π						
		0,01	0,05	0,10	0,15	0,20	0,25	0,30	0,35	0,40	0,45	0,50	
26	0	,7700	,2635	,0646	,0146	,0030	,0006	,0001	,0000	,0000	,0000	,0000	26
	1	,2022	,3606	,1867	,0671	,0196	,0049	,0010	,0002	,0000	,0000	,0000	25
	2	,0255	,2372	,2592	,1480	,0614	,0204	,0056	,0013	,0002	,0000	,0000	24
	3	,0021	,0999	,2304	,2089	,1228	,0544	,0192	,0055	,0013	,0003	,0000	23
	4	,0001	,0302	,1472	,2119	,1765	,1042	,0473	,0172	,0050	,0012	,0002	22
	5	,0000	,0070	,0720	,1646	,1941	,1528	,0893	,0407	,0148	,0043	,0010	21
	6	,0000	,0013	,0280	,1016	,1699	,1782	,1339	,0767	,0345	,0123	,0034	20
	7	,0000	,0002	,0089	,0512	,1213	,1698	,1640	,1180	,0657	,0287	,0098	19
	8	,0000	,0000	,0023	,0215	,0720	,1344	,1669	,1509	,1040	,0557	,0233	18
	9	,0000	,0000	,0005	,0076	,0360	,0896	,1431	,1625	,1386	,0912	,0466	17
	10	,0000	,0000	,0001	,0023	,0153	,0508	,1042	,1488	,1571	,1268	,0792	16
	11	,0000	,0000	,0000	,0006	,0056	,0246	,0650	,1165	,1524	,1509	,1151	15
	12	,0000	,0000	,0000	,0001	,0017	,0103	,0348	,0784	,1270	,1543	,1439	14
	13	,0000	,0000	,0000	,0000	,0005	,0037	,0161	,0455	,0912	,1360	,1550	13
	14	,0000	,0000	,0000	,0000	,0001	,0011	,0064	,0227	,0564	,1033	,1439	12
	15	,0000	,0000	,0000	,0000	,0000	,0003	,0022	,0098	,0301	,0676	,1151	11
	16	,0000	,0000	,0000	,0000	,0000	,0001	,0006	,0036	,0138	,0380	,0792	10
	17	,0000	,0000	,0000	,0000	,0000	,0000	,0002	,0011	,0054	,0183	,0466	9
	18	,0000	,0000	,0000	,0000	,0000	,0000	,0000	,0003	,0018	,0075	,0233	8
	19	,0000	,0000	,0000	,0000	,0000	,0000	,0000	,0001	,0005	,0026	,0098	7
	20	,0000	,0000	,0000	,0000	,0000	,0000	,0000	,0000	,0001	,0007	,0034	6
	21	,0000	,0000	,0000	,0000	,0000	,0000	,0000	,0000	,0000	,0002	,0010	5
	22	,0000	,0000	,0000	,0000	,0000	,0000	,0000	,0000	,0000	,0000	,0002	4
	23	,0000	,0000	,0000	,0000	,0000	,0000	,0000	,0000	,0000	,0000	,0000	3
	24	,0000	,0000	,0000	,0000	,0000	,0000	,0000	,0000	,0000	,0000	,0000	2
	25	,0000	,0000	,0000	,0000	,0000	,0000	,0000	,0000	,0000	,0000	,0000	1
	26	,0000	,0000	,0000	,0000	,0000	,0000	,0000	,0000	,0000	,0000	,0000	0
27	0	,7623	,2503	,0581	,0124	,0024	,0004	,0001	,0000	,0000	,0000	,0000	27
	1	,2079	,3558	,1744	,0592	,0163	,0038	,0008	,0001	,0000	,0000	,0000	26
	2	,0273	,2434	,2520	,1358	,0530	,0165	,0042	,0009	,0002	,0000	,0000	25
	3	,0023	,1068	,2333	,1997	,1105	,0459	,0151	,0041	,0009	,0002	,0000	24
	4	,0001	,0337	,1555	,2115	,1658	,0917	,0389	,0131	,0035	,0008	,0001	23
	5	,0000	,0082	,0795	,1717	,1906	,1406	,0767	,0325	,0109	,0029	,0006	22
	6	,0000	,0016	,0324	,1111	,1747	,1719	,1205	,0641	,0266	,0087	,0022	21
	7	,0000	,0002	,0108	,0588	,1311	,1719	,1550	,1036	,0532	,0213	,0066	20
	8	,0000	,0000	,0030	,0259	,0819	,1432	,1660	,1394	,0887	,0435	,0165	19
	9	,0000	,0000	,0007	,0097	,0432	,1008	,1502	,1585	,1248	,0752	,0349	18
	10	,0000	,0000	,0001	,0031	,0195	,0605	,1159	,1536	,1497	,1108	,0629	17
	11	,0000	,0000	,0000	,0008	,0075	,0312	,0768	,1278	,1543	,1401	,0971	16
	12	,0000	,0000	,0000	,0002	,0025	,0138	,0439	,0918	,1371	,1528	,1295	15
	13	,0000	,0000	,0000	,0000	,0007	,0053	,0217	,0570	,1055	,1443	,1494	14
	14	,0000	,0000	,0000	,0000	,0002	,0018	,0093	,0307	,0703	,1180	,1494	13
	15	,0000	,0000	,0000	,0000	,0000	,0005	,0035	,0143	,0406	,0837	,1295	12
	16	,0000	,0000	,0000	,0000	,0000	,0001	,0011	,0058	,0203	,0514	,0971	11
	17	,0000	,0000	,0000	,0000	,0000	,0000	,0003	,0020	,0088	,0272	,0629	10
	18	,0000	,0000	,0000	,0000	,0000	,0000	,0001	,0006	,0032	,0124	,0349	9
	19	,0000	,0000	,0000	,0000	,0000	,0000	,0000	,0002	,0010	,0048	,0165	8
	20	,0000	,0000	,0000	,0000	,0000	,0000	,0000	,0000	,0003	,0016	,0066	7
	21	,0000	,0000	,0000	,0000	,0000	,0000	,0000	,0000	,0001	,0004	,0022	6
	22	,0000	,0000	,0000	,0000	,0000	,0000	,0000	,0000	,0000	,0001	,0006	5
	23	,0000	,0000	,0000	,0000	,0000	,0000	,0000	,0000	,0000	,0000	,0001	4
	24	,0000	,0000	,0000	,0000	,0000	,0000	,0000	,0000	,0000	,0000	,0000	3
	25	,0000	,0000	,0000	,0000	,0000	,0000	,0000	,0000	,0000	,0000	,0000	2
	26	,0000	,0000	,0000	,0000	,0000	,0000	,0000	,0000	,0000	,0000	,0000	1
	27	,0000	,0000	,0000	,0000	,0000	,0000	,0000	,0000	,0000	,0000	,0000	0

Fortsetzung Anhang 13

n	x'	0,99	0,95	0,90	0,85	0,80	0,75	0,70	0,65	0,60	0,55	0,50	n−x'
							π						
		0,01	0,05	0,10	0,15	0,20	0,25	0,30	0,35	0,40	0,45	0,50	
28	0	,7547	,2378	,0523	,0106	,0019	,0003	,0000	,0000	,0000	,0000	,0000	28
	1	,2135	,3505	,1628	,0522	,0135	,0030	,0006	,0001	,0000	,0000	,0000	27
	2	,0291	,2490	,2442	,1243	,0457	,0133	,0032	,0006	,0001	,0000	,0000	26
	3	,0025	,1136	,2352	,1901	,0990	,0385	,0119	,0030	,0006	,0001	,0000	25
	4	,0002	,0374	,1633	,2097	,1547	,0803	,0318	,0099	,0025	,0005	,0001	24
	5	,0000	,0094	,0871	,1776	,1856	,1284	,0654	,0257	,0079	,0019	,0004	23
	6	,0000	,0019	,0371	,1202	,1779	,1641	,1074	,0530	,0203	,0061	,0014	22
	7	,0000	,0003	,0130	,0667	,1398	,1719	,1446	,0897	,0426	,0156	,0044	21
	8	,0000	,0000	,0038	,0309	,0917	,1504	,1627	,1269	,0745	,0335	,0116	20
	9	,0000	,0000	,0009	,0121	,0510	,1114	,1550	,1518	,1103	,0610	,0257	19
	10	,0000	,0000	,0002	,0041	,0242	,0706	,1262	,1553	,1398	,0948	,0489	18
	11	,0000	,0000	,0000	,0012	,0099	,0385	,0885	,1368	,1525	,1269	,0800	17
	12	,0000	,0000	,0000	,0003	,0035	,0182	,0537	,1044	,1440	,1471	,1133	16
	13	,0000	,0000	,0000	,0001	,0011	,0075	,0283	,0692	,1181	,1481	,1395	15
	14	,0000	,0000	,0000	,0000	,0003	,0027	,0130	,0399	,0844	,1298	,1494	14
	15	,0000	,0000	,0000	,0000	,0001	,0008	,0052	,0201	,0525	,0991	,1395	13
	16	,0000	,0000	,0000	,0000	,0000	,0002	,0018	,0088	,0284	,0659	,1133	12
	17	,0000	,0000	,0000	,0000	,0000	,0001	,0005	,0033	,0134	,0381	,0800	11
	18	,0000	,0000	,0000	,0000	,0000	,0000	,0001	,0011	,0055	,0190	,0489	10
	19	,0000	,0000	,0000	,0000	,0000	,0000	,0000	,0003	,0019	,0082	,0257	9
	20	,0000	,0000	,0000	,0000	,0000	,0000	,0000	,0001	,0006	,0030	,0116	8
	21	,0000	,0000	,0000	,0000	,0000	,0000	,0000	,0000	,0001	,0009	,0044	7
	22	,0000	,0000	,0000	,0000	,0000	,0000	,0000	,0000	,0000	,0002	,0014	6
	23	,0000	,0000	,0000	,0000	,0000	,0000	,0000	,0000	,0000	,0001	,0004	5
	24	,0000	,0000	,0000	,0000	,0000	,0000	,0000	,0000	,0000	,0000	,0001	4
	25	,0000	,0000	,0000	,0000	,0000	,0000	,0000	,0000	,0000	,0000	,0000	3
	26	,0000	,0000	,0000	,0000	,0000	,0000	,0000	,0000	,0000	,0000	,0000	2
	27	,0000	,0000	,0000	,0000	,0000	,0000	,0000	,0000	,0000	,0000	,0000	1
	28	,0000	,0000	,0000	,0000	,0000	,0000	,0000	,0000	,0000	,0000	,0000	0
29	0	,7472	,2259	,0471	,0090	,0015	,0002	,0000	,0000	,0000	,0000	,0000	29
	1	,2189	,3448	,1518	,0459	,0112	,0023	,0004	,0001	,0000	,0000	,0000	28
	2	,0310	,2541	,2361	,1135	,0393	,0107	,0024	,0004	,0001	,0000	,0000	27
	3	,0028	,1204	,2361	,1803	,0883	,0322	,0093	,0021	,0004	,0001	,0000	26
	4	,0002	,0412	,1705	,2068	,1436	,0698	,0258	,0075	,0017	,0003	,0000	25
	5	,0000	,0108	,0947	,1825	,1795	,1164	,0553	,0202	,0058	,0013	,0002	24
	6	,0000	,0023	,0421	,1288	,1795	,1552	,0948	,0435	,0154	,0042	,0009	23
	7	,0000	,0004	,0154	,0747	,1474	,1699	,1335	,0769	,0337	,0113	,0029	22
	8	,0000	,0001	,0047	,0362	,1013	,1558	,1573	,1139	,0617	,0255	,0080	21
	9	,0000	,0000	,0012	,0149	,0591	,1212	,1573	,1431	,0960	,0486	,0187	20
	10	,0000	,0000	,0003	,0053	,0296	,0808	,1348	,1541	,1280	,0796	,0373	19
	11	,0000	,0000	,0001	,0016	,0128	,0465	,0998	,1433	,1474	,1124	,0644	18
	12	,0000	,0000	,0000	,0004	,0048	,0233	,0642	,1157	,1474	,1380	,0967	17
	13	,0000	,0000	,0000	,0001	,0016	,0101	,0360	,0815	,1285	,1476	,1264	16
	14	,0000	,0000	,0000	,0000	,0004	,0039	,0176	,0502	,0979	,1381	,1445	15
	15	,0000	,0000	,0000	,0000	,0001	,0013	,0075	,0270	,0653	,1130	,1445	14
	16	,0000	,0000	,0000	,0000	,0000	,0004	,0028	,0127	,0381	,0809	,1264	13
	17	,0000	,0000	,0000	,0000	,0000	,0001	,0009	,0052	,0194	,0506	,0967	12
	18	,0000	,0000	,0000	,0000	,0000	,0000	,0003	,0019	,0086	,0276	,0644	11
	19	,0000	,0000	,0000	,0000	,0000	,0000	,0001	,0006	,0033	,0131	,0373	10
	20	,0000	,0000	,0000	,0000	,0000	,0000	,0000	,0002	,0011	,0053	,0187	9
	21	,0000	,0000	,0000	,0000	,0000	,0000	,0000	,0000	,0003	,0019	,0080	8
	22	,0000	,0000	,0000	,0000	,0000	,0000	,0000	,0000	,0001	,0006	,0029	7
	23	,0000	,0000	,0000	,0000	,0000	,0000	,0000	,0000	,0000	,0001	,0009	6
	24	,0000	,0000	,0000	,0000	,0000	,0000	,0000	,0000	,0000	,0000	,0002	5
	25	,0000	,0000	,0000	,0000	,0000	,0000	,0000	,0000	,0000	,0000	,0000	4

Fortsetzung Anhang 13

n	x'	0,99	0,95	0,90	0,85	0,80	0,75	0,70	0,65	0,60	0,55	0,50	n−x'
							π						
		0,01	0,05	0,10	0,15	0,20	0,25	0,30	0,35	0,40	0,45	0,50	
	26	,0000	,0000	,0000	,0000	,0000	,0000	,0000	,0000	,0000	,0000	,0000	3
	27	,0000	,0000	,0000	,0000	,0000	,0000	,0000	,0000	,0000	,0000	,0000	2
	28	,0000	,0000	,0000	,0000	,0000	,0000	,0000	,0000	,0000	,0000	,0000	1
	29	,0000	,0000	,0000	,0000	,0000	,0000	,0000	,0000	,0000	,0000	,0000	0
30	0	,7397	,2146	,0424	,0076	,0012	,0002	,0000	,0000	,0000	,0000	,0000	30
	1	,2242	,3389	,1413	,0404	,0093	,0018	,0003	,0000	,0000	,0000	,0000	29
	2	,0328	,2586	,2277	,1034	,0337	,0086	,0018	,0003	,0000	,0000	,0000	28
	3	,0031	,1270	,2361	,1703	,0785	,0269	,0072	,0015	,0003	,0000	,0000	27
	4	,0002	,0451	,1771	,2028	,1325	,0604	,0208	,0056	,0012	,0002	,0000	26
	5	,0000	,0124	,1023	,1861	,1723	,1047	,0464	,0157	,0041	,0008	,0001	25
	6	,0000	,0027	,0474	,1368	,1795	,1455	,0829	,0353	,0115	,0029	,0006	24
	7	,0000	,0005	,0180	,0828	,1538	,1662	,1219	,0652	,0263	,0081	,0019	23
	8	,0000	,0001	,0058	,0420	,1106	,1593	,1501	,1009	,0505	,0191	,0055	22
	9	,0000	,0000	,0016	,0181	,0676	,1298	,1573	,1328	,0823	,0382	,0133	21
	10	,0000	,0000	,0004	,0067	,0355	,0909	,1416	,1502	,1152	,0656	,0280	20
	11	,0000	,0000	,0001	,0022	,0161	,0551	,1103	,1471	,1396	,0976	,0509	19
	12	,0000	,0000	,0000	,0006	,0064	,0291	,0749	,1254	,1474	,1265	,0806	18
	13	,0000	,0000	,0000	,0001	,0022	,0134	,0444	,0935	,1360	,1433	,1115	17
	14	,0000	,0000	,0000	,0000	,0007	,0054	,0231	,0611	,1101	,1424	,1354	16
	15	,0000	,0000	,0000	,0000	,0002	,0019	,0106	,0351	,0783	,1242	,1445	15
	16	,0000	,0000	,0000	,0000	,0000	,0006	,0042	,0177	,0489	,0953	,1354	14
	17	,0000	,0000	,0000	,0000	,0000	,0002	,0015	,0079	,0269	,0642	,1115	13
	18	,0000	,0000	,0000	,0000	,0000	,0000	,0005	,0031	,0129	,0379	,0806	12
	19	,0000	,0000	,0000	,0000	,0000	,0000	,0001	,0010	,0054	,0196	,0509	11
	20	,0000	,0000	,0000	,0000	,0000	,0000	,0000	,0003	,0020	,0088	,0280	10
	21	,0000	,0000	,0000	,0000	,0000	,0000	,0000	,0001	,0006	,0034	,0133	9
	22	,0000	,0000	,0000	,0000	,0000	,0000	,0000	,0000	,0002	,0012	,0055	8
	23	,0000	,0000	,0000	,0000	,0000	,0000	,0000	,0000	,0000	,0003	,0019	7
	24	,0000	,0000	,0000	,0000	,0000	,0000	,0000	,0000	,0000	,0001	,0006	6
	25	,0000	,0000	,0000	,0000	,0000	,0000	,0000	,0000	,0000	,0000	,0001	5
	26	,0000	,0000	,0000	,0000	,0000	,0000	,0000	,0000	,0000	,0000	,0000	4
	27	,0000	,0000	,0000	,0000	,0000	,0000	,0000	,0000	,0000	,0000	,0000	3
	28	,0000	,0000	,0000	,0000	,0000	,0000	,0000	,0000	,0000	,0000	,0000	2
	29	,0000	,0000	,0000	,0000	,0000	,0000	,0000	,0000	,0000	,0000	,0000	1
	30	,0000	,0000	,0000	,0000	,0000	,0000	,0000	,0000	,0000	,0000	,0000	0

Anhang 14: POISSON-Verteilung

Beispiel: $f_X(4|0,70) = 0,0050$.

μ \ x	0,005	0,010	0,020	0,030	0,040	0,050	0,060	0,070	0,080	0,090
0	0,9950	0,9900	0,9802	0,9704	0,9608	0,9512	0,9418	0,9324	0,9231	0,9139
1	0,0050	0,0099	0,0196	0,0291	0,0384	0,0476	0,0565	0,0653	0,0738	0,0823
2	0,0000	0,0000	0,0002	0,0004	0,0008	0,0012	0,0017	0,0023	0,0030	0,0037
3	0,0000	0,0000	0,0000	0,0000	0,0000	0,0000	0,0000	0,0001	0,0001	0,0001
4	0,0000	0,0000	0,0000	0,0000	0,0000	0,0000	0,0000	0,0000	0,0000	0,0000

μ \ x	0,10	0,20	0,30	0,40	0,50	0,60	0,70	0,80	0,90	1,00
0	0,9048	0,8187	0,7408	0,6703	0,6065	0,5488	0,4966	0,4493	0,4066	0,3679
1	0,0905	0,1637	0,2222	0,2681	0,3033	0,3293	0,3476	0,3595	0,3659	0,3679
2	0,0045	0,0164	0,0333	0,0536	0,0758	0,0988	0,1217	0,1438	0,1647	0,1839
3	0,0002	0,0011	0,0033	0,0072	0,0126	0,0198	0,0284	0,0383	0,0494	0,0613
4	0,0000	0,0001	0,0003	0,0007	0,0016	0,0030	0,0050	0,0077	0,0111	0,0153
5	0,0000	0,0000	0,0000	0,0001	0,0002	0,0004	0,0007	0,0012	0,0020	0,0031
6	0,0000	0,0000	0,0000	0,0000	0,0000	0,0000	0,0001	0,0002	0,0003	0,0005
7	0,0000	0,0000	0,0000	0,0000	0,0000	0,0000	0,0000	0,0000	0,0000	0,0001
8	0,0000	0,0000	0,0000	0,0000	0,0000	0,0000	0,0000	0,0000	0,0000	0,0000

μ \ x	1,10	1,20	1,30	1,40	1,50	1,60	1,70	1,80	1,90	2,00
0	0,3329	0,3012	0,2725	0,2466	0,2231	0,2019	0,1827	0,1653	0,1496	0,1353
1	0,3662	0,3614	0,3543	0,3452	0,3347	0,3230	0,3106	0,2975	0,2842	0,2707
2	0,2014	0,2169	0,2303	0,2417	0,2510	0,2584	0,2640	0,2678	0,2700	0,2707
3	0,0738	0,0867	0,0998	0,1128	0,1255	0,1378	0,1496	0,1607	0,1710	0,1804
4	0,0203	0,0260	0,0324	0,0395	0,0471	0,0551	0,0636	0,0723	0,0812	0,0902
5	0,0045	0,0062	0,0084	0,0111	0,0141	0,0176	0,0216	0,0260	0,0309	0,0361
6	0,0008	0,0012	0,0018	0,0026	0,0035	0,0047	0,0061	0,0078	0,0098	0,0120
7	0,0001	0,0002	0,0003	0,0005	0,0008	0,0011	0,0015	0,0020	0,0027	0,0034
8	0,0000	0,0000	0,0001	0,0001	0,0001	0,0002	0,0003	0,0005	0,0006	0,0009
9	0,0000	0,0000	0,0000	0,0000	0,0000	0,0000	0,0001	0,0001	0,0001	0,0002
10	0,0000	0,0000	0,0000	0,0000	0,0000	0,0000	0,0000	0,0000	0,0000	0,0000

Fortsetzung Anhang 14

x \ μ	2,10	2,20	2,30	2,40	2,50	3,00	4,00	5,00	7,50	10,00
0	0,1225	0,1108	0,1003	0,0907	0,0821	0,0498	0,0183	0,0067	0,0006	0,0000
1	0,2572	0,2438	0,2306	0,2177	0,2052	0,1494	0,0733	0,0337	0,0041	0,0005
2	0,2700	0,2681	0,2652	0,2613	0,2565	0,2240	0,1465	0,0842	0,0156	0,0023
3	0,1890	0,1966	0,2033	0,2090	0,2138	0,2240	0,1954	0,1404	0,0389	0,0076
4	0,0992	0,1082	0,1169	0,1254	0,1336	0,1680	0,1954	0,1755	0,0729	0,0189
5	0,0417	0,0476	0,0538	0,0602	0,0668	0,1008	0,1563	0,1755	0,1094	0,0378
6	0,0146	0,0174	0,0206	0,0241	0,0278	0,0504	0,1042	0,1462	0,1367	0,0631
7	0,0044	0,0055	0,0068	0,0083	0,0099	0,0216	0,0595	0,1044	0,1465	0,0901
8	0,0011	0,0015	0,0019	0,0025	0,0031	0,0081	0,0298	0,0653	0,1373	0,1126
9	0,0003	0,0004	0,0005	0,0007	0,0009	0,0027	0,0132	0,0363	0,1144	0,1251
10	0,0001	0,0001	0,0001	0,0002	0,0002	0,0008	0,0053	0,0181	0,0858	0,1251
11	0,0000	0,0000	0,0000	0,0000	0,0000	0,0002	0,0019	0,0082	0,0585	0,1137
12	0,0000	0,0000	0,0000	0,0000	0,0000	0,0001	0,0006	0,0034	0,0366	0,0948
13	0,0000	0,0000	0,0000	0,0000	0,0000	0,0000	0,0002	0,0013	0,0211	0,0729
14	0,0000	0,0000	0,0000	0,0000	0,0000	0,0000	0,0001	0,0005	0,0113	0,0521
15	0,0000	0,0000	0,0000	0,0000	0,0000	0,0000	0,0000	0,0002	0,0057	0,0347
16	0,0000	0,0000	0,0000	0,0000	0,0000	0,0000	0,0000	0,0000	0,0026	0,0217
17	0,0000	0,0000	0,0000	0,0000	0,0000	0,0000	0,0000	0,0000	0,0012	0,0128
18	0,0000	0,0000	0,0000	0,0000	0,0000	0,0000	0,0000	0,0000	0,0005	0,0071
19	0,0000	0,0000	0,0000	0,0000	0,0000	0,0000	0,0000	0,0000	0,0002	0,0037
20	0,0000	0,0000	0,0000	0,0000	0,0000	0,0000	0,0000	0,0000	0,0001	0,0019
21	0,0000	0,0000	0,0000	0,0000	0,0000	0,0000	0,0000	0,0000	0,0000	0,0009
22	0,0000	0,0000	0,0000	0,0000	0,0000	0,0000	0,0000	0,0000	0,0000	0,0004
23	0,0000	0,0000	0,0000	0,0000	0,0000	0,0000	0,0000	0,0000	0,0000	0,0002
24	0,0000	0,0000	0,0000	0,0000	0,0000	0,0000	0,0000	0,0000	0,0000	0,0001
25	0,0000	0,0000	0,0000	0,0000	0,0000	0,0000	0,0000	0,0000	0,0000	0,0000

Anhang 15: Quantile der t-Verteilung

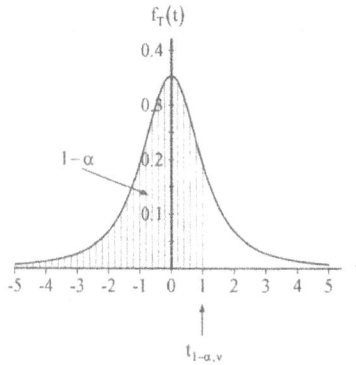

$1-\alpha$ ν	0,600	0,700	0,800	0,900	0,950	0,975	0,990	0,995	0,999
1	0,325	0,727	1,376	3,078	6,314	12,71	31,82	63,66	318,3
2	0,289	0,617	1,061	1,886	2,920	4,303	6,965	9,925	22,33
3	0,277	0,584	0,978	1,638	2,353	3,182	4,541	5,841	10,21
4	0,271	0,569	0,941	1,533	2,132	2,776	3,747	4,604	7,173
5	0,267	0,559	0,920	1,476	2,015	2,571	3,365	4,032	5,893
6	0,265	0,553	0,906	1,440	1,943	2,447	3,143	3,707	5,208
7	0,263	0,549	0,896	1,415	1,895	2,365	2,998	3,499	4,785
8	0,262	0,546	0,889	1,397	1,860	2,306	2,896	3,355	4,501
9	0,261	0,543	0,883	1,383	1,833	2,262	2,821	3,250	4,297
10	0,260	0,542	0,879	1,372	1,812	2,228	2,764	3,169	4,144
11	0,260	0,540	0,876	1,363	1,796	2,201	2,718	3,106	4,025
12	0,259	0,539	0,873	1,356	1,782	2,179	2,681	3,055	3,930
13	0,259	0,538	0,870	1,350	1,771	2,160	2,650	3,012	3,852
14	0,258	0,537	0,868	1,345	1,761	2,145	2,624	2,977	3,787
15	0,258	0,536	0,866	1,341	1,753	2,131	2,602	2,947	3,733
16	0,258	0,535	0,865	1,337	1,746	2,120	2,583	2,921	3,686
17	0,257	0,534	0,863	1,333	1,740	2,110	2,567	2,898	3,646
18	0,257	0,534	0,862	1,330	1,734	2,101	2,552	2,878	3,610
19	0,257	0,533	0,861	1,328	1,729	2,093	2,539	2,861	3,579
20	0,257	0,533	0,860	1,325	1,725	2,086	2,528	2,845	3,552
21	0,257	0,532	0,859	1,323	1,721	2,080	2,518	2,831	3,527
22	0,256	0,532	0,858	1,321	1,717	2,074	2,508	2,819	3,505
23	0,256	0,532	0,858	1,319	1,714	2,069	2,500	2,807	3,485
24	0,256	0,531	0,857	1,318	1,711	2,064	2,492	2,797	3,467
25	0,256	0,531	0,856	1,316	1,708	2,060	2,485	2,787	3,450
26	0,256	0,531	0,856	1,315	1,706	2,056	2,479	2,779	3,435
27	0,256	0,531	0,855	1,314	1,703	2,052	2,473	2,771	3,421
28	0,256	0,530	0,855	1,313	1,701	2,048	2,467	2,763	3,408
29	0,256	0,530	0,854	1,311	1,699	2,045	2,462	2,756	3,396
30	0,256	0,530	0,854	1,310	1,697	2,042	2,457	2,750	3,385
31	0,256	0,530	0,853	1,309	1,696	2,040	2,453	2,744	3,375
32	0,255	0,530	0,853	1,309	1,694	2,037	2,449	2,738	3,365
33	0,255	0,530	0,853	1,308	1,692	2,035	2,445	2,733	3,356
34	0,255	0,529	0,852	1,307	1,691	2,032	2,441	2,728	3,348
35	0,255	0,529	0,852	1,306	1,690	2,030	2,438	2,724	3,340
36	0,255	0,529	0,852	1,306	1,688	2,028	2,434	2,719	3,333
37	0,255	0,529	0,851	1,305	1,687	2,026	2,431	2,715	3,326
38	0,255	0,529	0,851	1,304	1,686	2,024	2,429	2,712	3,319
39	0,255	0,529	0,851	1,304	1,685	2,023	2,426	2,708	3,313
40	0,255	0,529	0,851	1,303	1,684	2,021	2,423	2,704	3,307

Fortsetzung Anhang 15

$1-\alpha$ / ν	0,6	0,7	0,8	0,9	0,95	0,975	0,99	0,995	0,999
42	0,255	0,528	0,850	1,302	1,682	2,018	2,418	2,698	3,296
44	0,255	0,528	0,850	1,301	1,680	2,015	2,414	2,692	3,286
46	0,255	0,528	0,850	1,300	1,679	2,013	2,410	2,687	3,277
48	0,255	0,528	0,849	1,299	1,677	2,011	2,407	2,682	3,269
50	0,255	0,528	0,849	1,299	1,676	2,009	2,403	2,678	3,261
52	0,255	0,528	0,849	1,298	1,675	2,007	2,400	2,674	3,255
54	0,255	0,528	0,848	1,297	1,674	2,005	2,397	2,670	3,248
56	0,255	0,527	0,848	1,297	1,673	2,003	2,395	2,667	3,242
58	0,255	0,527	0,848	1,296	1,672	2,002	2,392	2,663	3,237
60	0,254	0,527	0,848	1,296	1,671	2,000	2,390	2,660	3,232
65	0,254	0,527	0,847	1,295	1,669	1,997	2,385	2,654	3,220
70	0,254	0,527	0,847	1,294	1,667	1,994	2,381	2,648	3,211
75	0,254	0,527	0,846	1,293	1,665	1,992	2,377	2,643	3,202
80	0,254	0,526	0,846	1,292	1,664	1,990	2,374	2,639	3,195
85	0,254	0,526	0,846	1,292	1,663	1,988	2,371	2,635	3,189
90	0,254	0,526	0,846	1,291	1,662	1,987	2,368	2,632	3,183
95	0,254	0,526	0,845	1,291	1,661	1,985	2,366	2,629	3,178
100	0,254	0,526	0,845	1,290	1,660	1,984	2,364	2,626	3,174
110	0,254	0,526	0,845	1,289	1,659	1,982	2,361	2,621	3,166
120	0,254	0,526	0,845	1,289	1,658	1,980	2,358	2,617	3,160
130	0,254	0,526	0,844	1,288	1,657	1,978	2,355	2,614	3,154
140	0,254	0,526	0,844	1,288	1,656	1,977	2,353	2,611	3,149
150	0,254	0,526	0,844	1,287	1,655	1,976	2,351	2,609	3,145
160	0,254	0,525	0,844	1,287	1,654	1,975	2,350	2,607	3,142
170	0,254	0,525	0,844	1,287	1,654	1,974	2,348	2,605	3,139
180	0,254	0,525	0,844	1,286	1,653	1,973	2,347	2,603	3,136
190	0,254	0,525	0,844	1,286	1,653	1,973	2,346	2,602	3,134
200	0,254	0,525	0,843	1,286	1,653	1,972	2,345	2,601	3,131
250	0,254	0,525	0,843	1,285	1,651	1,969	2,341	2,596	3,123
300	0,254	0,525	0,843	1,284	1,650	1,968	2,339	2,592	3,118
400	0,254	0,525	0,843	1,284	1,649	1,966	2,336	2,588	3,111
500	0,253	0,525	0,842	1,283	1,648	1,965	2,334	2,586	3,107
1000	0,253	0,525	0,842	1,282	1,646	1,962	2,330	2,581	3,098
2000	0,253	0,524	0,842	1,282	1,646	1,961	2,328	2,578	3,094
5000	0,253	0,524	0,842	1,282	1,645	1,960	2,327	2,577	3,092
10000	0,253	0,524	0,842	1,282	1,645	1,960	2,327	2,576	3,091
20000	0,253	0,524	0,842	1,282	1,645	1,960	2,327	2,576	3,091
50000	0,253	0,524	0,842	1,282	1,645	1,960	2,326	2,576	3,090
100000	0,253	0,524	0,842	1,282	1,645	1,960	2,326	2,576	3,090
∞	0,253	0,524	0,842	1,282	1,645	1,960	2,326	2,576	3,090

Es gilt: $t_{\alpha,\nu} = -t_{1-\alpha,\nu}$.

Anhang 16: Gammafunktion

Die (EULERsche) Gammafunktion

$$\Gamma(x) = \int_0^\infty \exp[-t]\, t^{x-1}\, dt, \quad x > 0,$$

ist die Verallgemeinerung der nur für natürliche Zahlen definierten Fakultät.

Sie hat vor allem die folgenden Eigenschaften:

(a) $\Gamma(1) = 1$.

(b) $\Gamma(x+1) = x \cdot \Gamma(x); \quad \Gamma(2) = 1$.

(c) $\Gamma(x+1) = x!$ bzw. $\Gamma(x) = (x-1)!$ für $x \in N_0$, daraus folgt:

             $\Gamma(1) = (1-1)! = 0! = 1$.

(d) $\Gamma\left(\dfrac{1}{2}\right) = \sqrt{\pi} = 1{,}772453\ldots$.

(e)   Aus (b) und (d) folgt:

             $\Gamma\left(n+\dfrac{1}{2}\right) = \dfrac{(2n)! \cdot \sqrt{\pi}}{n! \cdot 2^{2n}}$.

(f)   Für große $n \in N_0$ gilt die STIRLINGsche Näherung:

             $n! \approx e^{-n} \cdot n^n \cdot \sqrt{2\pi n}$; dabei ist $e = 2{,}718281\ldots$ die EULERsche Zahl.

Anhang 17: Nomogramme zur Bestimmung von Konfidenzintervallen für den Parameter π der Binomialverteilung

n = 10, 12, 16, 20, 24, 30, 40, 60, 100, 200, 400, 1000

$1 - \alpha = 0{,}95$

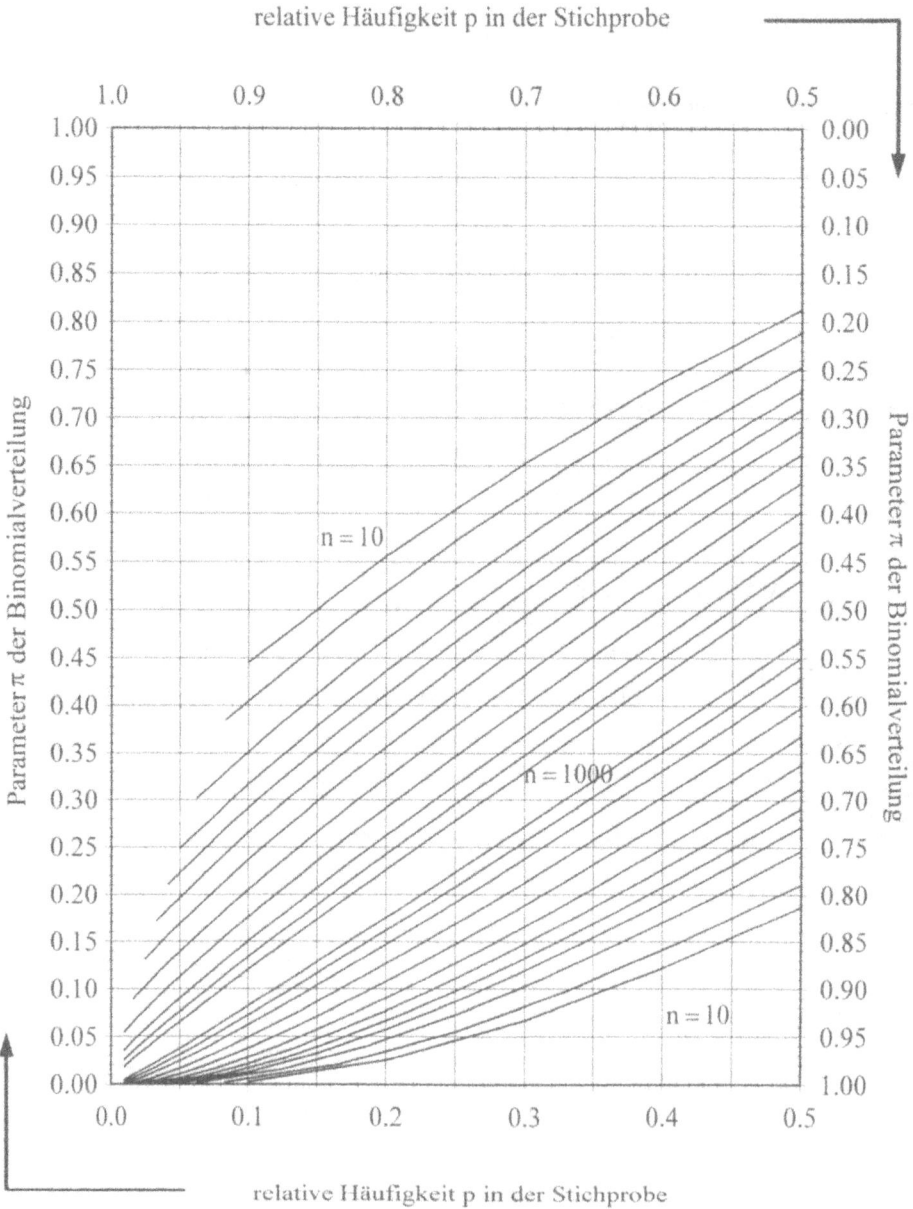

Fortsetzung Anhang 17

n = 10, 12, 16, 20, 24, 30, 40, 60, 100, 200, 400, 1000

$1 - \alpha = 0{,}99$

relative Häufigkeit p in der Stichprobe

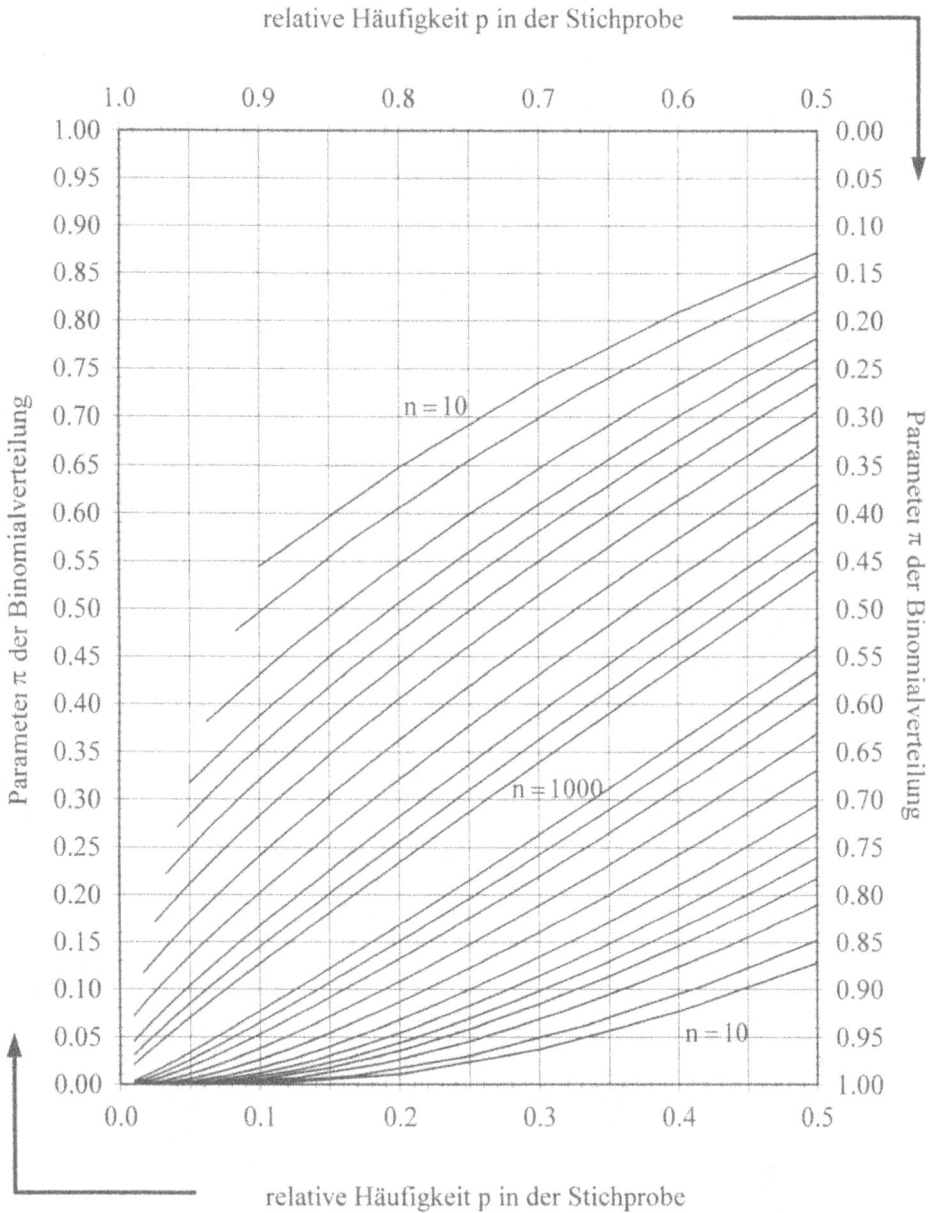

Parameter π der Binomialverteilung

relative Häufigkeit p in der Stichprobe

Für $x = 0$ ist $\pi_u = t_n^u = 0$ und $\pi_o = t_n^o = 1 - \sqrt[n]{\alpha}$,

für $x = n$ ist $\pi_o = t_n^o = 1$ und $\pi_u = t_n^u = \sqrt[n]{\alpha}$,

so daß $P(0 \leq \pi \leq \pi_o) = 1 - \alpha$ bzw. $P(\pi_u \leq \pi \leq 1) = 1 - \alpha$.

Anhang 18: Quantile der F-Verteilung

$1-\alpha = 0{,}95,$ es gilt $F_{v_1,v_2,1-\alpha} = 1/F_{v_2,v_1,\alpha}$

v_2 \ v_1	1	2	3	4	5	6	7	8	9	10
1	161,4	199,5	215,7	224,6	230,2	234,0	236,8	238,9	240,5	241,9
2	18,51	19,00	19,16	19,25	19,30	19,33	19,35	19,37	19,38	19,40
3	10,13	9,55	9,28	9,12	9,01	8,94	8,89	8,85	8,81	8,79
4	7,71	6,94	6,59	6,39	6,26	6,16	6,09	6,04	6,00	5,96
5	6,61	5,79	5,41	5,19	5,05	4,95	4,88	4,82	4,77	4,74
6	5,99	5,14	4,76	4,53	4,39	4,28	4,21	4,15	4,10	4,06
7	5,59	4,74	4,35	4,12	3,97	3,87	3,79	3,73	3,68	3,64
8	5,32	4,46	4,07	3,84	3,69	3,58	3,50	3,44	3,39	3,35
9	5,12	4,26	3,86	3,63	3,48	3,37	3,29	3,23	3,18	3,14
10	4,96	4,10	3,71	3,48	3,33	3,22	3,14	3,07	3,02	2,98
11	4,84	3,98	3,59	3,36	3,20	3,09	3,01	2,95	2,90	2,85
12	4,75	3,89	3,49	3,26	3,11	3,00	2,91	2,85	2,80	2,75
13	4,67	3,81	3,41	3,18	3,03	2,92	2,83	2,77	2,71	2,67
14	4,60	3,74	3,34	3,11	2,96	2,85	2,76	2,70	2,65	2,60
15	4,54	3,68	3,29	3,06	2,90	2,79	2,71	2,64	2,59	2,54
16	4,49	3,63	3,24	3,01	2,85	2,74	2,66	2,59	2,54	2,49
17	4,45	3,59	3,20	2,96	2,81	2,70	2,61	2,55	2,49	2,45
18	4,41	3,55	3,16	2,93	2,77	2,66	2,58	2,51	2,46	2,41
19	4,38	3,52	3,13	2,90	2,74	2,63	2,54	2,48	2,42	2,38
20	4,35	3,49	3,10	2,87	2,71	2,60	2,51	2,45	2,39	2,35
21	4,32	3,47	3,07	2,84	2,68	2,57	2,49	2,42	2,37	2,32
22	4,30	3,44	3,05	2,82	2,66	2,55	2,46	2,40	2,34	2,30
23	4,28	3,42	3,03	2,80	2,64	2,53	2,44	2,37	2,32	2,27
24	4,26	3,40	3,01	2,78	2,62	2,51	2,42	2,36	2,30	2,25
25	4,24	3,39	2,99	2,76	2,60	2,49	2,40	2,34	2,28	2,24
26	4,23	3,37	2,98	2,74	2,59	2,47	2,39	2,32	2,27	2,22
27	4,21	3,35	2,96	2,73	2,57	2,46	2,37	2,31	2,25	2,20
28	4,20	3,34	2,95	2,71	2,56	2,45	2,36	2,29	2,24	2,19
29	4,18	3,33	2,93	2,70	2,55	2,43	2,35	2,28	2,22	2,18
30	4,17	3,32	2,92	2,69	2,53	2,42	2,33	2,27	2,21	2,16
32	4,15	3,29	2,90	2,67	2,51	2,40	2,31	2,24	2,19	2,14
34	4,13	3,28	2,88	2,65	2,49	2,38	2,29	2,23	2,17	2,12
36	4,11	3,26	2,87	2,63	2,48	2,36	2,28	2,21	2,15	2,11
38	4,10	3,24	2,85	2,62	2,46	2,35	2,26	2,19	2,14	2,09
40	4,08	3,23	2,84	2,61	2,45	2,34	2,25	2,18	2,12	2,08
42	4,07	3,22	2,83	2,59	2,44	2,32	2,24	2,17	2,11	2,06
44	4,06	3,21	2,82	2,58	2,43	2,31	2,23	2,16	2,10	2,05
46	4,05	3,20	2,81	2,57	2,42	2,30	2,22	2,15	2,09	2,04
48	4,04	3,19	2,80	2,57	2,41	2,29	2,21	2,14	2,08	2,03
50	4,03	3,18	2,79	2,56	2,40	2,29	2,20	2,13	2,07	2,03
60	4,00	3,15	2,76	2,53	2,37	2,25	2,17	2,10	2,04	1,99
70	3,98	3,13	2,74	2,50	2,35	2,23	2,14	2,07	2,02	1,97
80	3,96	3,11	2,72	2,49	2,33	2,21	2,13	2,06	2,00	1,95
90	3,95	3,10	2,71	2,47	2,32	2,20	2,11	2,04	1,99	1,94
100	3,94	3,09	2,70	2,46	2,31	2,19	2,10	2,03	1,97	1,93
110	3,93	3,08	2,69	2,45	2,30	2,18	2,09	2,02	1,97	1,92
120	3,92	3,07	2,68	2,45	2,29	2,18	2,09	2,02	1,96	1,91
130	3,91	3,07	2,67	2,44	2,28	2,17	2,08	2,01	1,95	1,90
140	3,91	3,06	2,67	2,44	2,28	2,16	2,08	2,01	1,95	1,90
150	3,90	3,06	2,66	2,43	2,27	2,16	2,07	2,00	1,94	1,89
160	3,90	3,05	2,66	2,43	2,27	2,16	2,07	2,00	1,94	1,89
170	3,90	3,05	2,66	2,42	2,27	2,15	2,06	1,99	1,94	1,89
180	3,89	3,05	2,65	2,42	2,26	2,15	2,06	1,99	1,93	1,88
190	3,89	3,04	2,65	2,42	2,26	2,15	2,06	1,99	1,93	1,88
200	3,89	3,04	2,65	2,42	2,26	2,14	2,06	1,98	1,93	1,88
300	3,87	3,03	2,63	2,40	2,24	2,13	2,04	1,97	1,91	1,86
400	3,86	3,02	2,63	2,39	2,24	2,12	2,03	1,96	1,90	1,85
500	3,86	3,01	2,62	2,39	2,23	2,12	2,03	1,96	1,90	1,85
1000	3,85	3,00	2,61	2,38	2,22	2,11	2,02	1,95	1,89	1,84
∞	3,84	3,00	2,60	2,37	2,21	2,10	2,01	1,94	1,88	1,83

Fortsetzung Anhang 18

v_2 \ v_1	11	12	13	14	15	16	17	18	19	20
1	243,0	243,9	244,7	245,4	245,9	246,5	246,9	247,3	247,7	248,0
2	19,40	19,41	19,42	19,42	19,43	19,43	19,44	19,44	19,44	19,45
3	8,76	8,74	8,73	8,71	8,70	8,69	8,68	8,67	8,67	8,66
4	5,94	5,91	5,89	5,87	5,86	5,84	5,83	5,82	5,81	5,80
5	4,70	4,68	4,66	4,64	4,62	4,60	4,59	4,58	4,57	4,56
6	4,03	4,00	3,98	3,96	3,94	3,92	3,91	3,90	3,88	3,87
7	3,60	3,57	3,55	3,53	3,51	3,49	3,48	3,47	3,46	3,44
8	3,31	3,28	3,26	3,24	3,22	3,20	3,19	3,17	3,16	3,15
9	3,10	3,07	3,05	3,03	3,01	2,99	2,97	2,96	2,95	2,94
10	2,94	2,91	2,89	2,86	2,85	2,83	2,81	2,80	2,79	2,77
11	2,82	2,79	2,76	2,74	2,72	2,70	2,69	2,67	2,66	2,65
12	2,72	2,69	2,66	2,64	2,62	2,60	2,58	2,57	2,56	2,54
13	2,63	2,60	2,58	2,55	2,53	2,51	2,50	2,48	2,47	2,46
14	2,57	2,53	2,51	2,48	2,46	2,44	2,43	2,41	2,40	2,39
15	2,51	2,48	2,45	2,42	2,40	2,38	2,37	2,35	2,34	2,33
16	2,46	2,42	2,40	2,37	2,35	2,33	2,32	2,30	2,29	2,28
17	2,41	2,38	2,35	2,33	2,31	2,29	2,27	2,26	2,24	2,23
18	2,37	2,34	2,31	2,29	2,27	2,25	2,23	2,22	2,20	2,19
19	2,34	2,31	2,28	2,26	2,23	2,21	2,20	2,18	2,17	2,16
20	2,31	2,28	2,25	2,22	2,20	2,18	2,17	2,15	2,14	2,12
21	2,28	2,25	2,22	2,20	2,18	2,16	2,14	2,12	2,11	2,10
22	2,26	2,23	2,20	2,17	2,15	2,13	2,11	2,10	2,08	2,07
23	2,24	2,20	2,18	2,15	2,13	2,11	2,09	2,08	2,06	2,05
24	2,22	2,18	2,15	2,13	2,11	2,09	2,07	2,05	2,04	2,03
25	2,20	2,16	2,14	2,11	2,09	2,07	2,05	2,04	2,02	2,01
26	2,18	2,15	2,12	2,09	2,07	2,05	2,03	2,02	2,00	1,99
27	2,17	2,13	2,10	2,08	2,06	2,04	2,02	2,00	1,99	1,97
28	2,15	2,12	2,09	2,06	2,04	2,02	2,00	1,99	1,97	1,96
29	2,14	2,10	2,08	2,05	2,03	2,01	1,99	1,97	1,96	1,94
30	2,13	2,09	2,06	2,04	2,01	1,99	1,98	1,96	1,95	1,93
32	2,10	2,07	2,04	2,01	1,99	1,97	1,95	1,94	1,92	1,91
34	2,08	2,05	2,02	1,99	1,97	1,95	1,93	1,92	1,90	1,89
36	2,07	2,03	2,00	1,98	1,95	1,93	1,92	1,90	1,88	1,87
38	2,05	2,02	1,99	1,96	1,94	1,92	1,90	1,88	1,87	1,85
40	2,04	2,00	1,97	1,95	1,92	1,90	1,89	1,87	1,85	1,84
42	2,03	1,99	1,96	1,94	1,91	1,89	1,87	1,86	1,84	1,83
44	2,01	1,98	1,95	1,92	1,90	1,88	1,86	1,84	1,83	1,81
46	2,00	1,97	1,94	1,91	1,89	1,87	1,85	1,83	1,82	1,80
48	1,99	1,96	1,93	1,90	1,88	1,86	1,84	1,82	1,81	1,79
50	1,99	1,95	1,92	1,89	1,87	1,85	1,83	1,81	1,80	1,78
60	1,95	1,92	1,89	1,86	1,84	1,82	1,80	1,78	1,76	1,75
70	1,93	1,89	1,86	1,84	1,81	1,79	1,77	1,75	1,74	1,72
80	1,91	1,88	1,84	1,82	1,79	1,77	1,75	1,73	1,72	1,70
90	1,90	1,86	1,83	1,80	1,78	1,76	1,74	1,72	1,70	1,69
100	1,89	1,85	1,82	1,79	1,77	1,75	1,73	1,71	1,69	1,68
110	1,88	1,84	1,81	1,78	1,76	1,74	1,72	1,70	1,68	1,67
120	1,87	1,83	1,80	1,78	1,75	1,73	1,71	1,69	1,67	1,66
130	1,86	1,83	1,80	1,77	1,74	1,72	1,70	1,68	1,67	1,65
140	1,86	1,82	1,79	1,76	1,74	1,72	1,70	1,68	1,66	1,65
150	1,85	1,82	1,79	1,76	1,73	1,71	1,69	1,67	1,66	1,64
160	1,85	1,81	1,78	1,75	1,73	1,71	1,69	1,67	1,65	1,64
170	1,85	1,81	1,78	1,75	1,73	1,70	1,68	1,66	1,65	1,63
180	1,84	1,81	1,77	1,75	1,72	1,70	1,68	1,66	1,64	1,63
190	1,84	1,80	1,77	1,74	1,72	1,70	1,68	1,66	1,64	1,63
200	1,84	1,80	1,77	1,74	1,72	1,69	1,67	1,66	1,64	1,62
300	1,82	1,78	1,75	1,72	1,70	1,68	1,66	1,64	1,62	1,61
400	1,81	1,78	1,74	1,72	1,69	1,67	1,65	1,63	1,61	1,60
500	1,81	1,77	1,74	1,71	1,69	1,66	1,64	1,62	1,61	1,59
1000	1,80	1,76	1,73	1,70	1,68	1,65	1,63	1,61	1,60	1,58
∞	1,79	1,75	1,72	1,69	1,67	1,64	1,62	1,60	1,59	1,57

Fortsetzung Anhang 18

v_2 \ v_1	21	22	23	24	25	26	27	28	29	30
1	248,3	248,6	248,8	249,1	249,3	249,5	249,6	249,8	250,0	250,1
2	19,45	19,45	19,45	19,45	19,46	19,46	19,46	19,46	19,46	19,46
3	8,65	8,65	8,64	8,64	8,63	8,63	8,63	8,62	8,62	8,62
4	5,79	5,79	5,78	5,77	5,77	5,76	5,76	5,75	5,75	5,75
5	4,55	4,54	4,53	4,53	4,52	4,52	4,51	4,50	4,50	4,50
6	3,86	3,86	3,85	3,84	3,83	3,83	3,82	3,82	3,81	3,81
7	3,43	3,43	3,42	3,41	3,40	3,40	3,39	3,39	3,38	3,38
8	3,14	3,13	3,12	3,12	3,11	3,10	3,10	3,09	3,08	3,08
9	2,93	2,92	2,91	2,90	2,89	2,89	2,88	2,87	2,87	2,86
10	2,76	2,75	2,75	2,74	2,73	2,72	2,72	2,71	2,70	2,70
11	2,64	2,63	2,62	2,61	2,60	2,59	2,59	2,58	2,58	2,57
12	2,53	2,52	2,51	2,51	2,50	2,49	2,48	2,48	2,47	2,47
13	2,45	2,44	2,43	2,42	2,41	2,41	2,40	2,39	2,39	2,38
14	2,38	2,37	2,36	2,35	2,34	2,33	2,33	2,32	2,31	2,31
15	2,32	2,31	2,30	2,29	2,28	2,27	2,27	2,26	2,25	2,25
16	2,26	2,25	2,24	2,24	2,23	2,22	2,21	2,21	2,20	2,19
17	2,22	2,21	2,20	2,19	2,18	2,17	2,17	2,16	2,15	2,15
18	2,18	2,17	2,16	2,15	2,14	2,13	2,13	2,12	2,11	2,11
19	2,14	2,13	2,12	2,11	2,11	2,10	2,09	2,08	2,08	2,07
20	2,11	2,10	2,09	2,08	2,07	2,07	2,06	2,05	2,05	2,04
21	2,08	2,07	2,06	2,05	2,05	2,04	2,03	2,02	2,02	2,01
22	2,06	2,05	2,04	2,03	2,02	2,01	2,00	2,00	1,99	1,98
23	2,04	2,02	2,01	2,01	2,00	1,99	1,98	1,97	1,97	1,96
24	2,01	2,00	1,99	1,98	1,97	1,97	1,96	1,95	1,95	1,94
25	2,00	1,98	1,97	1,96	1,96	1,95	1,94	1,93	1,93	1,92
26	1,98	1,97	1,96	1,95	1,94	1,93	1,92	1,91	1,91	1,90
27	1,96	1,95	1,94	1,93	1,92	1,91	1,90	1,90	1,89	1,88
28	1,95	1,93	1,92	1,91	1,91	1,90	1,89	1,88	1,88	1,87
29	1,93	1,92	1,91	1,90	1,89	1,88	1,88	1,87	1,86	1,85
30	1,92	1,91	1,90	1,89	1,88	1,87	1,86	1,85	1,85	1,84
32	1,90	1,88	1,87	1,86	1,85	1,85	1,84	1,83	1,82	1,82
34	1,88	1,86	1,85	1,84	1,83	1,82	1,82	1,81	1,80	1,80
36	1,86	1,85	1,83	1,82	1,81	1,81	1,80	1,79	1,78	1,78
38	1,84	1,83	1,82	1,81	1,80	1,79	1,78	1,77	1,77	1,76
40	1,83	1,81	1,80	1,79	1,78	1,77	1,77	1,76	1,75	1,74
42	1,81	1,80	1,79	1,78	1,77	1,76	1,75	1,75	1,74	1,73
44	1,80	1,79	1,78	1,77	1,76	1,75	1,74	1,73	1,73	1,72
46	1,79	1,78	1,77	1,76	1,75	1,74	1,73	1,72	1,71	1,71
48	1,78	1,77	1,76	1,75	1,74	1,73	1,72	1,71	1,70	1,70
50	1,77	1,76	1,75	1,74	1,73	1,72	1,71	1,70	1,69	1,69
60	1,73	1,72	1,71	1,70	1,69	1,68	1,67	1,66	1,66	1,65
70	1,71	1,70	1,68	1,67	1,66	1,65	1,65	1,64	1,63	1,62
80	1,69	1,68	1,67	1,65	1,64	1,63	1,63	1,62	1,61	1,60
90	1,67	1,66	1,65	1,64	1,63	1,62	1,61	1,60	1,59	1,59
100	1,66	1,65	1,64	1,63	1,62	1,61	1,60	1,59	1,58	1,57
110	1,65	1,64	1,63	1,62	1,61	1,60	1,59	1,58	1,57	1,56
120	1,64	1,63	1,62	1,61	1,60	1,59	1,58	1,57	1,56	1,55
130	1,64	1,62	1,61	1,60	1,59	1,58	1,57	1,56	1,55	1,55
140	1,63	1,62	1,61	1,60	1,58	1,57	1,57	1,56	1,55	1,54
150	1,63	1,61	1,60	1,59	1,58	1,57	1,56	1,55	1,54	1,54
160	1,62	1,61	1,60	1,59	1,57	1,57	1,56	1,55	1,54	1,53
170	1,62	1,61	1,59	1,58	1,57	1,56	1,55	1,54	1,53	1,53
180	1,61	1,60	1,59	1,58	1,57	1,56	1,55	1,54	1,53	1,52
190	1,61	1,60	1,59	1,57	1,56	1,55	1,54	1,54	1,53	1,52
200	1,61	1,60	1,58	1,57	1,56	1,55	1,54	1,53	1,52	1,52
300	1,59	1,58	1,57	1,55	1,54	1,53	1,52	1,51	1,51	1,50
400	1,58	1,57	1,56	1,54	1,53	1,52	1,51	1,50	1,50	1,49
500	1,58	1,56	1,55	1,54	1,53	1,52	1,51	1,50	1,49	1,48
1000	1,57	1,55	1,54	1,53	1,52	1,51	1,50	1,49	1,48	1,47
∞	1,56	1,54	1,53	1,52	1,51	1,50	1,49	1,48	1,47	1,46

Fortsetzung Anhang 18

v_2 \\ v_1	32	34	36	38	40	42	44	46	48	50
1	250,4	250,6	250,8	251,0	251,1	251,3	251,4	251,6	251,7	251,8
2	19,46	19,47	19,47	19,47	19,47	19,47	19,47	19,47	19,48	19,48
3	8,61	8,61	8,60	8,60	8,59	8,59	8,59	8,59	8,58	8,58
4	5,74	5,73	5,73	5,72	5,72	5,71	5,71	5,71	5,70	5,70
5	4,49	4,48	4,47	4,47	4,46	4,46	4,46	4,45	4,45	4,44
6	3,80	3,79	3,79	3,78	3,77	3,77	3,76	3,76	3,76	3,75
7	3,37	3,36	3,35	3,35	3,34	3,34	3,33	3,33	3,32	3,32
8	3,07	3,06	3,06	3,05	3,04	3,04	3,03	3,03	3,02	3,02
9	2,85	2,85	2,84	2,83	2,83	2,82	2,82	2,81	2,81	2,80
10	2,69	2,68	2,67	2,67	2,66	2,66	2,65	2,65	2,64	2,64
11	2,56	2,55	2,54	2,54	2,53	2,53	2,52	2,52	2,51	2,51
12	2,46	2,45	2,44	2,43	2,43	2,42	2,41	2,41	2,41	2,40
13	2,37	2,36	2,35	2,35	2,34	2,33	2,33	2,32	2,32	2,31
14	2,30	2,29	2,28	2,27	2,27	2,26	2,25	2,25	2,24	2,24
15	2,24	2,23	2,22	2,21	2,20	2,20	2,19	2,19	2,18	2,18
16	2,18	2,17	2,17	2,16	2,15	2,14	2,14	2,13	2,13	2,12
17	2,14	2,13	2,12	2,11	2,10	2,10	2,09	2,09	2,08	2,08
18	2,10	2,09	2,08	2,07	2,06	2,06	2,05	2,05	2,04	2,04
19	2,06	2,05	2,04	2,03	2,03	2,02	2,01	2,01	2,00	2,00
20	2,03	2,02	2,01	2,00	1,99	1,99	1,98	1,98	1,97	1,97
21	2,00	1,99	1,98	1,97	1,96	1,96	1,95	1,95	1,94	1,94
22	1,97	1,96	1,95	1,95	1,94	1,93	1,93	1,92	1,91	1,91
23	1,95	1,94	1,93	1,92	1,91	1,91	1,90	1,90	1,89	1,88
24	1,93	1,92	1,91	1,90	1,89	1,89	1,88	1,87	1,87	1,86
25	1,91	1,90	1,89	1,88	1,87	1,86	1,86	1,85	1,85	1,84
26	1,89	1,88	1,87	1,86	1,85	1,85	1,84	1,83	1,83	1,82
27	1,87	1,86	1,85	1,84	1,84	1,83	1,82	1,82	1,81	1,81
28	1,86	1,85	1,84	1,83	1,82	1,81	1,81	1,80	1,79	1,79
29	1,84	1,83	1,82	1,81	1,81	1,80	1,79	1,79	1,78	1,77
30	1,83	1,82	1,81	1,80	1,79	1,78	1,78	1,77	1,77	1,76
32	1,80	1,79	1,78	1,77	1,77	1,76	1,75	1,75	1,74	1,74
34	1,78	1,77	1,76	1,75	1,75	1,74	1,73	1,72	1,72	1,71
36	1,76	1,75	1,74	1,73	1,73	1,72	1,71	1,70	1,70	1,69
38	1,75	1,74	1,73	1,72	1,71	1,70	1,69	1,69	1,68	1,68
40	1,73	1,72	1,71	1,70	1,69	1,69	1,68	1,67	1,67	1,66
42	1,72	1,71	1,70	1,69	1,68	1,67	1,66	1,66	1,65	1,65
44	1,71	1,69	1,68	1,67	1,67	1,66	1,65	1,64	1,64	1,63
46	1,69	1,68	1,67	1,66	1,65	1,65	1,64	1,63	1,63	1,62
48	1,68	1,67	1,66	1,65	1,64	1,64	1,63	1,62	1,62	1,61
50	1,67	1,66	1,65	1,64	1,63	1,63	1,62	1,61	1,61	1,60
60	1,64	1,62	1,61	1,60	1,59	1,59	1,58	1,57	1,57	1,56
70	1,61	1,60	1,59	1,58	1,57	1,56	1,55	1,54	1,54	1,53
80	1,59	1,58	1,56	1,55	1,54	1,54	1,53	1,52	1,51	1,51
90	1,57	1,56	1,55	1,54	1,53	1,52	1,51	1,50	1,50	1,49
100	1,56	1,55	1,54	1,52	1,52	1,51	1,50	1,49	1,48	1,48
110	1,55	1,54	1,52	1,51	1,50	1,50	1,49	1,48	1,47	1,47
120	1,54	1,53	1,52	1,50	1,50	1,49	1,48	1,47	1,46	1,46
130	1,53	1,52	1,51	1,50	1,49	1,48	1,47	1,46	1,46	1,45
140	1,53	1,51	1,50	1,49	1,48	1,47	1,46	1,46	1,45	1,44
150	1,52	1,51	1,50	1,49	1,48	1,47	1,46	1,45	1,44	1,44
160	1,52	1,50	1,49	1,48	1,47	1,46	1,45	1,44	1,44	1,43
170	1,51	1,50	1,49	1,48	1,47	1,46	1,45	1,44	1,43	1,43
180	1,51	1,49	1,48	1,47	1,46	1,45	1,44	1,44	1,43	1,42
190	1,50	1,49	1,48	1,47	1,46	1,45	1,44	1,43	1,42	1,42
200	1,50	1,49	1,48	1,47	1,46	1,45	1,44	1,43	1,42	1,41
300	1,48	1,47	1,46	1,45	1,43	1,43	1,42	1,41	1,40	1,39
400	1,47	1,46	1,45	1,44	1,42	1,42	1,41	1,40	1,39	1,38
500	1,47	1,45	1,44	1,43	1,42	1,41	1,40	1,39	1,38	1,38
1000	1,46	1,44	1,43	1,42	1,41	1,40	1,39	1,38	1,37	1,36
∞	1,44	1,43	1,42	1,40	1,39	1,38	1,37	1,37	1,36	1,35

Fortsetzung Anhang 18

v_2 \ v_1	60	70	80	90	100	110	120	130	140	150
1	252,2	252,5	252,7	252,9	253,0	253,2	253,3	253,3	253,4	253,5
2	19,48	19,48	19,48	19,48	19,49	19,49	19,49	19,49	19,49	19,49
3	8,57	8,57	8,56	8,56	8,55	8,55	8,55	8,55	8,55	8,54
4	5,69	5,68	5,67	5,67	5,66	5,66	5,66	5,66	5,65	5,65
5	4,43	4,42	4,41	4,41	4,41	4,40	4,40	4,40	4,39	4,39
6	3,74	3,73	3,72	3,72	3,71	3,71	3,70	3,70	3,70	3,70
7	3,30	3,29	3,29	3,28	3,27	3,27	3,27	3,26	3,26	3,26
8	3,01	2,99	2,99	2,98	2,97	2,97	2,97	2,96	2,96	2,96
9	2,79	2,78	2,77	2,76	2,76	2,75	2,75	2,74	2,74	2,74
10	2,62	2,61	2,60	2,59	2,59	2,58	2,58	2,58	2,57	2,57
11	2,49	2,48	2,47	2,46	2,46	2,45	2,45	2,44	2,44	2,44
12	2,38	2,37	2,36	2,36	2,35	2,34	2,34	2,34	2,33	2,33
13	2,30	2,28	2,27	2,27	2,26	2,26	2,25	2,25	2,25	2,24
14	2,22	2,21	2,20	2,19	2,19	2,18	2,18	2,17	2,17	2,17
15	2,16	2,15	2,14	2,13	2,12	2,12	2,11	2,11	2,11	2,10
16	2,11	2,09	2,08	2,07	2,07	2,06	2,06	2,06	2,05	2,05
17	2,06	2,05	2,03	2,03	2,02	2,02	2,01	2,01	2,00	2,00
18	2,02	2,00	1,99	1,98	1,98	1,97	1,97	1,96	1,96	1,96
19	1,98	1,97	1,96	1,95	1,94	1,93	1,93	1,93	1,92	1,92
20	1,95	1,93	1,92	1,91	1,91	1,90	1,90	1,89	1,89	1,89
21	1,92	1,90	1,89	1,88	1,88	1,87	1,87	1,86	1,86	1,86
22	1,89	1,88	1,86	1,86	1,85	1,84	1,84	1,83	1,83	1,83
23	1,86	1,85	1,84	1,83	1,82	1,82	1,81	1,81	1,81	1,80
24	1,84	1,83	1,82	1,81	1,80	1,79	1,79	1,79	1,78	1,78
25	1,82	1,81	1,80	1,79	1,78	1,77	1,77	1,76	1,76	1,76
26	1,80	1,79	1,78	1,77	1,76	1,75	1,75	1,74	1,74	1,74
27	1,79	1,77	1,76	1,75	1,74	1,74	1,73	1,73	1,72	1,72
28	1,77	1,75	1,74	1,73	1,73	1,72	1,71	1,71	1,71	1,70
29	1,75	1,74	1,73	1,72	1,71	1,70	1,70	1,69	1,69	1,69
30	1,74	1,72	1,71	1,70	1,70	1,69	1,68	1,68	1,68	1,67
32	1,71	1,70	1,69	1,68	1,67	1,66	1,66	1,65	1,65	1,64
34	1,69	1,68	1,66	1,65	1,65	1,64	1,63	1,63	1,62	1,62
36	1,67	1,66	1,64	1,63	1,62	1,62	1,61	1,61	1,60	1,60
38	1,65	1,64	1,62	1,61	1,61	1,60	1,59	1,59	1,58	1,58
40	1,64	1,62	1,61	1,60	1,59	1,58	1,58	1,57	1,57	1,56
42	1,62	1,61	1,59	1,58	1,57	1,57	1,56	1,56	1,55	1,55
44	1,61	1,59	1,58	1,57	1,56	1,55	1,55	1,54	1,54	1,53
46	1,60	1,58	1,57	1,56	1,55	1,54	1,53	1,53	1,52	1,52
48	1,59	1,57	1,56	1,54	1,54	1,53	1,52	1,52	1,51	1,51
50	1,58	1,56	1,54	1,53	1,52	1,52	1,51	1,51	1,50	1,50
60	1,53	1,52	1,50	1,49	1,48	1,47	1,47	1,46	1,46	1,45
70	1,50	1,49	1,47	1,46	1,45	1,44	1,44	1,43	1,42	1,42
80	1,48	1,46	1,45	1,44	1,43	1,42	1,41	1,40	1,40	1,39
90	1,46	1,44	1,43	1,42	1,41	1,40	1,39	1,39	1,38	1,38
100	1,45	1,43	1,41	1,40	1,39	1,38	1,38	1,37	1,36	1,36
110	1,44	1,42	1,40	1,39	1,38	1,37	1,36	1,36	1,35	1,35
120	1,43	1,41	1,39	1,38	1,37	1,36	1,35	1,35	1,34	1,33
130	1,42	1,40	1,38	1,37	1,36	1,35	1,34	1,34	1,33	1,32
140	1,41	1,39	1,38	1,36	1,35	1,34	1,33	1,33	1,32	1,32
150	1,41	1,39	1,37	1,36	1,34	1,34	1,33	1,32	1,31	1,31
160	1,40	1,38	1,36	1,35	1,34	1,33	1,32	1,31	1,31	1,30
170	1,40	1,38	1,36	1,34	1,33	1,32	1,32	1,31	1,30	1,30
180	1,39	1,37	1,35	1,34	1,33	1,32	1,31	1,30	1,30	1,29
190	1,39	1,37	1,35	1,34	1,32	1,31	1,31	1,30	1,29	1,29
200	1,39	1,36	1,35	1,33	1,32	1,31	1,30	1,30	1,29	1,28
300	1,36	1,34	1,32	1,31	1,30	1,29	1,28	1,27	1,26	1,26
400	1,35	1,33	1,31	1,30	1,28	1,27	1,26	1,26	1,25	1,24
500	1,35	1,32	1,30	1,29	1,28	1,26	1,26	1,25	1,24	1,23
1000	1,33	1,31	1,29	1,27	1,26	1,25	1,24	1,23	1,22	1,22
∞	1,32	1,29	1,27	1,26	1,24	1,23	1,22	1,21	1,20	1,20

Fortsetzung Anhang 18

v_2 \ v_1	160	170	180	190	200	300	400	500	1000	∞
1	253,5	253,6	253,6	253,6	253,7	253,9	254,0	254,1	254,2	254,3
2	19,49	19,49	19,49	19,49	19,49	19,49	19,49	19,49	19,49	19,50
3	8,54	8,54	8,54	8,54	8,54	8,54	8,53	8,53	8,53	8,53
4	5,65	5,65	5,65	5,65	5,65	5,64	5,64	5,64	5,63	5,63
5	4,39	4,39	4,39	4,39	4,39	4,38	4,38	4,37	4,37	4,37
6	3,70	3,69	3,69	3,69	3,69	3,68	3,68	3,68	3,67	3,67
7	3,26	3,26	3,25	3,25	3,25	3,24	3,24	3,24	3,23	3,23
8	2,96	2,96	2,95	2,95	2,95	2,94	2,94	2,94	2,93	2,93
9	2,74	2,74	2,73	2,73	2,73	2,72	2,72	2,72	2,71	2,71
10	2,57	2,57	2,57	2,56	2,56	2,55	2,55	2,55	2,54	2,54
11	2,44	2,44	2,43	2,43	2,43	2,42	2,42	2,42	2,41	2,40
12	2,33	2,33	2,33	2,32	2,32	2,31	2,31	2,31	2,30	2,30
13	2,24	2,24	2,24	2,24	2,23	2,23	2,22	2,22	2,21	2,21
14	2,17	2,16	2,16	2,16	2,16	2,15	2,15	2,14	2,14	2,13
15	2,10	2,10	2,10	2,10	2,10	2,09	2,08	2,08	2,07	2,07
16	2,05	2,04	2,04	2,04	2,04	2,03	2,02	2,02	2,02	2,01
17	2,00	2,00	1,99	1,99	1,99	1,98	1,98	1,97	1,97	1,96
18	1,96	1,95	1,95	1,95	1,95	1,94	1,93	1,93	1,92	1,92
19	1,92	1,92	1,91	1,91	1,91	1,90	1,89	1,89	1,88	1,88
20	1,88	1,88	1,88	1,88	1,88	1,86	1,86	1,86	1,85	1,84
21	1,85	1,85	1,85	1,85	1,84	1,83	1,83	1,83	1,82	1,81
22	1,82	1,82	1,82	1,82	1,82	1,81	1,80	1,80	1,79	1,78
23	1,80	1,80	1,79	1,79	1,79	1,78	1,77	1,77	1,76	1,76
24	1,78	1,77	1,77	1,77	1,77	1,76	1,75	1,75	1,74	1,73
25	1,75	1,75	1,75	1,75	1,75	1,73	1,73	1,73	1,72	1,71
26	1,73	1,73	1,73	1,73	1,73	1,71	1,71	1,71	1,70	1,69
27	1,72	1,71	1,71	1,71	1,71	1,70	1,69	1,69	1,68	1,67
28	1,70	1,70	1,69	1,69	1,69	1,68	1,67	1,67	1,66	1,65
29	1,68	1,68	1,68	1,68	1,67	1,66	1,66	1,65	1,65	1,64
30	1,67	1,67	1,66	1,66	1,66	1,65	1,64	1,64	1,63	1,62
32	1,64	1,64	1,64	1,63	1,63	1,62	1,61	1,61	1,60	1,59
34	1,62	1,62	1,61	1,61	1,61	1,60	1,59	1,59	1,58	1,57
36	1,60	1,59	1,59	1,59	1,59	1,57	1,57	1,56	1,56	1,55
38	1,58	1,57	1,57	1,57	1,57	1,55	1,55	1,54	1,54	1,53
40	1,56	1,56	1,55	1,55	1,55	1,54	1,53	1,53	1,52	1,51
42	1,54	1,54	1,54	1,54	1,53	1,52	1,51	1,51	1,50	1,49
44	1,53	1,53	1,52	1,52	1,52	1,51	1,50	1,49	1,49	1,48
46	1,52	1,51	1,51	1,51	1,51	1,49	1,49	1,48	1,47	1,46
48	1,51	1,50	1,50	1,50	1,49	1,48	1,47	1,47	1,46	1,45
50	1,49	1,49	1,49	1,49	1,48	1,47	1,46	1,46	1,45	1,44
60	1,45	1,45	1,44	1,44	1,44	1,42	1,41	1,41	1,40	1,39
70	1,42	1,41	1,41	1,41	1,40	1,39	1,38	1,37	1,36	1,35
80	1,39	1,39	1,38	1,38	1,38	1,36	1,35	1,35	1,34	1,32
90	1,37	1,37	1,36	1,36	1,36	1,34	1,33	1,33	1,31	1,30
100	1,35	1,35	1,35	1,34	1,34	1,32	1,31	1,31	1,30	1,28
110	1,34	1,34	1,33	1,33	1,33	1,31	1,30	1,29	1,28	1,27
120	1,33	1,33	1,32	1,32	1,32	1,30	1,29	1,28	1,27	1,25
130	1,32	1,32	1,31	1,31	1,31	1,29	1,28	1,27	1,26	1,24
140	1,31	1,31	1,30	1,30	1,30	1,28	1,27	1,26	1,25	1,23
150	1,30	1,30	1,30	1,29	1,29	1,27	1,26	1,25	1,24	1,22
160	1,30	1,29	1,29	1,29	1,28	1,26	1,25	1,24	1,23	1,21
170	1,29	1,29	1,28	1,28	1,28	1,26	1,24	1,24	1,22	1,21
180	1,29	1,28	1,28	1,28	1,27	1,25	1,24	1,23	1,22	1,20
190	1,28	1,28	1,27	1,27	1,27	1,25	1,23	1,23	1,21	1,19
200	1,28	1,27	1,27	1,27	1,26	1,24	1,23	1,22	1,21	1,19
300	1,25	1,25	1,24	1,24	1,23	1,21	1,20	1,19	1,17	1,15
400	1,24	1,23	1,23	1,22	1,22	1,19	1,18	1,17	1,15	1,13
500	1,23	1,22	1,22	1,21	1,21	1,18	1,17	1,16	1,14	1,11
1000	1,21	1,20	1,20	1,19	1,19	1,16	1,14	1,13	1,11	1,08
∞	1,19	1,18	1,18	1,17	1,17	1,14	1,12	1,11	1,07	1,00

Fortsetzung Anhang 18

$$1-\alpha = 0{,}975, \qquad \text{es gilt } F_{v_1,v_2,1-\alpha} = 1/F_{v_2,v_1,\alpha}$$

v_2 \ v_1	1	2	3	4	5	6	7	8	9	10
1	647,8	799,5	864,2	899,6	921,8	937,1	948,2	956,6	963,3	968,6
2	38,51	39,00	39,17	39,25	39,30	39,33	39,36	39,37	39,39	39,40
3	17,44	16,04	15,44	15,10	14,88	14,73	14,62	14,54	14,47	14,42
4	12,22	10,65	9,98	9,60	9,36	9,20	9,07	8,98	8,90	8,84
5	10,01	8,43	7,76	7,39	7,15	6,98	6,85	6,76	6,68	6,62
6	8,81	7,26	6,60	6,23	5,99	5,82	5,70	5,60	5,52	5,46
7	8,07	6,54	5,89	5,52	5,29	5,12	4,99	4,90	4,82	4,76
8	7,57	6,06	5,42	5,05	4,82	4,65	4,53	4,43	4,36	4,30
9	7,21	5,71	5,08	4,72	4,48	4,32	4,20	4,10	4,03	3,96
10	6,94	5,46	4,83	4,47	4,24	4,07	3,95	3,85	3,78	3,72
11	6,72	5,26	4,63	4,28	4,04	3,88	3,76	3,66	3,59	3,53
12	6,55	5,10	4,47	4,12	3,89	3,73	3,61	3,51	3,44	3,37
13	6,41	4,97	4,35	4,00	3,77	3,60	3,48	3,39	3,31	3,25
14	6,30	4,86	4,24	3,89	3,66	3,50	3,38	3,29	3,21	3,15
15	6,20	4,77	4,15	3,80	3,58	3,41	3,29	3,20	3,12	3,06
16	6,12	4,69	4,08	3,73	3,50	3,34	3,22	3,12	3,05	2,99
17	6,04	4,62	4,01	3,66	3,44	3,28	3,16	3,06	2,98	2,92
18	5,98	4,56	3,95	3,61	3,38	3,22	3,10	3,01	2,93	2,87
19	5,92	4,51	3,90	3,56	3,33	3,17	3,05	2,96	2,88	2,82
20	5,87	4,46	3,86	3,51	3,29	3,13	3,01	2,91	2,84	2,77
21	5,83	4,42	3,82	3,48	3,25	3,09	2,97	2,87	2,80	2,73
22	5,79	4,38	3,78	3,44	3,22	3,05	2,93	2,84	2,76	2,70
23	5,75	4,35	3,75	3,41	3,18	3,02	2,90	2,81	2,73	2,67
24	5,72	4,32	3,72	3,38	3,15	2,99	2,87	2,78	2,70	2,64
25	5,69	4,29	3,69	3,35	3,13	2,97	2,85	2,75	2,68	2,61
26	5,66	4,27	3,67	3,33	3,10	2,94	2,82	2,73	2,65	2,59
27	5,63	4,24	3,65	3,31	3,08	2,92	2,80	2,71	2,63	2,57
28	5,61	4,22	3,63	3,29	3,06	2,90	2,78	2,69	2,61	2,55
29	5,59	4,20	3,61	3,27	3,04	2,88	2,76	2,67	2,59	2,53
30	5,57	4,18	3,59	3,25	3,03	2,87	2,75	2,65	2,57	2,51
32	5,53	4,15	3,56	3,22	3,00	2,84	2,71	2,62	2,54	2,48
34	5,50	4,12	3,53	3,19	2,97	2,81	2,69	2,59	2,52	2,45
36	5,47	4,09	3,50	3,17	2,94	2,78	2,66	2,57	2,49	2,43
38	5,45	4,07	3,48	3,15	2,92	2,76	2,64	2,55	2,47	2,41
40	5,42	4,05	3,46	3,13	2,90	2,74	2,62	2,53	2,45	2,39
42	5,40	4,03	3,45	3,11	2,89	2,73	2,61	2,51	2,43	2,37
44	5,39	4,02	3,43	3,09	2,87	2,71	2,59	2,50	2,42	2,36
46	5,37	4,00	3,42	3,08	2,86	2,70	2,58	2,48	2,41	2,34
48	5,35	3,99	3,40	3,07	2,84	2,69	2,56	2,47	2,39	2,33
50	5,34	3,97	3,39	3,05	2,83	2,67	2,55	2,46	2,38	2,32
60	5,29	3,93	3,34	3,01	2,79	2,63	2,51	2,41	2,33	2,27
70	5,25	3,89	3,31	2,97	2,75	2,59	2,47	2,38	2,30	2,24
80	5,22	3,86	3,28	2,95	2,73	2,57	2,45	2,35	2,28	2,21
90	5,20	3,84	3,26	2,93	2,71	2,55	2,43	2,34	2,26	2,19
100	5,18	3,83	3,25	2,92	2,70	2,54	2,42	2,32	2,24	2,18
110	5,16	3,82	3,24	2,90	2,68	2,53	2,40	2,31	2,23	2,17
120	5,15	3,80	3,23	2,89	2,67	2,52	2,39	2,30	2,22	2,16
130	5,14	3,80	3,22	2,89	2,67	2,51	2,39	2,29	2,21	2,15
140	5,13	3,79	3,21	2,88	2,66	2,50	2,38	2,28	2,21	2,14
150	5,13	3,78	3,20	2,87	2,65	2,49	2,37	2,28	2,20	2,13
160	5,12	3,78	3,20	2,87	2,65	2,49	2,37	2,27	2,19	2,13
170	5,11	3,77	3,19	2,86	2,64	2,48	2,36	2,27	2,19	2,12
180	5,11	3,77	3,19	2,86	2,64	2,48	2,36	2,26	2,19	2,12
190	5,10	3,76	3,19	2,85	2,63	2,48	2,35	2,26	2,18	2,12
200	5,10	3,76	3,18	2,85	2,63	2,47	2,35	2,26	2,18	2,11
300	5,07	3,73	3,16	2,83	2,61	2,45	2,33	2,23	2,16	2,09
400	5,06	3,72	3,15	2,82	2,60	2,44	2,32	2,22	2,15	2,08
500	5,05	3,72	3,14	2,81	2,59	2,43	2,31	2,22	2,14	2,07
1000	5,04	3,70	3,13	2,80	2,58	2,42	2,30	2,20	2,13	2,06
∞	5,02	3,69	3,12	2,79	2,57	2,41	2,29	2,19	2,11	2,05

Fortsetzung Anhang 18

v_2 \ v_1	11	12	13	14	15	16	17	18	19	20
1	973,0	976,7	979,8	982,5	984,9	986,9	988,7	990,3	991,8	993,1
2	39,41	39,41	39,42	39,43	39,43	39,44	39,44	39,44	39,45	39,45
3	14,37	14,34	14,30	14,28	14,25	14,23	14,21	14,20	14,18	14,17
4	8,79	8,75	8,72	8,68	8,66	8,63	8,61	8,59	8,58	8,56
5	6,57	6,52	6,49	6,46	6,43	6,40	6,38	6,36	6,34	6,33
6	5,41	5,37	5,33	5,30	5,27	5,24	5,22	5,20	5,18	5,17
7	4,71	4,67	4,63	4,60	4,57	4,54	4,52	4,50	4,48	4,47
8	4,24	4,20	4,16	4,13	4,10	4,08	4,05	4,03	4,02	4,00
9	3,91	3,87	3,83	3,80	3,77	3,74	3,72	3,70	3,68	3,67
10	3,66	3,62	3,58	3,55	3,52	3,50	3,47	3,45	3,44	3,42
11	3,47	3,43	3,39	3,36	3,33	3,30	3,28	3,26	3,24	3,23
12	3,32	3,28	3,24	3,21	3,18	3,15	3,13	3,11	3,09	3,07
13	3,20	3,15	3,12	3,08	3,05	3,03	3,00	2,98	2,96	2,95
14	3,09	3,05	3,01	2,98	2,95	2,92	2,90	2,88	2,86	2,84
15	3,01	2,96	2,92	2,89	2,86	2,84	2,81	2,79	2,77	2,76
16	2,93	2,89	2,85	2,82	2,79	2,76	2,74	2,72	2,70	2,68
17	2,87	2,82	2,79	2,75	2,72	2,70	2,67	2,65	2,63	2,62
18	2,81	2,77	2,73	2,70	2,67	2,64	2,62	2,60	2,58	2,56
19	2,76	2,72	2,68	2,65	2,62	2,59	2,57	2,55	2,53	2,51
20	2,72	2,68	2,64	2,60	2,57	2,55	2,52	2,50	2,48	2,46
21	2,68	2,64	2,60	2,56	2,53	2,51	2,48	2,46	2,44	2,42
22	2,65	2,60	2,56	2,53	2,50	2,47	2,45	2,43	2,41	2,39
23	2,62	2,57	2,53	2,50	2,47	2,44	2,42	2,39	2,37	2,36
24	2,59	2,54	2,50	2,47	2,44	2,41	2,39	2,36	2,35	2,33
25	2,56	2,51	2,48	2,44	2,41	2,38	2,36	2,34	2,32	2,30
26	2,54	2,49	2,45	2,42	2,39	2,36	2,34	2,31	2,29	2,28
27	2,51	2,47	2,43	2,39	2,36	2,34	2,31	2,29	2,27	2,25
28	2,49	2,45	2,41	2,37	2,34	2,32	2,29	2,27	2,25	2,23
29	2,48	2,43	2,39	2,36	2,32	2,30	2,27	2,25	2,23	2,21
30	2,46	2,41	2,37	2,34	2,31	2,28	2,26	2,23	2,21	2,20
32	2,43	2,38	2,34	2,31	2,28	2,25	2,22	2,20	2,18	2,16
34	2,40	2,35	2,31	2,28	2,25	2,22	2,20	2,17	2,15	2,13
36	2,37	2,33	2,29	2,25	2,22	2,20	2,17	2,15	2,13	2,11
38	2,35	2,31	2,27	2,23	2,20	2,17	2,15	2,13	2,11	2,09
40	2,33	2,29	2,25	2,21	2,18	2,15	2,13	2,11	2,09	2,07
42	2,32	2,27	2,23	2,20	2,16	2,14	2,11	2,09	2,07	2,05
44	2,30	2,26	2,22	2,18	2,15	2,12	2,10	2,07	2,05	2,03
46	2,29	2,24	2,20	2,17	2,13	2,11	2,08	2,06	2,04	2,02
48	2,27	2,23	2,19	2,15	2,12	2,09	2,07	2,05	2,02	2,01
50	2,26	2,22	2,18	2,14	2,11	2,08	2,06	2,03	2,01	1,99
60	2,22	2,17	2,13	2,09	2,06	2,03	2,01	1,98	1,96	1,94
70	2,18	2,14	2,10	2,06	2,03	2,00	1,97	1,95	1,93	1,91
80	2,16	2,11	2,07	2,03	2,00	1,97	1,95	1,92	1,90	1,88
90	2,14	2,09	2,05	2,02	1,98	1,95	1,93	1,91	1,88	1,86
100	2,12	2,08	2,04	2,00	1,97	1,94	1,91	1,89	1,87	1,85
110	2,11	2,07	2,02	1,99	1,96	1,93	1,90	1,88	1,86	1,84
120	2,10	2,05	2,01	1,98	1,94	1,92	1,89	1,87	1,84	1,82
130	2,09	2,05	2,00	1,97	1,94	1,91	1,88	1,86	1,84	1,82
140	2,09	2,04	2,00	1,96	1,93	1,90	1,87	1,85	1,83	1,81
150	2,08	2,03	1,99	1,95	1,92	1,89	1,87	1,84	1,82	1,80
160	2,07	2,03	1,99	1,95	1,92	1,89	1,86	1,84	1,82	1,80
170	2,07	2,02	1,98	1,94	1,91	1,88	1,86	1,83	1,81	1,79
180	2,07	2,02	1,98	1,94	1,91	1,88	1,85	1,83	1,81	1,79
190	2,06	2,01	1,97	1,94	1,90	1,87	1,85	1,82	1,80	1,78
200	2,06	2,01	1,97	1,93	1,90	1,87	1,84	1,82	1,80	1,78
300	2,04	1,99	1,95	1,91	1,88	1,85	1,82	1,80	1,77	1,75
400	2,03	1,98	1,94	1,90	1,87	1,84	1,81	1,79	1,76	1,74
500	2,02	1,97	1,93	1,89	1,86	1,83	1,80	1,78	1,76	1,74
1000	2,01	1,96	1,92	1,88	1,85	1,82	1,79	1,77	1,74	1,72
∞	1,99	1,94	1,90	1,87	1,83	1,80	1,78	1,75	1,73	1,71

Fortsetzung Anhang 18

ν_2 \ ν_1	21	22	23	24	25	26	27	28	29	30
1	994,3	995,4	996,3	997,3	998,1	998,8	999,5	1000	1000	1001
2	39,45	39,45	39,45	39,46	39,46	39,46	39,46	39,46	39,46	39,46
3	14,16	14,14	14,13	14,12	14,12	14,11	14,10	14,09	14,09	14,08
4	8,55	8,53	8,52	8,51	8,50	8,49	8,48	8,48	8,47	8,46
5	6,31	6,30	6,29	6,28	6,27	6,26	6,25	6,24	6,23	6,23
6	5,15	5,14	5,13	5,12	5,11	5,10	5,09	5,08	5,07	5,07
7	4,45	4,44	4,43	4,41	4,40	4,39	4,39	4,38	4,37	4,36
8	3,98	3,97	3,96	3,95	3,94	3,93	3,92	3,91	3,90	3,89
9	3,65	3,64	3,63	3,61	3,60	3,59	3,58	3,58	3,57	3,56
10	3,40	3,39	3,38	3,37	3,35	3,34	3,34	3,33	3,32	3,31
11	3,21	3,20	3,18	3,17	3,16	3,15	3,14	3,13	3,13	3,12
12	3,06	3,04	3,03	3,02	3,01	3,00	2,99	2,98	2,97	2,96
13	2,93	2,92	2,91	2,89	2,88	2,87	2,86	2,85	2,85	2,84
14	2,83	2,81	2,80	2,79	2,78	2,77	2,76	2,75	2,74	2,73
15	2,74	2,73	2,71	2,70	2,69	2,68	2,67	2,66	2,65	2,64
16	2,67	2,65	2,64	2,63	2,61	2,60	2,59	2,58	2,58	2,57
17	2,60	2,59	2,57	2,56	2,55	2,54	2,53	2,52	2,51	2,50
18	2,54	2,53	2,52	2,50	2,49	2,48	2,47	2,46	2,45	2,44
19	2,49	2,48	2,46	2,45	2,44	2,43	2,42	2,41	2,40	2,39
20	2,45	2,43	2,42	2,41	2,40	2,39	2,38	2,37	2,36	2,35
21	2,41	2,39	2,38	2,37	2,36	2,34	2,33	2,33	2,32	2,31
22	2,37	2,36	2,34	2,33	2,32	2,31	2,30	2,29	2,28	2,27
23	2,34	2,33	2,31	2,30	2,29	2,28	2,27	2,26	2,25	2,24
24	2,31	2,30	2,28	2,27	2,26	2,25	2,24	2,23	2,22	2,21
25	2,28	2,27	2,26	2,24	2,23	2,22	2,21	2,20	2,19	2,18
26	2,26	2,24	2,23	2,22	2,21	2,19	2,18	2,17	2,17	2,16
27	2,24	2,22	2,21	2,19	2,18	2,17	2,16	2,15	2,14	2,13
28	2,22	2,20	2,19	2,17	2,16	2,15	2,14	2,13	2,12	2,11
29	2,20	2,18	2,17	2,15	2,14	2,13	2,12	2,11	2,10	2,09
30	2,18	2,16	2,15	2,14	2,12	2,11	2,10	2,09	2,08	2,07
32	2,15	2,13	2,12	2,10	2,09	2,08	2,07	2,06	2,05	2,04
34	2,12	2,10	2,09	2,07	2,06	2,05	2,04	2,03	2,02	2,01
36	2,09	2,08	2,06	2,05	2,04	2,03	2,01	2,00	2,00	1,99
38	2,07	2,05	2,04	2,03	2,01	2,00	1,99	1,98	1,97	1,96
40	2,05	2,03	2,02	2,01	1,99	1,98	1,97	1,96	1,95	1,94
42	2,03	2,02	2,00	1,99	1,98	1,96	1,95	1,94	1,93	1,92
44	2,02	2,00	1,99	1,97	1,96	1,95	1,94	1,93	1,92	1,91
46	2,00	1,99	1,97	1,96	1,94	1,93	1,92	1,91	1,90	1,89
48	1,99	1,97	1,96	1,94	1,93	1,92	1,91	1,90	1,89	1,88
50	1,98	1,96	1,95	1,93	1,92	1,91	1,90	1,89	1,88	1,87
60	1,93	1,91	1,90	1,88	1,87	1,86	1,85	1,83	1,82	1,82
70	1,89	1,88	1,86	1,85	1,83	1,82	1,81	1,80	1,79	1,78
80	1,87	1,85	1,83	1,82	1,81	1,79	1,78	1,77	1,76	1,75
90	1,85	1,83	1,81	1,80	1,79	1,77	1,76	1,75	1,74	1,73
100	1,83	1,81	1,80	1,78	1,77	1,76	1,75	1,74	1,72	1,71
110	1,82	1,80	1,79	1,77	1,76	1,74	1,73	1,72	1,71	1,70
120	1,81	1,79	1,77	1,76	1,75	1,73	1,72	1,71	1,70	1,69
130	1,80	1,78	1,77	1,75	1,74	1,72	1,71	1,70	1,69	1,68
140	1,79	1,77	1,76	1,74	1,73	1,72	1,70	1,69	1,68	1,67
150	1,78	1,77	1,75	1,74	1,72	1,71	1,70	1,69	1,68	1,67
160	1,78	1,76	1,74	1,73	1,72	1,70	1,69	1,68	1,67	1,66
170	1,77	1,75	1,74	1,72	1,71	1,70	1,69	1,67	1,66	1,65
180	1,77	1,75	1,73	1,72	1,71	1,69	1,68	1,67	1,66	1,65
190	1,76	1,75	1,73	1,72	1,70	1,69	1,68	1,67	1,65	1,64
200	1,76	1,74	1,73	1,71	1,70	1,68	1,67	1,66	1,65	1,64
300	1,74	1,72	1,70	1,69	1,67	1,66	1,65	1,64	1,63	1,62
400	1,72	1,71	1,69	1,68	1,66	1,65	1,64	1,62	1,61	1,60
500	1,72	1,70	1,68	1,67	1,65	1,64	1,63	1,62	1,61	1,60
1000	1,70	1,69	1,67	1,65	1,64	1,63	1,61	1,60	1,59	1,58
∞	1,69	1,67	1,66	1,64	1,63	1,61	1,60	1,59	1,58	1,57

Fortsetzung Anhang 18

v_2 \ v_1	32	34	36	38	40	42	44	46	48	50
1	1002	1003	1004	1005	1006	1006	1007	1007	1008	1008
2	39,47	39,47	39,47	39,47	39,47	39,47	39,47	39,48	39,48	39,48
3	14,07	14,06	14,05	14,04	14,04	14,03	14,02	14,02	14,01	14,01
4	8,45	8,44	8,43	8,42	8,41	8,40	8,40	8,39	8,39	8,38
5	6,21	6,20	6,19	6,18	6,18	6,17	6,16	6,15	6,15	6,14
6	5,05	5,04	5,03	5,02	5,01	5,00	5,00	4,99	4,99	4,98
7	4,35	4,34	4,33	4,32	4,31	4,30	4,29	4,29	4,28	4,28
8	3,88	3,87	3,86	3,85	3,84	3,83	3,82	3,82	3,81	3,81
9	3,55	3,53	3,52	3,51	3,51	3,50	3,49	3,48	3,48	3,47
10	3,30	3,29	3,27	3,26	3,26	3,25	3,24	3,23	3,23	3,22
11	3,10	3,09	3,08	3,07	3,06	3,05	3,05	3,04	3,03	3,03
12	2,95	2,94	2,93	2,92	2,91	2,90	2,89	2,88	2,88	2,87
13	2,82	2,81	2,80	2,79	2,78	2,77	2,76	2,76	2,75	2,74
14	2,72	2,71	2,69	2,68	2,67	2,67	2,66	2,65	2,64	2,64
15	2,63	2,62	2,60	2,59	2,59	2,58	2,57	2,56	2,55	2,55
16	2,55	2,54	2,53	2,52	2,51	2,50	2,49	2,48	2,48	2,47
17	2,49	2,47	2,46	2,45	2,44	2,43	2,43	2,42	2,41	2,41
18	2,43	2,42	2,40	2,39	2,38	2,38	2,37	2,36	2,35	2,35
19	2,38	2,37	2,35	2,34	2,33	2,32	2,32	2,31	2,30	2,30
20	2,33	2,32	2,31	2,30	2,29	2,28	2,27	2,26	2,26	2,25
21	2,29	2,28	2,27	2,26	2,25	2,24	2,23	2,22	2,21	2,21
22	2,26	2,24	2,23	2,22	2,21	2,20	2,19	2,18	2,18	2,17
23	2,22	2,21	2,20	2,19	2,18	2,17	2,16	2,15	2,14	2,14
24	2,19	2,18	2,17	2,16	2,15	2,14	2,13	2,12	2,11	2,11
25	2,17	2,15	2,14	2,13	2,12	2,11	2,10	2,09	2,09	2,08
26	2,14	2,13	2,11	2,10	2,09	2,08	2,07	2,07	2,06	2,05
27	2,12	2,10	2,09	2,08	2,07	2,06	2,05	2,04	2,04	2,03
28	2,10	2,08	2,07	2,06	2,05	2,04	2,03	2,02	2,01	2,01
29	2,08	2,06	2,05	2,04	2,03	2,02	2,01	2,00	1,99	1,99
30	2,06	2,04	2,03	2,02	2,01	2,00	1,99	1,98	1,97	1,97
32	2,02	2,01	2,00	1,99	1,98	1,97	1,96	1,95	1,94	1,93
34	2,00	1,98	1,97	1,96	1,95	1,94	1,93	1,92	1,91	1,90
36	1,97	1,96	1,94	1,93	1,92	1,91	1,90	1,89	1,88	1,88
38	1,95	1,93	1,92	1,91	1,90	1,89	1,88	1,87	1,86	1,85
40	1,93	1,91	1,90	1,89	1,88	1,87	1,86	1,85	1,84	1,83
42	1,91	1,89	1,88	1,87	1,86	1,85	1,84	1,83	1,82	1,81
44	1,89	1,88	1,86	1,85	1,84	1,83	1,82	1,81	1,80	1,80
46	1,88	1,86	1,85	1,83	1,82	1,81	1,80	1,80	1,79	1,78
48	1,86	1,85	1,83	1,82	1,81	1,80	1,79	1,78	1,77	1,77
50	1,85	1,83	1,82	1,81	1,80	1,79	1,78	1,77	1,76	1,75
60	1,80	1,78	1,77	1,76	1,74	1,73	1,72	1,71	1,71	1,70
70	1,76	1,75	1,73	1,72	1,71	1,70	1,69	1,68	1,67	1,66
80	1,73	1,72	1,70	1,69	1,68	1,67	1,66	1,65	1,64	1,63
90	1,71	1,70	1,68	1,67	1,66	1,65	1,64	1,63	1,62	1,61
100	1,70	1,68	1,67	1,65	1,64	1,63	1,62	1,61	1,60	1,59
110	1,68	1,67	1,65	1,64	1,63	1,61	1,60	1,59	1,59	1,58
120	1,67	1,66	1,64	1,63	1,61	1,60	1,59	1,58	1,57	1,56
130	1,66	1,65	1,63	1,62	1,60	1,59	1,58	1,57	1,56	1,55
140	1,65	1,64	1,62	1,61	1,60	1,58	1,57	1,56	1,55	1,55
150	1,65	1,63	1,61	1,60	1,59	1,58	1,57	1,56	1,55	1,54
160	1,64	1,62	1,61	1,59	1,58	1,57	1,56	1,55	1,54	1,53
170	1,63	1,62	1,60	1,59	1,58	1,56	1,55	1,54	1,53	1,53
180	1,63	1,61	1,60	1,58	1,57	1,56	1,55	1,54	1,53	1,52
190	1,63	1,61	1,59	1,58	1,57	1,55	1,54	1,53	1,52	1,52
200	1,62	1,60	1,59	1,58	1,56	1,55	1,54	1,53	1,52	1,51
300	1,60	1,58	1,56	1,55	1,54	1,52	1,51	1,50	1,49	1,48
400	1,58	1,57	1,55	1,54	1,52	1,51	1,50	1,49	1,48	1,47
500	1,58	1,56	1,54	1,53	1,52	1,50	1,49	1,48	1,47	1,46
1000	1,56	1,54	1,53	1,51	1,50	1,49	1,48	1,46	1,45	1,45
∞	1,55	1,53	1,51	1,50	1,48	1,47	1,46	1,45	1,44	1,43

Fortsetzung Anhang 18

v_2 \ v_1	60	70	80	90	100	110	120	130	140	150
1	1010	1011	1012	1013	1013	1014	1014	1014	1015	1015
2	39,48	39,48	39,49	39,49	39,49	39,49	39,49	39,49	39,49	39,49
3	13,99	13,98	13,97	13,96	13,96	13,95	13,95	13,94	13,94	13,94
4	8,36	8,35	8,33	8,33	8,32	8,31	8,31	8,31	8,30	8,30
5	6,12	6,11	6,10	6,09	6,08	6,07	6,07	6,07	6,06	6,06
6	4,96	4,94	4,93	4,92	4,92	4,91	4,90	4,90	4,90	4,89
7	4,25	4,24	4,23	4,22	4,21	4,20	4,20	4,19	4,19	4,19
8	3,78	3,77	3,76	3,75	3,74	3,73	3,73	3,72	3,72	3,72
9	3,45	3,43	3,42	3,41	3,40	3,40	3,39	3,39	3,38	3,38
10	3,20	3,18	3,17	3,16	3,15	3,15	3,14	3,14	3,13	3,13
11	3,00	2,99	2,97	2,96	2,96	2,95	2,94	2,94	2,94	2,93
12	2,85	2,83	2,82	2,81	2,80	2,79	2,79	2,78	2,78	2,78
13	2,72	2,70	2,69	2,68	2,67	2,66	2,66	2,65	2,65	2,65
14	2,61	2,60	2,58	2,57	2,56	2,56	2,55	2,55	2,54	2,54
15	2,52	2,51	2,49	2,48	2,47	2,47	2,46	2,46	2,45	2,45
16	2,45	2,43	2,42	2,40	2,40	2,39	2,38	2,38	2,37	2,37
17	2,38	2,36	2,35	2,34	2,33	2,32	2,32	2,31	2,31	2,30
18	2,32	2,30	2,29	2,28	2,27	2,26	2,26	2,25	2,25	2,24
19	2,27	2,25	2,24	2,23	2,22	2,21	2,20	2,20	2,19	2,19
20	2,22	2,20	2,19	2,18	2,17	2,16	2,16	2,15	2,15	2,14
21	2,18	2,16	2,15	2,14	2,13	2,12	2,11	2,11	2,10	2,10
22	2,14	2,13	2,11	2,10	2,09	2,08	2,08	2,07	2,07	2,06
23	2,11	2,09	2,08	2,07	2,06	2,05	2,04	2,04	2,03	2,03
24	2,08	2,06	2,05	2,03	2,02	2,02	2,01	2,00	2,00	2,00
25	2,05	2,03	2,02	2,01	2,00	1,99	1,98	1,98	1,97	1,97
26	2,03	2,01	1,99	1,98	1,97	1,96	1,95	1,95	1,94	1,94
27	2,00	1,98	1,97	1,95	1,94	1,94	1,93	1,92	1,92	1,91
28	1,98	1,96	1,94	1,93	1,92	1,91	1,91	1,90	1,90	1,89
29	1,96	1,94	1,92	1,91	1,90	1,89	1,89	1,88	1,88	1,87
30	1,94	1,92	1,90	1,89	1,88	1,87	1,87	1,86	1,86	1,85
32	1,91	1,88	1,87	1,86	1,85	1,84	1,83	1,82	1,82	1,82
34	1,88	1,85	1,84	1,83	1,82	1,81	1,80	1,79	1,79	1,78
36	1,85	1,83	1,81	1,80	1,79	1,78	1,77	1,77	1,76	1,76
38	1,82	1,80	1,79	1,77	1,76	1,75	1,75	1,74	1,73	1,73
40	1,80	1,78	1,76	1,75	1,74	1,73	1,72	1,72	1,71	1,71
42	1,78	1,76	1,74	1,73	1,72	1,71	1,70	1,70	1,69	1,69
44	1,77	1,74	1,73	1,71	1,70	1,69	1,69	1,68	1,67	1,67
46	1,75	1,73	1,71	1,70	1,69	1,68	1,67	1,66	1,66	1,65
48	1,73	1,71	1,69	1,68	1,67	1,66	1,65	1,65	1,64	1,64
50	1,72	1,70	1,68	1,67	1,66	1,65	1,64	1,63	1,63	1,62
60	1,67	1,64	1,63	1,61	1,60	1,59	1,58	1,57	1,57	1,56
70	1,63	1,60	1,59	1,57	1,56	1,55	1,54	1,53	1,53	1,52
80	1,60	1,57	1,55	1,54	1,53	1,52	1,51	1,50	1,49	1,49
90	1,58	1,55	1,53	1,52	1,50	1,49	1,48	1,48	1,47	1,46
100	1,56	1,53	1,51	1,50	1,48	1,47	1,46	1,46	1,45	1,44
110	1,54	1,52	1,50	1,48	1,47	1,46	1,45	1,44	1,43	1,43
120	1,53	1,50	1,48	1,47	1,45	1,44	1,43	1,42	1,42	1,41
130	1,52	1,49	1,47	1,46	1,44	1,43	1,42	1,41	1,41	1,40
140	1,51	1,48	1,46	1,45	1,43	1,42	1,41	1,40	1,39	1,39
150	1,50	1,48	1,45	1,44	1,42	1,41	1,40	1,39	1,39	1,38
160	1,50	1,47	1,45	1,43	1,42	1,40	1,39	1,39	1,38	1,37
170	1,49	1,46	1,44	1,42	1,41	1,40	1,39	1,38	1,37	1,36
180	1,48	1,46	1,43	1,42	1,40	1,39	1,38	1,37	1,36	1,36
190	1,48	1,45	1,43	1,41	1,40	1,39	1,38	1,37	1,36	1,35
200	1,47	1,45	1,42	1,41	1,39	1,38	1,37	1,36	1,35	1,35
300	1,45	1,42	1,39	1,38	1,36	1,35	1,34	1,33	1,32	1,31
400	1,43	1,40	1,38	1,36	1,35	1,33	1,32	1,31	1,30	1,29
500	1,42	1,39	1,37	1,35	1,34	1,32	1,31	1,30	1,29	1,28
1000	1,41	1,38	1,35	1,33	1,32	1,30	1,29	1,28	1,27	1,26
∞	1,39	1,36	1,33	1,31	1,30	1,28	1,27	1,26	1,25	1,24

Fortsetzung Anhang 18

v_2 \ v_1	160	170	180	190	200	300	400	500	1000	∞
1	1015	1015	1015	1016	1016	1017	1017	1017	1018	1018
2	39,49	39,49	39,49	39,49	39,49	39,49	39,50	39,50	39,50	39,50
3	13,94	13,93	13,93	13,93	13,93	13,92	13,92	13,91	13,91	13,90
4	8,30	8,29	8,29	8,29	8,29	8,28	8,27	8,27	8,26	8,26
5	6,06	6,05	6,05	6,05	6,05	6,04	6,03	6,03	6,02	6,02
6	4,89	4,89	4,89	4,88	4,88	4,87	4,87	4,86	4,86	4,85
7	4,18	4,18	4,18	4,18	4,18	4,17	4,16	4,16	4,15	4,14
8	3,71	3,71	3,71	3,71	3,70	3,69	3,69	3,68	3,68	3,67
9	3,38	3,37	3,37	3,37	3,37	3,36	3,35	3,35	3,34	3,33
10	3,13	3,12	3,12	3,12	3,12	3,10	3,10	3,09	3,09	3,08
11	2,93	2,93	2,92	2,92	2,92	2,91	2,90	2,90	2,89	2,88
12	2,77	2,77	2,77	2,76	2,76	2,75	2,74	2,74	2,73	2,72
13	2,64	2,64	2,64	2,64	2,63	2,62	2,61	2,61	2,60	2,60
14	2,54	2,53	2,53	2,53	2,53	2,51	2,51	2,50	2,50	2,49
15	2,44	2,44	2,44	2,44	2,44	2,42	2,42	2,41	2,40	2,40
16	2,37	2,36	2,36	2,36	2,36	2,34	2,34	2,33	2,32	2,32
17	2,30	2,30	2,29	2,29	2,29	2,28	2,27	2,26	2,26	2,25
18	2,24	2,24	2,23	2,23	2,23	2,21	2,21	2,20	2,20	2,19
19	2,19	2,18	2,18	2,18	2,18	2,16	2,15	2,15	2,14	2,13
20	2,14	2,14	2,13	2,13	2,13	2,11	2,11	2,10	2,09	2,09
21	2,10	2,09	2,09	2,09	2,09	2,07	2,06	2,06	2,05	2,04
22	2,06	2,06	2,05	2,05	2,05	2,03	2,03	2,02	2,01	2,00
23	2,02	2,02	2,02	2,01	2,01	2,00	1,99	1,99	1,98	1,97
24	1,99	1,99	1,99	1,98	1,98	1,97	1,96	1,95	1,94	1,94
25	1,96	1,96	1,96	1,95	1,95	1,94	1,93	1,92	1,91	1,91
26	1,94	1,93	1,93	1,93	1,92	1,91	1,90	1,90	1,89	1,88
27	1,91	1,91	1,90	1,90	1,90	1,88	1,88	1,87	1,86	1,85
28	1,89	1,88	1,88	1,88	1,88	1,86	1,85	1,85	1,84	1,83
29	1,87	1,86	1,86	1,86	1,86	1,84	1,83	1,83	1,82	1,81
30	1,85	1,84	1,84	1,84	1,84	1,82	1,81	1,81	1,80	1,79
32	1,81	1,81	1,80	1,80	1,80	1,78	1,77	1,77	1,76	1,75
34	1,78	1,78	1,77	1,77	1,77	1,75	1,74	1,74	1,73	1,72
36	1,75	1,75	1,74	1,74	1,74	1,72	1,71	1,71	1,70	1,69
38	1,73	1,72	1,72	1,72	1,71	1,70	1,69	1,68	1,67	1,66
40	1,70	1,70	1,70	1,69	1,69	1,67	1,66	1,66	1,65	1,64
42	1,68	1,68	1,68	1,67	1,67	1,65	1,64	1,64	1,63	1,62
44	1,66	1,66	1,66	1,65	1,65	1,63	1,62	1,62	1,61	1,60
46	1,65	1,64	1,64	1,64	1,63	1,62	1,61	1,60	1,59	1,58
48	1,63	1,63	1,62	1,62	1,62	1,60	1,59	1,58	1,57	1,56
50	1,62	1,61	1,61	1,61	1,60	1,58	1,57	1,57	1,56	1,55
60	1,56	1,55	1,55	1,55	1,54	1,52	1,51	1,51	1,49	1,48
70	1,52	1,51	1,51	1,50	1,50	1,48	1,47	1,46	1,45	1,44
80	1,48	1,48	1,47	1,47	1,47	1,45	1,43	1,43	1,41	1,40
90	1,46	1,45	1,45	1,44	1,44	1,42	1,41	1,40	1,39	1,37
100	1,44	1,43	1,43	1,42	1,42	1,40	1,39	1,38	1,36	1,35
110	1,42	1,41	1,41	1,41	1,40	1,38	1,37	1,36	1,34	1,33
120	1,41	1,40	1,40	1,39	1,39	1,36	1,35	1,34	1,33	1,31
130	1,39	1,39	1,38	1,38	1,38	1,35	1,34	1,33	1,31	1,30
140	1,38	1,38	1,37	1,37	1,36	1,34	1,33	1,32	1,30	1,28
150	1,37	1,37	1,36	1,36	1,35	1,33	1,32	1,31	1,29	1,27
160	1,36	1,36	1,35	1,35	1,35	1,32	1,31	1,30	1,28	1,26
170	1,36	1,35	1,35	1,34	1,34	1,31	1,30	1,29	1,27	1,25
180	1,35	1,35	1,34	1,34	1,33	1,31	1,29	1,28	1,26	1,24
190	1,35	1,34	1,33	1,33	1,33	1,30	1,28	1,28	1,26	1,24
200	1,34	1,33	1,33	1,32	1,32	1,29	1,28	1,27	1,25	1,23
300	1,31	1,30	1,29	1,29	1,28	1,25	1,24	1,23	1,21	1,18
400	1,29	1,28	1,28	1,27	1,27	1,23	1,22	1,21	1,18	1,15
500	1,28	1,27	1,26	1,26	1,25	1,22	1,20	1,19	1,17	1,14
1000	1,25	1,25	1,24	1,24	1,23	1,20	1,17	1,16	1,13	1,09
∞	1,23	1,22	1,22	1,21	1,21	1,17	1,14	1,13	1,09	1,00

Anhang 19: Quantile der χ^2-Verteilung

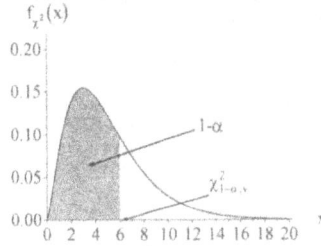

$\begin{matrix}1-\alpha\\\nu\end{matrix}$	0,001	0,005	0,010	0,025	0,050	0,100	0,200
1	0,0000	0,0000	0,0002	0,0010	0,0039	0,0158	0,0642
2	0,0020	0,0100	0,0201	0,0506	0,1026	0,2107	0,4463
3	0,0243	0,0717	0,1148	0,2158	0,3518	0,5844	1,0052
4	0,0908	0,2070	0,2971	0,4844	0,7107	1,0636	1,6488
5	0,2102	0,4118	0,5543	0,8312	1,1455	1,6103	2,3425
6	0,3810	0,6757	0,8721	1,2373	1,6354	2,2041	3,0701
7	0,5985	0,9893	1,2390	1,6899	2,1673	2,8331	3,8223
8	0,8571	1,3444	1,6465	2,1797	2,7326	3,4895	4,5936
9	1,1519	1,7349	2,0879	2,7004	3,3251	4,1682	5,3801
10	1,4787	2,1558	2,5582	3,2470	3,9403	4,8652	6,1791
11	1,834	2,603	3,053	3,816	4,575	5,578	6,989
12	2,214	3,074	3,571	4,404	5,226	6,304	7,807
13	2,617	3,565	4,107	5,009	5,892	7,041	8,634
14	3,041	4,075	4,660	5,629	6,571	7,790	9,467
15	3,483	4,601	5,229	6,262	7,261	8,547	10,307
16	3,942	5,142	5,812	6,908	7,962	9,312	11,152
17	4,416	5,697	6,408	7,564	8,672	10,085	12,002
18	4,905	6,265	7,015	8,231	9,390	10,865	12,857
19	5,407	6,844	7,633	8,907	10,117	11,651	13,716
20	5,921	7,434	8,260	9,591	10,851	12,443	14,578
21	6,447	8,034	8,897	10,283	11,591	13,240	15,445
22	6,983	8,643	9,542	10,982	12,338	14,041	16,314
23	7,529	9,260	10,196	11,689	13,091	14,848	17,187
24	8,085	9,886	10,856	12,401	13,848	15,659	18,062
25	8,649	10,520	11,524	13,120	14,611	16,473	18,940
26	9,222	11,160	12,198	13,844	15,379	17,292	19,820
27	9,803	11,808	12,878	14,573	16,151	18,114	20,703
28	10,391	12,461	13,565	15,308	16,928	18,939	21,588
29	10,986	13,121	14,256	16,047	17,708	19,768	22,475
30	11,588	13,787	14,953	16,791	18,493	20,599	23,364
31	12,196	14,458	15,655	17,539	19,281	21,434	24,255
32	12,810	15,134	16,362	18,291	20,072	22,271	25,148
33	13,431	15,815	17,073	19,047	20,867	23,110	26,042
34	14,057	16,501	17,789	19,806	21,664	23,952	26,938
35	14,688	17,192	18,509	20,569	22,465	24,797	27,836
36	15,324	17,887	19,233	21,336	23,269	25,643	28,735
37	15,965	18,586	19,960	22,106	24,075	26,492	29,635
38	16,611	19,289	20,691	22,878	24,884	27,343	30,537
39	17,261	19,996	21,426	23,654	25,695	28,196	31,441
40	17,917	20,707	22,164	24,433	26,509	29,051	32,345
41	18,576	21,421	22,906	25,215	27,326	29,907	33,251
42	19,238	22,138	23,650	25,999	28,144	30,765	34,157
43	19,905	22,860	24,398	26,785	28,965	31,625	35,065
44	20,576	23,584	25,148	27,575	29,787	32,487	35,974
45	21,251	24,311	25,901	28,366	30,612	33,350	36,884
46	21,929	25,041	26,657	29,160	31,439	34,215	37,795
47	22,610	25,775	27,416	29,956	32,268	35,081	38,708
48	23,294	26,511	28,177	30,754	33,098	35,949	39,621
49	23,983	27,249	28,941	31,555	33,930	36,818	40,534
50	24,674	27,991	29,707	32,357	34,764	37,689	41,449

Fortsetzung Anhang 19

ν ＼ 1−α	0,001	0,005	0,010	0,025	0,050	0,100	0,200
51	25,368	28,735	30,475	33,162	35,600	38,560	42,365
52	26,065	29,481	31,246	33,968	36,437	39,433	43,281
53	26,765	30,230	32,019	34,776	37,276	40,308	44,199
54	27,467	30,981	32,793	35,586	38,116	41,183	45,117
55	28,173	31,735	33,571	36,398	38,958	42,060	46,036
56	28,881	32,491	34,350	37,212	39,801	42,937	46,955
57	29,592	33,248	35,131	38,027	40,646	43,816	47,876
58	30,305	34,008	35,914	38,844	41,492	44,696	48,797
59	31,021	34,770	36,698	39,662	42,339	45,577	49,718
60	31,738	35,534	37,485	40,482	43,188	46,459	50,641
61	32,458	36,300	38,273	41,303	44,038	47,342	51,564
62	33,181	37,068	39,063	42,126	44,889	48,226	52,487
63	33,905	37,838	39,855	42,950	45,741	49,111	53,412
64	34,632	38,610	40,649	43,776	46,595	49,996	54,336
65	35,362	39,383	41,444	44,603	47,450	50,883	55,262
66	36,092	40,158	42,240	45,431	48,305	51,770	56,188
67	36,826	40,935	43,038	46,261	49,162	52,659	57,115
68	37,561	41,714	43,838	47,092	50,020	53,548	58,042
69	38,298	42,493	44,639	47,924	50,879	54,438	58,970
70	39,036	43,275	45,442	48,758	51,739	55,329	59,898
71	39,776	44,058	46,246	49,592	52,600	56,221	60,827
72	40,520	44,843	47,051	50,428	53,462	57,113	61,756
73	41,263	45,629	47,858	51,265	54,325	58,006	62,686
74	42,009	46,417	48,666	52,103	55,189	58,900	63,616
75	42,757	47,206	49,475	52,942	56,054	59,795	64,547
76	43,507	47,996	50,286	53,782	56,920	60,690	65,478
77	44,257	48,788	51,097	54,623	57,786	61,586	66,409
78	45,011	49,581	51,910	55,466	58,654	62,483	67,341
79	45,764	50,376	52,725	56,309	59,522	63,380	68,274
80	46,520	51,172	53,540	57,153	60,391	64,278	69,207
81	47,276	51,969	54,357	57,998	61,262	65,176	70,140
82	48,036	52,767	55,174	58,845	62,132	66,076	71,074
83	48,795	53,567	55,993	59,692	63,004	66,976	72,008
84	49,558	54,368	56,813	60,540	63,876	67,876	72,943
85	50,320	55,170	57,634	61,389	64,749	68,777	73,878
86	51,084	55,973	58,456	62,239	65,623	69,679	74,813
87	51,850	56,777	59,279	63,089	66,498	70,581	75,749
88	52,617	57,582	60,103	63,941	67,373	71,484	76,685
89	53,385	58,389	60,928	64,793	68,249	72,387	77,622
90	54,156	59,196	61,754	65,647	69,126	73,291	78,558
91	54,925	60,005	62,581	66,501	70,003	74,196	79,496
92	55,698	60,815	63,409	67,356	70,882	75,100	80,433
93	56,471	61,625	64,238	68,211	71,760	76,006	81,371
94	57,246	62,437	65,068	69,068	72,640	76,912	82,309
95	58,022	63,250	65,898	69,925	73,520	77,818	83,248
96	58,800	64,063	66,730	70,783	74,401	78,725	84,187
97	59,577	64,878	67,562	71,642	75,282	79,633	85,126
98	60,356	65,693	68,396	72,501	76,164	80,541	86,065
99	61,136	66,510	69,230	73,361	77,046	81,449	87,005
100	61,918	67,328	70,065	74,222	77,929	82,358	87,945

Fortsetzung Anhang 19

ν \ $1-\alpha$	0,800	0,900	0,950	0,975	0,990	0,995	0,999
1	1,6424	2,7055	3,8415	5,0239	6,6349	7,8794	10,8274
2	3,2189	4,6052	5,9915	7,3778	9,2104	10,5965	13,8150
3	4,6416	6,2514	7,8147	9,3484	11,3449	12,8381	16,2660
4	5,9886	7,7794	9,4877	11,1433	13,2767	14,8602	18,4662
5	7,2893	9,2363	11,0705	12,8325	15,0863	16,7496	20,5147
6	8,5581	10,6446	12,5916	14,4494	16,8119	18,5475	22,4575
7	9,8032	12,0170	14,0671	16,0128	18,4753	20,2777	24,3213
8	11,0301	13,3616	15,5073	17,5345	20,0902	21,9549	26,1239
9	12,2421	14,6837	16,9190	19,0228	21,6660	23,5893	27,8767
10	13,4420	15,9872	18,3070	20,4832	23,2093	25,1881	29,5879
11	14,631	17,275	19,675	21,920	24,725	26,757	31,264
12	15,812	18,549	21,026	23,337	26,217	28,300	32,909
13	16,985	19,812	22,362	24,736	27,688	29,819	34,527
14	18,151	21,064	23,685	26,119	29,141	31,319	36,124
15	19,311	22,307	24,996	27,488	30,578	32,801	37,698
16	20,465	23,542	26,296	28,845	32,000	34,267	39,252
17	21,615	24,769	27,587	30,191	33,409	35,718	40,791
18	22,760	25,989	28,869	31,526	34,805	37,156	42,312
19	23,900	27,204	30,144	32,852	36,191	38,582	43,819
20	25,038	28,412	31,410	34,170	37,566	39,997	45,314
21	26,171	29,615	32,671	35,479	38,932	41,401	46,796
22	27,301	30,813	33,924	36,781	40,289	42,796	48,268
23	28,429	32,007	35,172	38,076	41,638	44,181	49,728
24	29,553	33,196	36,415	39,364	42,980	45,558	51,179
25	30,675	34,382	37,652	40,646	44,314	46,928	52,619
26	31,795	35,563	38,885	41,923	45,642	48,290	54,051
27	32,912	36,741	40,113	43,195	46,963	49,645	55,475
28	34,027	37,916	41,337	44,461	48,278	50,994	56,892
29	35,139	39,087	42,557	45,722	49,588	52,335	58,301
30	36,250	40,256	43,773	46,979	50,892	53,672	59,702
31	37,359	41,422	44,985	48,232	52,191	55,002	61,098
32	38,466	42,585	46,194	49,480	53,486	56,328	62,487
33	39,572	43,745	47,400	50,725	54,775	57,648	63,869
34	40,676	44,903	48,602	51,966	56,061	58,964	65,247
35	41,778	46,059	49,802	53,203	57,342	60,275	66,619
36	42,879	47,212	50,998	54,437	58,619	61,581	67,985
37	43,978	48,363	52,192	55,668	59,893	62,883	69,348
38	45,076	49,513	53,384	56,895	61,162	64,181	70,704
39	46,173	50,660	54,572	58,120	62,428	65,475	72,055
40	47,269	51,805	55,758	59,342	63,691	66,766	73,403
41	48,363	52,949	56,942	60,561	64,950	68,053	74,744
42	49,456	54,090	58,124	61,777	66,206	69,336	76,084
43	50,548	55,230	59,304	62,990	67,459	70,616	77,418
44	51,639	56,369	60,481	64,201	68,710	71,892	78,749
45	52,729	57,505	61,656	65,410	69,957	73,166	80,078
46	53,818	58,641	62,830	66,616	71,201	74,437	81,400
47	54,906	59,774	64,001	67,821	72,443	75,704	82,720
48	55,993	60,907	65,171	69,023	73,683	76,969	84,037
49	57,079	62,038	66,339	70,222	74,919	78,231	85,350
50	58,164	63,167	67,505	71,420	76,154	79,490	86,660

Fortsetzung Anhang 19

ν \ $1-\alpha$	0,800	0,900	0,950	0,975	0,990	0,995	0,999
51	59,248	64,295	68,669	72,616	77,386	80,746	87,967
52	60,332	65,422	69,832	73,810	78,616	82,001	89,272
53	61,414	66,548	70,993	75,002	79,843	83,253	90,573
54	62,496	67,673	72,153	76,192	81,069	84,502	91,871
55	63,577	68,796	73,311	77,380	82,292	85,749	93,167
56	64,658	69,919	74,468	78,567	83,514	86,994	94,462
57	65,737	71,040	75,624	79,752	84,733	88,237	95,750
58	66,816	72,160	76,778	80,936	85,950	89,477	97,038
59	67,894	73,279	77,930	82,117	87,166	90,715	98,324
60	68,972	74,397	79,082	83,298	88,379	91,952	99,608
61	70,049	75,514	80,232	84,476	89,591	93,186	100,887
62	71,125	76,630	81,381	85,654	90,802	94,419	102,165
63	72,201	77,745	82,529	86,830	92,010	95,649	103,442
64	73,276	78,860	83,675	88,004	93,217	96,878	104,717
65	74,351	79,973	84,821	89,177	94,422	98,105	105,988
66	75,424	81,085	85,965	90,349	95,626	99,330	107,257
67	76,498	82,197	87,108	91,519	96,828	100,554	108,525
68	77,571	83,308	88,250	92,688	98,028	101,776	109,793
69	78,643	84,418	89,391	93,856	99,227	102,996	111,055
70	79,715	85,527	90,531	95,023	100,425	104,215	112,317
71	80,786	86,635	91,670	96,189	101,621	105,432	113,577
72	81,857	87,743	92,808	97,353	102,816	106,647	114,834
73	82,927	88,850	93,945	98,516	104,010	107,862	116,092
74	83,997	89,956	95,081	99,678	105,202	109,074	117,347
75	85,066	91,061	96,217	100,839	106,393	110,285	118,599
76	86,135	92,166	97,351	101,999	107,582	111,495	119,850
77	87,203	93,270	98,484	103,158	108,771	112,704	121,101
78	88,271	94,374	99,617	104,316	109,958	113,911	122,347
79	89,338	95,476	100,749	105,473	111,144	115,116	123,595
80	90,405	96,578	101,879	106,629	112,329	116,321	124,839
81	91,472	97,680	103,010	107,783	113,512	117,524	126,084
82	92,538	98,780	104,139	108,937	114,695	118,726	127,324
83	93,604	99,880	105,267	110,090	115,876	119,927	128,565
84	94,669	100,980	106,395	111,242	117,057	121,126	129,802
85	95,734	102,079	107,522	112,393	118,236	122,324	131,043
86	96,799	103,177	108,648	113,544	119,414	123,522	132,276
87	97,863	104,275	109,773	114,693	120,591	124,718	133,511
88	98,927	105,372	110,898	115,841	121,767	125,912	134,746
89	99,991	106,469	112,022	116,989	122,942	127,106	135,977
90	101,054	107,565	113,145	118,136	124,116	128,299	137,208
91	102,117	108,661	114,268	119,282	125,289	129,490	138,437
92	103,179	109,756	115,390	120,427	126,462	130,681	139,667
93	104,241	110,850	116,511	121,571	127,633	131,871	140,894
94	105,303	111,944	117,632	122,715	128,803	133,059	142,118
95	106,364	113,038	118,752	123,858	129,973	134,247	143,343
96	107,425	114,131	119,871	125,000	131,141	135,433	144,566
97	108,486	115,223	120,990	126,141	132,309	136,619	145,789
98	109,547	116,315	122,108	127,282	133,476	137,803	147,009
99	110,607	117,407	123,225	128,422	134,641	138,987	148,230
100	111,667	118,498	124,342	129,561	135,807	140,170	149,449

Anhang 20: LILLIEFORS-Grenzen für den zweiseitigen Test auf Normalverteilung bei unbekanntem Mittelwert und unbekannter Varianz

Zu testen ist die Anpassungshypothese

$$H_0: F_X(\xi) = F_0(\xi \,|\, \hat{\mu}, \hat{\sigma}^2) \text{ für alle } x \in \Re$$

gegen

$$H_0: F_X(\xi) \neq F_0(\xi \,|\, \hat{\mu}, \hat{\sigma}^2) \text{ für mindestens ein } x \in \Re$$

Vorgehensweise:

1.   Aus der einfachen Stichprobe vom Umfang n sind die Schätzwerte

$$\overline{x} = \frac{1}{n}\sum_{v=1}^{n} x_v \text{ für } \hat{\mu} \text{ und } S^2 = \frac{1}{n-1}\sum_{v=1}^{n}(x_v - \overline{x})^2 \text{ für } \hat{\sigma}^2 \text{ zu berechnen.}$$

2.   Die Stichprobenwerte sind zu standardisieren: $x_v^* = \dfrac{x_v - \overline{x}}{S}$, $v = 1, 2, ..., n$, und der Größe nach aufsteigend zu ordnen. Die Rangwerte werden mit $x_{[v]}^*$ bezeichnet.

3.   Die empirische Verteilungsfunktion $\hat{F}_X(\xi) = f(X^* \leq \xi)$ ist für die Stellen $x_{[v]}^*$ zu ermitteln und in das Nomogramm einzutragen.

4. H_0 ist zu verwerfen, falls die empirische Verteilungsfunktion $\hat{F}_X$ die LILLIEFORS-Grenzen für den jeweiligen Stichprobenumfang mindestens einmal berührt bzw. schneidet; anderenfalls ist H_0 nicht zu verwerfen.

Vgl. hierzu LILLIEFORS, H.W., On the KOLMOGOROV-SMIRNOV Test for Normality with Mean and Variance unknown, Journal American Statistical Association, 62(1967), S. 399 - 402.

LILLIEFORS-Grenzen für n = 10, 15, 20, 30, 50, 100 und

$$1 - \alpha = 0.95$$

$$F_U(\lambda)$$

$$\hat{F}_X(\xi)$$

$$\xi = x^*_{[\nu]}$$

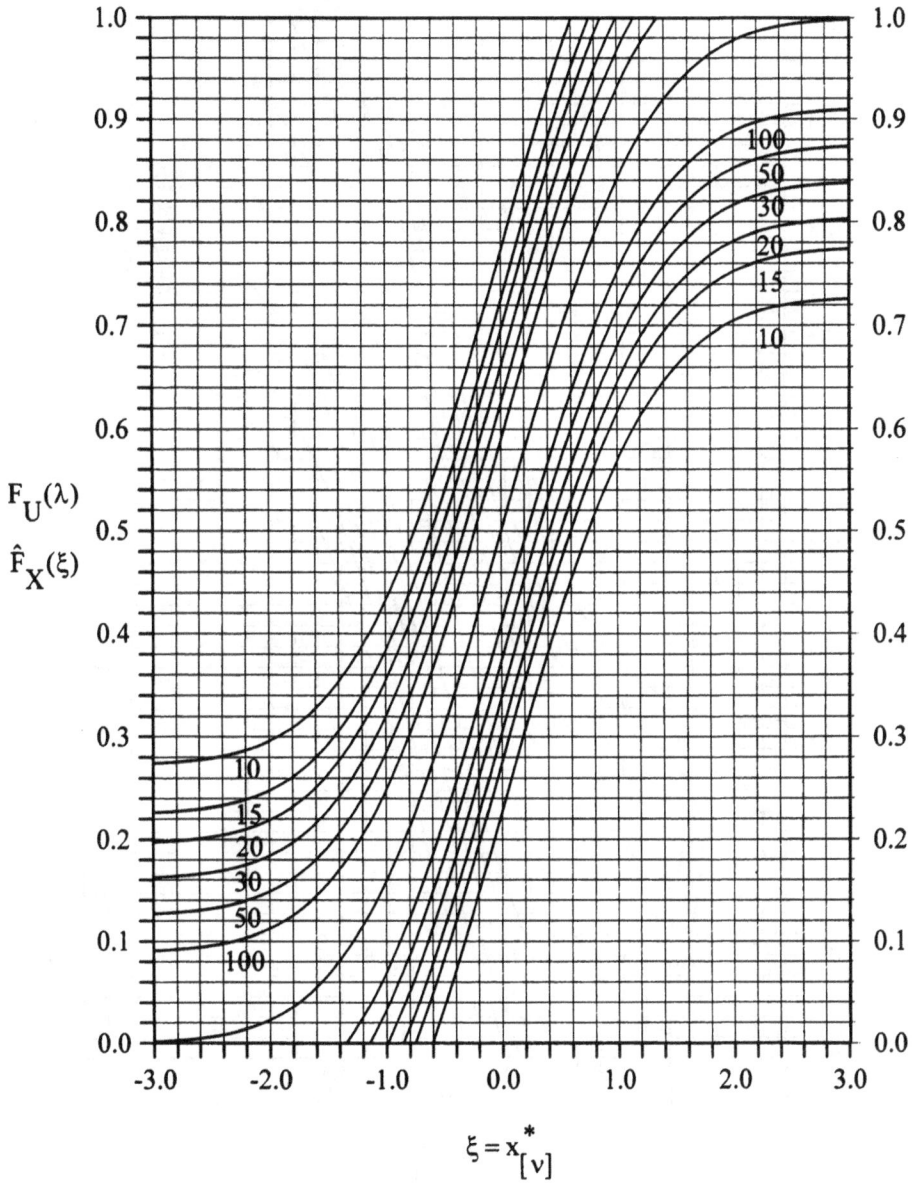

Sprungstellen der empirischen Verteilungsfunktion $\hat{F}_X(\xi)$ sind alle $\xi = x^*_{[\nu]}$.

LILLIEFORS-Grenzen für n = 10, 15, 20, 30, 50, 100 und

$1 - \alpha = 0.99$

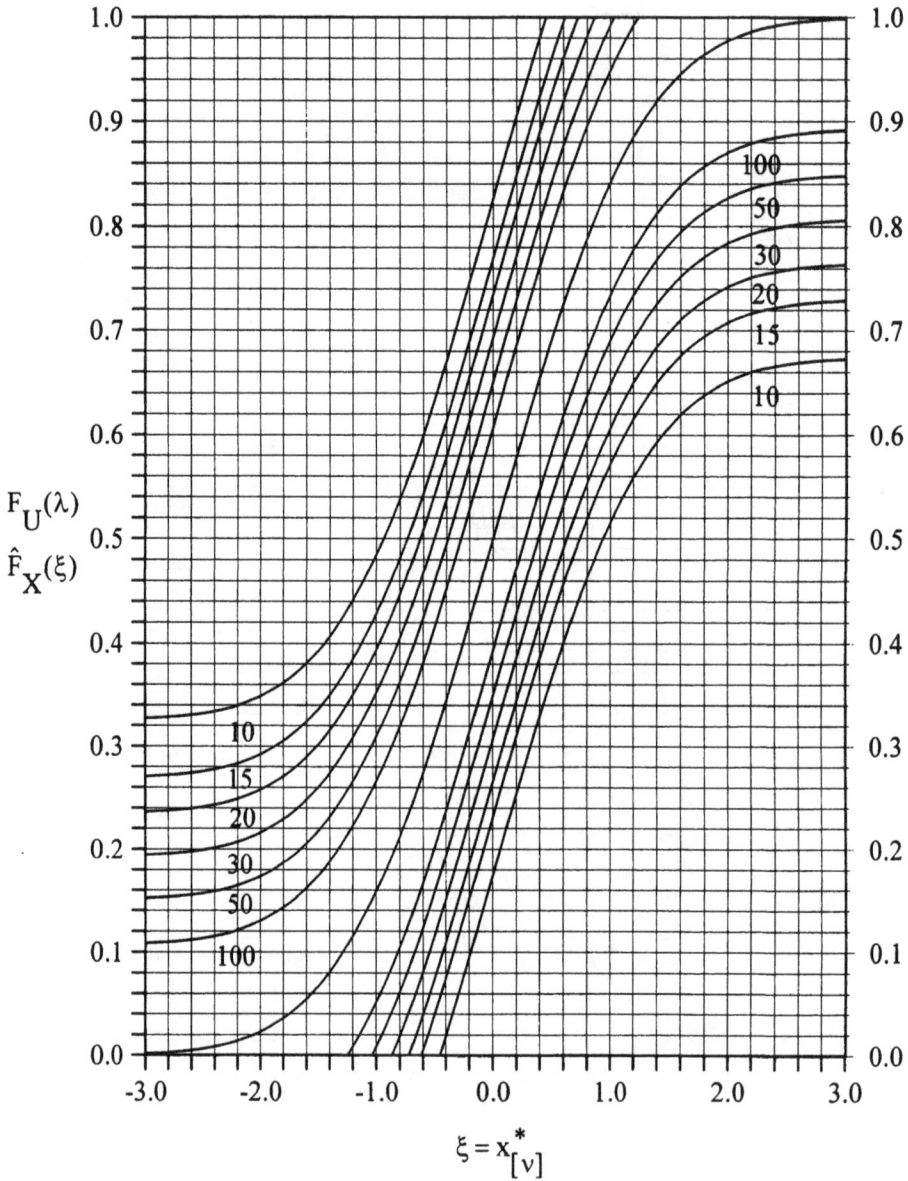

$\xi = x^{*}_{[v]}$

Sprungstellen der empirischen Verteilungsfunktion $\hat{F}_X(\xi)$ sind alle $\xi = x^{*}_{[v]}$.

Anhang 21: Freiheitsgrade von χ^2-Verteilungen für k×m-Tabellen

1 Eine k×m-Tabelle hat k·m Tabellenfelder, die mit absoluten (n_{ij}) oder relativen (f_{ij}) Häufigkeiten oder mit Wahrscheinlichkeiten (π_{ij}) besetzt sind. Die Randverteilungen sind durch die $n_{i\bullet}$, $n_{\bullet j}$ bzw. $f_{i\bullet}$, $f_{\bullet j}$ bzw. $\pi_{i\bullet}$, $\pi_{\bullet j}$ gegeben; dabei ist i = 1, 2, ..., k (Zeilen) und j = 1, 2, ..., m (Spalten).

Die Randverteilungen sind (gegebenenfalls "empirische") k- bzw. m-Punkt-Verteilungen, die durch (k−1) bzw. (m−1) Scharparameter gekennzeichnet sind. Eine der Randverteilungen kann aber auch fest vorgegeben sein (s.u.).

2 Eine k×m-Tabelle (z.B. eine Assoziations-/Kontingenztabelle) ist vollständig bestimmt, wenn (k·m−1) Häufigkeiten bzw. Wahrscheinlichkeiten bekannt sind. In diesem Falle können nicht alle k·m Häufigkeiten (n_{ij} bzw. f_{ij}) bzw. Wahrscheinlichkeiten (π_{ij}) "frei (d.h. unabhängig voneinander) variiert" werden, sondern nur (k·m−1), weil die Häufigkeiten bzw. Wahrscheinlichkeiten nicht unabhängig sind. Die n_{ij} müssen sich nämlich zu n, die f_{ij} bzw. die π_{ij} zu 1 ergänzen. Die Randverteilungen bestehen in diesem Falle aus den Zeilen- bzw. Spaltensummen. $v = k\cdot m - 1$ heißt Anzahl der Freiheitsgrade.

Wenn eine solche Tabelle (mit einer - aus einer einfachen Stichprobe ermittelten - empirischen k·m-Punkt-Verteilung) Grundlage eines χ^2-Unabhängigkeitstests ist, dann folgt die zugehörige Prüffunktion T (approximativ) einer χ^2-Verteilung mit n = k·m−1 Freiheitsgraden, wenn keiner der (k−1) + (m−1) Parameter der Randverteilungen aus der Stichprobe geschätzt werden muß, weil die hypothetischen Randverteilungen bekannt sind.

Eine k×m-Tabelle, bei der eine Randverteilung fest vorgegeben ist, bei der also z.B. die m Werte der einen Randverteilung ($n_1, n_2, ..., n_m$) bekannt sind, ist vollständig bestimmt, wenn m·(k−1) Häufigkeiten bzw. Wahrscheinlichkeiten bekannt sind. In diesem Falle können nicht alle k·m Häufigkeiten (n_{ij} bzw. f_{ij}) bzw. Wahrscheinlichkeiten (π_{ij}) "frei (d.h. unabhängig voneinander) variiert" werden, sondern nur m·(k−1), weil die Häufigkeiten bzw. Wahrscheinlichkeiten nicht unabhängig sind. Die n_{ij} müssen sich nämlich zu n_j, die f_{ij} bzw. π_{ij} zu f_j bzw. π_j ergänzen. Die andere Randverteilung besteht in diesem Falle aus den k Zeilensummen. $v = m\cdot(k-1)$ heißt Anzahl der Freiheitsgrade.

Wenn eine solche Tabelle (mit m - aus m einfachen Stichproben ermittelten - empirischen k-Punkt-Verteilungen) Grundlage eines χ^2-Homogenitätstests ist, dann folgt die zugehörige Prüffunktion T (approximativ) einer χ^2-Verteilung mit $\nu = m\cdot(k-1)$ Freiheitsgraden, wenn keiner der (k−1) Parameter der anderen Randverteilung aus der Stichprobe geschätzt werden muß (die eine Randverteilung enthält die Stichprobenumfänge, ist also fest vorgegeben).

Man kann zeigen (vgl. z.B. H. Cramér, Mathematical Methods of Statistics, Princeton 1974): Für jeden der aus der Stichprobe geschätzten Parameter vermindert sich die Anzahl der Freiheitsgrade der χ^2-Verteilung der zugehörigen Prüffunktion um eins. Allgemein ist $n = k\cdot m-1-r$ bzw. $n = m\cdot(k-1)-r$; dabei ist r die Anzahl der aus der Stichprobe geschätzten Parameter.

3 χ^2-Unabhängigkeitstest

$H_0: \pi_{ij} = \pi_{i\bullet}\,\pi_{\bullet j}$ für alle (i , j); k×m-Tabelle.

3.1 Die π_{ij}^0 seien bekannt. Dann folgt die zugehörige Prüffunktion T (approximativ) einer χ^2-Verteilung mit $n = k\cdot m-1$ Freiheitsgraden, weil keine Parameter aus der Stichprobe geschätzt werden (deshalb ist r = 0).

3.2 Die π_{ij}^0 seien unbekannt. Dann sind die (k−1) + (m−1) Parameter der beiden Randverteilungen (d.h. die Randwahrscheinlichkeiten $\pi_{i\bullet}$ und $\pi_{\bullet j}$) aus der Stichprobe zu schätzen. Die hypothetischen Häufigkeiten $n\hat{\pi}_{ij}^0$ sind nicht unabhängig, weil sie sich zur jeweiligen Zeilen- bzw. Spaltensumme aufsummieren müssen. In jeder Zeile der k×m-Tabelle können also nur (m−1), in jeder Spalte nur (k−1) und insgesamt nur (k−1)·(m−1) absolute bzw. relative Häufigkeiten "frei variiert" werden.

Somit folgt die zugehörige Prüffunktion T (approximativ) einer χ^2-Verteilung mit $n = k\cdot m-1-r = k\cdot m-1-(k-1)-(m-1) = (k-1)\cdot(m-1)$ Freiheitsgraden.

4 χ^2-Homogenitätstest für $m \geq 2$ Zufallsvariable

$H_0: f_{X_1}(x) = f_{X_2}(x) = \cdots = f_{X_m}(x)$ für alle $x \in \Re$; k×m-Tabelle;

m ist die Anzahl der voneinander unabhängigen Stichproben vom Umfang n_j, j = 1, 2, ..., m. Die Stichprobenumfänge und damit eine Randverteilung sind fest vorgegeben.

4.1 Die π_i^0 seien bekannt. Dann folgt die zugehörige Prüffunktion T (approximativ) einer χ^2-Verteilung mit $n = m \cdot (k-1)$ Freiheitsgraden, weil keine Parameter aus der Stichprobe geschätzt werden (deshalb ist $r = 0$). Die Spaltensummen müssen sich jeweils zu n_j ergänzen; in jeder der m Spalten der Tabelle können nur $k-1$ absolute bzw. relative Häufigkeiten "frei variiert" werden).

4.2 Die π_i^0 seien unbekannt. Dann sind die $(k-1)$ Parameter der einen Randverteilung aus der Stichprobe zu schätzen. Somit folgt (vgl. 3.2) die zugehörige Prüffunktion T (approximativ) einer χ^2-Verteilung mit $n = m \cdot (k-1) - r = m \cdot (k-1) - (k-1) = (m-1) \cdot (k-1)$ Freiheitsgraden.

Dieses Ergebnis entspricht zwar dem beim χ^2-Unabhängigkeitstest, die Herleitung ist jedoch eine andere.

Anhang 22: Sterbetafel

Tafel zur Beschreibung der Sterblichkeit einer Bevölkerung. Grundlage einer Sterbetafel sind die Gestorbenen (syn. Sterbefälle) einer Kohorte, geordnet nach dem Alter der Gestorbenen zum Zeitpunkt des Todes; dabei wird das Alter der Gestorbenen zu Altersklassen x bis unter $x+\Delta$ zusammengefaßt.

Um Sterbetafeln und damit die Sterblichkeitsverhältnisse verschiedener Bevölkerungen (Kohorten) vergleichen zu können, wird der Anfangsbestand der Kohorten auf jeweils 100.000 festgesetzt. Sterbetafeln enthalten folgende Sterbetafelfunktionen:

l_x Anzahl der Personen, die das Alter x vollendet haben (Überlebensfunktion); speziell ist $l_0 = 100.000$.

$_\Delta d_x$ Anzahl der im Alter von x bis zum Alter $x+\Delta$ Gestorbenen, d.h. die Anzahl der Personen, die nach Vollendung des x-ten Lebensjahres und vor Vollendung des $x+\Delta$-ten Lebensjahres sterben.

Es gilt: $l_x - _\Delta d_x = l_{x+\Delta}$; dabei bezeichnet Δ die (konstante) Breite der Altersklassen. Im allgemeinen ist Δ gleich 1, 5 oder 10 Jahre.

$_\Delta q_x$ bedingte Sterbewahrscheinlichkeit, d.h. die Wahrscheinlichkeit dafür, daß eine Person vor Vollendung des Alters $x+\Delta$ stirbt, wenn sie (d.h. unter der Bedingung, daß sie) das Alter x erreicht hat.

Es gilt: $_\Delta q_x = \dfrac{_\Delta d_x}{l_x}$.

$_\Delta p_x$ bedingte Überlebenswahrscheinlichkeit, d.h. die Wahrscheinlichkeit dafür, daß eine Person das Alter $x+\Delta$ erreicht, wenn sie das Alter x vollendet hat.

Es gilt: $_\Delta p_x = 1 - _\Delta q_x = 1 - \dfrac{_\Delta d_x}{l_x} = \dfrac{l_x - _\Delta d_x}{l_x} = \dfrac{l_{x+\Delta}}{l_x}$.

Mit Hilfe der bedingten Überlebenswahrscheinlichkeiten können unbedingte Überlebens- und Sterbewahrscheinlichkeiten berechnet werden. Die Wahrscheinlichkeit p_x dafür, vom Alter x = 0 bis zum Alter $x+\Delta$ zu überleben, ergibt sich aus

$$p_x = {}_\Delta p_0 \times {}_\Delta p_\Delta \times \cdots \times {}_\Delta p_x =$$

$$= \frac{l_\Delta}{l_0} \times \frac{l_{2\Delta}}{l_\Delta} \times \cdots \times \frac{l_{x+\Delta}}{l_x} = \frac{l_{x+\Delta}}{l_0} \; .$$

Die (entsprechende) unbedingte Sterbewahrscheinlichkeit, d.h. die Wahrscheinlichkeit dafür, (irgendwann) zwischen dem Alter x = 0 und dem Alter x+Δ zu sterben, ergibt sich aus

$$q_x = 1 - p_x = 1 - \frac{l_{x+\Delta}}{l_0} = \frac{l_0 - l_{x+\Delta}}{l_0} = \frac{1}{l_0} \sum_{z=0}^{x} {}_\Delta d_z \; .$$

${}_\Delta L_x$ Anzahl der von den Überlebenden im Alter x bis zum Alter x+Δ insgesamt durchlebten Personenjahre.

Unter der Annahme gleichverteilter Sterbefälle innerhalb der Altersklassen gilt:

$$_\Delta L_x = \frac{l_x + l_{x+\Delta}}{2} \; .$$

${}_\Delta L_x$ ist gleichzeitig eine Schätzung für den Bestand an Personen im vollendeten Alter x+Δ/2.

T_x Anzahl der von den Überlebenden im Alter x bis zu ihrem Tod insgesamt durchlebten Personenjahre.

Es gilt:

$$T_x = \sum_{z=x}^{\omega} {}_\Delta L_z \; .$$

e_x^0 fernere mittlere Lebenserwartung (syn. durchschnittliche Lebenserwartung, mittlere Lebenserwartung) einer x-jährigen Person, d.h. die durchschnittliche Anzahl von Jahren der Personen, die das Alter x vollendet haben, bis zu ihrem Tod.

Es gilt:

$$e_x^0 = \frac{T_x}{l_x} \; .$$

Um die (möglichst) aktuellen Sterblichkeitsverhältnisse einer Bevölkerung zu beschreiben, werden sog. Periodensterbetafeln aufgestellt. Grundlage einer Periodensterbetafel (auch Querschnittssterbetafel) sind die Gestorbenen einer Bevölkerung in den einzelnen Altersklassen in einem bestimmten Zeitraum. Da die in diesem Zeitraum Gestorbenen verschiedener Altersklassen i.a. verschiedenen Realkohorten (mit jeweils unterschiedlichem Anfangsbestand und unterschiedlicher Sterblichkeitsentwicklung) angehören, kann die Anzahl der Gestorbenen nicht direkt in die Sterbetafel übernommen werden. Auf der Grundlage der Anzahl der im betrachteten Zeitraum Gestorbenen werden die bedingten Sterbewahrscheinlichkeiten $_\Delta q_x$ geschätzt und damit die Werte aller anderen Sterbetafelfunktionen berechnet. Die Periodensterbetafel gibt somit die Sterblichkeitsverhältnisse wieder, die sich für eine Kohorte ergeben würden, wenn die Personen dieser Kohorte in den einzelnen Altersklassen jene bedingten Sterbewahrscheinlichkeiten hätten, die auf der Grundlage der Anzahl der im betrachteten Zeitraum Gestorbenen verschiedener Realkohorten geschätzt wurden.

Um den Einfluß besonderer Ereignisse (z.B. eine erhöhte Anzahl von Sterbefällen aufgrund einer Epidemie) auf die Sterblichkeit einer Bevölkerung und damit auf die geschätzten bedingten Sterbewahrscheinlichkeiten einer Periodensterbetafel zu verringern, werden, u.a. auch in der amtlichen Statistik der Bundesrepublik Deutschland, durchschnittliche altersspezifische Sterberaten für drei aufeinanderfolgende Jahre berechnet und damit die bedingten Sterbewahrscheinlichkeiten geschätzt. Die geschätzten bedingten Sterbewahrscheinlichkeiten werden außerdem geglättet. Sterbetafeln mit dreijährigem Berichtszeitraum und geglätteten Sterbewahrscheinlichkeiten werden in der amtlichen Statistik der Bundesrepublik Deutschland Allgemeine Sterbetafeln genannt. Bei "abgekürzten Sterbetafeln" wird auf die Glättung verzichtet.

Da die Sterblichkeit verschiedener Personengruppen (z.B. Männer/Frauen, Ledige/Verheiratete/Verwitwete/Geschiedene) variiert, werden Sterbetafeln auch für einzelne Personengruppen aufgestellt. Derart differenzierte Sterbetafeln sind auch für Bereiche außerhalb der Bevölkerungswissenschaft und -statistik von großer Bedeutung. Sterbetafeln sind z.B. die wichtigste Grundlage zur Berechnung der Prämien für Lebensversicherungen.

Allgemeine Sterbetafel 1986/88

für das frühere Bundesgebiet

Vollendetes Alter	Männlich			
	Überlebende im Alter x	Gestorbene im Alter x bis unter x + 1	Sterbe- wahrscheinlichkeit vom Alter x bis x + 1	durchschnittliche Lebenserwartung im Alter x in Jahren
x	l$_x$	d$_x$	q$_x$	e$_x$
Wochen		während einer Woche	für eine Woche	
0	100 000	381	0,00380607	72,21
1	99 619	67	0,00067257	72,47
2	99 552	36	0,00036464	72,50
3	99 516	30	0,00029945	72,51
Monate		während eines Monats	für einen Monat	
0	100 000	514	0,00513709	72,21
1	99 486	86	0,00086295	72,50
2	99 400	75	0,00075282	72,48
3	99 326	61	0,00061732	72,45
4	99 264	48	0,00048815	72,41
5	99 216	35	0,00035623	72,37
6	99 180	27	0,00027482	72,31
7	99 153	23	0,00023541	72,24
8	99 130	19	0,00019441	72,18
9	99 111	14	0,00014581	72,11
10	99 096	13	0,00012645	72,04
11	99 084	9	0,00008997	71,96
Jahre		während eines Jahres	für ein Jahr	
0	100 000	925	0,00925273	72,21
1	99 075	70	0,00070529	71,88
2	99 005	49	0,00049307	70,93
3	98 956	35	0,00035530	69,97
4	98 921	30	0,00030589	68,99
5	98 891	29	0,00029097	68,02
6	98 862	27	0,00027641	67,03
7	98 835	25	0,00025775	66,05
8	98 809	23	0,00023576	65,07
9	98 786	21	0,00021668	64,09
10	98 764	20	0,00020463	63,10
11	98 744	20	0,00020218	62,11
12	98 724	21	0,00020926	61,12
13	98 704	23	0,00023283	60,14
14	98 681	29	0,00029344	59,15
15	98 652	40	0,00040200	58,17
16	98 612	55	0,00055634	57,19
17	98 557	74	0,00075125	56,22
18	98 483	94	0,00095645	55,26
19	98 389	105	0,00106913	54,32
20	98 284	108	0,00110194	53,37
21	98 175	107	0,00109139	52,43
22	98 068	104	0,00106503	51,49
23	97 964	102	0,00103813	50,54
24	97 862	99	0,00101645	49,60
25	97 763	98	0,00100325	48,65
26	97 664	98	0,00100130	47,69
27	97 567	99	0,00101285	46,74
28	97 468	101	0,00103836	45,79
29	97 367	105	0,00107643	44,64
30	97 262	109	0,00112194	43,88
31	97 153	114	0,00117247	42,93
32	97 039	119	0,00122951	41,98
33	96 920	126	0,00129498	41,03

Jahre		während eines Jahres	für ein Jahr	
34	96 794	133	0,00137346	40,09
35	96 661	142	0,00146739	39,14
36	96 519	152	0,00157643	38,20
37	96 367	164	0,00170033	37,26
38	96 203	177	0,00184126	36,32
39	96 026	192	0,00200292	35,39
40	95 834	210	0,00218931	34,46
41	95 624	230	0,00240516	33,53
42	95 394	253	0,00265040	32,61
43	95 141	279	0,00292755	31,69
44	94 863	307	0,00323949	30,79
45	94 555	339	0,00358825	29,88
46	94 216	375	0,00397516	28,99
47	93 841	413	0,00440134	28,10
48	93 428	455	0,00487349	27,23
49	92 973	502	0,00540080	26,36
50	92 471	554	0,00599270	25,50
51	91 917	612	0,00665469	24,65
52	91 305	675	0,00739081	23,81
53	90 630	743	0,00820182	22,98
54	89 887	816	0,00908183	22,17
55	89 071	893	0,01002896	21,37
56	88 177	974	0,01104374	20,58
57	87 204	1 058	0,01212705	19,80
58	86 146	1 144	0,01328261	19,04
59	85 002	1 234	0,01452099	18,29
60	83 767	1 328	0,01585428	17,55
61	82 439	1 426	0,01729556	16,83
62	81 014	1 528	0,01885955	16,11
63	79 486	1 634	0,02056058	15,41
64	77 851	1 745	0,02241628	14,73
65	76 106	1 861	0,02445496	14,05
66	74 245	1 983	0,02671049	13,39
67	72 262	2 112	0,02922845	12,75
68	70 150	2 249	0,03205730	12,12
69	67 901	2 393	0,03523824	11,50
70	65 508	2 543	0,03881231	10,90
71	62 966	2 696	0,04281953	10,32
72	60 270	2 851	0,04729665	9,76
73	57 419	3 002	0,05227739	9,22
74	54 417	3 144	0,05778285	8,70
75	51 273	3 273	0,06382971	8,21
76	48 000	3 381	0,07042925	7,73
77	44 620	3 462	0,07759312	7,28
78	41 157	3 512	0,08533616	6,85
79	37 645	3 526	0,09367422	6,44
80	34 119	3 501	0,10262092	6,06
81	30 618	3 435	0,11218740	5,69
82	27 183	3 327	0,12237982	5,35
83	23 856	3 178	0,13320462	5,03
84	20 678	2 992	0,14466958	4,72
85	17 687	2 773	0,15678202	4,43
86	14 914	2 529	0,16954409	4,17
87	12 385	2 266	0,18295157	3,91
88	10 119	1 993	0,19699536	3,68
89	8 126	1 720	0,21166145	3,46
90	6 406	1 454	0,22693099	3,25
91	4 952	1 202	0,24277741	3,06
92	3 750	972	0,25916832	2,88
93	2 778	767	0,27606561	2,72
94	2 011	590	0,29342526	2,56
95	1 421	442	0,31119913	2,42
96	979	322	0,32933518	2,28
97	656	228	0,34777750	2,16
98	428	157	0,36646673	2,04
99	271	105	0,38534070	1,94
100	167	67	0,40433514	1,84

Allgemeine Sterbetafel 1986/88

für das frühere Bundesgebiet

Vollendetes Alter	Weiblich			
	Überlebende im Alter x	Gestorbene im Alter x bis unter x + 1	Sterbe- wahrscheinlichkeit vom Alter x bis x + 1	durchschnittliche Lebenserwartung im Alter x in Jahren
x	l$_x$	d$_x$	q$_x$	e$_x$
Wochen		während einer Woche	für eine Woche	
0	100 000	285	0,00285109	78,68
1	99 715	48	0,00047636	78,89
2	99 667	28	0,00027598	78,90
3	99 640	30	0,00029729	78,91
Monate		während eines Monats	für einen Monat	
0	100 000	390	0,00389737	78,68
1	99 610	67	0,00066924	78,90
2	99 544	55	0,00055597	78,87
3	99 488	41	0,00041270	78,83
4	99 447	29	0,00029349	78,78
5	99 418	26	0,00025780	78,72
6	99 392	23	0,00023257	78,66
7	99 369	20	0,00020506	78,59
8	99 349	20	0,00019916	78,53
9	99 329	13	0,00013251	78,46
10	99 316	9	0,00008987	78,39
11	99 307	9	0,00008692	78,31
Jahre		während eine Jahres	für ein Jahr	
0	100 000	702	0,00701617	78,68
1	99 298	58	0,00058210	78,23
2	99 241	40	0,00040231	77,28
3	99 201	27	0,00027287	76,31
4	99 174	20	0,00020425	75,33
5	99 153	18	0,00017883	74,35
6	99 136	17	0,00016900	73,36
7	99 119	16	0,00016092	72,37
8	99 103	15	0,00015494	71,38
9	99 088	15	0,00015022	70,39
10	99 073	14	0,00014556	69,40
11	99 058	14	0,00014541	68,41
12	99 044	15	0,00015053	67,42
13	99 029	16	0,00016145	66,43
14	99 013	18	0,00018143	65,45
15	98 995	21	0,00021642	64,46
16	98 974	26	0,00026465	63,47
17	98 947	31	0,00031427	62,49
18	98 916	36	0,00035989	61,51
19	98 881	38	0,00037930	60,53
20	98 843	38	0,00038021	59,55
21	98 806	37	0,00037635	58,57
22	98 768	37	0,00037350	57,60
23	98 731	37	0,00037486	56,62
24	98 694	38	0,00038030	55,64
25	98 657	38	0,00038843	54,66
26	98 619	40	0,00040148	53,68
27	98 579	42	0,00042107	52,70
28	98 538	44	0,00044694	51,72
29	98 493	47	0,00047935	50,75
30	98 446	51	0,00051838	49,77
31	98 395	55	0,00056113	48,80
32	98 340	60	0,00060617	47,82
33	98 280	84	0,00065448	46,85

Jahre		während eines Jahres	für ein Jahr	
34	98 216	70	0,00070909	45,88
35	98 146	76	0,00077277	44,91
36	98 071	83	0,00084734	43,95
37	97 988	91	0,00093243	42,99
38	97 896	101	0,00102703	42,03
39	97 796	111	0,00112998	41,07
40	97 685	121	0,00124130	40,11
41	97 564	133	0,00136182	39,16
42	97 431	145	0,00149165	38,22
43	97 286	159	0,00163114	37,27
44	97 127	173	0,00178004	36,33
45	96 954	188	0,00193834	35,40
46	96 766	204	0,00210732	34,46
47	96 562	221	0,00228910	33,54
48	96 341	240	0,00248752	32,61
49	96 102	260	0,00270558	31,69
50	95 842	282	0,00294644	30,78
51	95 559	307	0,00321347	29,87
52	95 252	334	0,00351063	28,96
53	94 918	364	0,00383967	28,06
54	94 553	397	0,00420037	27,17
55	94 156	433	0,00459548	26,28
56	93 723	471	0,00502924	25,40
57	93 252	513	0,00550657	24,52
58	92 738	560	0,00603497	23,66
59	92 179	610	0,00661957	22,80
60	91 569	665	0,00726641	21,95
61	90 903	725	0,00798036	21,10
62	90 178	791	0,00876797	20,27
63	89 387	862	0,00963803	19,44
64	88 526	939	0,01060190	18,63
65	87 587	1 022	0,01167357	17,82
66	86 565	1 114	0,01287022	17,03
67	85 451	1 215	0,01421714	16,24
68	84 236	1 326	0,01574689	15,47
69	82 909	1 451	0,01749662	14,71
70	81 459	1 589	0,01951155	13,96
71	79 869	1 745	0,02184461	13,23
72	78 124	1 918	0,02455262	12,52
73	76 206	2 110	0,02769375	11,82
74	74 096	2 320	0,03131667	11,14
75	71 775	2 546	0,03546931	10,48
76	69 230	2 783	0,04020081	9,85
77	66 447	3 027	0,04555720	9,24
78	83 419	3 271	0,05158370	8,66
79	60 148	3 508	0,05832385	8,10
80	56 640	3 728	0,06581702	7,57
81	52 912	3 920	0,07409448	7,07
82	48 992	4 075	0,08318420	6,60
83	44 916	4 182	0,09311436	6,15
84	40 734	4 233	0,10390808	5,73
85	36 501	4 219	0,11558164	5,34
86	32 282	4 137	0,12814474	4,97
87	28 146	3 985	0,14159943	4,63
88	24 160	3 768	0,15593851	4,31
89	20 393	3 490	0,17114658	4,01
90	16 903	3 164	0,18719990	3,74
91	13 738	2 804	0,20406498	3,49
92	10 935	2 424	0,22169854	3,25
93	8 511	2 043	0,24004619	3,04
94	6 468	1 675	0,25904212	2,84
95	4 792	1 335	0,27860994	2,65
96	3 457	1 033	0,29866385	2,49
97	2 425	774	0,31911001	2,33
98	1 651	561	0,33984804	2,19
99	1 090	393	0,36077261	2,06
100	697	266	0,38177510	1,94

Quelle: Statistisches Jahrbuch 1992, Hg. Statistisches Bundesamt, Wiesbaden

Anhang 23: Einige zusätzliche graphische Darstellungen

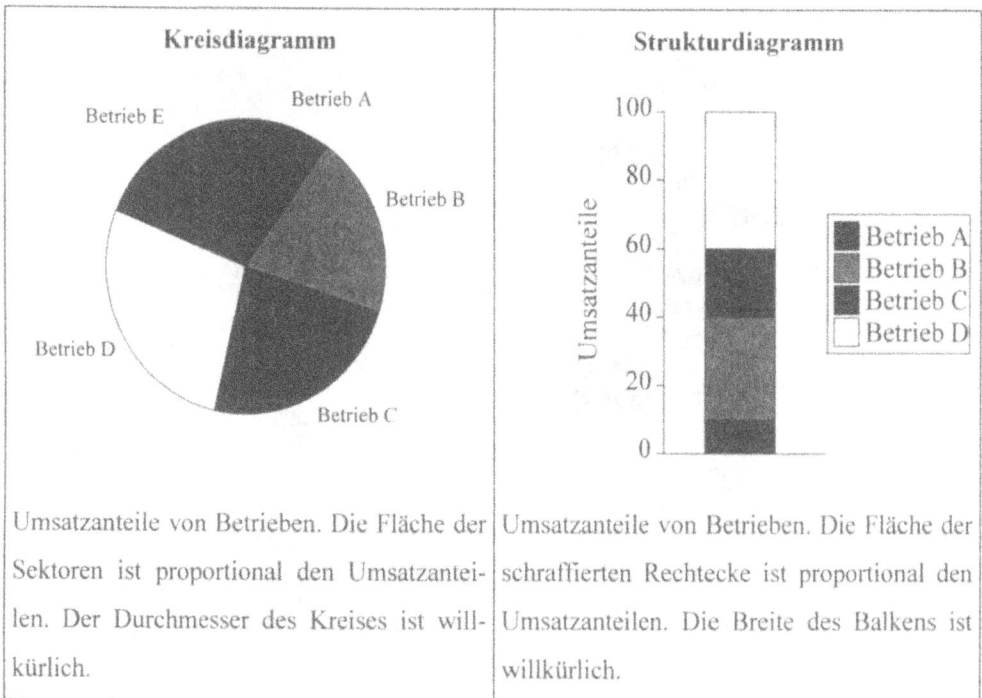

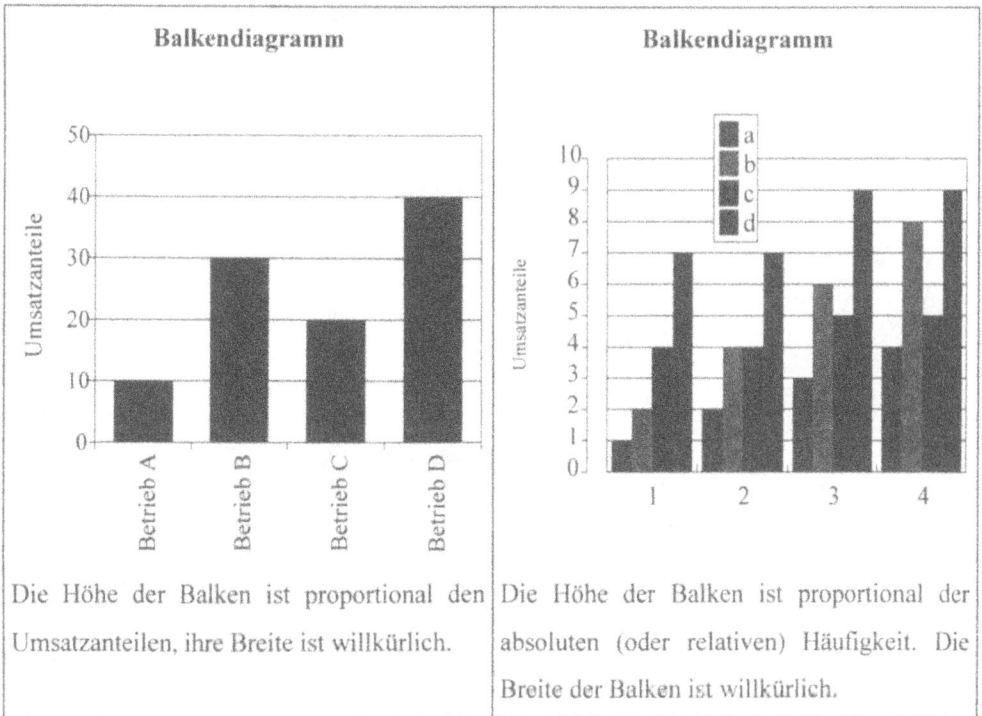

Kreisdiagramm	Strukturdiagramm
Umsatzanteile von Betrieben. Die Fläche der Sektoren ist proportional den Umsatzanteilen. Der Durchmesser des Kreises ist willkürlich.	Umsatzanteile von Betrieben. Die Fläche der schraffierten Rechtecke ist proportional den Umsatzanteilen. Die Breite des Balkens ist willkürlich.

Balkendiagramm	Balkendiagramm
Die Höhe der Balken ist proportional den Umsatzanteilen, ihre Breite ist willkürlich.	Die Höhe der Balken ist proportional der absoluten (oder relativen) Häufigkeit. Die Breite der Balken ist willkürlich.

Balkendiagramm

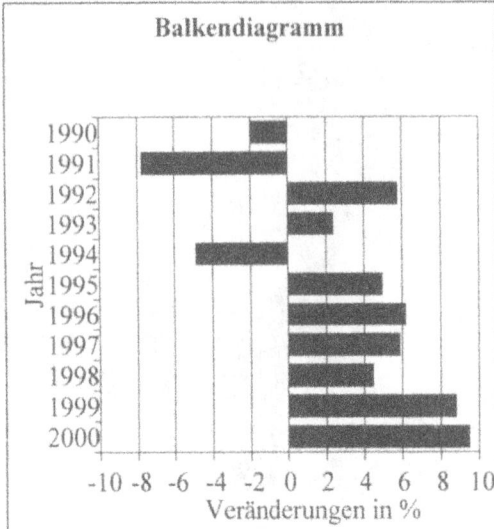

Die Länge der Balken ist proportional der positiven oder negativen Veränderung. Die Breite der Balken ist willkürlich.

Häufigkeitspolygon

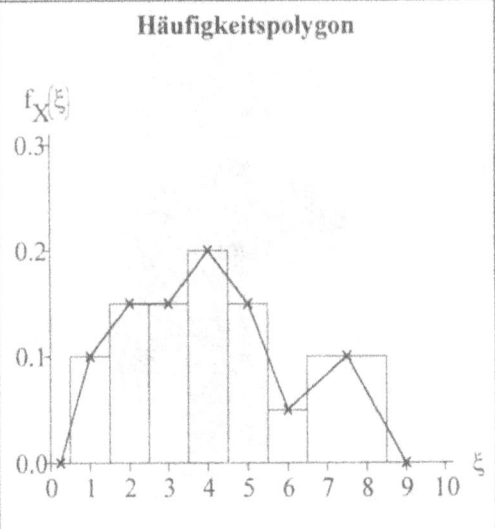

Eine Darstellung für stetige metrische und klassierte Merkmale. Die Linie, die die Mitten der Oberkanten der Balken des Histogramms miteinander verbindet, heißt Häufigkeitspolygon.

Liniendiagramm

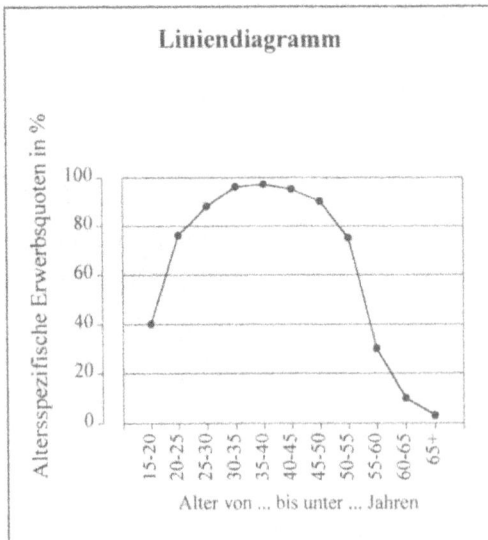

Liniendiagramm

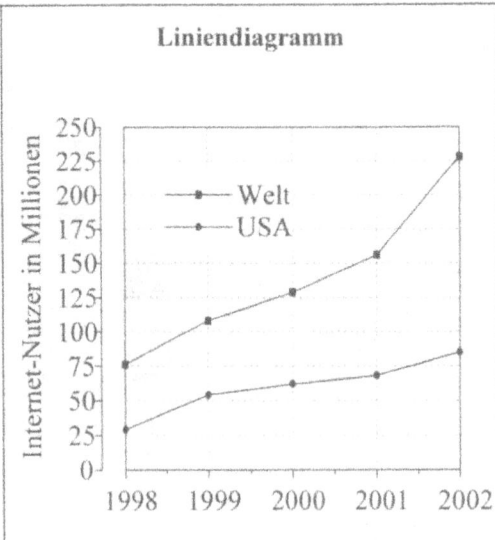

Die einzelnen Werte werden durch eine Linie miteinander verbunden.

Alterspyramide

Alter in vollendeten Jahren

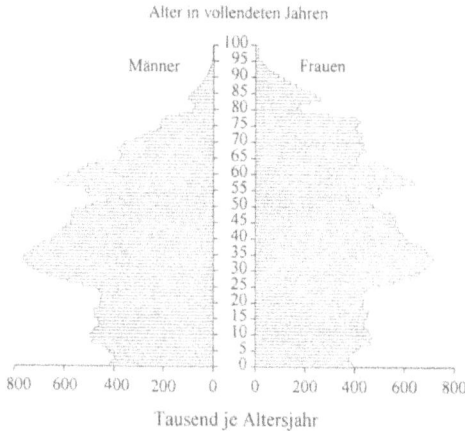

Männer   Frauen

100 95 90 85 80 75 70 65 60 55 50 45 40 35 30 25 20 15 10 5 0

800 600 400 200 0 0 200 400 600 800

Tausend je Altersjahr

Zweiseitiges Histogramm. Aufgliederung einer Bevölkerung nach dem Alter und dem Geschlecht; Deutschland 1997.

Boxplot

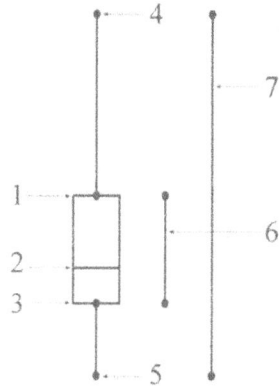

1: oberes Quartil, 2: Median, 3: unteres Quartil, 4: Maximum, 5: Minimum, 6: Quartilsabstand, 7: Spannweite einer Verteilung.

LORENZ-Kurve

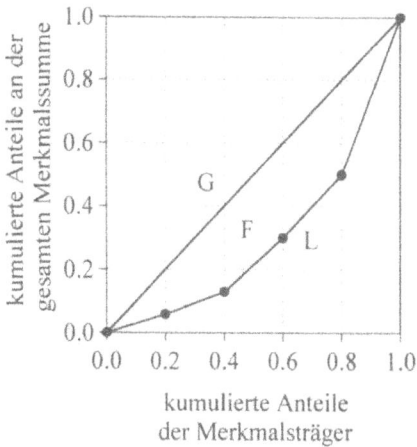

kumulierte Anteile an der gesamten Merkmalssumme

1.0 0.8 0.6 0.4 0.2 0.0

0.0 0.2 0.4 0.6 0.8 1.0

kumulierte Anteile der Merkmalsträger

Darstellung von Konzentrationsphänomenen. Je größer die Fläche F zwischen der LORENZ-Kurve L und der Gleichverteilungsgeraden G ist, desto stärker ist die Konzentration. Die Anteile der Merkmalsträger an der Merkmalsumme werden der Größe nach aufsteigend geordnet und kumuliert.

Spannweiten-Diagramm

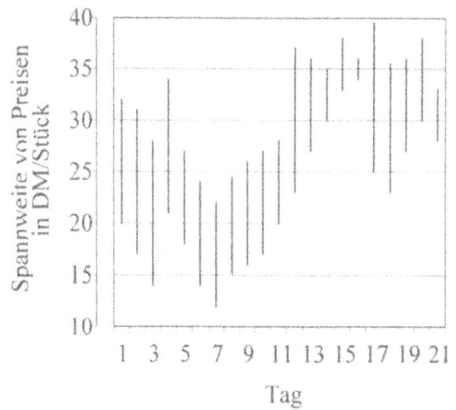

Spannweite von Preisen in DM/Stück

40 35 30 25 20 15 10

1 3 5 7 9 11 13 15 17 19 21

Tag

Dargestellt werden die durch eine Linie verbundenen Höchst- und Tiefstwerte je Zeiteinheit.

Bilddiagramme

Teilnehmer am sonntäglichen Gottesdienst Deutschland 1997	Bestand an Rindern Viehzählung, Juni 1998
Katholische Kirche	Baden-Württemberg
Evangelische Kirche	Bayern
Jede der gleich großen Kirchen symbolisiert eine Million Gottesdienstbesucher.	Jede der gleich großen Kühe symbolisiert einen Bestand von einer Million.
Katholische Kirche	Baden-Württemberg
Evangelische Kirche	Bayern

Graphische Darstellungen von Häufigkeiten durch Bildsymbole, die mit dem darzustellenden Sachverhalt in Beziehung stehen, heißen Bilddiagramme oder auch Piktogramme. Die absoluten oder relativen Häufigkeiten werden durch eine unterschiedliche Anzahl oder eine unterschiedliche Größe der Bildsymbole dargestellt. Bilddiagramme werden wegen ihrer Anschaulichkeit häufig in populärwissenschaftlichen Veröffentlichungen verwendet, liefern jedoch nur ungenaue Informationen über den darzustellenden Sachverhalt. Dies gilt insbesondere für Bilddiagramme mit unterschiedlich großen Bildsymbolen, deren Flächen der absoluten oder relativen Häufigkeit proportional sind (siehe oben).

Stern-Diagramm

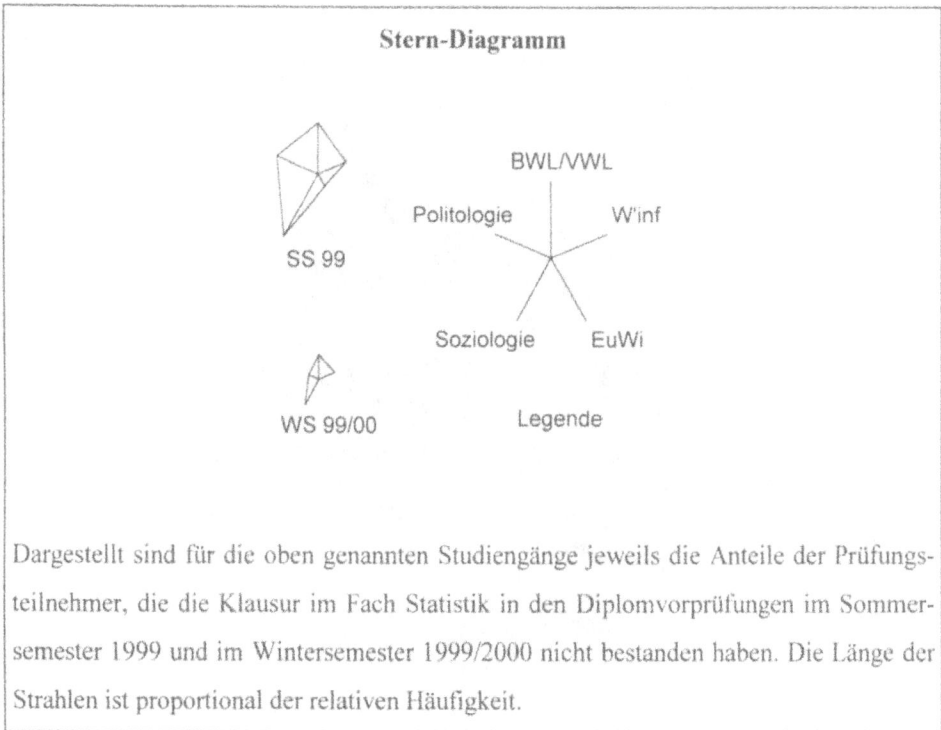

BWL/VWL

Politologie   W'inf

SS 99

Soziologie   EuWi

WS 99/00   Legende

Dargestellt sind für die oben genannten Studiengänge jeweils die Anteile der Prüfungs-teilnehmer, die die Klausur im Fach Statistik in den Diplomvorprüfungen im Sommer-semester 1999 und im Wintersemester 1999/2000 nicht bestanden haben. Die Länge der Strahlen ist proportional der relativen Häufigkeit.

Flußdiagramm

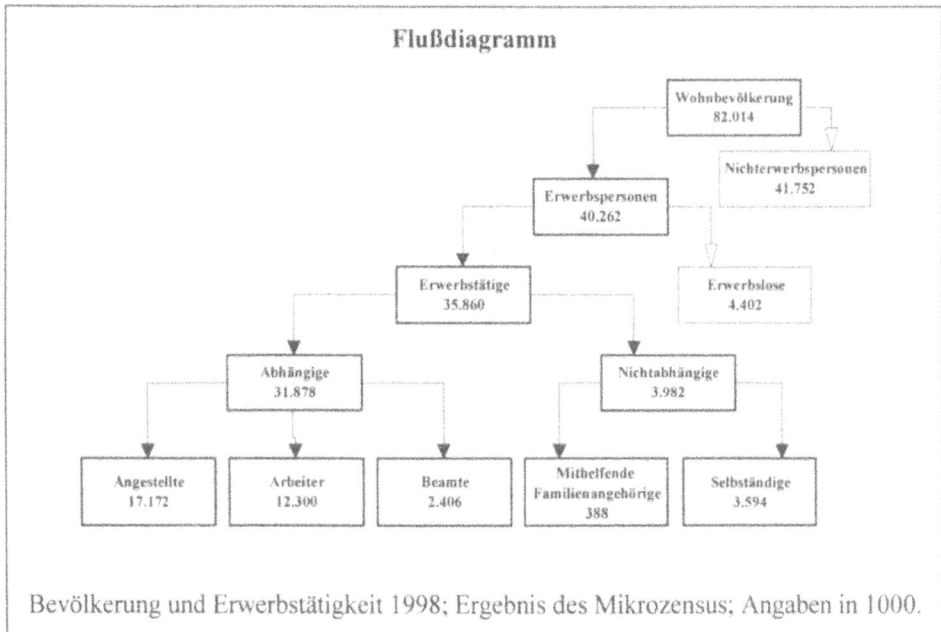

Wohnbevölkerung
82.014

Nichterwerbspersonen
41.752

Erwerbspersonen
40.262

Erwerbstätige
35.860

Erwerbslose
4.402

Abhängige
31.878

Nichtabhängige
3.982

Angestellte
17.172

Arbeiter
12.300

Beamte
2.406

Mithelfende
Familienangehörige
388

Selbständige
3.594

Bevölkerung und Erwerbstätigkeit 1998; Ergebnis des Mikrozensus; Angaben in 1000.

Kartogramm

Bundesländer der Bundesrepublik Deutschland

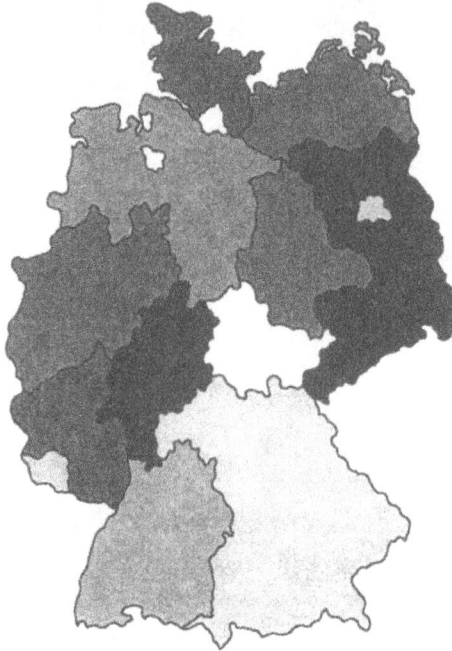

Kartogramme werden eingesetzt zur Unterscheidung oder Abgrenzung geographischer Einheiten. Durch Schraffur, Raster oder durch abgestufte Grauwerte können beispielsweise das Ausmaß der Luftverschmutzung, die Säuglingssterblichkeit, der Anteil der Arbeitslosen, die Bevölkerungsdichte und dergleichen innerhalb bestimmter Regionen dargestellt werden.

Anhang 24: Induktive Eigenschaften von Streuungsmaßen für nominale Merkmale

1 Die Entropie

Wird aus einer k-Punkt-verteilten Gesamtheit mit dem Parametervektor $\underline{\pi} = \left(\pi_1, \pi_2, ..., \pi_k \right)$, wobei $\pi_i \geq 0$ für $i = 1, 2, ..., k$ und $\sum \pi_i = 1$ gilt, eine einfache Stichprobe vom Umfang n gezogen, so ist

$$\hat{H}(A) = ld\ n - \frac{1}{n} \sum_{i=1}^{k} N_i\ ld\ N_i$$

die Entropie in der Stichprobe (vgl. Kap. 3.2.2 (1)); dabei ist k die Anzahl der Ausprägungen, und N_i ist die zu n_i gehörende Zufallsvariable.

Man kann zeigen:

− Sind nicht alle π_i gleich, so ist $\sqrt{n}\left(H(A) - \hat{H}(A) \right)$ asymptotisch normalverteilt mit Erwartungswert Null und Varianz $\sigma^2 = \sum_{i=1}^{k} \pi_i \left(ld\ \pi_i + H(A) \right)^2$.

− Falls $\pi_i = \frac{1}{k}$ ($i = 1, 2, ..., k$), so ist $\frac{2n}{ld\ e}\left(H(A) - \hat{H}(A) \right)$ asymptotisch χ^2-verteilt mit $k - 1$ Freiheitsgraden.

Für die relative Entropie $\hat{R}(A) = \frac{\hat{H}(A)}{ld\ k}$ gilt asymptotisch:.

$$\hat{R}(A) \approx N\left(R(A);\ \frac{\sum_{i=1}^{k} \pi_i \left(ld\ \pi_i + R(A) \cdot ld\ k \right)^2}{\left(ld\ k \right)^2 \cdot n} \right).$$

$\hat{R}(A)$ ist also (falls keine Gleichverteilung vorliegt) asymptotisch erwartungstreu und asymptotisch normalverteilt.

Für die Berechnung von Konfidenzintervallen und zur Durchführung von Signifikanztests muß die Varianz von $\hat{R}(A)$ geschätzt werden. Dies kann durch Resamplingverfahren (z.B. Bootstrapping) geschehen, wobei wiederum die Varianz dieser Schätzung in Betracht zu ziehen ist. Ein anderer Ansatz besteht darin, die Varianz von $\hat{R}(A)$ nach oben abzuschätzen. Dazu kann man die maximale Varianz von $\hat{R}(A)$, also $Var\{\hat{R}(A)\}_{max.}$, für gegebene k und n bestimmen, wenn auch mit großem Rechenaufwand. Die folgende Tabelle enthält diese maximalen Varianzen für ausgewählte k und n.

Tabelle: Maximale Varianz der relativen Entropie in der Stichprobe für verschiedene k und n

n \ k	3	4	5	6	7	8	9	10
10	0,0617	0,0486	0,0413	0,0364	0,0329	0,0302	0,0281	0,0264
20	0,0336	0,0277	0,0244	0,0222	0,0206	0,0193	0,0183	0,0174
30	0,0225	0,0189	0,0169	0,0155	0,0146	0,0138	0,0133	0,0127
40	0,0167	0,0141	0,0127	0,0118	0,0112	0,0107	0,0103	0,0099
50	0,0132	0,0112	0,0101	0,0095	0,0090	0,0086	0,0083	0,0081
100	0,0064	0,0054	0,0050	0,0047	0,0045	0,0043	0,0042	0,0041
150	0,0043	0,0036	0,0033	0,0031	0,0029	0,0028	0,0027	0,0027
200	0,0032	0,0027	0,0025	0,0023	0,0022	0,0021	0,0020	0,0020
250	0,0026	0,0022	0,0020	0,0018	0,0017	0,0017	0,0016	0,0016
300	0,0021	0,0018	0,0016	0,0015	0,0014	0,0014	0,0014	0,0013
350	0,0018	0,0016	0,0014	0,0013	0,0012	0,0012	0,0012	0,0011
400	0,0016	0,0014	0,0012	0,0011	0,0011	0,0010	0,0010	0,0010
450	0,0014	0,0012	0,0011	0,0010	0,0010	0,0009	0,0009	0,0009
500	0,0013	0,0011	0,0010	0,0009	0,0009	0,0008	0,0008	0,0008

Ersichtlich konvergieren die maximalen Varianzen mit zunehmendem n für alle k gegen Null. Das bedeutet, daß $R(A)$ beliebig genau geschätzt werden kann, wenn nur der Stichprobenumfang n hinreichend groß ist.

Verwendet man einen Maximalwert für die Varianz aus obiger Tabelle, ergibt sich approximativ

$$P\left(\hat{R}(A) - \lambda_{1-\frac{\alpha}{2}} \cdot \sqrt{Var\{\hat{R}(A)\}_{max.}} \leq R(A) \leq \hat{R}(A) + \lambda_{1-\frac{\alpha}{2}} \cdot \sqrt{Var\{\hat{R}(A)\}_{max.}} \right) \geq 1-\alpha ,$$

so daß das tatsächliche Konfidenzniveau in den meisten Fällen größer als $1-\alpha$ sein wird.

Mit der maximalen Varianz kann auch ein (approximativer) Test konstruiert werden zu den Hypothesen

$$H_0: R(A) = R(A)_0 \qquad \text{gegen} \qquad H_A: R(A) \neq R(A)_0.$$

Unter H_0 ist dann (für $R(A)_0 \neq 1$) die Prüffunktion

$$T = \frac{\hat{R}(A) - R(A)_0}{\sqrt{Var\{\hat{R}(A)\}_{max.}}}$$

approximativ normalverteilt mit Mittelwert 0 und einer Varianz σ^2, die abhängig ist von der Verteilung der Gesamtheit. Diese Varianz ist i.a.R. kleiner als 1. Wird sie "nach oben" mit

$\sigma^2 = 1$ abgeschätzt, dann kann das $(1 - \alpha)$-Quantil der Verteilung von T, $t_{1-\alpha}$, durch das

$(1 - \alpha)$-Quantil der $N(0;1)$, also $\lambda_{1-\alpha}$, nach oben abgeschätzt werden, wie die folgende

Graphik veranschaulicht.

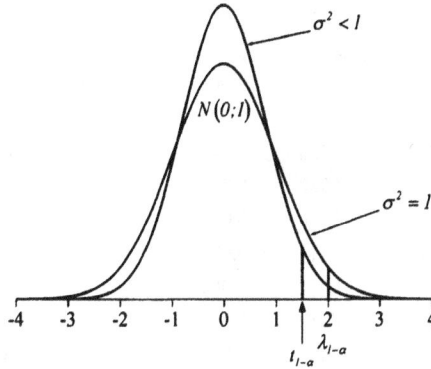

Entsprechendes gilt für das α-Quantil (Abschätzung nach unten). Folglich ist das aktuelle

Signifikanzniveau dieses Tests i.a.R. kleiner als α; der Test mit der maximalen Varianz ist

ein konservativer Test. Für die beiden einseitigen Tests gilt entsprechendes.

2 Das Positionsmaß

Der Maximum-Likelihood-Schätzer für das Positionsmaß (vgl. Kap. 3.2.2 (3)) aus einer einfa-

chen Stichprobe ist gegeben durch

$$\hat{P}(A) = \frac{D_E}{D_E + D_G} \quad \text{mit} \quad D_E = 2 \cdot \left(1 - \max_i\{P_i\}\right) \text{ und } D_G = \sum_{i=1}^{k} \left|P_i - \frac{1}{k}\right|;$$

dabei ist $\underline{P} = (P_1, P_2, ..., P_k)$ der Vektor der relativen Häufigkeiten in der Stichprobe.

Es läßt sich zeigen, daß das Positionsmaß der Stichprobe, $\hat{P}(A)$, asymptotisch erwartungstreu

und asymptotisch normalverteilt ist, falls $\hat{P}(A)$ in $\underline{P} = \underline{\pi}$ differenzierbar ist. Mit Hilfe der

partiellen Ableitungen von $\hat{P}(A)$ kann die asymptotische Varianz des Positionmaßes berech-

net werden.

Auch für das Positionsmaß $\hat{P}(A)$ ist es möglich, die maximale Varianz $Var\{\hat{P}(A)\}_{max}$ für

gegebene k und n zu bestimmen. Die Ergebnisse der Berechnungen sind in der folgenden Ta-

belle für $k \in \{3,4,...,10\}$ und verschiedene Stichprobenumfänge zusammengestellt.

Tabelle: Maximale Varianz des Positionsmaßes in der Stichprobe für verschiedene k und n

n \ k	3	4	5	6	7	8	9	10
10	0,0401	0,0315	0,0284	0,0240	0,0220	0,0210	0,0204	0,0201
20	0,0235	0,0189	0,0164	0,0146	0,0136	0,0126	0,0121	0,0119
30	0,0168	0,0132	0,0116	0,0106	0,0097	0,0092	0,0088	0,0086
40	0,0130	0,0103	0,0090	0,0082	0,0076	0,0073	0,0069	0,0068
50	0,0106	0,0084	0,0074	0,0067	0,0063	0,0060	0,0057	0,0056
100	0,0055	0,0044	0,0038	0,0036	0,0033	0,0032	0,0031	0,0030
150	0,0037	0,0029	0,0026	0,0024	0,0023	0,0022	0,0021	0,0021
200	0,0028	0,0022	0,0020	0,0018	0,0017	0,0016	0,0016	0,0016
250	0,0023	0,0018	0,0016	0,0015	0,0014	0,0013	0,0013	0,0012
300	0,0019	0,0015	0,0013	0,0012	0,0011	0,0011	0,0011	0,0010
350	0,0016	0,0013	0,0011	0,0010	0,0010	0,0009	0,0009	0,0009
400	0,0014	0,0011	0,0010	0,0009	0,0009	0,0008	0,0008	0,0008
450	0,0013	0,0010	0,0009	0,0008	0,0008	0,0007	0,0007	0,0007
500	0,0012	0,0009	0,0008	0,0007	0,0007	0,0007	0,0006	0,0006

Offenbar kann auch $P(A)$ beliebig genau geschätzt werden, wenn nur der Stichprobenumfang n hinreichend groß ist.

Verwendet man einen Maximalwert für die Varianz aus obiger Tabelle, ergibt sich - unter den genannten Einschränkungen hinsichtlich des Parametervektors π - approximativ

$$P\left(\hat{P}(A) - \lambda_{1-\alpha/2} \cdot \sqrt{Var\{\hat{P}(A)\}_{max.}} \leq P(A) \leq \hat{P}(A) + \lambda_{1-\alpha/2} \cdot \sqrt{Var\{\hat{P}(A)\}_{max.}} \right) \geq 1 - \alpha ,$$

so daß das tatsächliche Konfidenzniveau in den meisten Fällen größer als $1 - \alpha$ sein wird.

Analog zur Entropie kann mit der maximalen Varianz auch ein (approximativer) Test konstruiert werden zu den Hypothesen

$$H_0: \ P(A) = P(A)_0 \qquad \text{gegen} \qquad H_A: \ P(A) \neq P(A)_0.$$

Unter H_0 ist dann (für $P(A)_0 \neq 1$) die Prüffunktion

$$T = \frac{\hat{P}(A) - P(A)_0}{\sqrt{Var\{\hat{P}(A)\}_{max.}}}$$

approximativ normalverteilt mit Mittelwert 0 und einer Varianz σ^2, die abhängig ist von der Verteilung der Gesamtheit. Diese Varianz ist i.a.R. kleiner als 1. Wird sie "nach oben" mit $\sigma^2 = 1$ abgeschätzt, dann kann das $(1-\alpha)$-Quantil der Verteilung von T durch das $(1-\alpha)$-Quantil der $N(0;1)$ nach oben abgeschätzt werden. Entsprechendes gilt für das α-Quantil (Abschätzung nach unten). Das aktuelle Signifikanzniveau dieses Tests ist allerdings i.a.R. kleiner als α; der Test mit der maximalen Varianz ist also auch beim Positionsmaß ein konservativer Test.

Anhang 25: Induktive Eigenschaften von Streuungsmaßen für ordinale Merkmale[1)]

1   Additive Streuungsmaße

Ein Streuungsmaß für ordinale Merkmale, das sich in der Form $\theta(\underline{F}) = \sum_{j=1}^{k-1} g(F_j)$ mit einer stetigen Funktion $g:[0;1] \rightarrow R_0^+$ schreiben läßt, heißt additives Streuungsmaß (dabei ist $\underline{F} = (F_1, F_2, ..., F_k)$ der Vektor der kumulierten relativen Häufigkeiten). Beispielsweise gilt für das normierte Streuungsmaß auf Basis der Entropie (vgl. Kap. 3.3.2 (2)):

$$S(U)_{norm} = \frac{\sum_{j=1}^{k-1} H(A_j)}{k-1} = \sum_{j=1}^{k-1} \frac{-F_j ld F_j - (1-F_j) ld(1-F_j)}{k-1},$$

also $S(U)_{norm} = \sum_{j=1}^{k-1} g(F_j)$ mit der stetigen reellen Funktion $g(x) = \frac{-x ld x - (1-x) ld(1-x)}{k-1}$.

$S(U)_{norm}$ ist also ein additives Streuungsmaß. In der Literatur wurden weitere Spezialfälle additiver Streuungsmaße vorgeschlagen.

2   Maximum-Likelihood-Schätzfunktionen für additive Streuungsmaße

Betrachtet werde im folgenden eine einfache Stichprobe vom Umfang n. Der Vektor der kumulierten relativen Häufigkeiten in der Stichprobe sei mit $\hat{\underline{F}} = (\hat{F}_1, \hat{F}_2, ..., \hat{F}_k)$ bezeichnet.

$\hat{\underline{F}}$ ist eine Maximum-Likelihood-Schätzfunktion für $\underline{F}$, den Vektor der kumulierten relativen Häufigkeiten in der Gesamtheit. $\theta(\hat{\underline{F}})$ ist eine ML-Schätzfunktion für $\theta(\underline{F})$, falls der Wertebereich von θ auf der Menge aller kumulierten Verteilungen ein Intervall darstellt, insbesondere also bei Stetigkeit von θ.

Für ein Streuungsmaß der Form $\theta(\underline{F}) = \sum_{j=1}^{k-1} g(F_j)$ mit stetiger Funktion g lautet die Maximum-Likelihood-Schätzfunktion daher $\hat{\theta}(\underline{F}) = \theta(\hat{\underline{F}}) = \sum_{j=1}^{k-1} g(\hat{F}_j)$.

Sei $\theta(\underline{F}) = \sum_{j=1}^{k-1} g(F_j)$ ein additives Streuungsmaß mit einer stetigen Funktion g(x), die symmetrisch in $x = \frac{1}{2}$, streng monoton steigend auf $\left[0; \frac{1}{2}\right]$ und konkav auf $[0;1]$ ist. Mit $x_{i_{min}}$ und

---

$x_{i_{max}}$ seien die kleinste bzw. die größte in der Gesamtheit vorkommende Merkmals-ausprägung bezeichnet. Ist g in $F_{i_{min}}$, $F_{i_{min}+1}$,..., $F_{i_{max}-1}$ stetig differenzierbar und ist $F_j \neq \frac{1}{2}$ für mindestens ein $j \in \{i_{min},...,i_{max}-1\}$, dann ist die ML-Schätzfunktion

$$\hat{\theta}(\underline{F}) = \theta(\hat{\underline{F}}) = \sum_{j=1}^{k-1} g(\hat{F}_j) \text{ asymptotisch normalverteilt:}$$

$$\theta(\hat{\underline{F}}) \sim N(\theta(\underline{F}), n^{-1}\sigma^2)$$

mit
$$\sigma^2 = \sum_{i=i_{min}}^{i_{max}-1} F_i(1-F_i)g'(F_i)^2 + 2\sum_{i=i_{min}}^{i_{max}-1} \sum_{j=i+1}^{i_{max}-1} F_i(1-F_j)g'(F_i)g'(F_j).$$

Falls die Funktion g überall stetig differenzierbar ist, ist nur noch der Fall zu untersuchen, daß in der Gesamtheit genau zwei Ausprägungen vorkommen, die jeweils mit der Häufigkeit 0,5 besetzt sind. Es läßt sich dann das folgende Resultat zeigen.

Sei $\theta(\underline{F}) = \sum_{j=1}^{k-1} g(F_j)$ ein additives Streuungsmaß mit stetiger Funktion g. Mit $x_{i_{min}}$ und $x_{i_{max}}$

seien die kleinste bzw. die größte in der Gesamtheit vorkommende Merkmalsausprägung be-zeichnet. Ist g(x) zweimal differenzierbar in $x = \frac{1}{2}$ mit $g'(\frac{1}{2}) = 0$ und $g''(\frac{1}{2}) \neq 0$ und ist $F_i = \frac{1}{2}$ für alle $i \in \{i_{min},...,i_{max}-1\}$, dann gilt für die ML-Schätzfunktion

$$\hat{\theta}(\underline{F}) = \theta(\hat{\underline{F}}) = \sum_{j=1}^{k-1} g(\hat{F}_j):$$

$$\frac{8n(\theta(\hat{\underline{F}}) - \theta(\underline{F}))}{(i_{max} - i_{min})g''(\frac{1}{2})}$$

ist asymptotisch χ^2-verteilt mit einem Freiheitsgrad.

3   Das Maß auf Basis der Entropie

Das (normierte) Streuungsmaß auf Basis der Entropie ist gegeben durch $S(U)_{norm} = \sum_{j=1}^{k-1} g(F_j)$

mit der stetigen reellen Funktion $g(x) = \dfrac{-x \operatorname{ld} x - (1-x)\operatorname{ld}(1-x)}{k-1}$.

Die Maximum-Likelihood-Schätzfunktion für $S(U)_{norm}$ ist also

$$\hat{S}(U)_{norm} = \sum_{j=1}^{k-1} \frac{-\hat{F}_j \operatorname{ld}\hat{F}_j - (1-\hat{F}_j)\operatorname{ld}(1-\hat{F}_j)}{k-1}.$$

Da $S(U)_{norm}$ kein Polynom in den F_j ist, kann es keine erwartungstreue Schätzfunktion aus einer einfachen Stichprobe geben; insbesondere ist also auch $\hat{S}(U)_{norm}$ verzerrt.

Die Funktion g ist stetig differenzierbar im offenen Intervall $(0;1)$, symmetrisch in $x = \frac{1}{2}$, streng monoton auf $\left[0;\frac{1}{2}\right]$ und konkav auf $[0;1]$; daher ist $\hat{S}(U)_{norm}$ (abgesehen vom Fall einer symmetrischen Zweipunktverteilung) asymptotisch normalverteilt:

$$\hat{S}(U)_{norm} \sim N(S(U)_{norm}, n^{-1}\sigma^2)$$

mit $\sigma^2 = \dfrac{1}{(k-1)^2} \displaystyle\sum_{i=1}^{k-1} F_i(1-F_i)(ld(1-F_i)-ldF_i)^2$

$$+ \dfrac{2}{(k-1)^2} \sum_{i=1}^{k-1}\sum_{j=i+1}^{k-1} F_i(1-F_j)(ld(1-F_i)-ldF_i)(ld(1-F_j)-ldF_j),$$

wobei im Fall unbesetzter Randausprägungen wie üblich $0\,ld\,0 := 0$ zu setzen ist.

Die Funktion g besitzt die Eigenschaften $g'(\frac{1}{2}) = 0$ und $g''(\frac{1}{2}) = -\dfrac{4}{(k-1)\ln2}$. Falls in der Gesamtheit eine symmetrische Zweipunktverteilung vorliegt, besitzt daher die Zufallsvariable

$$\frac{2n\cdot(k-1)\cdot\ln2\cdot(S(U)_{norm} - \hat{S}(U)_{norm})}{i_{max} - i_{min}}$$

asymptotisch eine χ^2-Verteilung mit einem Freiheitsgrad.

4   Konfidenzintervalle und Testverfahren

Für ein Streuungsmaß der Form $\theta(\underline{F}) = \displaystyle\sum_{j=1}^{k-1} g(F_j)$, das die Bedingungen aus Abschnitt 2 erfüllt, ist die ML-Schätzfunktion $\theta(\hat{\underline{F}}) = \displaystyle\sum_{j=1}^{k-1} g(\hat{F}_j)$ asymptotisch normalverteilt, d.h. für große Stichprobenumfänge gilt approximativ

$$\frac{\theta(\hat{\underline{F}}) - \theta(\underline{F})}{\sigma}\sqrt{n} \sim N(0;1).$$

Daraus ergibt sich unmittelbar die folgende Wahrscheinlichkeitsaussage vor Stichprobenziehung:

$$P\left(\hat{\theta}(\underline{F}) - \lambda_{1-\frac{\alpha}{2}} \frac{\sigma}{\sqrt{n}} \le \theta(\underline{F}) \le \hat{\theta}(\underline{F}) + \lambda_{1-\frac{\alpha}{2}} \frac{\sigma}{\sqrt{n}}\right) \doteq 1-\alpha,$$

wobei mit $\lambda_{1-\frac{\alpha}{2}}$ das Quantil der Standardnormalverteilung zur Ordnung $1-\frac{\alpha}{2}$ bezeichnet wird.

Ein approximatives Konfidenzintervall für $S(U)_{norm}$ zum Konfidenzniveau $1-\alpha$ besitzt also

die Grenzen $\hat{S}(U)_{norm} \pm \lambda_{1-\frac{\alpha}{2}} \cdot \sigma \cdot n^{-\frac{1}{2}}$.

Will man anhand dieser Beziehung konkrete Konfidenzintervalle berechnen, gibt es eine Reihe von Problemen:

- Das Konfidenzintervall verwendet die Voraussetzungen aus Abschnitt 2. Diese beziehen sich unter anderem auf die Häufigkeiten der Gesamtheit, die aber unbekannt sind.

- Das Konfidenzintervall geht von der asymptotischen Varianz des Schätzers $\theta(\hat{\underline{F}})$ aus. Für kleine Stichprobenumfänge kann sich die tatsächliche Varianz erheblich von dieser asymptotischen Varianz unterscheiden.

- Die asymptotische Varianz σ^2 hängt von den (kumulierten) relativen Häufigkeiten der Gesamtheit ab. Diese sind aber natürlich nicht bekannt, wenn ein Konfidenzintervall für den Streuungsparameter zu bestimmen ist.

- Das Konfidenzintervall basiert schließlich auf der angenäherten Normalverteilung des Schätzers. Für kleine Stichprobenumfänge kann die Abweichung von der Normalverteilung erheblich sein.

Wenn g im offenen Intervall (0;1) stetig differenzierbar ist und $g'(x) \ne 0$ für $g \ne 0,5$ gilt, ist die asymptotische Normalverteilung des ML-Schätzers gesichert; das Maß auf Basis der Entropie $S(U)_{norm}$ erfüllt diese Bedingungen.

Die einzige Ausnahme bildet die extreme Zweipunktverteilung; welche aber bereits dann ausgeschlossen werden kann, wenn in der Stichprobe mehr als zwei Ausprägungen vorkommen, was bei praktischen Anwendungen fast immer der Fall ist.

Der Abhängigkeit der asymptotischen Varianz von den unbekannten relativen Häufigkeiten der Gesamtheit läßt sich durch geeignete Schätzung der Varianz begegnen. Eine naheliegende Möglichkeit besteht darin, den Vektor $\hat{\underline{F}}$ der kumulierten Häufigkeiten in der Stichprobe als Schätzung für $\underline{F}$ heranzuziehen und die Formeln für die asymptotische Varianz σ^2 mit den $\hat{F}_j$ anstelle der unbekannten F_j auszuwerten.

Im Einzelfall kann dadurch die Varianz der Schätzfunktion allerdings unterschätzt werden, so daß das Konfidenzintervall ein geringeres Konfidenzniveau als gefordert aufweist. Eine vorsichtigere Möglichkeit zur Abschätzung der Varianz besteht darin, die maximal mögliche Varianz der Schätzfunktion $\theta(\hat{\underline{F}})$ bei gegebenem n und k zu verwenden. Die Varianz kann dann auch im Einzelfall nicht unterschätzt werden; die Intervalle besitzen höchstens ein höheres effektives Konfidenzniveau.

Für das Maß auf Basis der Entropie $S(U)_{norm}$ sind die maximalen Varianzen der ML-Schätzfunktion für Stichprobenumfänge zwischen $n = 10$ und $n = 200$ in der folgenden Tabelle dargestellt. Die gesuchten Varianzen werden bei allen Stichprobenumfängen maximal, wenn nur die beiden extremen Ausprägungen besetzt sind. Die maximalen Varianzen stimmen daher für unterschiedliche Werte von k überein und hängen nur vom Stichprobenumfang n ab.

n	$n \cdot \max \mathrm{Var}(\hat{S}(U)_{norm})$
10	0,96132
15	0,98946
20	0,99037
25	0,98345
50	0,94673
75	0,93214
100	0,92648
150	0,92185
200	0,91978
⋮	⋮
∞	0,91420

Tabelle: Maximale Varianzen der Schätzfunktion bei verschiedenen Stichprobenumfängen

Die asymptotische Normalverteilung der Schätzfunktionen kann auch zur Konstruktion von Signifikanztests für den Parameter θ herangezogen werden.

Für einen zweiseitigen Test

$$H_0 : \theta(\underline{F}) = \theta_0 \qquad \text{gegen} \qquad H_1 : \theta(\underline{F}) \neq \theta_0$$

kann die Prüffunktion $T_n = \dfrac{\theta(\underline{\hat{F}}) - \theta_0}{\sigma} \sqrt{n}$ verwendet werden, die unter H_0 asymptotisch standardnormalverteilt ist, falls $\theta_0 \neq 1$ ist (d.h. H_0 nicht den Fall der extremen Zweipunktverteilung einschließt).

Die unbekannte Varianz σ^2 muß wieder aus der Stichprobe geschätzt werden; wie im Fall der Konfidenzintervalle kann dies durch Auswertung der Formeln für die asymptotische Varianz mit den $\hat{F}_j$ anstelle der unbekannten F_j geschehen. Alternativ kann auf die maximalen Varianzen zurückgegriffen werden.

Bei Verwendung der maximalen Varianz $\sigma^2_{n;max}$ sollte die Nullhypothese auf dem Signifikanzniveau α verworfen werden, falls

$$\left| \frac{\theta(\underline{\hat{F}}) - \theta_0}{\sigma_{n;max}} \sqrt{n} \right| \geq \lambda_{1-\frac{\alpha}{2}}.$$

Wegen der Verwendung der Maximalvarianz ergibt sich im allgemeinen ein konservativer Test.

Auf analoge Weise lassen sich auch die entsprechenden einseitigen Tests konstruieren. Da jedoch Methoden zur Konstruktion von Konfidenzintervallen vorliegen, ist hier vom Gebrauch von Signifikanztests eher abzuraten. Diese liefern weniger Informationen als Konfidenzintervalle, deren Interpretation für den Anwender wesentlich leichter ist als die eines Testergebnisses, welche häufig zu Fehlinterpretationen führt.

Ausgewählte Literatur

ABELS, H./DEGEN, H., Handbuch des statistischen Schaubilds, Herne - Berlin 1981.

ABELS, H./DEGEN, H., Übungsprogramm Wirtschafts- und Bevölkerungsstatistik, 3. Auflage, Wiesbaden 1992.

ABELS, H./DEGEN, H., Wirtschafts- und Bevölkerungsstatistik, 4. Auflage, Wiesbaden 1993.

ANDERSON, O./POPP, W./SCHAFFRANEK, M./STEINMETZ, D./STENGER, H., Schätzen und Testen, Eine Einführung in die Wahrscheinlichkeitsrechnung und schließende Statistik, 2. Auflage, Berlin - Heidelberg - New York 1997.

ANDERSON, O./POPP, W./SCHAFFRANEK, M./STENGER, H./SZAMEITAT, K., Grundlagen der Statistik, Amtliche Statistik und beschreibende Methoden, 2. Auflage, Berlin - Heidelberg - New York 1988.

ANDERSON, O./SCHAFFRANEK, M./STENGER, H./SZAMEITAT, K., Bevölkerungs- und Wirtschaftsstatistik, Aufgaben, Probleme und beschreibende Methoden, Berlin - Heidelberg - New York 1983.

BAMBERG, G./BAUR, F., Arbeitsbuch Statistik, 7. Auflage, München - Wien 2004.

BAMBERG, G./BAUR, F., Statistik, 12. Auflage, München - Wien 2002.

BASLER, H., Grundbegriffe der Wahrscheinlichkeitsrechnung und statistischen Methodenlehre, 11. Auflage, Heidelberg 1994.

BENNINGHAUS, H., Deskriptive Statistik, Westdeutscher Verlag 2002.

BENNINGHAUS, H., Einführung in die Sozialwissenschaftliche Datenanalyse, 6. Auflage, München - Wien 2001.

BLEYMÜLLER, J./GEHLERT, G./GÜLICHER, H., Statistik für Wirtschaftswissenschaftler, 14. Auflage, München 2004.

BLEYMÜLLER, J./GEHLERT, Statistische Formeln, Tabellen und Programme, 10. Auflage, München 2003.

BOHLEY, P., Statistik, Einführendes Lehrbuch für Wirtschafts- und Sozialwissenschaften, 7. Auflage, München - Wien 2000.

BÖKER, F., Mehr Statistik lernen am PC, Göttingen 1991.

BÖKER, F., Statistik lernen am PC, 2. Auflage, Göttingen 1993.

BOMSDORF, E., Deskriptive Statistik, 11. Auflage, Lohmar - Köln 2002.

BOMSDORF, E., Wahrscheinlichkeitsrechnung und Statistische Inferenz, 8. Auflage, Lohmar - Köln 2002.

BOMSDORF, E., Induktive Statistik, 6. Auflage, Bergisch Gladbach - Köln 1995.

BOSCH, K., Aufgaben und Lösungen zur angewandten Statistik, 2. Auflage, Braunschweig - Wiesbaden 1986.

BOSCH, K., Elementare Einführung in die angewandte Statistik, 7. Auflage, Vieweg 2000.

BOSCH, K., Übungs- und Arbeitsbuch, Statistik, München - Wien 2002.

BOSCH, K., Statistik für Nichtstatistiker, 4. Auflage, München - Wien 2003.

BOURIER, G., Beschreibende Statistik, 5. Auflage, Gabler 2003.

BOURIER, G., Wahrscheinlichkeitsrechnung und schließende Statistik, 3. Auflage, Gabler 2002.

BOURIER, G., Statistik-Übungen, Herne - Berlin 2003.

BÜNING, H./TRENKLER, G., Nichtparametrische statistische Methoden, 2. Auflage, Berlin -
New York 1994.

BUTTLER, G./DICKMANN, H./HELTEN, E./VOGEL, F., (Hrsg.), Statistik zwischen Theorie und Praxis, Göttingen 1985.

BUTTLER, G./FICKEL, N., Einführung in die Statistik, Reinbek bei Hamburg 2002, rowohlts
enzyklopädie 55645.

BUTTLER, G./FICKEL, N., Statistik mit Stichproben, Reinbek bei Hamburg 2002, rowohlts
enzyklopädie 55653.

DEUTLER, T./SCHAFFRANEK, M./STEINMETZ, D., Statistik-Übungen im wirtschaftswis-
senschaftlichen Grundstudium, 2. Auflage, Berlin - Heidelberg - New York -
Tokyo 1988.

ELPELT, B./HARTUNG, J., Grundkurs Statistik, 3. Auflage, München - Wien 2004.

FAHRMEIR, L./KÜNSTLER, R./PIGEOT, I./TUTZ, G., Statistik - Der Weg zur Datenanalyse, 5. Auflage, Berlin - Heidelberg - New York 2004.

FAHRMEIR, L./KÜNSTLER, R./PIGEOT, I./TUTZ, G./CAPUTO, A./LANG, S., Arbeitsbuch Statistik, 3. Auflage, Berlin - Heidelberg - New York 2003.

FERSCHL, F., Deskriptive Statistik, 3. Auflage, Würzburg - Wien 1985.

FROHN, J., Grundausbildung in Ökonometrie, 2. Auflage, Berlin - New York 1995.

HANSEN, G., Methodenlehre der Statistik, 3. Auflage, München 1985.

HÄRTTER, E., Wahrscheinlichkeitsrechnung, Statistik und mathematische Grundlagen,
Begriffe - Definitionen - Formeln, Göttingen 1987.

HARTUNG, J./ELPELT, B., Multivariate Statistik, 6. Auflage, München - Wien 1999.

HARTUNG, J./ELPELT, B./KLÖSENER, K.-H., Statistik, 13. Auflage, München - Wien
2002.

HARTUNG, J./HEINE, B., Statistik - Übungen, Deskriptive Statistik, 6. Auflage, München -
Wien 1999.

HARTUNG, J./HEINE, B., Statistik - Übungen, Induktive Statistik, 4 Auflage, München -
Wien 2004.

HEIL, J., Einführung in die Ökonometrie, 5. Auflage, München - Wien 1996.

HOCHSTÄDTER, D., Statistische Methodenlehre, 8. Auflage, Frankfurt a.M. 1996.

HUFF, D., Wie lügt man mit Statistik, Zürich 1956.

JESKE, R., Spaß mit Statistik, 4. Auflage, München - Wien 2003.

KNÜSEL, L., Computergestützte Berechnung statistischer Verteilungen, München - Wien
1989.

KOCKELKORN, U., Lineare statistische Methoden, München - Wien 2000.

KRAFT, M./LANDES, T./BRAUN, K., Statistische Methoden, Eine Einführung für das
Grundstudium in den Wirtschafts- und Sozialwissenschaften, 3. Auflage,
Heidelberg 1996.

KRÄMER, W., So lügt man mit Statistik, 7. Auflage, Frankfurt a.M. - New York 1997.

KRÄMER, W., Statistik verstehen, Eine Gebrauchsanweisung, 2. Auflage, Frankfurt a. M. -
New York 1994.

KRÄMER, W., Wie schreibe ich eine Seminar- oder Examensarbeit, Frankfurt a. M. - New
York 1999.

KREIENBROCK, L., Einführung in die Stichprobenverfahren, 2. Auflage, München - Wien
1993.

KREYSZIG, E., Statistische Methoden und ihre Anwendungen, 7. Auflage, Göttingen 1991.

KROTZ, F., Statistik - Einstieg am PC, Einführung in die deskriptive Statistik anhand von Tabellenkalkulationsprogrammen, Stuttgart 1991 (UTB 1585).

KRUG, W./NOURNEY, M./SCHMIDT, J., Wirtschafts- und Sozialstatistik: Gewinnung von Daten, 6. Auflage, München - Wien 2001.

LEINER, B., Einführung in die Statistik, 8. Auflage, München - Wien 2000.

LEINER, B., Europäische Wirtschaftsstatistik, 3. Auflage, München - Wien 1997.

LEINER, B., Stichprobentheorie, Grundlagen, Theorie und Technik, 3. Auflage, München - Wien 1994.

MAASS, S./ MÜRDTER, H./RIESS, H., Statistik für Wirtschafts- und Sozialwissenschaftler II, Induktive Statistik, Berlin - Heidelberg - New York - Tokyo 1983.

MATIASKE, W., Statistische Datenanalyse mit Mikrocomputern, Einführung in P-STAT und SPSS/PC, 2. Auflage, München - Wien 1996.

MENGES, G., Die Statistik, Zwölf Stationen des statistischen Arbeitens, Wiesbaden 1982.

MENGES, G., Grundriß der Statistik, Teil 1 - Theorie, 2. Auflage, Opladen 1972.

MENGES, G./SKALA, H. J., Grundriß der Statistik, Teil 2 - Daten, Opladen 1973.

MÜLLER, P. H., (Hrsg.), Lexikon der Stochastik, Wahrscheinlichkeitsrechnung und Mathematische Statistik, 5. Auflage, Berlin 1991.

MÜLLER, P. H./NEUMANN, P./STORM, R., Tafeln der mathematischen Statistik, 3. Auflage, Leipzig 1979.

NEUBAUER, W., Statistische Methoden, Ausgewählte Kapitel für Wirtschaftswissenschaftler, München 1994.

PFANZAGL, J., Allgemeine Methodenlehre der Statistik I, 6. Auflage, Berlin - New York 1983.

PFANZAGL, J., Allgemeine Methodenlehre der Statistik II, 5. Auflage, Berlin - New York 1978.

PFANZAGL, J., Elementare Wahrscheinlichkeitsrechnung, 2. Auflage, Berlin - New York 1991.

POKROPP, F., Einführung in die Statistik, 2. Auflage, Göttingen 1990.

RINNE, H., Taschenbuch der Statistik, 3. Auflage, Frankfurt am Main 2003.

RINNE, H., Wirtschafts- und Bevölkerungsstatistik, Erläuterungen - Erhebungen - Ergebnisse, 2. Auflage, München - Wien 1996.

RÜGER, B., Induktive Statistik, Einführung für Wirtschafts- und Sozialwissenschaftler, 3. Auflage, München - Wien 1996.

SACHS, L., A Guide to Statistical Methods and to Pertinent Literature, Literatur zur Angewandten Statistik, Berlin - Heidelberg 1986.

SACHS, L., Angewandte Statistik, Anwendung statistischer Methoden, 11. Auflage, Berlin - Heidelberg - New York 2004.

SACHS, L., Statistische Methoden 1, Planung und Auswertung, 7. Auflage, Berlin - Heidelberg - New York - London - Paris - Tokyo 1993.

SACHS, L., Statistische Methoden 2, Planung und Auswertung, Berlin - Heidelberg - New York - London - Paris- Tokyo - Hong Kong 1990.

SCHAICH, E., Schätz- und Testmethoden für Sozialwissenschaftler, 3. Auflage, München 1998.

SCHAICH, E./KÖHLE, D./SCHWEITZER, W./WEGNER, F., Statistik Arbeitsbuch für Volkswirte, Betriebswirte und Soziologen, 3. Auflage, München 1994.

SCHAICH, E./KÖHLE, D./SCHWEITZER, W./WEGNER, F., Statistik für Volkswirte, Betriebswirte und Soziologen, Statistik II, 3. Auflage, München 1990.

SCHAICH, E./KÖHLE, D./SCHWEITZER, W./WEGNER, F., Statistik für Volkswirte, Betriebswirte und Soziologen, Statistik I, 4. Auflage, München 1993.

SCHAICH, E./SCHWEITZER, W., Ausgewählte Methoden der Wirtschaftsstatistik, München 1995.

SCHLITTGEN, R., Einführung in die Statistik, Analyse und Modellierung von Daten, 10. Auflage, München - Wien 2003.

SCHLITTGEN, R., Statistische Inferenz, München - Wien 1996.

SCHLITTGEN, R./STREITBERG, B. H. J., Zeitreihenanalyse, 9. Auflage, München - Wien 2001.

SCHULZE, P. M., Beschreibende Statistik, 5. Auflage, München - Wien 2003.

SCHWARZE, J., Aufgabensammlung zur Statistik, 4. Auflage, Herne - Berlin 2002.

SCHWARZE, J., Grundlagen der Statistik I, Beschreibende Verfahren, 9. Auflage, Herne - Berlin 2001.

SCHWARZE, J., Grundlagen der Statistik II, Wahrscheinlichkeitsrechnung und induktive Statistik, 7. Auflage, Herne - Berlin 2001.

STATISTISCHES BUNDESAMT, (Hrsg.), Das Arbeitsgebiet der Bundesstatistik, Stuttgart 1997.

STATISTISCHES BUNDESAMT, (Hrsg.), Katalog der Statistiken zum Arbeitsgebiet der Bundesstatistik 1992, Wiesbaden 1993.

STEINHAUSEN, D./ZÖRKENDÖRFER, S., Statistische Datenanalyse mit dem Programmsystem $SPSS^X$ und $SPSS/PC^+$, 2. Auflage, München - Wien 1990.

STENGER, H., Stichproben, Heidelberg - Wien 1986.

STORM, R., Wahrscheinlichkeitsrechnung, mathematische Statistik, statistische Qualitätskontrolle, 10. Auflage, Leipzig 1995.

TIEDE, M., Statistik, Regressions- und Korrelationsanalyse, München - Wien 1987.

UEBE, G./SCHÄFER, M., Einführung in die Statistik für Wirtschaftswissenschaftler, München - Wien 1991.

VOGEL, F., Beschreibende und schließende Statistik, Aufgaben und Beispiele, 9. Auflage, München - Wien 2001.

VOGEL, F./GRÜNEWALD, W., Kleines Lexikon der Bevölkerungs- und Sozialstatistik, München - Wien 1996.

VON DER LIPPE, P., Deskriptive Statistik, 6 Auflage, München - Wien 2002.

VON DER LIPPE, P., Induktive Statistik, 6 Auflage, München - Wien 2004.

VON DER LIPPE, P., Klausurtraining Statistik, 4. Auflage, München - Wien 1992.

VON DER LIPPE, P., Wirtschaftsstatistik, 5. Auflage, Stuttgart 1996 (UTB 209).

YAMANE, T., Statistik - Ein einführendes Lehrbuch, Band 1 und 2, 2. Auflage, Frankfurt a.M. 1981.

ZÖFEL, P., Statistik in der Praxis, 3. Auflage, Stuttgart - Jena 1993 (UTB 1293).

ZWER, R., Einführung in die Wirtschafts- und Sozialstatistik, 2. Auflage, München - Wien 1994.

ZWER, R., Internationale Wirtschafts- und Sozialstatistik, 2. Auflage, München - Wien 1986.

Sachregister